Von der Poesie der Sprache

Frankfurter Hochschulschriften zur Sprachtheorie und Literaturästhetik

Herausgegeben von Dieter Kimpel

Band 3

Verlag Peter Lang
FRANKFURT AM MAIN · BERN

Andreas Thomasberger

Von der Poesie der Sprache

Gedanken zum mytho=logischen Charakter der Dichtung Hölderlins

Verlag Peter Lang
FRANKFURT AM MAIN · BERN

CIP-Kurztitelaufnahme der Deutschen Bibliothek

Thomasberger, Andreas:

Von der Poesie der Sprache : Gedanken zum mytho-log. Charakter d. Dichtung Hölderlins / Andreas Thomasberger. - Frankfurt am Main ; Bern : Lang, 1982.
(Frankfurter Hochschulschriften zur Sprach= theorie und Literaturästhetik ; Bd. 3)
ISBN 3-8204-7049-2
NE: GT

D 30
ISSN 0171-6778
ISBN 3-8204-7049-2

Druck und Bindung: fotokop wilhelm weihert KG, darmstadt

Vorwort

Die vorliegende Arbeit wurde im Oktober 1980 von dem Fachbereich Neuere Philologien der Johann Wolfgang Goethe-Universität in Frankfurt am Main als Dissertation angenommen. Sie entstand im Zusammenhang mit Seminaren und Kolloquien zum Themenkreis der Mythenkritik, die Herr Professor Dr. Dieter Kimpel am Institut für deutsche Sprache und Literatur II der Universität veranstaltet.

Frau Professor Dr. Brigitte Scheer (Fachbereich Philosophie) und Herrn Prof. Dr. Dieter Kimpel (Fachbereich Neuere Philologien) danke ich für die mannigfaltigen Anregungen und die Geduld, mit der sie die Entstehung meiner Arbeit begleitet und ermöglicht haben. Herrn Professor Kimpel danke ich für die Aufnahme in die von ihm herausgegebene Reihe.

Herrn Dr. Willi Lautemann verdanke ich den Zugang zu der Philosophie Fichtes. Ihm kann ich meinen Dank nur noch im Andenken aussprechen.

Der Studienstiftung des Deutschen Volkes, namentlich den Herren Dr. Max Brocker und Dr. Klaus Kohrs, danke ich für die Möglichkeiten, über die Grenzen des eigenen Faches und Ortes hinaus, Gespräche anzuknüpfen und für die großzügige materielle Unterstützung.

Herrn Professor Dr. Helmut Viebrock ist diese Arbeit gewidmet.

Frankfurt am Main

1. Februar 1982 — Andreas Thomasberger

INHALTSVERZEICHNIS

Sechstes Kapitel

DIE BEGRÜNDUNG DER DICHTARTEN IN DER GENESE DES GEISTES

Siebentes Kapitel

"FRIEDENSFEIER"

Einleitung

Hölderlins Poesie blickt von dem Steg, an den wir uns klammern, hinaus in den allseits umgebenden Abgrund. Sie wagt und mutet es zu, den Steg und den Abgrund, eines um des anderen willen, zugleich zu erinnern und zu vergessen. Der Steg reicht so weit zurück, wie die Erfahrung der Geschichte, die nicht möglich wäre ohne den Abgrund. Nur im Zulassen seiner Wirkung erkennen wir den Halt, den wir brauchen, um nicht unendlich zu fallen. Ohne den Steg, an dem wir uns halten, wüßten wir zugleich nicht um den wirklichen Abgrund, in dem wir leben.

Damit ist der mythologische Charakter einer Dichtung umschrieben, die als Poesie erinnert, daß unsere jeweilige Auffassung unserer selbst und der Welt in der Wirklichkeit des unendlichen Unbestimmten wird und vergeht. Von Poesie spreche ich deshalb, weil die dichterische Sprache das Herstellen unseres Selbst- und Weltverständnisses sinnfällig begreifbar werden läßt. Dazu muß sie das Gewordensein des jeweils Erscheinenden als bestimmter Realität im unbestimmten Wirklichen vorstellen. Erst dann können wir uns frei bestimmen, wenn wir die Offenheit denken, in der wir unsere Bestimmung finden. Unsere eigene Freiheit ist dann zugleich die Freiheit des Anderen, das die Poesie zuläßt, ohne in ihm zu versinken. Sie nimmt die festen Erfahrungen des Gesicherten auf und stellt sie in ihrem Gewordensein vor, das im Wirklichen bewegt wird zur Bestimmung aus Freiheit. Somit blickt die Poesie zurück auf den Weg, den wir hinter uns haben und für unsere Wirklichkeit halten und erinnert zugleich die Wirklichkeit des unendlichen Abgrundes, in dem wir uns einen Weg gesichert haben. Daß dieser Weg für uns nur in der Vermittlung von Fixiertem und Ungesichertem möglich ist, sagt zugleich, daß wir unmittelbar für uns nichts sind. Die Möglichkeit etwas, also auch uns selbst zu begreifen, besteht nur im Zusammenwirken des sicher Bestimmten und des unerschöpft Wirkenden, in dem wir mittelbar stehen. Die Poesie sieht deshalb nicht in die Zukunft, weil sie das Künftige nicht ohne die vergangenen Erfahrungen zu fassen vermag. Sie blickt nur über das faßlich Vorhandene hinaus und zeigt damit, daß wir unsere Erfahrungen nur zurückschauend haben, weil zugleich das Offene wirkt. Den Blick dafür zu öffnen ist ihre geschichtliche Aufgabe, die mit der Erinnerung an die eigene Verantwortung gegenüber dem Vergangenen ebenso untrennbar verbunden ist, wie mit der Erinnerung an die Unverfügbarkeit der künftigen Geschichte.

Wie der Blick über die Grenzen der Erfahrung hinaus möglich ist, ohne die Vernunftkritik Kants zu übergehen, habe ich im ersten Kapitel zu fragen versucht. Um die Vermittlung des als reine Form gedachten Denkens mit seinem Anderen begreifen zu können, war die Darstellung der Fichteschen Philosophie und dabei besonders des Begriffes der Wechselwirkung nötig, der erste Anhaltspunkte dafür gibt, wie das rein formal angesehene Denken sich mit seinem Anderen zu Etwas bestimmt. Der Bereich, in dem dies geschieht, wird demjenigen Vermögen gegenwärtig, das zunächst als intellektuale Anschauung benannt ist. Daß dieser Bereich kein gegenständlich erfahrbarer ist, zeigt die Metaphysik Spinozas, in der die ungeteilte Substanz als Grund aller Bestimmungen zum Prinzip erhoben ist.

Hölderlins Denken geht dann nicht mehr von einem Prinzip aus, sondern begreift den Grund als wirkliche Unendlichkeit, in der Form und Stoff ungetrennt vorhanden sind. Wie sich in der Ungeschiedenheit das menschliche Denken, das der Trennungen bedarf, konstituiert, versuchte Hölderlin in seinen theoretischen Schriften zu beschreiben, denen ich kommentierend folge. Das Ergebnis davon ist die Einsicht, daß wir die Wirklichkeit mittelbar in der Sprache begreifen und herstellen, wobei der Poesie zukommt, dieses herstellende Begreifen als Werdendes erkennen zu lassen. Sie bringt die Bewegung zum Ausdruck, in der wir uns selbst und zugleich unsere Welt begreifen, weil sie die Aussicht eröffnet, die das Bestimmte und das unendlich Wirkliche zugleich erblickt.

Die Darstellung der Probleme, mit denen sich Hölderlin gedanklich auseinandersetzte und an denen er seine eigenen Einsichten entwickelte, geht hier vom Stand der philosophischen Ausarbeitung bei Kant und Fichte aus. Ich habe dabei nur an einer Stelle, am Ende des fünften Kapitels, angedeutet, welche Bedeutung die Philosophie Platons für Hölderlins Denken hatte. Eine ausführliche Berücksichtigung Platons hätte vor allem bedeutet, nach dem Ort zu fragen, den der Mythos gegenüber dem verstandesgeleiteten Denken bei ihm einnimmt(1); dies habe ich im Rahmen der vorliegenden Arbeit nicht durchführen können.

Ebenso unerwähnt blieb die Bedeutung der Ästhetik Schillers und ihre Position gegenüber Kant für die Dichtungstheorie Hölderlins. Gerade das einerseits bis zur Abhängigkeit zustimmende Verhalten zu Schiller, das andererseits auffallend schnelle Kritisieren und Weiterdenkenwollen seiner theoretischen Einsichten, wie es sich in Hölderlins Stellungnahme zu der Schrift "Über Anmuth und Würde" und in seiner Absicht, neue Briefe "Über die ästhetische Erziehung des Menschen" schreiben zu wollen, zeigt, forderte eine eigene ausführliche und gründliche Untersuchung, die sowohl das gedankliche Niveau der Arbeit Fritz Heuers(2) nicht unterschreiten dürfte, wie sie auch die poetischen Werke Schillers berücksichtigen müßte, um die Bedeutung von dessen Schönheitslehre für Hölderlin vollständig bestimmen zu können.

----

1 Vgl. hierzu: Karl Reinhardt, Platons Mythen. In: Vermächtnis der Antike - Gesammelte Essays zur Philosophie und Geschichtsschreibung. Göttingen (Vandenhoeck & Ruprecht) 1960. Gerhard Krüger, Eros und Mythos bei Plato. Frankfurt am Main (Klostermann) 1978.

2 Fritz Heuer, Darstellung der Freiheit. Schillers transzendentale Frage nach der Kunst. Köln-Wien, 1970.

Als Drittes blieb, von wenigen Hinweisen abgesehen, die philosophische Entwicklung Hegels und ihre Wechselbeziehung zu der Hölderlins ausgeblendet. Zu dieser Fragestellung, die allerdings ständig naheliegt, ist bereits eine umfangreiche Forschungsliteratur vorhanden(3), die die Problemstellung jedoch immer noch nicht hinreichend bezüglich der philosophisch entscheidenden Fragen bearbeitet hat, sondern eher in der historischen Darstellung verblieben ist. Die hier auch herangezogenen Sätze aus den Hegelschen Hauptwerken, der "Phänomenologie des Geistes" und der "Wissenschaft der Logik", zeigen, daß das Denken Hölderlins sich auf einer Ebene bewegt, die letztlich nur mit der Begrifflichkeit Hegels logisch zutreffend ausgedrückt werden kann. Eine vollständige Ausführung des damit angedeuteten Problemkreises, nämlich eine Ausarbeitung logischer Kategorien, die der dichterischen Sprache Hölderlins angemessen wären, ist eine Aufgabe, die besteht und zu der selbst das Hauptwerk von Bruno Liebrucks "Sprache und Bewußtsein" mit seinem letzten Band "Und - Die Sprache Hölderlins in der Spannweite von Mythos und Logos Wirklichkeit und Realität" (Bern, Frankfurt am Main, Las Vegas (Peter Lang) 1979) sich erst als ein Prolegomenon versteht.

Dem Werk von Bruno Liebrucks verdankt meine Arbeit die philosophische Grundlegung. Nur von dem Gedanken aus, das menschliche Denken von der Sprache her zu begreifen, war es möglich, die Sprache, die Hölderlin mit seinen großen Hymnen erreichte, als den wirklichen Ausdruck des Denkens zu erkennen, das er zuvor in seinen theoretischen Aufsätzen entwickelt hatte. Während Liebrucks das gesamte dichterische Werk Hölderlins als Ausdruck von Bewußtseinsstufen interpretierte, die in aufhebender Überwindung der jeweils vorhergehenden Stufe sich zu einer sprachlichen Ebene hin entwickelt haben, die logisch erst mit der Begrifflichkeit der Hegelschen Hauptwerke erreicht werden kann, habe ich versucht, die eigene poetische Sprache Hölderlins als notwendige philosophische Konsequenz seiner theoretischen Auseinandersetzung mit der bewußtseinsphilosophischen Fragestellung seiner Zeit, wie sie von Kant und Fichte formuliert worden war, darzustellen. Deshalb steht in meiner Arbeit, im Unterschied zu Liebrucks, die Bedeutung der Fichteschen Philosophie für die Begrifflichkeit und die Problemstellung der Hölderlinschen Aufsatzfragmente im Vordergrund. Diese Bedeutung war besonders deshalb ausführlich zu entwickeln, weil sie bisher in der Forschung zugunsten der Annahme einer sehr frühen kritischen Abwendung Hölderlins von der Philosophie Fichtes übermäßig vernachlässigt wurde(4). Wenn die Berücksichtigung der

---

3 Vgl.: Christoph Jamme, "Ungelehrte" und gelehrte Bücher. Literaturbericht über das Verhältnis von Hegel und Hölderlin. In: Zeitschrift für philosophische Forschung. Band 35. Heft 3/4. Juli-Dezember 1981. S.628-645.

4 Vgl. zu der frühen Kritik an Fichte: Dieter Henrich, Hölderlin über Urteil und Sein. Eine Studie zur Entwicklungsgeschichte des Idealismus. In: Hölderlin-Jahrbuch. Vierzehnter Band 1965/66. S.73-96.

Formulierungen, die die von Hölderlin aufgegriffene Problematik bei Fichte gefunden hatte, die Begrifflichkeit und die Fragestellung der theoretischen Schriften Hölderlins deutlicher werden lassen konnte, dann konnte sie vorallem auch erkennbarer werden lassen, an welcher systematischen Stelle gerade der eigene denkerische Ansatz Hölderlins zu finden ist. Daß dieser auf ein Denken von der Sprache her weist und daß die dichterische Sprache als diejenige Erscheinung begriffen werden kann, die die Wirklichkeit des menschlichen Denkens bedeutet, sind Ergebnisse, die ohne die philosophische Arbeit des Liebrucksschen Werkes nicht zu erreichen gewesen wären.

Die Forschung hat sich seit der Wiederentdeckung der Dichtung Hölderlins durch Norbert von Hellingrath mit dem Verhältnis der theoretischen Schriften zur dichterischen Praxis befaßt. Dabei sind frühe Einsichten nicht durchgängig aufgenommen worden; schon 1917 schrieb Ernst Cassirer:

> "Wie das Unendliche und All-Eine sich in eine Fülle individueller Gestalten ausbreitet und sich nur in dieser Besonderheit der Gestalten auszuwirken vermag: das ist der Punkt, um den auch Hölderlins Denken beständig kreist(5)."

Dies wäre systematisch im Hinblick auf die Dichtung auszuführen gewesen unter Berücksichtigung eines weiteren, für die Interpretation grundlegenden Satzes Cassirers:

> "Ihre (der Natur, Zusatz A.T.) Vernichtung darf nicht als mögliches Ziel gedacht werden, denn sie wäre mit der Vernichtung des Ich gleichbedeutend."(125).

Als regulatives Prinzip jeder Deutung des Hölderlinschen Denkens hätte diese Einsicht viele Auslegungen vor Einseitigkeit in dieser oder jener Richtung bewahren können.

Zugleich formulierte schon Cassirer eine Unterscheidung, die von der Philosophie her gerechtfertigt werden kann, die aber bezüglich der Bedeutung des Hölderlinschen Denkens für lange Zeit Einsichten eher verhindert hat:

> Hölderlin "ist, so ernsthaft er sein Leben lang mit philosophischen Problemen gerungen hat, niemals ein systematischer Denker gewesen."(132).

Insofern dem Begriff des systematischen Denkens die Abgeschlossenheit eines diskursiven Gefüges zugehört, trifft dies zu und wurde es auch später von Hoffmeister angemessen formuliert:

> "Man spürt besonders in Hölderlins reifer und später Dichtung, daß er philosophiert **hat**; aber seine Ideen sind Gesicht

---

5 Ernst Cassirer, Hölderlin und der deutsche Idealismus. Zuerst in: Logos. Bd.7, 1917/18 und Bd.8, 1919/20. Dann in: Idee und Gestalt. Berlin (Cassirer) 1921. Zitiert nach dem Nachdruck: Darmstadt (Wissenschaftliche Buchgesellschaft) 1975. S.115-155. Hier: S.123.

> geworden, seine Philosopheme mythisches Bild." (Johannes Hoffmeister, Hölderlin und die Philosophie. Leipzig (Meiner) 1942. S.149).

Sobald die Trennung von Denker und Dichter allerdings eher psychologisierend als ein Unterschied in der Begabung und Veranlagung gedeutet wurde, hatte dies methodische Konsequenzen, die in einer Unterbestimmung sowohl des poetischen wie des philosophischen Werks Hölderlins ihren Ausdruck fanden. Diese Problematik äußert sich in dem Buch, das von der Absicht her meiner Arbeit am nächsten steht, in Walter Hofs Bemühung, "Hölderlins Stil als Ausdruck seiner geistigen Welt" (Meisenheim am Glan (Hain) 2. Aufl., 1956) zu deuten. Wenn dort "der Darstellung von Hölderlins Lebens- und Denkstil die Darstellung seines Ausdrucksstils folgt"(94), dann geht dies von unbefragbaren Ansichten aus, wie der,

> daß "in Hölderlins Natur unzweifelhaft als Ursprünglichstes das Gefühl der Alleinheit lag, das 'ganze Lebensgefühl', wie er es später nannte, und daß dieser Naturanlage ein vom Bewußtsein ungehemmter Ausdruck der reinen Begeisterung entsprach."(92).

Das Wort "Lebensgefühl" wird aus dem gedanklichen Zusammenhang genommen, in dem es einen bestimmten Sinn hat (vgl. mein viertes Kapitel), der gerade nicht erlaubt, abstrakt von einem ursprünglichen Gefühl zu sprechen. Aus dieser gedanklichen Unangemessenheit, der in der Einzelbetrachtung Hofs aufschlußreiche Erläuterungen zu Hölderlins theoretischen Fragmenten gegenüberstehen, resultiert das Verfahren, gedanklich Entwickeltes positiv in den Bauformen der Gedichtsprache Hölderlins wiederfinden zu wollen. Dies hintergeht methodisch die Begründung der poetischen Sprache Hölderlins auch von der erkenntniskritischen Philosophie seiner Zeit her, deren Einsicht in die **Mittelbarkeit** allen menschlichen Erkennens und Denkens Hölderlin m.E. nie preigegeben hat. Erst wenn die Sprache der Gedichte als sich bestimmende Negation von Form und Stoff im sprachlichen und geschichtlichen Kontext begriffen wird, kann sie als angemessener Ausdruck von Hölderlins "geistiger Welt" beschrieben werden.

Neben dem Verfahren einer **positiven** Beschreibung der Hölderlinschen poetischen Sprache, das allemal hinter das anhand seiner Aufsätze Entwickelte zurückfällt(6), weist die Forschung eine Reihe von großangelegten Bemühungen auf, am Leitfaden einer angetragenen Idee

---

6 Dies scheint mir auch die Problematik bei dem Buch von Lawrence J. Ryan, Hölderlins Lehre vom Wechsel der Töne. Stuttgart (Kohlhammer) 1960. zu sein.

das Werk Hölderlins **teleologisch** durchgängig zu beschreiben(7). Dies reicht von Wilhelm Böhms Anwendung des Diltheyschen Erlebnisbegriffes bis zu dem, freilich weniger äußerlichen Erklärungsversuch Gaiers von der schwäbischen Theosophie her. Ich gehe hier auf diese einschlägig bekannten und häufig diskutierten Positionen nicht nocheinmal ein; an entsprechender Stelle habe ich auf Unterschiede in entscheidenden Fragen des Textverständnisses hingewiesen(8).

Außer der positiven und der teleologischen Methode findet sich wiederholt ein Verfahren, das, mit teilweise völliger Ausschließlichkeit, einzelne oder mehrere der theoretischen Schriften Hölderlins **immanent** zu erhellen versucht. Dies führt zu einer Darstellung, die weitgehend die Begrifflichkeit der Fragmente beibehält und durch die Vernachlässigung der historischen und systematischen Problemstellung ihre Bedeutung nicht erläutern, sondern nur beteuern kann. Weil dabei auch der Zusammenhang der je zum Gegenstand gewählten mit anderen Hölderlinschen Schriften von der Darstellung ausgeschlossen bleibt, ist es nicht möglich, die jeweilige Stelle, die ein Begriff im Zusammenhang der einzelnen Schrift Hölderlins einnimmt, zu erkennen und systematisch zutreffend zu beschreiben(9).

Diese einfachere Problematik ist in dem Buch Michael Konrads "Hölderlins Philosophie im Grundriß - Analytisch-kritischer Kommentar zu Hölderlins Aufsatzfragment 'Über die Verfahrungsweise des poetischen Geistes'".(Bonn (Bouvier) 1967) nur insofern anzutreffen, als auch er Bezüge zu anderen - theoretischen und poetischen - Werken Hölderlins nicht berücksichtigen will. Unter dieser Voraussetzung gibt sein Kommentar entscheidend die Möglichkeit, sich dem philosophischen Gehalt des Aufsatzfragmentes zu nähern. Folgenreicher, als die Nichtberücksichtigung der übrigen theoretischen

---

7 Wilhelm Böhm, Hölderlin. Halle (Niemeyer) 1928 und 1930.

Paul Böckmann, Hölderlin und seine Götter. München (Beck) 1935.

Kurt Hildebrandt, Hölderlin - Philosophie und Dichtung. Stuttgart und Berlin (Kohlhammer) 1939.

Ernst Müller, Hölderlin: Studien zur Geschichte seines Geistes. Stuttgart (Kohlhammer) 1944.

Ulrich Gaier, Der gesetzliche Kalkül - Hölderlins Dichtungslehre. Tübingen (Niemeyer) 1962.

8 Vgl. auch: Alessandro Pellegrini, Friedrich Hölderlin - Sein Bild in der Forschung. Berlin (de Gruyter) 1965.

9 Hildegard Brenner, Die Erfahrungsweise des poetischen Geistes. Berlin (Dissertation) 1952.

Gerhard Buhr, Hölderlins Mythenbegriff - Eine Untersuchung zu den Fragmenten 'Über Religion' und 'Das Werden im Vergehen'. Frankfurt am Main (Athenäum) 1972.

Bruchstücke, ist allerdings der bewußte Verzicht auf den Einbezug der Konsequenzen, die die Gedanken des "Verfahrungsweise"-Fragmentes für die Gestaltung der poetischen Sprache Hölderlins hatten. Konrad hält sich hier streng an die Grenzen, die Kant mit seiner Erkenntniskritik hinsichtlich desjenigen, das uns anschaulich erscheinen kann, gezogen hat und muß von dieser Perspektive aus gerade Hölderlins eigene Ergebnisse, die unter Wahrung der kritischen Einsichten Kants den Bereich dessen, das anschaulich werden kann, weiter und anders fassen, als unerlaubte Hypostasierungen beurteilen(10).

Mit vollem Bewußtsein der methodischen Voraussetzungen will Peter Reisinger den ersten Satz mit Anmerkung, den zweiten und die Hälfte des dritten Absatzes aus dem "Verfahrungsweise"-Fragment

> "unter dem Anspruch seiner **immanenten** Gültigkeit, seines richtigen Sinnes, also theoretisch - **normativ**" untersuchen. (Peter Reisinger, Hölderlins poetologische Topologie oder: Die Bedingungen der Möglichkeit zur ästhetischen Interpretation von Poesie. In: Helmut Bachmaier, Thomas Horst, Peter Reisinger, Hölderlin-Transzendentale Relexion der Poesie. Stuttgart (Klett-Cotta) 1979. S.12-82. Hier: S.13).

Mit Begriffen aus der Wissenschaftslehre Max Webers grenzt er dieses Vorgehen von einem ab, das "genetisch-kausal unter dem Regreß seiner faktischen geistesgeschichtlichen Bedingungen" den Text "als historisches Objekt" vor sich bringen würde (ebd.). Die Absicht Reisingers ist es gerade nicht, die möglichen historischen Vorbedingungen der Gedanken Hölderlins zu ermitteln, sondern

> "den ersten Seiten des Fragmentes über die 'Verfahrungsweise' ein ... normatives, ästhetisches-poetologisches System analytisch zu entnehmen und synthetisch zu deuten."(15).

Ergebnis der Analyse ist eine hilfreiche Überschaubarkeit des Einleitungssatzes des Fragmentes, aus der sich in der Tat ergibt, daß hier bereits die Grundpositionen für die Vermittlungsbewegung von Geist und Stoff, Form und Gehalt entworfen sind, die in der Sprache des Gedichtes ihren erscheinenden Ausdruck finden. Da Reisinger auch für Hölderlin systematisch folgenreiche Begriffsbestimmungen Kants einbezieht, gelingt ihm eine zutreffende Darstellung der Problematik, was besonders darin zum Ausdruck kommt, wie er das Verhältnis des theoretisch Entwickelten zu der "poetischen Mythe" charakterisiert (vgl. 77-82).

Insofern die Werke Hölderlins nicht als historisches Objekt angesehen, sondern hinsichtlich ihrer systematischen Relevanz befragt werden, habe ich, auf breiterer Textgrundlage, ein ähnliches Verfahren auszuführen versucht und mit meinen letzten beiden Kapiteln folgende Anregung Reisingers aufgenommen:

> "Es wäre ... über die Funktion der poetischen Topologie im Sprachindividuum des Gedichtes nachzudenken."(78).

---

10 Vgl. die ausführliche Auseinandersetzung bei Liebrucks, "Und", S.151-195., der ich mich anschließen möchte.

Der Einwand, der aus hermeneutischer Sicht gegen eine Trennung der immanenten, theoretisch-normativ ausgerichteten Untersuchung von der Berücksichtigung der historischen Bedeutung einer zu untersuchenden Begrifflichkeit erhoben werden könnte, hätte dann seine Berechtigung, wenn die immanent verbleibende Darstellung den Kontext soweit außer Acht ließe, daß ihr die Problemstellung verborgen bliebe. Andererseits weist ein Verfahren, das die historischen Quellen für ein zu bestimmendes Werk umfassend heranzieht, dann eine entsprechende Unzulänglichkeit auf, wenn die Eigenbedeutung des jeweils zu Untersuchenden durch die historischen Herleitungen derart relativiert wird, daß sie nicht in ihrem spezifischen Verhältnis zu und in ihrer Eigenbedeutung gegenüber dem Kontext erkennbar wird. Dieser Gefahr, die dem historisch-genetischen Verfahren eignet, entgeht das Buch von Gerhard Kurz "Mittelbarkeit und Vereinigung - Zum Verhältnis von Poesie, Reflexion und Revolution bei Hölderlin" (Stuttgart (Metzler) 1975) nicht immer, besonders dann nicht, wenn die Gestalt der Gedichte nicht als Ausdruck des zugrundeliegenden Denkens interpretiert, sondern einzelne Verse daraus wie diskursive Sätze zur Bestätigung der hergeleiteten Gedankenzusammenhänge angezogen werden(11).

Über das historisch-genetische Vorgehen hinaus legt die Untersuchung von Panajotis Kondylis "Die Entstehung der Dialektik - Eine Analyse der geistigen Entwicklung von Hölderlin, Schelling und Hegel bis 1802" (Stuttgart (Klett-Cotta) 1979) Analysen einzelner Texte vor, die deren philosophiegeschichtliche Relevanz im Zusammenhang der thematisierten Entwicklung befragen. Insofern stellt sie methodisch eine Verbindung der zuletzt genannten Vorgehensweisen dar, die allerdings nur Hölderlins philosophisch-theoretischen Beitrag zur Entwicklung der Dialektik würdigt, nicht die Folgen seines Denkens für seine poetische Sprachgestaltung. Kondylis geht von folgender These aus:

> "Die durch Hegel bekanntgewordene und seitdem mit seinem Namen verbundene Dialektik entsteht auf der Grundlage einer monistischen Weltanschauung bzw. einer Vereinigungsphilosophie, die ihrerseits stark monistische Ansätze der deutschen Spätaufklärung in sich aufnimmt und sich gleichzeitig gezwungen sieht, sich mit den von Kant und Fichte aufgeworfenen erkenntnistheoretischen Fragen intensiv auseinanderzusetzen."(S.11).

Er legt eine Interpretation des Aufsatzes "Über die Verfahrungsweise des poetischen Geistes" vor (384-409), der ich insgesamt zustimmend folgen kann, die sich aber gelegentlich selbst dadurch den Blick verstellt, daß sie die zum Ausgangsaxiom genommene "Vereinigungsphilosophie" zu ungebrochen auch in dieser Hölderlinschen Schrift

---

11 Vgl. dazu ausführlicher meine Besprechung des Buches in: Germanisch-Romanische Monatsschrift, Neue Folge, Band 29, 1979, Heft 2. S.227-232.

wiederfinden will. Die Folge ist die jedes teleologischen Verfahrens: das Besondere wird übersehen, hier bis in das Zitat hinein:

> "Wie sehr Hölderlin seine Poetik mit seiner Vereinigungsphilosophie verbunden wissen wollte, zeigt sich gleich am Anfang. Der Dichter solle sich vor allen Dingen die metaphysische Wahrheit zu eigen machen, es gebe ein höchstes Sein, bzw. eine 'gemeinschaftliche Seele, die allem gemein und jedem gemein ist', nämlich ein ἓν καὶ πᾶν."(385).

Bei Hölderlin dagegen steht "allem gemein und jedem **eigen**" (Hervorhebung von mir, A.T.). Auch die Hölderlinschen Ausführungen hinsichtlich der Form und des Gehaltes des Stoffes finden nicht die genügende Berücksichtigung, die erkennen lassen würde, daß er gerade in diesem Zusammenhang die Wechselbestimmung von Ich und Nicht-Ich (Fichte) eigenständig weitergedacht hat.

Die Möglichkeit, Hölderlin als Kritiker jeder Form von Metaphysik aufzufassen, ist allerdings spätestens mit dem Buch von Kondylis, das Hölderlins Denken in seiner Bedeutung für den deutschen Idealismus als bewußt systematisches charakterisiert, nicht mehr gegeben. Wenn auch mit den älteren Darstellungen der Unterschied zu eigentlich philosophischer Systematik insofern betont bleiben sollte, daß Hölderlin kein in sich vollständiges begriffliches System entworfen, sondern die diskursive Sprache zur poetischen hin überschritten hat, muß zugleich die Heideggersche Inanspruchnahme für einen Schritt über die Metaphysik hinaus, gegen den Idealismus, abgewiesen werden.

Beda Allemann ist diesen Zusammenhängen bereits 1954 nachgegangen (Beda Allemann, Hölderlin und Heidegger. Zürich und Freiburg im Breisgau (Atlantis) Zweite, erweiterte Auflage 1956) und hat für das Aufsatzfragment "Über die Verfahrungsweise" festgestellt:

> "So verläuft dieser Homburger Aufsatz im eigentlichen Sinne ergebnislos. Daran ist nichts Negatives." Denn dies resultiert "aus einer echten Verlegenheit des Denkens."(158).

Diese "Verlegenheit" hat Hölderlin mit seiner Beschreibung der transzendentalen Empfindung charakterisiert, die die Gesamtheit des Seins nicht unmittelbar, sondern als Grund der Vermittlung in der Sprache für unser Bewußtsein erfährt. Hier wahrt Hölderlin die von der Erkenntniskritik Kants gezogenen Grenzen. Diese Einsicht, die der Sprache des Gedichtes als dem Ort der vermittelten wirklichen Erscheinung des Denkens und des Gedachten erst ihre eigentümliche Bedeutung gibt, berücksichtigt Heidegger nicht genügend, wenn er in seinen Vorlesungen zu "Hölderlins Hymnen 'Germanien' und 'Der Rhein'" (Martin Heidegger, Gesamtausgabe, Band 39, II. Abteilung: Vorlesungen 1923-1944. Frankfurt am Main (Klostermann) 1980) aus dem Wintersemester 1934/35 die Grundstimmung, aus der das Gedicht erst entstehen soll, nicht nur hinsichtlich ihrer Bedeutung begrifflich umschreibt (139,f.) und ihr Wesen zu begreifen versucht (223), sondern auch positiv benennt als "die heilig trauernde, aber bereite Bedrängnis" (ebd., an beiden Stellen). Damit überschreitet er die Grenzen dessen, was in diskursiver Sprache ausgesagt werden kann und beansprucht für diese genau den Bereich, den Hölderlin als eben denjenigen beschrieben hatte, der nur und ausschließlich in der Sprachgestalt des Kunstwerkes zum Ausdruck kommen kann, wenn diese überhaupt einen eigenen Sinn haben soll. Während Heidegger fordert "Das Geheimnis dieses Seyns (das Geheimnis des Reinentsprungenen) gilt es zu enthüllen."(235), wußte Hölderlin:

> Ein Räthsel ist Reinentsprungenes. Auch
> Der Gesang kaum darf es enthüllen. Denn
> ...

Erstes Kapitel

ZUR MÖGLICHKEIT DES DICHTENS NACH KANT

1. DIE PROBLEMSTELLUNG

Die Ergebnisse der Kritik des reinen spekulativen und des reinen praktischen Vernunftgebrauches, die Kant vorgelegt hatte, zeigten ebensowohl, daß es unmöglich sei zu dichten, wie sie Bedingungen an die Hand gaben, nach denen eine Dichtung erst möglich werden konnte, die, wie diejenige Hölderlins, nicht nur als schöne Kunst, sondern zugleich als Gestalt des Bewußtseins erscheint. Wenn ich die Dinge in der Anschauung als Erscheinungen und zwar nur als Erfahrungsgegenstände meiner Vorstellung habe, kann ich nur in dieser Hinsicht etwas über sie aussagen. Es ist nicht möglich, etwas zu erdichten, das Vorstellungen gäbe, deren Substrat über den Bereich der Erscheinungen hinaus zu finden sein sollte, weil ich von nichts gesichert wissen kann, was außerhalb dieses Bereiches liegt. Jede solche Erdichtung entbehrte der Grundlage und wäre nichts als ein Hirngespinst. Mit der Kritik des spekulativen Vernunftgebrauches konnte Kant aber zeigen, daß der Gegenstandsbereich meiner Verstandestätigkeit ausschließlich die Welt der Erscheinungen ist, wobei die Art meiner Vorstellung nach Gesetzen a priori geordnet ist und immer unter Voraussetzung des reinen Begriffes von Raum und Zeit stattfindet. Da ich selbst, als Gegenstand der Anschauung, für mich Erscheinung bin, die als Körper im Raum, als innerer Sinn in der Zeit erscheint, kann ich auch mich selbst nicht als einheitliche Substanz begreifen. Um dennoch einen festen Bezugspunkt meiner Verstandestätigkeit voraussetzen zu können, muß ich als reine **Idee** die transzendentale Einheit der Apperzeption annehmen. Durch diese Idee kann ich überhaupt erst meine Erkenntnisse als **meine** wissen, ihre Einheit kommt zum Ausdruck in dem "Ich denke", das alle meine Vorstellungen begleiten können muß, wenn sie überhaupt meine Vorstellungen für mich sollen sein können. Der Begriff bliebe allerdings leer, wenn das Denken nicht Erscheinungen zum Erfahrungsgegenstand hätte; gleicherweise sind die Dinge, die mir nicht in der Vorstellung erscheinen, für mich nichts. Während dem Denken also Dinge korrespondieren müssen, die in der Anschauung als Erscheinungen vorgestellt werden, ist es dennoch nicht im dogmatischen Sinne abhängig von Gegebenheiten, sondern vermag die Erscheinungen nach den Kategorien zu verknüpfen, die für meine Anschauung die Verhältnisse bedingen, in denen die Erscheinungen für mich zueinander stehen. Es ist nach Kant nicht mehr möglich zu sagen, daß die Dinge an sich in für uns erkennbaren Verhältnissen zueinander stehen.

> "Verbindung liegt aber nicht in den Gegenständen, und kann von ihnen nicht etwa durch Wahrnehmung entlehnt und in den Verstand dadurch allererst aufgenommen werden, sondern ist allein eine Verrichtung des Verstandes, der selbst nichts weiter ist, als das Vermögen, a priori zu verbinden, und das Mannigfaltige gegebener Vorstellungen unter Einheit der Apperzeption zu bringen, welcher Grundsatz der oberste im ganzen menschlichen Erkenntnis ist(1)."

Die Vorstellung der Dinge als Erscheinungen ist also geordnet hinsichtlich der Einheit der Apperzeption; die Gesetze dieser transzendentalen, jeder sinnlichen Erfahrung vorausgehenden Ordnung stellen die Kategorien in ihrer reinen Form dar. Zugleich müssen diese reinen Formen vermitteln zwischen meinem Denken und dem Bereich der Erscheinungen, sie müssen also auch Bezug auf die Affektion der Sinnlichkeit haben. Diese Vermittlung leistet das transzendentale Schema, welches die reine Synthesis ist, durch die das Mannigfaltige der Erscheinungen gemäß der Einheit der Apperzeption unter einen Begriff gebracht wird. Die Möglichkeit dieser Synthesis beweist die Gültigkeit der Kategorien: diese hängt allerdings notwendig davon ab, daß dem reinen Verstandesbegriff etwas im Bereich der Erscheinungen entspricht; die transzendentale Synthesis verbürgt demnach den Bezug meines Denkens vermittels des transzendentalen Schemas auf Erscheinungen der Dinge. Mit dem Gegenstandsbereich des menschlichen Verstandes hat Kant zugleich die Grenzen dessen, was wahrgenommen und auch mitgeteilt werden kann, umrissen. Mitteilbar sind die angeschauten Erscheinungen, weil jeder Wahrnehmung gemäß der Verstandesgesetze, die rein und frei von jeder Mannigfaltigkeit sein müssen, Allgmeinheit zukommt. Die Synthesis nach Verstandesbegriffen, die Erscheinungen für meine Vorstellung ordnet, ist im Hinblick auf die Einheit der transzendentalen Apperzeption die Voraussetzung zu der Möglichkeit, das Mannigfaltige in eine diskursive Abfolge zu bringen, die wiederum nur für mein Denken vorgestellt ist, weil es gemäß den reinen Verstandesgesetzen begrifflich verläuft. Auf diese Weise kommt das Denken mit der Welt in Berührung, indem es die Affektionen der Sinne für sich gemäß seinen eigenen a-priorischen Gesetzen ordnet. Insofern sie ausschließlich die so bestimmt erscheinende Anschauung von Erfahrungsgegenständen als für uns erkennbar bestimmt, ist die Kantische Kritik des spekulativen Vernunftgebrauchs vorallem eine Grenzziehung. Die Dinge, an sich selbst betrachtet, und Alles, was außerhalb der sinnlich erfahrbaren Welt liegen mag, kann für uns nur Gegenstand eines problematischen Postulates sein. Wenn dabei auch nichts hinsichtlich der Möglichkeit, die Existenz übersinnlicher Wesen anzunehmen, geurteilt wurde, so kann diese Möglichkeit ebensogut abgestritten werden: eine wissenschaftlich gültige Aussage

---

1 Immanuel Kant: Kritik der reinen Vernunft. B 134/135. zit. nach: I. Kant, Werke in zehn Bänden, Herausgegeben von Wilhelm Weischedel. Band III. Darmstadt (Wissenschaftliche Buchgesellschaft) 1975. S.138.

darüber ist nicht zu erreichen und die Wahrscheinlichkeit, mit der eine solche Existenz angenommen werden kann, hängt ab von der subjektiv begründeten Notwendigkeit des Glaubens.

In dem bisher angedeuteten Zusammenhang der Kritik des spekulativen Vernunftgebrauches hat eine poetische Darstellung, die mit ihren Gestaltungen mehr geben will, als Vorstellungen von Erscheinungen, keinen Platz; sie wäre als Erdichtung überschwenglicher Phantasien völlig unbegründbar und vor der Kritik des Verstandesgebrauches nicht zu halten. Dieser zufolge können Aussagen, die nicht nach den Gesetzmäßigkeiten der Kategorien auf Gegenstände als Erscheinungen bezogen sind, für uns keinen gültigen Gegenstand haben; sie bedeuten somit nichts. Eine Anschauung, die auf etwaige Gegenstände außerhalb der Erscheinungswelt gerichtet wäre, wäre eine intellektuelle Anschauung: diese ist dem menschlichen Verstande nicht möglich. Die Verknüpfung, die die Vernunft unter den Verstandesbegriffen vornimmt, wenn sie sie zur Einheit und auf eine mögliche Vollständigkeit der Erkenntnisse hin bestimmt, ist deshalb bloß als Idee zu denken, der in der Erfahrung nichts entsprechen kann. Wenn ich die Verhältnisse unter den Erscheinungen nach Verstandesgesetzen ordne, so tue ich dies unter der Annahme, daß diesen Verhältnissen entsprechende Beziehungen der Dinge untereinander korrespondieren, wenngleich ich über diese niemals zu einem objektiven Urteil kommen kann. Die transzendentale Einheit der Apperzeption, die die reine Vernunft unter den Gesetzmäßigkeiten des Denkens fordert, muß ich demnach der Natur, als Inbegriff der Sinnenwelt, ebenfalls unterstellen, **als ob** ein allmächtiges Wesen, dessen Denken und Wollen unmittelbar kausal in der Sinnenwelt wirke, diese Einheit und Zweckmäßigkeit **für uns** in ihr gewollt habe. Diese Idee der reinen Vernunft, die im Ideal des allerrealsten Wesens zum Ausdruck kommt, hat allerdings ausschließlich regulative Absicht, indem sie ermöglicht, eine Zweckmäßigkeit in den Verhältnissen unter den Erscheinungen analog zu den Verstandesgesetzen zu denken, als ob eine korrespondierende Zweckmäßigkeit (für uns) unter den Dingen (an sich) anzutreffen sei. Die gesamten Ideen der Vernunft, die es gestatten, eine Einheit und Vollständigkeit der menschlichen Erkenntnis zu denken, sind nichts als regulative Prinzipien. Sie sind nicht konstitutiv für eine Erkenntnis der Dinge an sich, im sinnlichen wie im übersinnlichen Bereich, sie erlauben folglich keine positive Aussage über die Substantialität eines höchsten Wesens, wie überhaupt alles, was außerhalb von Raum und Zeit liegen soll, mit ihnen nicht erkannt, sondern nur als Etwas, seiner idealen Möglichkeit nach, angenommen werden kann. Dies trifft ebenso für den Begriff der **Freiheit** zu, der für das Handeln des Menschen, als Wesen, das nicht nur den Gesetzen der Sinnenwelt folgt, Gültigkeit haben müsste. Im Bereich des spekulativen Vernunftgebrauches konnte dieser Begriff nur der Möglichkeit nach gedacht werden; die Wirkungen einer Kausalität aus Freiheit können im Bereich der Erscheinungen nicht erkannt werden; die Möglichkeit der Freiheit besteht für den Menschen, als denkendes Wesen, bloß in der Idee.

Wenn der Weg der Kritik an die Grenzen des Bereiches für den spekulativen Vernunftgebrauch führte, wobei dieser Bereich als der der Erscheinungen, als welche die Dinge der Sinnenwelt unseren Vorstellungen anschaulich sind, bestimmt wurde, welche Möglichkeit blieb dann für den Dichter außer der, in den Bahnen der für den menschlichen Verstand abgeleiteten Denkgesetze die Gegenstände der Welt nachzuzeichnen? Wollte er sich dabei nicht überschwenglicher Hirngespinste schuldig machen, hätte er dem Naturforscher zu folgen, der ihm genauere Kenntnisse voraus hätte. Einzig die Möglichkeit, ästhetische Ideen darzustellen, hatte Kant für den Künstler durch seine kritischen Grenzziehungen übriggelassen. Für den Dichter konnte das heißen, seine sprachlichen Bilder so zu gestalten, daß zu einem gegebenen Begriff von einer Erscheinung "ein unabsehliches Feld verwandter Vorstellungen eröffnet"(Immanuel Kant: Kritik der Urteilskraft, B 195. WW, VIII; S.415 f.) wird. Diese Eröffnung verdankt sich den

> "ästhetischen Attributen der Gegenstände ..., welche den logischen zur Seite gehen, und der Einbildungskraft einen Schwung geben, mehr dabei, obzwar auf unentwickelte Art, zu denken, als sich in einem Begriffe, mithin in einem bestimmten Sprachausdrucke, zusammenfassen läßt."(KdU., B 198, a.a.O., S.417)

Wie der Sprachausdruck Hölderlins, der nicht der bestimmte Sprachausdruck des Kantischen Begriffs ist, derart gestaltet werden konnte, daß er dem Ausdruck verleiht, was Kant mit der ästhetischen Idee vage umreißt, möchte ich im Verlauf der weiteren Darstellung zeigen. Hier ist hinsichtlich der Eröffnung der Aussicht auf ein unabsehliches Feld verwandter Vorstellungen zu sagen, daß diese Offenheit wiederum eine Aufgabe für die reflektierende Urteilskraft bedeutet, die einen den Vorstellungen adäquaten Begriff sucht. Da die Mannigfaltigkeit der möglichen Erscheinungen nicht absehbar ist, ist auch nicht vorhersehbar, ob jemals die reflektierende Urteilskraft ihr Geschäft wird einstellen müssen und, als bestimmende Urteilskraft, für den gesamten und vollständigen Bereich der Erscheinungen Begriffe bereit halten wird, denen sie die Mannigfaltigkeit restlos subsumiert hat. Diese Vollständigkeit der Erkenntnisse ist wiederum ein regulatives Prinzip, das als Idee den Verstandesgebrauch der reinen Vernunft leitet. Kann also die Vollständigkeit der Erkenntnisse nicht real werden, so nannte Kant mit der unausschöpflichen Mannigfaltigkeit die reale Bedingung, der gemäß künftiges Denken immer ihm korrespondierende Erscheinungen haben kann. Die Naturschönheit, insofern sie der mögliche, aber nie der restlos bestimmte Gegenstand der Urteilskraft, als reflektierender Urteilskraft ist, ist demnach die Darstellung der Zweckmäßigkeit des Denkens, wie sie der Form nach in der regulativen Vernunftidee bereits gefordert wurde.

Die Darstellung des menschlichen Denkens in der Sprache, wie ich die Aufgabe des Dichters hier vorausdeutend und abkürzend nenne, ist indessen immer an den "bestimmten Sprachausdruck" geknüpft; sie kann folglich den Bereich der Vorstellungen, die wir mit einem bestimmten Begriff verbinden, möglicherweise erweitern; diese Erweiterung bleibt aber im Gebiet der Vorstellungen, denen Dinge als Erscheinungen korrespondieren, und gewinnt somit lediglich eine größere Menge von Vorstellungen, nicht aber eine andere Qualität. So gedacht verbliebe die Dichtung innerhalb der Grenzen, die die Kritik des spekulativen Vernunftgebrauches gezogen hat, und auch die Möglichkeit, ästhetische Ideen darzustellen, befähigt sie nicht, diese zu überschreiten.

Dies bestätigt das Geschmacksurteil über das Schöne, das dasjenige als schön beurteilt, das sich in formaler Übereinstimmung mit den Verstandesgesetzen befindet, das als Zweckmäßigkeit ohne Zweck dem interesselosen Wohlgefallen entgegenkommt. Bei der Rede von einem schönen Gegenstand ist nicht zu vergessen, daß die Qualität des Schönen nicht dem Objekt, sondern unserer Vorstellung von ihm eignet. Das Geschmacksurteil über das Schöne findet demgemäß nur an etwas Wohlgefallen, das den anzunehmenden Gesetzmäßigkeiten unserer Einbildungskraft entspricht. Einer Erscheinung kommt deshalb dann die Eigenschaft zu, schön zu sein, wenn sie so beschaffen ist, **als ob** sie nach den Gesetzen des menschlichen Vorstellungsvermögens hergestellt worden wäre. Damit entspricht die schöne Erscheinung den Formen des Denkens nicht nur, sondern bestätigt sie; das Geschmacksurteil über das Schöne hat deshalb scheinbar ausschließlich subjektiven Charakter, zugleich kann es aber jedermann angesonnen werden, weil die Gesetzmäßigkeit der Vorstellungen allgemeingültig sein soll.

Die Auffassung der Sprache, auf die hinsichtlich der dichterischen Arbeit alles ankommt, beruht bei Kant nicht auf der Einsicht in die Sprachlichkeit jeder Erscheinung, in der das menschliche Denken sich wirklich begreift. Dies begründet die Eingeschränktheit des Bereiches der Ausdrucksmöglichkeiten, die für den Dichter übrig blieben, verwendete er die Sprache ausschließlich zur Benennung des von der Kritik als erkennbar bestimmten Bereiches und wäre die Wirkung seiner Werke derart, daß sie vom Geschmacksurteil als schön aufgefaßt werden könnte. Das Ergebnis wäre eine Poesie, die zwar der Wissenschaft und dem Denken vermittels der ästhetischen Ideen Stoff liefern könnte, die Begriffe zu erweitern, die aber hinsichtlich der Genauigkeit und der Gültigkeit den Erkenntnissen der Wissenschaft immer nachstünde und letztlich kaum mehr, als ein angenehmes Spiel der Erkenntnisvermögen anregen könnte.

Dies ist aber unzureichend, wenn die Dichtung eigenständig Erkenntnisse hinsichtlich der Zugehörigkeit des Menschen zur intelligiblen Welt ermöglichen soll. Die Möglichkeit, diese Zugehörigkeit anzunehmen, wurde in der Kritik des spekulativen Vernunftgebrauches bereits problematisch insofern abgeleitet, als Kant zeigte, daß die Vorstellungen, als die die Dinge erscheinen, ihrer Form nach unabhängig von der Erfahrung dem Denken a priori zu Grunde liegen.

Diese Vorstellungen, deren gesetzmäßige Einheit die Vernunft herstellen soll, lassen die Erscheinungen als zweckmäßig annehmen, wobei dies nur als zu fordernde Idee vorgestellt wird. Die Form der Vorstellungen kommt also dem menschlichen Denken unabhängig von heterogenen Bestimmungsgründen zu und kann deshalb in dieser Freiheit auch als uneinschränkbar offene Form gedacht werden. Wenn die Vernunftidee unter den Verstandesgesetzen regulativ eine Einheit verlangt, bleibt zugleich die Möglichkeit offen, diese gedachte Einheit als **eine** Möglichkeit zu verstehen, die durch nichts als das menschliche Denken in dieser bestimmten Gestalt vorgestellt ist. Damit wurden die Vorstellungen ihrer Art nach nicht vorbestimmt. Dem ist vorausgesetzt, daß das menschliche Denken auch als der intelligiblen Welt zugehörig betrachtet wird, daß für es eine Gesetzmäßigkeit aus Freiheit angenommen werden kann. Ob und wie dieser Bestimmungsgrund des menschlichen Denkens in einer Sprachgestalt anschaulich werden kann, ist die Hauptfrage, die sich ein Dichter stellen mußte, dessen Werk auch vor der Vernunftkritik Gültigkeit beanspruchen wollte.

2. ERKENNBARKEIT DER FREIHEIT

Das Gesetz der Freiheit kann allerdings zufolge der Ergebnisse der Kritik des reinen praktischen Vernunftgebrauches nicht eingesehen werden. Dennoch wurde hier von Kant die Notwendigkeit, eine Kausalität durch Freiheit zu denken, hergeleitet. In der Kritik des spekulativen Vernunftgebrauches war dies lediglich eine problematische Möglichkeit; für den praktischen Gebrauch der Vernunft mußte die Vorstellung einer intelligiblen Welt im Gesetz der Freiheit notwendig als objektiver Bestimmungsgrund für den Willen angenommen werden, wenn der Mensch auch als vernunftbestimmtes Wesen gelten sollte. Dieser Bestimmungsgrund kann allerdings ausschließlich der Form nach vorgestellt werden und nur formal ist die Vorstellung der Freiheit objektiv, notwendig und allgemeingültig als Bestimmung des Willens durch die Vernunft. Deshalb kann die Vorstellung der Freiheit nicht dargestellt werden, sie ist eine reine Vernunftbestimmung des Willens und ginge immer dann des Charakters eines allgemeingültigen Bestimmungsgrundes verlustig, wenn sie anders, als rein formal, gedacht würde. Ihre objektive Möglichkeit als Kausalität der reinen Vernunft besteht in meiner Fähigkeit, einen kategorischen Imperativ der Form nach zu denken: dies ist der einzige Bestimmungsgrund meines Willens aus reiner Vernunft. Durch ihn hat die reine Vernunftbestimmung Kausalität im Reich der Sinne, denn durch die Form der Forderung, die als Gesetz des Sollens (Gebot) auftritt, wird angezeigt, daß mein Handeln sich dem Vernunftideal im moralischen Sinne annähern soll, wenn es auch dieses niemals vollständig erreichen kann, solange ich durch Gegenstände der Sinnenwelt affiziert werde. Das moralische Gesetz tritt also der Form nach als Imperativ auf: die Möglichkeit, diesen Imperativ zu denken, erweist die Vorstellung einer objektiven Kausalität aus Freiheit als notwendig und allgemeingültig für alle vernünftigen Wesen. Dadurch eröffnet sich meinem Denken eine Aussicht in das Reich der Zwecke, das das Reich der Freiheit ist; diese Aussicht kann allerdings nicht anschaulich werden, sie ist bloß als Idee einer intelligiblen Welt gedacht, die dennoch notwendig ist als einziger Bestimmungsgrund für meinen Willen aus reiner Vernunft. Die Kausalität aus Freiheit wird somit objektiv als Bestimmungsgrund des Willens im praktischen Vernunftgebrauch durch die Möglichkeit, das moralische Gesetz in seiner Form als kategorischen Imperativ zu denken. Diese Form kann gedacht werden als Gesetzmäßigkeit, die dem Denken zugrunde liegt und, noch vor der grammatischen Form der Sprache und anders als die Verstandesgesetzmäßigkeiten, die meine Vorstellungen ordnen hinsichtlich der Erscheinungen, die Möglichkeit bedingt, überhaupt ein anderes, als ein den Gesetzen der Sinnenwelt unterliegendes Handeln vorzustellen. Deshalb wird die Kausalität aus Freiheit im Bereich der Erscheinungen nicht real sichtbar: das menschliche Handeln soll zwar nach dem Gebot des moralischen Gesetzes stattfinden, allein die Zugehörigkeit zur Sinnenwelt schränkt die Möglichkeit einer tatsächlichen Verwirklichung der durch das Gesetz der Freiheit vorgeschriebenen Pflicht immer ein.

Die oberste Grenze der Kritik des praktischen Vernunftgebrauches erreichte Kant mit der Bestimmung des Moralgesetzes als formalen Bestimmungsgrund des menschlichen Willens durch reine Vernunft. Die Aufgabe, die sich der Dichter stellen kann, die Idee einer intelligiblen Welt begreiflich zum Ausdruck zu bringen, kann deshalb nicht lösbar sein, ohne daß der Gebrauch der Vernunft ins Überschwengliche ausschweift. Dennoch läßt sich der Bestimmung der Kausalität der reinen Vernunft hinsichtlich des Willens die entscheidende Möglichkeit ablesen, wie die Freiheit des vernunftbegabten Wesens Mensch sich darstellen könnte. Wenn das moralische Gesetz als Bestimmungsgrund des praktischen Vernunftgebrauches ausschließlich seiner Form nach als notwendig und allgemeingültig gedacht werden kann, wenn überall nur die Form des vorstellbaren Gebotes als Kausalität der Freiheit rein auf den menschlichen Willen wirkt, so ist es die Form der Vorstellungen, die hinsichtlich der dichterischen Arbeit zu bedenken ist. Es darf dieser Arbeit nicht darum gehen, neue Worte zu erkünsteln, in der Hoffnung, damit die intelligible Welt anschaulich werden lassen zu können; solche Bemühung nannte Kant kindisch, da die Sprache so schon an Ausdrücken für gegebene Begriffe keinen Mangel habe. Die dichterische Arbeit könnte eher darum bemüht sein, durch die Form, die sie ihren Gestaltungen gibt, die notwendige Idee zum Ausdruck zu bringen, daß der praktische Vernunftgebrauch objektiv durch das Gesetz der Freiheit bestimmt sein soll. Diese **Form der Vorstellungsart**, die unterschieden werden muß von den kategorial bestimmten Gesetzmäßigkeiten des Verstandesgebrauches hinsichtlich der Erscheinungen, kommt zu ihrem Ausdruck in der Gestaltung der Sprache. Sie ist allerdings mehr, als nur die syntaktische Form, in der die

Worte angeordnet sind. Ihr liegt sie ebenso zugrunde, wie der Wortbedeutung und dem Lautklang. Die Gesetzmäßigkeit, nach der sich die Form der Vorstellungen gestaltet, wird erst mit der Beschreibung der Bewegung, in der das Bewußtsein sich konstituiert, wie Hölderlin sie in seinen theoretischen Aufsätzen gibt, dargestellt werden können; in den Gedichten entsprechen ihr die Inversionsfiguren, die das Werden der Vorstellungen erkennbar werden lassen. Dies kann ich erst mit der exemplarischen Interpretation der Hymne "Friedensfeier" im letzten Kapitel ausführen. Im Rahmen der Philosophie Kants kann diese Form der dichterischen Sprache analog zu der reinen formalen Bestimmung des menschlichen Willens durch die Vernunft vorgestellt werden. Sie soll die Aussicht in das Reich der Zwecke eröffnen, die mittels der diskursiven Rede nicht anschaulich werden kann. Wenn der Dichter die Gestaltung der Vorstellung als **offen** und dem Gesetz der Freiheit verpflichtet zur Anschauung bringen will, dann muß er eine sprachliche Form finden, die nicht nur den gegebenen "bestimmten Sprachausdrücken" nicht restlos subsumierbar sein darf, sondern die auch die Möglichkeit der Freiheit des Menschen hinsichtlich der Gestaltung seiner Vorstellungsart zum Ausdruck bringen kann. Diese Möglichkeit könnte dann begreifbar werden, wenn die Gesetzmäßigkeit, nach der die Vorstellungen auf die Erscheinungen gerichtet sind, in ihrer Einheitlichkeit selbst als Vorstellung, derer der Mensch als regulatives Prinzip bedarf, einsichtig wird und damit die Idee der transzendentalen Einheit der Apperzeption als zwar notwendige, aber nicht einzig mögliche Vorstellung des menschlichen Denkens zum Zweck einer Ordnung der eigenen Vorstellungen in einer jeweils besonderen Art erkennbar wird. Die prinzipielle Offenheit, die dem menschlichen Denken möglich ist, wenn es die Dinge der Sinnenwelt in Freiheit begreift, muß also in der Form der dichterischen Sprachgestaltung zum Ausdruck kommen. Damit braucht kein überschwengliches Anschaulichmachen übersinnlicher Phänomene angestrebt werden, vielmehr geht es um die Möglichkeit des freien Nachdenkens über die Denkungsart selbst. Bei Hölderlin wird dieses Nachdenken zu der Erkenntnis führen, daß das Denken sich selbst nur in der Sprache wirklich erkennen kann. Dies führe ich anhand seiner theoretischen Schriften im fünften Kapitel aus.

Dieses Denken, das den Ort seiner Wirklichkeit in der Sprache findet, konnte erst möglich werden, nachdem die Kritik Kants hinsichtlich der Bedingungen der Möglichkeit des - wissenschaftlichen - Denkens die Annahme deduziert hatte, daß für den menschlichen Verstand die Dinge bloß als Erscheinungen in seinen Vorstellungen erkennbar sind, daß die Bewegung des Denkens auch vom menschlichen Verstandesvermögen selbst reguliert wird und daß die Verknüpfung der Erkenntnisse zu einer Einheit durch die Vernunft letztlich auch vom Menschen als Vernunftwesen gedacht sein soll, indem das "Ich denke" alle Vorstellungen immer muß begleiten können, sofern sie tatsächlich meine Vorstellungen sind. Das bedeutet aber auch, daß die Idee der transzendentalen Einheit der Apperzeption meine eigene Idee, als vernunftbegabten Wesens, ist, und daß ihr Ausdruck in dem "Ich denke" mein eigener Ausdruck für die ideale Einheit ist, die ich selbst als notwendiges, aber bloß regulatives Prinzip meinen Vorstellungen zum Grunde lege. Insofern bin ich frei, für mein Denken eine Einheit vorzustellen; ich kann deshalb auch in Freiheit diese grundsätzliche Offenheit der Möglichkeit, eine ideale Einheit für meine Vorstellungen zu denken, zur Darstellung bringen. Dies scheint allerdings daran zu scheitern, daß jede Darstellung mit sinnfälligen Mitteln, wozu auch die Sprache zählt, der Idee unangemessen ist, weil die Darstellung immer bereits bestimmten Vorstellungen der empirischen Anschauung verhaftet ist und darum die von der Vernunft geforderte unbedingte Totalität der reinen Idee nie erreichen kann. Bereits im Horizont der Philosophie Kants läßt sich dennoch eine Anregung finden, wie das Denken zur Darstellung kommen kann, ohne daß das Mittel dem Darzustellenden geradezu widerspricht.

3. DIE SYMBOLISCHE KONSTRUKTION

Ich entnehme diesen Hinweis der transzendentalen Methodenlehre, wo Kant die Mathematik als das glänzendste Beispiel für eine

> "sich, ohne Beihülfe der Erfahrung, von selbst glücklich erweiternde (...) reine (...) Vernunft"(KdrV, A 712/B 740; WW, IV; S.612 f.)

anführt. Während die philosophische Erkenntnis die Vernunfterkenntnis aus Begriffen sei, sei die mathematische Erkenntnis diejenige aus der **Konstruktion** der Begriffe. Zur Konstruktion eines Begriffes werde eine **nicht empirische** Anschauung erfordert, denn Konstruieren bedeute, die dem Begriffe korrespondierende Anschauung a priori darstellen. Diese nicht-empirische Anschauung verstand Kant als Anschauung als ein **einzelnes** Objekt, sie müsse aber, als die Konstruktion eines Begriffes, der eine allgemeine Vorstellung ist,

> "Allgemeingültigkeit für alle mögliche Anschauungen, die unter denselben Begriff gehören, in der Vorstellung ausdrücken" (KdrV, A 713/B 741; WW, IV, 613).

Auch die Konstruktion einer Figur auf dem Papier (Triangel, etc.), komme völlig a priori zur Darstellung, das Muster dazu sei nicht aus irgend einer Erfahrung geborgt. Die hingezeichnete, erscheinende Figur diene dazu, den Begriff, unbeschadet seiner Allgemeinheit, auszudrücken: bei dieser empirischen Anschauung werde immer nur **auf die Handlung der Konstruktion des Begriffes** (auch von Kant hervorgehoben) gesehen, von den möglichen empirischen Verschiedenheiten werde abstrahiert. Im Gegensatz zu der philosophischen Erkenntnis, die das Besondere im Allgemeinen betrachte, betrachte die mathematische Erkenntnis auf diese Weise das Allgemeine **im** Besonderen, sogar im Einzelnen, und tue dies doch a priori und vermittelst der Vernunft. Die Anschauung, in der die Mathematik den

Begriff im Einzelnen betrachte, sei eine Anschauung, die sie selbst a priori darstelle, die sie konstruiert habe, und in welcher das, was aus den allgemeinen Bedingungen der Konstruktion folge, von dem Objekt des konstruierten Begriffs allgemein gelten müsse. Wenn die Mathematik einen Begriff a priori konstruieren könne, enthalte dieser Begriff schon eine reine Anschauung in sich, der durch die geometrische Konstruktion das Mannigfaltige hinzugesetzt werde, das zu dem Begriff gehöre. Da allerdings von jenem Mannigfaltigen abstrahiert werde zugunsten der Handlung der Konstruktion des Begriffs, gelange die Mathematik

> "vermittelst einer symbolischen Konstruktion eben so gut, wie die Geometrie nach einer ostensiven oder geometrischen (der Gegenstände selbst) dahin, wohin die diskursive Erkenntnis vermittelst bloßer Begriffe niemals gelangen könnte."(KdrV, A 717/B 745; WW, IV, 616)

Diesem Gedankengang entsprechend möchte ich die formale Arbeit des Dichters mit der Sprache als symbolische Konstruktion verstehen. Wenn sich auch nicht explizit belegen läßt, daß Hölderlin diesen Abschnitt der "Kritik der reinen Vernunft" zur Kenntnis genommen hätte, so sprechen doch eine Reihe von Ausführungen in Briefen und theoretischen Entwürfen ebenso dafür, daß er das Dichten auch als berechenbare Konstruktion verstand, wie besonders seine Vorgehensweise bei der Arbeit an den Gedichten. Vor allem die Rede von einem gesetzlichen Kalkül der Dichtung weist auf die Nähe zu mathematischen Grundgedanken hin; ich werde in diesem Zusammenhang auf den Begriff der Konstruktion, wie ihn Kant ausführt, zurückkommen (vgl. das sechste Kapitel).

Wie ist nun hier, vorläufig, der entsprechende Gedankengang hinsichtlich der dichterischen Arbeit mit der Sprache vorzustellen? Für den a priori in der reinen Anschauung vorhandenen Begriff setze ich den Gedanken von der freien Begründung der Vorstellungen der Form nach, die ihren Ausdruck allerdings erst in der Sprache erreicht, ein, wie er oben angedeutet wurde. Diese Idee der Freiheit des vernunftbegabten Wesens Mensch, seine Vorstellungsart vermittelst der eigenen Vernunft in eine ideale Ordnung zu bringen, könnte auch die Möglichkeit bereithalten, sie in einem einzelnen "Objekt" zum Ausdruck zu bringen. Dieses Objekt wird von den Objekten der Erfahrung unterscheidbar sein müssen, damit es möglich wird, von den empirischen Elementen des Ausdrucks zugunsten der Handlung der Konstruktion des Begriffes zu abstrahieren. Die Problematik, die dieses Abstrahieren hinsichtlich der Sprache mit sich bringt, weist bereits darauf hin, daß mit dem Begriff der symbolischen Konstruktion nur eine - rein formale - Annäherung an die wirkliche Sprache der Dichtung möglich sein kann. Keinesfalls soll damit die Dichtung auf ihre berechenbare Form reduziert werden; dies wäre auch angesichts der freien Formen der späteren Gedichte Hölderlins gar nicht möglich. Soweit der hier vorgeschlagene Gedankengang reicht, kann noch gesagt werden, daß es zu der Möglichkeit, von den vorbestimmten empirischen Elementen des Ausdrucks abstrahieren zu können, einer Arbeit mit der Sprache bedarf, die in der Darstellung so erscheint, daß empirisch vorgegebene Vorstellungen aufgelöst werden, weil die Konstruktion der sprachlichen Elemente dergestalt erfolgte, daß der Ausdruck nicht lediglich auf empirisch Bekanntes zurückverweist, sondern auch die Konstruktion selbst, die Konstitution des Angeschauten als Gewordenes bedeuten kann. Deshalb dürfen die Vorstellungen, die mit dem Gedicht vor der Anschauung erscheinen, ihr Muster nicht nur aus einer konventionellen Erfahrung erborgen, sie müssen vielmehr in solcher Gestalt erscheinen, daß der einzelne sprachliche Ausdruck erkennbar werden läßt, daß das menschliche Denken seine Wirklichkeit in der Sprache findet. Die Sprachgestalten der Dichtung können so der Ausdruck der Idee werden, daß die Sprachlichkeit des menschlichen Denkens anschaulich werden kann und muß, und zwar als Ausdruck einer Handlung der symbolischen Konstruktion, die aus Freiheit von heterogenen Bestimmungsgründen erfolgt.

4. DAS ERHABENE

Wenn von der symbolischen Konstruktion die Rede war, ging es darum, eine mögliche Anregung darzustellen, die von Kants "Kritik der reinen Vernunft" her für die Arbeit des Dichters mit der Sprache zu gewinnen ist. Auf der anderen Seite, der der Leser des Gedichtes, möchte ich nun nach der Wirkung fragen, die ein dichterisches Werk haben müßte, wollte es den angeführten Möglichkeiten des Dichtens nach Kant gerecht werden.

Daß einem Gegenstand, der von einem Geschmacksurteil als **schön** beurteilt wird, diese Eigenschaft insofern zukommt, als er der formalen Zweckmäßigkeit der Erkenntnisvermögen entspricht, habe ich bereits angedeutet. Das Schöne ist, nach dieser Bestimmung Kants, insofern es der Form nach mit unseren Erkenntnisvermögen in Einklang steht, eigentlich kein Gegen - stand, weil es der Form der Vorstellung nicht entgegensteht, sondern sie sogar bestätigt. Zugleich stellt es der reflektierenden Urteilskraft die Aufgabe, einen Begriff zu suchen, dem es subsumiert werden könnte: es setzt somit unser Erkenntnisvermögen in Bewegung, die Einbildungskraft verhält sich dabei jedoch kontemplativ(2). Diese Anregung des Erkenntnisvermögens verbleibt im Bereich der Mannigfaltigkeit der Erscheinungen, die uns in der Vorstellung gegeben sind, und eröffnet zwar die Aussicht auf ein unabsehbares Feld verwandter Vorstellungen, belebt das Gemüt und läßt mehr denken, als in einem bestimmten Sprachausdruck zusammengefaßt werden kann; aber dieses Denken

---

2 Es muß hier hervorgehoben werden, daß Kant mit dem Wort Begriff von jenem "bestimmten Sprachausdrucke" (KdU, B 198) redet, der keinesfalls mit dem Hegelschen Begriff verwechselt werden darf.

geschieht auf unentwickelte Art, und wenn es auch hinsichtlich der unabsehbaren Mannigfaltigkeit des Naturschönen kaum je zu einem Ende gelangen wird, so ist doch die reflektierende Urteilskraft immer auf die bestimmende bezogen, ohne die sie in ihrem Geschäft völlig haltlos wäre. Deshalb wird wenigstens tendenziell die Mannigfaltigkeit den Bestimmungen subsumiert, wie dies in der Vernunftidee von der absoluten Vollständigkeit der Erkenntnisse bereits angelegt ist. Auf der Ebene der schönen Künste behauptete für Kant zwar die Dichtkunst den obersten Rang, da sie die Einbildungskraft zu Ideen erhebe, das Gemüt stärke,

> "indem sie es sein freies, selbsttätiges und von der Naturbestimmung unabhängiges Vermögen fühlen läßt, die Natur, als Erscheinung, nach Ansichten zu betrachten und zu beurteilen, die sie nicht von selbst, weder für den Sinn noch den Verstand in der Erfahrung darbietet, und sie also zum Behuf und gleichsam zum Schema des Übersinnlichen zu gebrauchen." (KdU, A 213/B 215; WW, VIII, 429)

Dabei bleibt jedoch die Bestimmung der Dichtkunst allgemein, wenn sie auch demjenigen, was bisher dazu entwickelt wurde, nahe ist. Die Fühlbarkeit des unabhängigen Vermögens, die aus einer Naturdarstellung entsteht, welche diese zum Schema des Übersinnlichen gebraucht, wird im Folgenden ein Problem sein, das in Hölderlins Aufsätzen auf verschiedene Weise bedacht ist. Diese Fühlbarkeit ist allerdings nicht dem ästhetischen Urteil gegeben, das den Gegenstand als schön beurteilt, denn für dieses vermag das Übersinnliche nur in der Übereinstimmung mit der Form der Erkenntnisvermögen zu erscheinen, sodaß Kant schließlich sagen kann:

> "In der Dichtkunst geht alles ehrlich und aufrichtig zu. Sie erklärt sich: ein bloßes unterhaltendes Spiel mit der Einbildungskraft, und zwar der Form nach, einstimmig mit Verstandesgesetzen treiben zu wollen; und verlangt nicht, den Verstand durch sinnliche Darstellung zu überschleichen und zu verstricken(3)."

Von einem bloß unterhaltenden Spiel wird hinsichtlich der Werke Hölderlins nicht die Rede sein können; der Begriff des Spiels kann aber mit Hilfe einer anderen Bestimmung der Dichtung erweitert werden, nach der sie für Kant die Kunst ist,

> "ein freies Spiel der Einbildungskraft als ein Geschäft des Verstandes auszuführen."(KdU B 205/A 203; WW VIII, 422)

Daß dabei der Bereich des bestimmenden Urteils überschritten wird, zeigt die Rede von der "Freiheit im Spiele unserer Erkenntnisver-

---

3 KdU B 217/A 215; WW VIII, 431. Die zweite Hälfte des Satzes richtet sich gegen die Rednerkunst (ars oratoria), die sich der "Schwächen des Menschen" bedient; sie ist "gar keiner **Achtung** würdig" (ebd.).

mögen"(KdU B 179/A 177, 404) und die Bestimmung des Geistes, in ästhetischer Bedeutung, als das "belebende Prinzip im Gemüte", das dadurch die Seele belebt, daß es vermittels ästhetischer Ideen

> "die Gemütskräfte zweckmäßig in Schwung versetzt, d.i. in ein solches Spiel, welches sich von selbst erhält und selbst die Kräfte dazu stärkt."(KdU B 192/A 190, 413)

Die Wirkung eines Gedichtes, die ein solches Spiel zur Folge hätte, kann nicht mehr mit den Kriterien bestimmt werden, die dem Urteil über ein schönes Kunstwerk nach Kant zukommen.

Zur Beschreibung einer derartigen Wirkung möchte ich wiederum einen Gedankengang Kants anführen, der explizit gar nichts mit dem Thema der Dichtkunst zu tun hat. Wenn das, was Kant in der Analytik des Schönen über diejenigen Erscheinungen sagte, die die Urteilskraft als schön beurteilt, der Absicht einer Dichtkunst nicht angemessen ist, die mehr, als nur die Verstandesgesetze bestätigendes Spiel sein wollte, so finde ich in der Analytik des **Erhabenen** Gedanken, die zuzutreffen scheinen, wenn es darum geht, die geforderte Wirkung der Dichtung zu bestimmen. Als Erhabenes nämlich benannte Kant dasjenige, was unmittelbar **gegen** das Interesse unserer Sinne gefällt; das Gefühl des Erhabenen scheine kein Spiel, sondern Ernst in der Beschäftigung der Einbildungskraft zu sein. Der Form nach ist es zweckwidrig für unsere Urteilskraft, unserem Darstellungsvermögen unangemessen, es erscheint gewalttätig für unsere Einbildungskraft und das eigentlich Erhabene kann in keiner sinnlichen Form angetroffen werden, es treffe nur Ideen der Vernunft. Obgleich keine Darstellung möglich sei, die diesen angemessen wäre, werden sie ins Gemüt gerufen "eben durch diese Unangemessenheit, welche sich sinnlich darstellen läßt"(KdU, A 76/ B 77; WW, VIII; S.330). Dadurch wird das Gemüt angereizt, sich mit Ideen zu beschäftigen, die höhere Zweckmäßigkeit enthalten. Die Idee des Erhabenen kann nicht auf besondere objektive Prinzipien zurückgeführt werden, der Begriff davon zeigt nämlich eine von der Natur ganz unabhängige Zweckmäßigkeit **in uns** an und macht sie uns selbst **fühlbar.** Der Grund für die Idee des Erhabenen liegt in uns und der Denkungsart, die in die Vorstellung der Natur Erhabenheit hineinbringt. Da dasjenige erhaben genannt wird, was schlechthin groß ist, kann das Wohlgefallen an dem Erhabenen keines am Objekte sein, es ist eines "an der Erweiterung der Einbildungskraft an sich selbst"(KdU, A 83/B 84; S.335), da wir für das Erhabene keinen angemessenen Maßstab außerhalb seiner selbst haben. Deshalb kann man nichts erhaben nennen, was Gegenstand der Sinne sein kann. Da aber in unserer Vernunft der Anspruch auf absolute Totalität liegt, ist die Unangemessenheit unseres Vermögens gegenüber dem Erhabenen hinsichtlich dieser Vernunftidee die Erweckung des Gefühls eines übersinnlichen Vermögens in uns, wodurch das Gemüt sich fähig fühlt, die Schranken der Sinnlichkeit in praktischer Absicht zu überschreiten. Die ästhetische Urteilskraft beziehe sich in der

> "Beurteilung eines Dinges als erhaben auf die **Vernunft,** um zu deren **Ideen** (unbestimmt welchen) subjektiv übereinzu-

stimmen, d.i. eine Gemütsstimmung hervorzubringen, welche derjenigen gemäß und mit ihr verträglich ist, die der Einfluß bestimmter Ideen (praktischer) auf das Gefühl bewirken würde."(KdU, A 93-94/B 94-95; S.343)

Unsere Einbildungskraft wird in ihrer ganzen Grenzenlosigkeit, die Natur als gegen die Ideen der Vernunft verschwindend vorgestellt und das Gefühl unserer übersinnlichen Bestimmung in uns rege gemacht.

Einbildungskraft und Vernunft bringen hinsichtlich des Erhabenen in einem Widerstreit subjektive Zweckmäßigkeit der Gemütskräfte hervor, ein Gefühl, daß wir reine, selbständige Vernunft haben. Die Vorzüglichkeit dieses Vermögens kann durch nichts anschaulich gemacht werden als die Unzulänglichkeit der Einbildungskraft, die in Darstellung der Größen sinnlicher Gegenstände selbst unbegrenzt ist. Die Auffassung der Vielheit in die Einheit geschieht aber hier nicht wie bei der Messung von Größen als Progressus, sondern in **einem Augenblick**, der das **Zugleichsein** anschaulich macht. Dadurch wird der progressus der Einbildungskraft aufgehoben; dem Subjekt widerfährt zwar durch die Einbildungskraft Gewalt, diese wird allerdings für die ganze Bestimmung des Gemütes als zweckmäßig beurteilt, indem das eigene Unvermögen des Bewußtseins ein unbeschränktes Vermögen desselben Subjektes entdeckt, das nur für sich zweckmäßig ist. Die Vernunft, als Quell der Ideen, wird deshalb mit einer Lust aufgenommen, die nur vermittelst der Unlust möglich ist. Das Wohlgefallen, mit dem wir angesichts des Erhabenen unser Geistesvermögen entdecken, betrifft nur die sich entdeckende Bestimmung unseres Vermögens, wozu die Anlage in unserer Natur liegt, während die Entwicklung und Übung dieses Vermögens uns überlassen bleibt.

Das Gefühl des Erhabenen in der Natur ist eigentlich Achtung für unsere eigene Bestimmung, da wir die Achtung für die Idee der Menschheit **in** unserem Subjekte mit der Achtung vor dem Objekt verwechseln; die Überlegenheit der Vernunftbestimmung unserer Erkenntnisvermögen über das größte Vermögen der Sinnlichkeit wird in diesem Gefühl anschaulich. Die Anlage zu dem Gefühl des Erhabenen kann man zusammen mit dem gesunden Verstand jedermann ansinnen, sie ist die Anlage zu dem Gefühl für praktische Ideen, dem moralischen Gefühl. Das intellektuelle, an sich selbst zweckmäßige Moralisch-Gute muß demnach, ästhetisch beurteilt, erhaben vorgestellt werden, so, daß es das Gefühl der Achtung erweckt. Erhaben zu nennen ist die Geistesstimmung durch eine gewisse, die reflektierende Urteilskraft beschäftigende Vorstellung, nicht ihr Objekt; sie ist dem Gefühl analog, das das moralische Gesetz in uns bewirkt.

Kant nannte das Gefühl, das das Subjekt in Ansehung der Gegenstände ihrer Unform nach, zufolge des Freiheitsbegriffes habe, ein **Geistesgefühl**, das auf das Erhabene bezogen sei(vgl. in der Einleitung zur KdU, A XLVI/B XLVIII; WW, VIII; S.267). Bei dieser Vorstellung fühlt das Gemüt sich **bewegt**, diese Bewegung kann mit einer Erschütterung verglichen werden, da das Überschwengliche für die Einbildungskraft wie ein Abgrund ist, der im Erhabenen zur Anschauung kommt und in den jene sich zu verlieren fürchtet. Für die Vernunftidee des Übersinnlichen ist es jedoch gesetzmäßig, eine solche Bestrebung der Einbildungskraft hervorzubringen. Das Erhabene muß

> "jederzeit Beziehung auf die **Denkungsart** haben, d.i. auf Maximen, dem Intellektuellen und den Vernunftideen über die Sinnlichkeit Obermacht zu verschaffen."(KdU, A 122-123/B 124; S.365)

Mit dieser Bestimmung des Erhabenen, vermittelst dessen als Gefühl wir unsere Vernunftbestimmung in uns entdecken, gab Kant eine mögliche Bestimmung der Wirkung einer Dichtkunst an die Hand, die es sich zur Aufgabe gemacht hat, die Idee der Menschheit in uns **für uns** anschaulich werden zu lassen. Dabei ist entscheidend, daß die übersinnliche Bestimmung des Menschen nicht positiv dargestellt werden kann, sondern daß die Gestaltung des "Objektes" (des Gedichtes), das als erhaben erfahren werden kann, die Unzulänglichkeit der Einbildungskraft im Hinblick auf die Vernunftidee zum Ausdruck bringen muß. Durch diese negative Darstellung der übersinnlichen Bestimmung des Menschen wird Unlust hervorgerufen, da das Erhabene dem unmittelbaren Interesse unserer Sinne widerstreitet; dennoch gefällt es, denn es läßt die unbegrenzte Zweckmäßigkeit des vernunftbegabten Wesens Mensch anschaulich werden. Somit entsteht ein Gefühl, das Kant **Geistesgefühl** nennen konnte, da es das Vernunftgesetz fühlbar macht, und somit dem moralischen Gefühl entspricht, das ebenfalls gegen das Interesse der Sinne Achtung in uns bewirkt.

In Analogie zu der Bestimmung des Erhabenen könnte die Wirkung einer Dichtkunst gedacht werden, die für den Menschen eine Aussicht in das Reich der Zwecke eröffnen soll, indem sie seine Bestimmung nach Gesetzmäßigkeiten, die nicht der Verstandesordnung der Sinnenwelt angehören, vermittelst der Darstellung der Unzulänglichkeit seiner sinnlichen Bestimmtheit anschaulich werden läßt. Jene Darstellung kann im Sinne dessen verstanden werden, was in Aufnahme des Gedankens von der symbolischen Konstruktion der Mathematik gesagt worden ist: die Idee der Vernunftbegabtheit des Menschen kann möglicherweise in einer dichterischen Sprache zum Ausdruck kommen, die so gestaltet ist, daß sie hinsichtlich des unmittelbaren Interesses der Sinne als unfaßbar erscheint, sich ihnen fortwährend entzieht, weil die dargestellten Vorstellungen nicht vorbestimmten Mustern subsumiert werden können. Dies kann in Wortverbindungen seinen Grund haben, die so zuvor nicht da waren ("schwarze Milch", Paul Celan), und im Rhythmus der Sprache, der ein anderer ist, als der des diskursiven Redens. Die Vorstellungen müssen also auf eine Weise geordnet sein, die anschaulich werden läßt, daß für das vernunftbegabte Wesen Mensch die Möglichkeit besteht, seine Denkungsart in Freiheit zu gestalten. Gegenüber der im Gedicht erscheinenden Handlung der Konstruktion muß die konventionell geordnete Einbildungskraft sich als unzulänglich fühlen und dadurch muß sich ihr die Unbegrenztheit des Vernunftvermögens entdecken. In diesem Zusammenhang möchte ich die Achtung für die Idee der Menschheit in unserem Subjekte, die durch die Erschütterung der Einbildungskraft, welche sich vor einem Abgrund sieht, fühlbar wird und dabei den diskursiven Progressus der Einbildungskraft aufhebt, als die Idee von der Möglichkeit des Menschen, sich selbst aus Freiheit zu bestimmen, verstehen. Damit wird die Offenheit der vernunftgemäßen Gestaltung der Denkungsart begreifbar, wobei allerdings entscheidend ist, daß dies unter den Voraussetzungen Kants nur negativ geschehen kann, weil die Darstellung dieser Offenheit nur vermittelst der Vorstellung der Unzulänglichkeit jeder sinnlichen Anschauung möglich ist. Kant zufolge kann

> "eine Darstellung des Unendlichen ... niemals anders als bloß negative Darstellung sein ... , die aber doch die Seele erweitert. Vielleicht gibt es keine erhabenere Stelle im Gesetzbuche der Juden, als das Gebot: Du sollst dir kein Bildnis machen, noch irgend ein Gleichnis, weder dessen was im Himmel, noch auf der Erden, noch unter der Erden ist u.s.w." (KdU, A 123/B 125)(5).

Soweit wurden Bedingungen genannt, unter denen nach Kant die Möglichkeit bestehen kann, zu dichten. Es wird notwendig sein, bei der Untersuchung der theoretischen Ausführungen Hölderlins und noch mehr bei der Betrachtung seiner Dichtung zu überlegen, inwiefern es ihm gelungen ist, die Idee der Menschheit in unserem Subjekte zum Ausdruck zu bringen, also die Freiheit des Vernunftgebrauches so darzustellen, daß das menschliche Denken in seiner Wirklichkeit erkennbar wird und sich dabei in seiner Offenheit hinsichtlich der möglichen selbsterstellten Ordnung durch die Vernunft nach dem Gesetz der Freiheit begreift.

---

5 Die Angemessenheit des Erhabenen, eher als des Schönen, hinsichtlich von Kunstwerken vermutet auch Michael Lingner:

> "Daß nach seiner Kantischen Bestimmung der Begriff des Erhabenen gegenwärtigen ästhetischen Hervorbringungen gerechter wird als der Begriff des Schönen, ist eine Vermutung, deren nähere Begründung lohnen könnte."

Michael Lingner: Die Musikalisierung der Malerei bei Ph.O. Runge - Zur Vorgeschichte der Vergeistigung von Kunst. In: Zeitschrift für Ästhetik und Allgemeine Kunstwissenschaft, Band 24/1 (1979), S.83, Anm.59.

Zweites Kapitel

VON DEM EINFLUß DER PHILOSOPHIE FICHTES

1. VORBEMERKUNG

Die Wirkung der Fichteschen Philosophie auf die gedankliche Entwicklung Hölderlins läßt sich zum einen anhand historischer Belege nachweisen, zum anderen an der expliziten Aufnahme und Kritik der Gedanken Fichtes in den theoretischen Schriften des Dichters, und darüberhinaus anhand der Anregungen, die die poetische Arbeit Hölderlins aus den Gedankengängen des Philosophen erhalten haben mag(1). Deshalb beginne ich die Darstellung mit den Aussagen, die Hölderlin in Briefen zu der Person und zum Denken Fichtes hinterlassen hat, komme dann zu den populärphilosophischen Vorlesungen Fichtes, die er in der Zeit hielt, als Hölderlin sein Hörer war, und schließlich zu m.E. folgenreichen Begriffen und deren Ableitung, wie sie Fichte in seinen Schriften zwischen 1794 und 1797 vorgelegt hat. Dabei möchte ich das Augenmerk nicht von Anfang an auf die negative Kritik an Fichtes Gedanken richten, die Hölderlin weitaus zurückhaltender geäußert hat, als dies unter den Zeitgenossen üblich war. Vielmehr will ich hier zunächst die Gedanken Fichtes

---

1 Es ist üblich, diese Wirkung an den verschiedenen Stufen des Romans "Hyperion" darzustellen. Der Einfluß der Fichteschen Philosophie auf diesen Roman ist unbestritten. Es geht hier aber nicht darum, dem poetischen Werk Hölderlins Sätze oder Abschnitte zu entnehmen und deren sogenannte Aussagen mit philosophischen Gedankengängen zu vergleichen. Ich verstehe den Roman "Hyperion" in seinen Stufen als gedanklichen und künstlerischen Selbstverständigungsprozess, der noch nicht zu der **eigenen** Sprache gelangt ist, die Hölderlin in der Dichtung nach 1800 erreicht hat. Hier möchte ich der Aufnahme von Gedanken nachdenken, die den Dichter zu dieser seiner eigenen Sprache führten, bzw. die ihm die Notwendigkeit deutlich werden ließen, eine solche zu entwickeln, um wahr sprechen zu können. Dabei erscheint es nicht zulässig, den "Aussagewert" der poetischen Sprache im Sinne der formalen Forderung nach Eindeutigkeit an den Gedankengängen systematischer Philosophie zu messen, wie gezeigt werden wird.

darstellen, die für Hölderlin insofern bedeutsam waren, als sich mit ihnen Möglichkeiten des Wissens um das Wissen, der Selbsterkenntnis des Geistes eröffneten, die Hölderlin in seinen eigenen theoretischen Schriften aufnehmen und weiterdenken konnte. Da diese Aufsatzentwürfe auch sprachlich von der Philosophie Fichtes herkommen, müssen zunächst deren folgenreiche Begriffe geklärt sein.

2. ANSÄTZE ZUR FRAGESTELLUNG FICHTES

Im November 1794 schrieb Hölderlin an Neuffer, daß Fichte jetzt die Seele von Jena sei. Er bewunderte die Tiefe und Energie des Mannes und war sich gewiß, viel, aber nicht zuviel von ihm gesagt zu haben, wenn er schrieb:

> "In den entlegensten Gebieten des menschlichen Wissens die Prinzipien dieses Wissens und mit ihnen des Rechts aufzusuchen und zu bestimmen, und mit gleicher Kraft des Geistes die entlegensten, künsten Folgerungen aus diesen Prinzipien zu denken und troz der Gewalt der Finsternis sie zu schreiben und vorzutragen, mit einem Feuer und einer Bestimtheit, deren Vereinigung mir Armen one diß Beispiel vieleicht ein unauflösliches Problem geschienen hätte - "(an Neuffer, Jena, Nov. 1794; StA VI.1, 139 f.).

Dies war der Eindruck den Fichte hinterließ und die Erwartung an einen der Nachfolger Kants, hinsichtlich derer auch Schelling ähnliches schrieb:

> "Kant hat die Resultate gegeben; die Prämissen fehlen noch. ... **Fichte**, als er das letzte Mal hier war, sagte, man müsse den Genius des Sokrates haben, um in Kant einzudringen. Ich finde es täglich wahrer. ... **Fichte** wird die Philosophie auf eine Höhe heben, vor der selbst die meisten der bisherigen Kantianer schwindeln werden ..."(an Hegel, Tübingen, am heil.Dreikönigsabend, 1795. In: Briefe von und an Hegel. Band I: 1785-1812. (Hrsg.: Johannes Hoffmeister) Hamburg, (Meiner) 1969. S.14 f.).

Hölderlin hörte ihn alle Tage, sprach ihn zuweilen und empfahl Hegel die gedruckten Schriften "Grundlage der gesamten Wissenschaftslehre" und "Vorlesungen über die Bestimmung des Gelehrten". Aber er äußerte auch den Verdacht des Dogmatismus, da er den Eindruck gewonnen hatte, Fichte wolle über das Faktum des Bewußtseins in der Theorie hinaus. Fichtes absolutes Ich, das Hölderlin mit Spinozas Substanz verglich, erschien als transzendentes Prinzip des Denkens, es sollte aller Realität vorausgehen und sie enthalten. Dann aber konnte es für dasselbe kein Objekt geben, weil sonst nicht alle Realität im Ich wäre. Ein solches Bewußtsein ohne Objekt war aber für Hölderlin nicht denkbar, denn auch wenn Ich das Objekt des Ich ist, ist Ich als solches beschränkt, sollte dies auch nur in der Zeitfolge sein: Ich kann also nicht absolut gesetzt werden. Hölderlin kam somit noch in Waltershausen, nach der Lektüre der ersten Blätter der Fichteschen "Grundlage" und unmittelbar nach der Lektüre des Spinoza zu dem Gedanken:

> "... also ist in dem absoluten Ich kein Bewußtsein denkbar, als absolutes Ich hab ich kein Bewußtsein, und insofern ich kein Bewußtsein habe, insofern bin ich (für mich) nichts, also das absolute Ich ist (für mich) nichts."(an Hegel, Jena, d.26.Jenner 95; StA VI.1, 155)

Diesem Einwand konnte Fichte im weiteren Verlauf der "Grundlage" begegnen. Dort bestimmte er das Wesen des Ich zwar als unendlich, aber bloß seinem Streben nach:

> "es strebt unendlich zu seyn. Im Begriffe des Strebens selbst aber liegt schon die Endlichkeit, denn dasjenige, dem nicht **widerstrebt** wird, ist kein Streben. Wäre das Ich mehr als strebend, hätte es eine unendliche Causalität, so wäre es kein Ich, es setzte sich nicht selbst, und wäre demnach Nichts. Hätte es dieses unendliche Streben nicht, so könnte es abermals nicht sich selbst setzen, denn es könnte sich nichts entgegensetzen; es wäre demnach auch kein Ich, und mithin Nichts(2)."

Der erste und schlechthin unbedingte Grundsatz, den Fichte aufsuchen wollte, und den er mit dem Satz "Ich bin Ich", der abgeleitet sein sollte von dem Satz "wenn A so A" und identisch mit dem Satz "Ich bin", gefunden haben wollte, kam im praktischen Teil seiner Untersuchung zum Vorschein als die Forderung: "Ich soll sein = Ich"; damit war die Differenz eingeführt, denn Fichte wußte auch:

> "Das Ich ist nur insofern, inwiefern es sich seiner bewußt ist."(FI, 97)

Er konnte also die Berechtigung von Hölderlins Einwand bestätigen ("Fichte bestätiget mir ..."(an Hegel, a.a.O.)), ohne mit seinem System in Verlegenheit zu geraten. Deshalb lese ich es auch als Zustimmung, wenn Hölderlin die Setzung der Wechselbestimmung des Ich und des Nicht-Ich, sowie die Idee des Strebens und einen Gedanken Fichtes in Ansehung der Antinomien als merkwürdig (=würdig, gemerkt zu werden) bezeichnet; diese Themen möchte ich hier ausführen.

In Übereinstimmung mit Fichte begriff Hölderlin den Gedanken von dem Streben des Ich als eine Haupteigentümlichkeit der Fichteschen Philosophie. Fichte ordnete diesen Begriff dem praktischen Teil der Wissenschaftslehre zu; Hölderlin dagegen wollte, nachdem er sich etwa ein Jahr mit den Fichteschen Gedanken beschäftigt hatte,

---

2 Johann Gottlieb Fichte: Grundlage der gesammten Wissenschaftslehre (1794). In: Fichtes Werke. (Hrsg.: Immanuel Hermann Fichte) Band I. Berlin (de Gruyter) 1971. S.270 (Sigle: FI)

> "das Prinzip finden, das mir die Trennungen, in denen wir denken und existiren, erklärt, das aber auch vermögend ist, den Widerstreit verschwinden zu machen, den Widerstreit zwischen dem Subject und Object, zwischen unserem Selbst und der Welt, ja auch zwischen Vernunft und Offenbarung - theoretisch, in intellectualer Anschauung, **ohne daß unsere praktische Vernunft zu Hilfe kommen müßte.**"(an Immanuel Niethammer, Frankfurt am Main, d. 24.Februar 1796. StA VI.1, 203)(Hervorhebung von mir, A.T.)

Dafür bedürfen wir ästhetischen Sinn; und die Frage, ob mit dieser Ablehnung der Hilfe der praktischen Vernunft, zugunsten des theoretisch, in intellektualer Anschauung gesuchten Prinzips, der Schritt in den Bereich der Transzendenz angekündigt worden ist, wird sich erst beantworten lassen, wenn Hölderlins Verständnis des Begriffes "intellektuale Anschauung" im dritten Kapitel dargestellt wurde. Zunächst, das heißt im April 1795, schilderte Hölderlin seinem Bruder den Fichteschen Gedanken vom Streben des Ich ins Unendliche als eine moralphilosophische Begründung hinsichtlich des Bewußtseins des vernünftigen Wesens Mensch(vgl.: an den Bruder, Jena, d. 13. April 1795. StA VI.1, 162 f.). Im Sinne der Forderung Fichtes, das Ich solle sich als **Tun** denken, als ursprünglich freie Tätigkeit (vgl.: Fichte, WW, Bd.I, S.495. "Zweite Einleitung in die Wissenschaftslehre".), sprach Hölderlin von einer ihrem Triebe nach unendlichen Tätigkeit, die immer ausgebreiteter, freier und unabhängiger zu werden trachte. Diese Tätigkeit wäre dann alles, außer ihr wäre nichts und wir wüßten von uns nichts, wäre diese Tätigkeit nicht auch beschränkt. Wenn ein Wesen Bewußtsein hat, dann sind Freiheit und Beschränkung notwendig:

> "die **ihrem Triebe nach** unendliche **unbeschränkte** Thätigkeit ist in der Natur eines Wesens, daß Bewußtseyn hat (eines Ich, wie Fichte sich ausdrükt), nothwendig, aber auch die **Beschränkung** dieser Thätigkeit ist einem Wesen, das Bewußtseyn hat, nothwendig ..."(an den Bruder. StA VI.1, 164).

Ohne diese Beschränkung wäre uns nichts entgegen, es gäbe für uns keinen Gegenstand; zugleich muß eine dem Triebe nach unendliche Tätigkeit in dem Wesen, das Bewußtsein hat, sein, denn nur dadurch fühlen wir die Schranken; fühlten wir aber nichts, das von uns verschieden wäre, dann wüßten wir von nichts, dann hätten wir kein Bewußtsein.

Die Begründung der Möglichkeit des menschlichen Bewußtseins wurde bei Fichte mit dem Begriff des Strebens und der Einschränkung des Strebens vorbereitet; allerdings war die Übereinstimmung des Ich mit sich selbst letztlich eine Forderung, die dem Gebiet der praktischen Vernunft zur Einlösung überlassen blieb. Für den Künstler, der nach der Möglichkeit suchte, mit seiner Sprache die Wirklichkeit nicht nur zufällig zu erreichen, sondern die menschliche Vernunftbestimmtheit aus Freiheit in der Sprache zum Ausdruck zu bringen, mußte von besonderer Bedeutung sein, wie der menschliche Geist anschaulich werden konnte, ohne dies nur als Postulat hinsichtlich des in seiner Realität unzulänglichen praktischen Tuns aufstellen zu können. Den menschlichen Geist, als Oberbegriff der intellektuellen Vermögen, hatte Fichte bestimmt als

> "Thätigkeit, u. nichts als Thätigkeit. **Ihn** kennen lernen, heißt seine Handlungen kennen lernen; denn weiter ist an ihm nichts zu kennen(3)."

Wie kann ich aber jene Handlungen, d.h. den menschlichen Geist kennenlernen?

> "Wir sind uns unseres Handelns nur mittelbar, nur vermöge des Objekts des Handelns, nur vermittelst des Gegenstandes, auf den unsre Handlung geht, bewußt(4)."

Das ist die allgemeine Begründung der Möglichkeit einer Selbsterkenntnis des Bewußtseins, wie sie auch am Begriff des Strebens entwickelt werden kann. Wie wird nun der Mensch sich seiner Tätigkeit, seines wirklichen Bewußtseins bewußt?

> "Soll ich **meiner Thätigkeit** in jenem Vorstellen mir bewußt werden, so ist es nur dadurch möglich, daß ich mein **Vorstellen** der Körperwelt vorstelle: ... eine solche Reflexion ist möglich."(Pflichten S.69)

Ähnlich bestimmte Fichte den "ästhetischen Trieb":

> "Er geht auf nichts außer dem Menschen, sondern auf etwas, das lediglich in ihm selbst ist. Es ist keine Vorstellung von seinem Gegenstande vor dem Gegenstande vorher möglich, denn sein Gegenstand ist selbst nur eine Vorstellung."(Pflichten S.153)

Der Gegenstand des ästhetischen Triebes, der dem praktischen Triebe entgegengesetzt wurde, ist die Vorstellung selbst, die Handlung des menschlichen Geistes, die vermittelst des ästhetischen Gegenstandes vorgestellt wird. Das Vorstellen des Vorstellens der Körperwelt, von dem Fichte in dem oben angezogenen Satze sprach, führt in einen Zirkel, denn, wenn ich die Tätigkeit des menschlichen Geistes vor die Anschauung bringen will und dies nur dann können soll, wenn ich mir die Tätigkeit des Vorstellens vorstelle, dann ergibt sich eine weitere Tätigkeit des Vorstellens, von der ich nichts sagen kann. Mit dem Gegenstand des ästhetischen Triebes, der selbst nur eine Vorstellung sein soll, könnte der Regress ins Unendliche aufgehalten werden, wenn sich eine Möglichkeit finden ließe, den Gegenstand, als etwas vor der Anschauung Stehendes, und die

---

3 Joh.Gottl. Fichte: Von den Pflichten des Gelehrten. Jenaer Vorlesungen 1794/95 (Hrsg.: Reinhard Lauth, e.a.) Hamburg (Meiner) 1971. S.68 (Pflichten).

4 Pflichten S.68. Dabei muß bemerkt werden, daß Handlung in diesem Zusammenhang ausschließlich ideale Bedeutung hat, für den realen Eingriff verwendet Fichte das Wort "That".

Vorstellung, als bewegte Handlung, zusammenzudenken. Fichte fragte nach der Möglichkeit, wie der Künstler das, was in seiner Seele vorgehe, die Schwingungen seines inneren Lebens, in einer körperlichen Gestalt zum Ausdruck kommen lassen könne. Das ist für uns nicht das Problem, wenigstens solange nicht, wie im Sinne Fichtes Individualität und Allgemeinheit als zwei getrennte Bereiche gegenständlich aufgefaßt werden. Fichtes Antwort deutet allerdings schon auf Gedanken Hölderlins hin, die möglicherweise aus diesem Umkreis eine Anregung erfahren haben:

> "Leben wird nur in lebendigem Handeln dargestellt; und so wie alle gesetzmäßige Thätigkeit des menschlichen Geistes, so muß auch diese freie Geschäftigkeit desselben einen Gegenstand bekommen, den sie bearbeite, und in welchem durch die Weise ihres Verfahrens sie ihre innere Natur verrathe."(Pflichten S.167, "Über Geist und Buchstab in der Philosophie")

Die Verfahrensweise, mit welchem Wort das Thema der Verfahrungsweise angeschlagen ist, dem Hölderlin seine ausführlichste theoretische Überlegung gewidmet hat, ist es demnach, die das lebendige Handeln des Geistes zum Ausdruck bringen soll. Jene Verfahrensweise kann an sich nicht angeschaut werden, die bedarf eines Gegenstandes, der bearbeitet wird und an dessen Bearbeitung, nicht in dessen Gegenständlichkeit, sich die "innere Natur" der Verfahrensweise des Geistes verrät. Fichte sprach mit diesem Satz die Undurchführbarkeit seines prinzipiellen Anspruches selbst aus. Dessen Ziel war es, die Bewegung des Geistes, die ursprüngliche, freie Tätigkeit zu denken, abstrahiert von allen empirischen, erst abzuleitenden Begriffen:

> "das Ich ist ursprünglich nur ein Thun; denkt man es auch nur als Thätiges, so hat man schon einen empirischen, und also erst abzuleitenden Begriff desselben."(Fichte WW, Bd.I, S.495, "Zweite Einleitung ...")

Der angezogene Satz über die Darstellung des lebendigen Geistes zeigte, daß das Ich als ursprüngliches reines Tun nicht zu denken ist, wenn nicht nichts, das dann allerdings ein positives Nichts ist, gedacht werden soll. Dagegen ist das Ich als tätiges dann denkbar, wenn es gedacht wird als etwas, das notwendig seine innere Natur dadurch verrät, auf welche Weise es einen Gegenstand bearbeitet. Die Nähe von Vorstellungen, die nichts denken lassen, und von Vorstellungen, die sich einem Denken des wirklichen Denkens nähern, sprach Fichte in seiner Erklärung des Tones aus:

> "So besteht das Wesen, das GrundPrinzip des **Tons** in den harmonischen Bebungen und Schwingungen der Saite, die im luftleeren Raume nicht minder einander hervorbringen, und bestimmen, und für die Saite selbst den Ton bilden würden; aber nur in der umgebenden Luft bekommen dieselben einen äußeren Wirkungskreis, drücken sich selbst in ihr ein, und pflanzen sich fort bis zum Ohre des entzückten Hörers, und lediglich aus jener Vermählung wird der Ton gebohren, der in unsrer Seele wiederhallt."("Über Geist und Buchstab in der Philosophie", Pflichten S.167)

Der erste Teil des Satzes ist das Urteil über Fichtes eigenen Versuch, das menschliche Denken formallogisch von einem Grundprinzip ableiten zu wollen: ein solches Grundprinzip ist der Ton für die Saite selbst, der aber Nichts ist. Dagegen zeigt die notwendige "Vermählung" der Schwingungen der Saite und der Schwingungen der Luft und der Schwingungen im Ohr des Hörers, daß das Wesen des menschlichen Geistes in seinem Mitteilungscharakter besteht, allerdings nicht nur aufgrund des Triebes,

> "andre um sich herum sich selbst so ähnlich zu machen, als möglich"(Pflichten, S.166),

wie Fichte "Mittheilen" verstand. Deshalb kommt die Problematik seines Ansatzes in den Worten zum Ausdruck:

> "Diese innere Stimmung des Künstlers (Stimmung für sich: vgl. 'Saite für sich'; Zusatz,A.T.) ist der Geist seines Products; und die zufälligen Gestalten, in denen er sie ausdrückt, sind der Körper oder der Buchstabe desselben(5)."

Mit zufälligen Gestalten kann der Künstler nichts anfangen wenn er mehr will, als nur ein belangloses Spiel der Empfindungen anregen. Deshalb möchte ich über die Anregungen hinaus, die in den bisher angezogenen populärphilosophischen Schriften Fichtes für Hölderlins Anliegen zu finden waren, weitersuchen, ob die systematischen Ausführungen zur Wissenschaftslehre Ansätze enthalten, die der Dichter fortführen konnte.

3. DIE GRUNDLEGUNG FICHTES

Die Absicht Fichtes in der Schrift "Grundlage der gesammten Wissenschaftslehre" von 1794 war es, den Grundsatz des menschlichen Wissens aufzusuchen, der schlechthin und unbedingt allem Denken vorausgesetzt sein soll. Der Satz

> "soll diejenige **Thathandlung** ausdrücken, welche unter den empirischen Bestimmungen unseres Bewußtseyns nicht vorkommt,

---

5 (Pflichten S.167). Die unvermittelte Trennung von Geist und Buchstaben mag zu der Rede von der Arabeske geführt haben. Bei Friedrich Schlegel lesen wir: "Ich möchte hier die Einteilung in Geist und Buchstaben anwenden. Was Sie in Ihrer Rede über die Mythologie dargestellt oder doch angedeutet haben, ist, wenn Sie wollen, der Geist der Poesie. Und **Sie** werden gewiß nichts dagegen haben können, wenn ich Metrum und dergleichen ja sogar Charaktere, Handlung, und was dem anhängt, nur für den Buchstaben halte." Dies wird folgenreich sein für die künstlerischen Gestalten, in denen sich die Forderung nach einer Neuen Mythologie bei den Frühromantikern verwirklicht. ("Gespräch über die Poesie", in: Athenaeum II, Reinbek (Rowohlt) 1969, S.199 f.)

> noch vorkommen kann, sondern vielmehr allem Bewußtseyn zum Grunde liegt, und allein es möglich macht."(Fichte, WW, I, S.91)

Den Satz wollte Fichte von dem rein formalen Satz "A ist A" in der Bedeutung "wenn A sey, **so** sey A", der nur darüber etwas aussagen sollte, **was** man von irgend einem Gegenstand weiß, ableiten und fand ihn im Satze "Ich bin", der das Setzen des Ich durch sich selbst, die reine Tätigkeit desselben ausdrücken sollte. In dieser reinen Tätigkeit setzt das Ich sich selbst und ist zugleich; die einzigmögliche Tathandlung (Identität der realen Tat und der idealen Handlung), die allen weiteren Handlungen des Bewußtseins ursprünglich zum Grunde liegen soll, war damit für Fichte gefunden.

> "Es (das sich selbst setzende Ich, Zusatz A.T.) ist zugleich das Handelnde und das Product der Handlung; das Thätige, und das, was durch die Thätigkeit hervorgebracht wird; Handlung und That sind Eins und ebendasselbe; und daher ist das: **Ich bin**, Ausdruck einer Thathandlung; aber auch der einzig-möglichen, wie sich aus der ganzen Wissenschaftslehre ergeben muss."(FI, S.96)

Die Einheit des Ich als Handelndes und Produkt der Handlung konnte als solche noch nicht zum Bewußtsein gelangen, deshalb formulierte Fichte einen zweiten, dem Gehalt nach bedingten Grundsatz. Im gleichen Akte, in dem das Ich schlechthin sich selbst setzt, setzt es sein Anderes, das Nicht-Ich. Dieser Satz wurde abgeleitet aus dem formalen Satz " - A ist nicht = A", der gewiß unter den Tatsachen des empirischen Bewußtseins vorkommen muß und ebenso

> " **gewiss wird dem Ich schlechthin engegengesetzt ein Nicht-Ich.**"(FI, S.104)

Dem Vorstellenden, dem Ich, mußte zugleich ein Vorgestelltes entgegengesetzt werden, wenn beides, das Vorgestellte und das Vorstellende, möglich sein sollte.

> "Von allem, was dem Ich zukommt, muss kraft der blossen Gegensetzung dem Nicht-Ich das Gegenteil zukommen."(FI, S.104)

Das Setzen und das Gegensetzen sind identisch zu denken, zugleich mit dem Ich setzt das Ich das Nicht-Ich, der Vereinigungspunkt ist die Einheit des Bewußtseins.

> "Das Entgegensetzen ist nur möglich unter der Bedingung der Einheit des Bewusstseyns des setzenden, und des entgegensetzenden. ... Erst durch Beziehung auf ein Setzen wird es ein Gegensetzen."(FI, S.103)

Die Absicht Fichtes war es nunmehr, diese gesetzte Einheit des Bewußtseins gegen alle auftretenden Widersprüche zu bewahren, die sich ergaben, als er im weiteren Verlauf der "Grundlage" die Wechselbestimmung zwischen dem Ich und dem Nicht-Ich untersuchte. Die Formel der Entgegensetzung der in den ersten beiden Grundsätzen aufgefundenen Tatsachen des Bewußtseins lautete:

> "Ich setze im Ich dem theilbaren Ich ein theilbares Nicht-Ich entgegen."(FI, S.110)

Die Aufgabe, die durch diesen dritten Satz aufgestellt wurde, sollte unbedingt und schlechthin durch einen Machtspruch der Vernunft gelöst werden(vgl. FI, S.105 f.). Das heißt, die Setzung des teilbaren Ich und des teilbaren Nicht-Ich im Ich, dem alles Handeln zukommen soll, geschah um der Möglichkeit willen, die Wechselwirkung zwischen (teilbarem) Ich und Nicht-Ich erklären zu können, also um der Möglichkeit einer Erklärung der Einwirkung des Ich auf das Nicht-Ich willen. Dieser Einwirkung, die auf eine Übereinstimmung gerichtet sein soll, wurde die Einheit des Bewußtseins, des tätigen Ich zum Grunde gelegt, die von der formalen Eindeutigkeit des Satzes "A = A" abgeleitet worden war. Deshalb kann die von Fichte immer wieder mit einem Machtspruch geforderte Einheit des Bewußtseins auch als Eindeutigkeit des Bewußtseins gelesen werden, wie die Kritik Hölderlins zeigen wird. Diese Eindeutigkeit ist nur dann möglich, wenn der Satz "A = A" möglich ist in dem Sinne, daß A identisch mit A sein soll, was bedeutet, daß dieser Satz von nichts spricht, da in ihm eine Tautologie ausgesagt wird. Dies entspricht dem Setzen schlechthin, der absoluten Thesis, welche Fichte der Möglichkeit zur Bedingung voraussetzte, daß überhaupt ein System aufgestellt werden konnte und daß es möglich wurde, Synthesis und Antithesis zu denken. Diese Thesis sollte sein

> "ein Setzen schlechthin, durch welches ein A (das Ich) keinem anderen gleich und keinem anderen entgegengesetzt, sondern bloss schlechthin gesetzt wird."(FI, S.115)

Das schlechthin aller Bedingung vorausgesetzte Ich sollte alle Tätigkeit in sich enthalten; das im selben Akt mit ihm gesetzte Nicht-Ich sollte im Ich und für das Ich gesetzt sein, es sollte demnach dem Nicht-Ich selbst keine Tätigkeit zukommen, weil ansonsten die Setzung, alle Tätigkeit sei gesetzt durch das Ich und in dem Ich, nicht mehr schlechthin Gültigkeit gehabt hätte. Dennoch war das Nicht-Ich notwendig für die Möglichkeit des Selbstbewußtseins des Ich, wie oben bereits gesagt wurde. Deshalb verwandelte sich die unbedingte Grundlegung der Wissenschaftslehre in eine Forderung nach Übereinstimmung des Ich mit dem Nicht-Ich unter der Voraussetzung der Einheit des Bewußtseins, die als Wirkliche nicht einlösbar sein konnte, da die formallogische Eindeutigkeit (Widerspruchsfreiheit) als einzige Voraussetzung für das Denken des menschlichen Bewußtseins nicht genügt, wie zu zeigen sein wird. Zunächst folgt die für Hölderlin mekrwürdige Auseinandersetzung der Wechselbestimmung des Ich und des Nicht-Ich.

4. DIE WECHSELBESTIMMUNG

Den Inhalt des Begriffs der Wechselbestimmung stellte Fichte mit der folgenden Forderung dar:

> "Es soll im Ich eine Thätigkeit seyn, die ein Leiden im Nicht-Ich bestimmt und durch dasselbe bestimmt wird; und umgekehrt, eine Thätigkeit im Nicht-Ich, die ein Leiden im Ich bestimmt, und durch dasselbe bestimmt wird."(FI, S.150)

Weil grundsätzlich alle Tätigkeit durch das und in das Ich gesetzt worden war, bestand das Problem darin, eine Tätigkeit in dem Nicht-Ich zu denken, da dies zunächst der Voraussetzung widersprach. Das Ich sollte durch und vermittelst seiner Tätigkeit sein Leiden bestimmen können, es sollte tätig und leidend zugleich sein können. Dies sollte dadurch möglich sein, daß das Ich als bestimmend und bestimmt zugleich gedacht wurde. **Bestimmend** war das Ich

> "insofern es durch absolute Spontaneität sich unter allen, in der absoluten Totalität seiner Realitäten enthaltenen Sphären in eine bestimmte setzt; und insofern bloss auf dieses absolute Setzen reflectirt, von der Grenze der Sphäre aber abstrahiert wird."(FI, S.141)

Zugleich sollte es **bestimmt** sein, wenn es andererseits angesehen würde

> "als in dieser bestimmten Sphäre gesetzt, ... und von der Spontaneität des Setzens abstrahirt wird."(FI, S.141)

Hier ist wiederum von zwei Betrachtungsweisen die Rede, die der Unterscheidung zwischen der Hinsicht auf das Ich als Tun und der Hinsicht auf das Ich als Tätiges korrespondieren. Als Tun soll das Ich als absolutes Setzen gedacht werden können, als Tätiges sollte es als Gesetztes in einer bestimmten Sphäre angesehen werden. Diese Unterscheidung der Hinsichten ist von der gesuchten Möglichkeit, die Verfahrungsweise des menschlichen Geistes zum sprachlichen Ausdruck zu bringen, noch entfernt. Fichte näherte sich diesem Gedanken als er davon sprach, daß

> "das Leiden im Ich ... der ideale Grund der Thätigkeit des Nicht-Ich"(FI, S.153)

sei. Zugleich mußte, um der Möglichkeit des Wechsels zwischen Ich und Nicht-Ich willen, eine

> "vom Wechsel unabhängige, für die Möglichkeit des Leidens schon vorausgesetzte Thätigkeit des Nicht-Ich" als "Real-Grund des Leidens"(FI, S.154)

gesetzt werden. Der ideale Grund für die Tätigkeit des Nicht-Ich und der anzunehmende Real-Grund des Leidens im Ich wurden nicht als verschiedene, von der Hinsicht abhängige, aufgestellt:

> "**Ideal- und Real-Grund sind im Begriffe der Wirksamkeit** (mithin überall, denn nur im Begriffe der Wirksamkeit kommt ein

Real-Grund vor) **Eins und Ebendasselbe.**" (FI, S.175)

Wenn das Ich nur als Tätiges, nicht als reines Tun, erkennbar ist und deshalb die Verfahrensweise des Geistes sich in ihrer inneren Natur darin ausspricht, wie sie einen Gegenstand bearbeitet, sind Ideal- und Realgrund in diesem Aussprechen vermittelt Eins- und Ebendasselbe. In der Sprache Fichtes könnte dies so formuliert werden: Jede Wechselwirkung zwischen Ich und Nicht-Ich beinhaltet zugleich das Leiden im Ich als idealen Grund, der von dem Ich in das Ich gesetzt wurde, und eine Tätigkeit des Nicht-Ich als realen Grund, der vorausgesetzt werden muß, wiederum von dem Ich, denn Ich ist das Setzende, damit überhaupt ein Wechsel möglich sein kann. Deshalb kommt Fichte ohne lange Umschweife zur Sache, wenn er sagt:

> "**Keins von beiden soll das andere, sondern beide sollen sich gegenseitig bestimmen,** heisst: ... absoluter und relativer Grund der Totalitäts-Bestimmung sollen Eins und Ebendasselbe seyn; die Relation soll absolut, und das absolute soll nichts weiter seyn, als eine Relation."(FI, S.199)

Die Totalität soll als Relation gedacht werden, nicht Ich soll absolute Totalität sein, sondern Ich sich bestimmend als Ich gegen das Nicht-Ich in Wechselwirkung, in der Identität von Idealität und Realität.

> "Das bestimmbare soll durch das bestimmte, das bestimmte soll durch das bestimmbare bestimmt werden."(FI, S.200)

Das Ich bestimmt sich durch die Bestimmbarkeit durch Subjekt und Objekt. Dies erläutert Fichte mit dem Satz, daß das Ich sich dadurch setze als sich setzend,

> "daß es das Nicht-Ich ausschließt, oder **das Nicht-Ich setzend,** dadurch, dass es sich ausschliesst."(FI, S.201)

Dieses Setzen wird wiederum unterschieden als Setzen in zweierlei Hinsicht: zum einen als unbedingtes, zum anderen als bedingtes Sich-Setzen. Die Vermittlung von Ich und Nicht-Ich bleibt dennoch im Gedankengang bewahrt, wenn Fichte die Tätigkeit des Ich im Zusammenfassen Entgegengesetzter und das Zusammentreffen dieser Entgegengesetzten vereinigen will. Die Tätigkeit des Ich als des Bestimmenden wird bedingt durch einen Anstoß, der nicht durch das setzende Ich gesetzt ist; dieser Anstoß geschieht nur insofern auf das Ich, als es tätig ist. Die Unendlichkeit seiner Tätigkeit kann das Ich nur in sich setzen, insofern es sich als begrenzt setzt; das Ich kann sich nur als Begrenztes setzen, insofern es unendlich tätig ist:

> "wenn das Ich sich nicht begrenzte, so wäre es nicht unendlich."(FI, S.214)

Dieses Wechselverhältnis des Ich in und mit sich selbst, in dem es sich gleichermaßen als endlich und unendlich setzt, wurde von Fichte als Widerstreit des Ich mit sich selbst angesehen. In diesem

Widerstreit will das Ich Unvereinbares vereinigen. Fichte bestimmte dies als das Vermögen der Einbildungskraft, mit welchem das Ich

> "jetzt das unendliche in die Form des endlichen aufzunehmen versucht, jetzt, zurückgetrieben, es wieder ausser derselben setzt, und in dem nemlichen Momente abermals es in die Form der Endlichkeit aufzunehmen versucht"(FI, S.215).

Die Einbildungskraft ist somit bestimmt als Vermögen, das zwischen dem Endlichen und dem Unendlichen in der Mitte **schwebt,** wodurch die Relation von Ich und Nicht-Ich im selben Moment bestimmt wird durch das Bestimmte und das Unbestimmte.

> "Jenes Schweben eben bezeichnet die Einbildungskraft durch ihr Product; sie bringt dasselbe gleichsam während ihres Schwebens, und durch ihr Schweben hervor."(FI, S.217)

Das Produkt der Einbildungskraft wird sich bei Hölderlin als die Sprache erweisen, die in ihrer Vermittlung des Bestimmten und des Unbestimmten, des Endlichen und des Unendlichen, idealreal ist:

> "Der Sprachlaut ist Symbol, weil er ganz und gar Natur ist und doch über sie hinausgeht - wie der Mensch. Das heißt jetzt: Sprache ist realideal(6)."

Fichte erreichte diese Nähe zu der Sprache, wenn er sich nicht bemühte, die Widersprüche, die Idealität und Realität, Endlichkeit und Unendlichkeit für die Perspektive des formallogischen Denkens darstellen, zu beseitigen. Da er sich diese Beseitigung der Widersprüche zur Aufgabe gemacht hatte, bezeichnete er den Schwebezustand des Geistes als Streit, in dem der Geist verweile angesichts der zugleich erhobenen Forderung und gesehenen Unmöglichkeit, die Entgegengesetzten als Eins zu denken. In diesem Zustande des Streits hält der Geist

> "beide zugleich fest, oder, was das gleiche heisst, macht sie zu solchen, die zugleich aufgefasst und festgehalten werden können - giebt dadurch, dass er sie berührt, und wieder von ihnen zurückgetrieben wird und wieder berührt, ihnen im **Verhältniss auf sich** einen gewissen Gehalt und eine gewisse Ausdehnung, ... Mannigfaltiges in der Zeit und im Raume"(FI, S.225).

Dieser Zustand, in dem das Vermögen der produktiven Einbildungskraft tätig ist, wird der des **Anschauens** genannt. Aus der Beschreibung seiner erhellt, daß die "Begebenheiten" in unserem Geiste nur durch absolut Engegengesetzte möglich sind, denn das Vermögen der produktiven Einbildungskraft ist nur dann als tätiges möglich, wenn

---

6 Bruno Liebrucks: Sprache und Bewußtsein. Band 2. Sprache. "Wilhelm von Humboldt". Frankfurt am Main (Akademische Verlagsgesellschaft) 1965. S.188.

absolut Entgegengesetzte, nicht zu Vereinigende, dem Auffassungsvermögen des Ich völlig Unangemessene vorkommen. Der "Mechanismus" des menschlichen Geistes erfolgt aus dem absoluten Entgegengesetztsein und die absolut Entgegengesetzten, die vor der Synthesis durch die Einbildungskraft etwas bloß ideales sind, bekommen durch das Schweben des Gemütes Realität für uns. Da das Schweben weder zur völligen Bestimmung gelangt, noch in der Unbestimmtheit verloren geht, sind im Zustand der Anschauung, der nach der Ansicht Fichtes ein Zustand des Streites zwischen der Forderung nach absoluter Bestimmtheit und der Unmöglichkeit der Einlösung dieser Forderung ist, Idealität und Realität identisch. Fichte konnte die Idealrealität des menschlichen Denkens nicht weiterdenken, weil er die Reflexion des Anschauens von dem Zustand des Anschauens insofern abstrahieren wollte, als jene als reines Tun, dieser als Tätigkeit, die Erfahrungsgegenstände sieht, gedacht werden sollte. Die Einbildungskraft sollte in der Anschauung zwar Realität produzieren, in ihr sollte aber keine Realität sein, denn erst durch die Auffassung und das Begreifen im Verstande sollte das Ideale zum Realen werden. Dabei wurde Verstand dasjenige Vermögen genannt, das etwas Wandelbares fixiert, das Einbildungskraft ist, die durch die Vernunft zum Stehen gebracht wurde, "das Vermögen des **Wirklichen.**"(FI, S.233) Dieses zum Stehen gebrachte, das Angeschaute als fixiertes Reales, mußte als Angeschautes bestimmt werden, um vom Anschauenden unterschieden werden zu können. Dies geschah durch das Vermögen der Urteilskraft, die die im Verstande gesetzten Objekte reflektiert und sie als etwas im Verstande für den Verstand denkt, wodurch das Denken des Gedachten erst möglich wird. Mittels dieser Wechselbestimmung des Denkens und des Gedachten nur kann "das als denkbar beurtheilte ... als Ursache der Anschauung gedacht werden."(FI, S.243) Der Charakter einer wirkenden Ursache kann dem angeschauten Objekt nur dann zukommen, wenn das Ich in dem Objekt eine innere Tätigkeit setzt, die eine bloß gedachte ist, ein Noumen. Dies muß geschehen, wenn ein Selbstbewußtsein des Ich und ein Bewußtsein der Vorstellung möglich sein soll. Die Tätigkeit bleibt durch das Ich und in dem Ich gesetzt, ihm allein kommt alle Tätigkeit zu, und die Einbildungskraft schwebt überhaupt "zwischen Object und Nicht-Object, kraft ihres Wesens" (FI, S.243). Die reflektierte Einbildungskraft wird vernichtet, weil der Anstoß, der in der Anschauung aufgenommen wurde, in seiner Wirksamkeit als durch das Ich gesetzt gedacht werden muß und von der in der Anschauung auftretenden Idealrealität wird wiederum abstrahiert zugunsten des reinen Tuns des Ich. Das Ich soll sich danach selbst bestimmen, indem es außer sich nichts bestimmt; das Ich bleibt übrig nach Aufhebung jedes Objektes durch das absolute Abstraktionsvermögen. Das Nicht-Ich ist dasjenige, von dem durch dieses Abstraktionsvermögen abstrahiert werden kann:

> "und wir haben demnach jetzt einen festen Unterscheidungspunct zwischen dem Objecte und Subjecte."(FI, S.244)

Wenn nun das Ich sich dadurch bestimmt, daß es von den Objekten abstrahiert und lediglich auf sich selbst reflektiert, dann bleibt das Nicht-Ich unbestimmt und erscheint als unendlich und unbegrenzt. Wenn andernfalls das Ich auf das Universum reflektiert und das Nicht-Ich dadurch bestimmt, erscheint das Ich für sich selbst in seiner absoluten Tätigkeit des Bestimmens als unendlich.

> "In der Vorstellung stehen demnach Ich und Nicht-Ich in Wechselwirkung; ist das eine endlich, so ist das andere unendlich, und umgekehrt; eins von beiden ist aber immer unendlich."(FI, S.245 f.)

Die Unendlichkeit und die Endlichkeit des Ich, sowie die Unendlichkeit und die Endlichkeit der Welt sind demnach abhängig vom Standpunkt der Reflexion des Ich. Dies kann der Gedanke Fichtes sein, den Hölderlin in seinem Brief an Hegel erwähnte:

> "Fichte hat in Ansehung der Antinomien einen ser merkwürdigen Gedanken, über den ich aber lieber Dir ein andermal schreibe."(Jena, d. 26.Jenner 95, StA VI.1, S.156)

Im gleichen Brief schrieb Hölderlin über die Teleologie Kants:

> "die Art, wie er den Mechanismus der Natur (also auch des Schicksaals) mit ihrer Zwekmäsigkeit vereiniget, scheint mir eigentlich den ganzen Geist seines Systems zu enthalten; es ist freilich dieselbe, womit er alle Antinomien schlichtet."(StA VI.1, S.156)

Auf Fichte gewendet kann der Satz ähnlich formuliert werden: die Art, wie er die reale Wirksamkeit des Nicht-Ich mit dem Setzen des Ich, als Ideal-Grund des Leidens in dem Ich, vereinigt, weist über sein System hinaus auf ein Begreifen der Mittelbarkeit des menschlichen Denkens; zugleich freilich versucht Fichte nach Anleitung des von der formalen Logik geforderten zu vermeidenden Widerspruches, die Antinomien zu schlichten. Dieses Schlichten fand in der Fichteschen Wissenschaftslehre stets dadurch statt, daß von der Reflexion gefordert wurde, sich auf einen höheren Standpunkt zu stellen und den aufgefundenen Widerspruch in einer anderen Hinsicht, als der, in der er gefunden worden war, aufzulösen und die Handlungen des Ich eindeutig zu bestimmen um der Eindeutigkeit des Bewußtseins willen.

5. DIE PRAKTISCHE BEGRÜNDUNG

Im praktischen Teil der Wissenschaftslehre sollte das Ich sich setzen als das Nicht-Ich bestimmend. Über den Gedankengang, der die Identität von Ideal- und Realgrund des Leidens im Ich entwickelte, war es möglich geworden, das Nicht-Ich als reales Objekt zu bestimmen. Setzt nun das Ich sich in Schranken, so geht seine Tätigkeit auf dieses Objekt, welches **dann** Gegenstand ist. Die Tätigkeit des Ich als reine Tätigkeit geht dagegen auf kein Objekt, sondern auf sich selbst zurück: sie allein ist unendlich. Im Kausalitätsverhältnis sollen beide Tätigkeiten die Tätigkeit desselben Subjektes sein, die unendliche Tätigkeit des Ich soll sich wie die Ursache verhalten zu der objektiven und endlichen Tätigkeit des Ich, als dem Bewirkten; das Ich soll sich durch seine reine Tätigkeit selbst bestimmen zu seiner objektiven Tätigkeit. Es soll

> "die erstere **unmittelbar** auf das Ich selbst, aber **mittelbar** vermöge der dadurch geschehenen Bestimmung des Ich selbst, als eines das Nicht-Ich bestimmenden, auf das Nicht-Ich gehe(n), und dadurch die geforderte Causalität realisirt" werden(FI, S.257).

Abgesehen davon, daß die Trennung der unendlichen von der endlichen Tätigkeit des Ich im Sinne des Fichteschen Anliegens vorgenommen wurde, Widersprüche zu vermeiden, enthält der Satz einen Hinweis, der im Zusammenhang mit der Idealrealität des Wechselverhältnisses von Ich und Nicht-Ich bedeutsam ist. Die auf das Nicht-Ich gerichtete Tätigkeit nannte Fichte **mittelbar** und deutete damit, im Unterschied zu der Eindeutigkeit des Bewußtseins, die der Eindeutigkeit des realen Tuns korrespondiert, auf die vermittelte Einheit von Unendlichkeit und Endlichkeit, in der sich das wirkliche Bewußtsein des Menschen konstituiert, hin. Die Kausalität des Ich hinsichtlich des Nicht-Ich ist mittelbar. Als nur schlechthin Setzendem soll dem Ich Unendlichkeit zukommen, setzt es einen Gegenstand, der seiner Art nach völlig unbestimmt bleibt, begrenzt es sich. Das Ich soll begrenzt sein, aber zugleich mit dieser seiner Endlichkeit bleibt es unendlich, weil es die Begrenzung beliebig in das Unendliche setzen kann.

> "Es ist seiner Endlichkeit nach unendlich, und seiner Unendlichkeit nach endlich."(FI, S.258)

Die absolute und unendliche Tätigkeit des Ich enthält das Prinzip des Lebens und des Bewußtseins, wirkliches Leben aber entsteht erst vermittelst eines besonderen Anstoßes auf das Ich durch ein Nicht-Ich. Die Identität der Endlichkeit und der Unendlichkeit des Bewußtseins drückt danach das wirkliche Leben aus, das einzige für uns denkbare Leben, wie Fichte weiß. Deshalb ist nach der Wissenschaftslehre der letzte **Grund** aller Wirklichkeit für das Ich eine ursprüngliche Wechselwirkung zwischen dem Ich und irgendetwas, dem Ich völlig entgegengesetzten, außer dem Ich befindlichen. In dieser Wechselwirkung zwischen Ich und unbestimmtem Nicht-Ich wird in das Ich nichts Fremdartiges hineingetragen, alles entwickelt sich nach den eigenen Gesetzen des Ich aus dem Ich heraus, das Entgegengesetzte setzt das Ich nur in Bewegung um zu handeln; ohne dieses erste Bewegende außer ihm würde es nie gehandelt, somit nie existiert haben. Diese entgegengesetzte Kraft wird als solche nur **gefühlt**.

> "Das Ich ist demnach abhängig seinem Daseyn nach; aber es ist schlechthin unabhängig in den Bestimmungen dieses seines Daseyns."(FI, S.279)

Mit diesem Satz ist das Ich wieder in die Nähe der Realidealität des Bewußtseins gerückt worden. Seiner Idealität nach soll nämlich alles abhängig von dem bestimmenden Ich sein, zugleich soll das Ich hinsichtlich seiner Realität selbst abhängig sein:

> "es ist nichts real für das Ich ohne auch ideal zu seyn; mithin ist in ihm Ideal- und Realgrund Eins und ebendasselbe, und jene Wechselwirkung zwischen dem Ich und Nicht-Ich ist **zugleich** eine Wechselwirkung des Ich mit sich selbst."(Hervorhebung von mir,A.T.)(FI, S.280 f.)

Der endliche Geist muß notwendig etwas Absolutes außer sich setzen und zugleich erkennen, daß jenes so nur für ihn da sei. Dieses Zugleich des **an** sich gesetzten Dinges und des **für** den Geist notwendigen noumenalen Charakters dieses Dinges nennt Fichte den Zirkel, aus dem der endliche Geist nie herausgehen kann. Die Idealrealität des menschlichen Geistes erscheint hier als der letzte Grund alles Bewußtseins, nicht als das menschliche Bewußtsein selbst.

> "Man kann demnach auch sagen: der letzte Grund alles Bewusstseyns ist eine Wechselwirkung des Ich mit sich selbst vermittelst eines von verschiedenen Seiten zu betrachtenden Nicht-Ich."(FI, S.282)

Fichte bestimmt hier den Begriff des Grundes nur im Horizont des Subjektes; bei Hölderlin wird der Grund, als in seiner Gesamtheit nicht begreiflicher, unendlicher Grund, die Wechselwirkung des Ich mit sich selbst zugleich ermöglichen und unerschöpflich begleiten. Das Subjekt-Objekt, das bei Fichte subjektiv ist, wird damit in seiner Begründung weder von einem hypostasierten Subjekt noch von einem hypostasierten Objekt abgeleitet werden (vgl. die Kapitel vier und fünf).

6. NÄHERE BESTIMMUNG DER WECHSELWIRKUNG

Die Tätigkeit des Ich wird durch ein Gefühl eingeschränkt, das lediglich subjektiv verspürt und gesetzt wird als durch eine Tätigkeit des Nicht-Ich (Noumen) verursacht. Zugleich strebt das Ich, die Unendlichkeit zu erfüllen und es hat in sich das Gesetz, über sich zu reflektieren, als die Unendlichkeit ausfüllend. Diese Reflexion ist nur möglich wenn ein Objekt vorhanden ist; das Ich kann demnach nur insofern über sich selbst reflektieren, inwiefern es begrenzt ist. Das Streben des Ich, die Unendlichkeit zu erfüllen, ist ebenso zugleich für das Ich nur wenn ein Objekt vorhanden ist.

> "Das ursprüngliche Streben des Ich ist, als Trieb, als lediglich im Ich selbst begründeter Trieb betrachtet, **ideal** und **real** zugleich."(FI, S.294)

Die Tätigkeit des Ich kann als ideale nicht vor die Anschauung kommen, weil sie dann das von Fichte geforderte reine Tun ist, das abstrahiert wurde von allen empirischen Bestimmungen. Diese abstrakte Tätigkeit des Geistes ist für das menschliche Bewußtsein ebenso unerreichbar, wie die abstrakte Realität der Dinge. Erst das Denken als realideal sich vermittelndes kann gedacht werden und das mittelbare Handeln ist erst recht eigentlich menschliches Handeln. Nach Fichte ist das Ich in Beziehung auf ein Nicht-Ich für sich selbst, in seiner natürlichen Meinung von sich, immer leidend, es wird sich seiner Tätigkeit nicht bewußt. Damit entsteht der Schein, die Realität des Dings zu fühlen, während in Wahrheit das Ich sich selbst fühlt. Die Beziehung des Gefühls auf das Ich ist für es der Grund der Realität sowohl des Ich wie des Nicht-Ich. Da das Ich sich nicht seiner Anschauung des Gefühls bewußt wird, glaubt es an das Gefühlte.

> "**An Realität überhaupt**, sowohl die des **Ich**, als des **Nicht-Ich**, findet lediglich **ein Glaube** statt."(FI, S.301)

Dabei soll das Ich das Bestimmende gegenüber dem Nicht-Ich, es soll das schlechthin und ausschließlich Tätige sein. Neben dem Trieb des Strebens, der auf ein Objekt gerichtet ist, fand Fichte im Ich ein Gefühl des **Sehnens**: das Ich fühlt sich bedürftig. Dieses Sehnen geht nicht auf die Hervorbringung eines Stoffes aus, sondern auf die Modifikation des Stoffes. Wenn der Trieb des Ich, zu bestimmen, begrenzt wird, entsteht dieses Sehnen und auf die Möglichkeit des Sehnens gründet sich die Möglichkeit eines Gefühls; auf diese Möglichkeit "Leben, Bewusstseyn und geistiges Daseyn überhaupt."(FI, S.308). Der Trieb, zu bestimmen, hat keine unmittelbare Kausalität, weil er im Ich gesetzt ist und alles im Ich Gesetzte nur mittelbar wirksam sein kann. Der Grund dafür liegt nicht in dem Bestimmungstrieb selbst, er liegt

> "in einem Gegentriebe des Nicht-Ich, **sich selbst zu bestimmen**, in einer Wirksamkeit desselben, die völlig unabhängig von dem Ich und seinem Triebe ist, **ihren** Weg geht, und nach **ihren** Gesetzen sich richtet, wie dieser sich nach den seinigen richtet."(FI, S.308 f.)

Diese Aussagen über das Nicht-Ich können nur geglaubt werden, denn an alle Realität soll lediglich eine Glaube stattfinden. Das geglaubte Nicht-Ich wirkt auf das Ich als Gefühl der Begrenzung durch die **Beschaffenheit** des Stoffes, wenn das Ich das Objekt bestimmen will.

> "Es (das Ich, Zusatz A.T.) wird in dieser Bestimmung durch den Trieb geleitet, und geht darauf aus, es (das Nicht-Ich, Zusatz A.T.) nach ihm zu bestimmen; es steht aber zugleich unter der Einwirkung des Nicht-Ich, und wird durch dasselbe, durch die **wirkliche Beschaffenheit** des Dinges begrenzt, dasselbe in höherem oder niederem Grade **nicht** nach dem Triebe bestimmen zu können."(FI, S.309) (erste Hervorhebung von mir, A.T.)

Das Bestimmen des Dinges soll nur ein Nachbilden dessen sein, was da ist, eine bloße Anschauung, durch die im Ich eine Bestimmung hervorgebracht werden soll, wie sie im Nicht-Ich ist. Die Begrenzung der Reflexion muß das bestimmende Ich in sich selbst haben, denn es selbst ist das Bestimmende und Bestimmte zugleich, indem es durch absolute Spontaneität reflektiert. Dieses Merkmal der Wechselwirkung mit sich selbst wird auf die Dinge übertragen durch den Bestimmungstrieb aus dem Ich heraus und nur inwiefern das Ding in jener Wechselwirkung mit sich selbst steht, ist es ein Ding und mit sich selbst identisch.

> "Alles, was Gegenstand seiner (des Bestimmungstriebes, Zusatz, A.T.) Reflexion und seines (**idealen**) Bestimmens seyn soll, muss (**realiter**) 'bestimmtes und bestimmendes zugleich' seyn; so auch das zu bestimmende Nicht-Ich."(FI, S.310)

Wurde das handelnde Ich' als bestimmtes und bestimmendes zugleich gedacht, so blieb dies bei Fichte auf der Ebene des idealen Handelns, durch Vorstellung.

> "Auch unsere sinnliche Wirksamkeit in der Sinnenwelt, die wir **glauben**, kommt uns nicht anders zu, als mittelbar durch die Vorstellung."(FI, S.328)

Darüberhinaus müssen die weiteren Bestimmungen der Idealrealität des menschlichen Bewußtseins aufgesucht werden. Das Setzen des Ich soll ein durch die Handlungsweise des Ich begründetes Handeln sein, ein bestimmtes Setzen eines Bestimmten. "Das Ich soll **Real-Grund** desselben seyn."(FI, S.341. "Grundriss des Eigenthümlichen der Wissenschaftslehre".) Zugleich ist die wirkliche Tätigkeit des Ich begrenzt, diese Begrenzung müßte ausgehen von dem Nicht-Ich, denn das Ich kann sich nicht selbst begrenzen; das Nicht-Ich soll der Ideal-Grund des begrenzenden Setzens des Ich sein.

> "Das Factum soll sich betrachten lassen, als auch seiner **Bestimmung** nach schlechthin gesetzt durch das Ich, und auch seinem **Seyn** nach als gesetzt durch das Nicht-Ich. Ideal- und Real-Grund sollen in ihm innig vereinigt, Eins und ebendasselbe seyn."(FI, S.342)

Diese Realidealität findet statt, wenn das Ich anschaut und dabei außer ihm Vorhandenes durch seine eigene Tätigkeit nachbildet. Dies wird als der Grund alles Erkennens aufgefunden, der begründet, warum das Ich Intelligenz sein muß:

> "nemlich darum, weil es einen **in ihm selbst** befindlichen Widerspruch zwischen seiner Tätigkeit und seinem Leiden **ursprünglich** (ohne Bewußtseyn und zum Behuf der Möglichkeit alles Bewußtseyns) vereinigen muss."(FI, S.343)

Der Grund alles Erkennens wird somit nur bis zu der Synthesis gedacht, die um der Möglichkeit des Bewußtseins willen vor allem Bewußtsein sich widersprechende Teile vereinigen soll. Die Trennungen der Reflexion werden auf ihren subjektiven Grund übertragen. Diese Trennungen nahm die Reflexion vor, als sie die Idealrealität des menschlichen Bewußtseins in die Idealität der Handlungen des Ich und die Realität der Wirkungen des Nicht-Ich aufteilte. Sie werden nun in einer natürlichen Vorstellung auf den Grund allen Bewußtseins hypostasiert, der in einem Widerspruch bestehen soll, den das Ich ohne alles Bewußtsein vereinigt haben muß, um erkennen zu können. Diese Tätigkeit des Ich, die aller Möglichkeit des Bewußtseins vorausliegen soll, kann nicht gedacht werden, denn sie soll ohne Bewußtsein stattgefunden haben. Sie wird nur gesetzt und Fichte muß hier den Verdacht Hölderlins bestätigen, über das Bewußtsein in der Theorie hinaus zu wollen:

> "Es ist klar, dass wir dies nicht vermocht hätten, wenn wir nicht über alles Bewusstseyn hinausgegangen wären."(FI, S.343)

Die ideale Tätigkeit des Ich soll schlechthin unbegrenzt und unbegrenzbar sein und an der gemeinschaftlichen Grenze, die der Vereinigungspunkt von Ich und Nicht-Ich ist, soll allein das Empfinden möglich sein. Zugleich sollen sich an diesem Punkte die beiden trennen; das Ich wird von ihm aus Intelligenz und schreitet frei über jene Grenze, überträgt dabei etwas aus sich auf das, was über der Grenze liegt, oder, was das Gleiche in anderer Hinsicht bedeuten soll, das Ich nimmt etwas von dem anderen in sich auf. Wenn das Ich sich als begrenzt setzt, geht es notwendig über die Grenze hinaus, da diese sonst nicht als Grenze durch das Ich zu setzen wäre. Vergißt das Ich sich selbst im Objekt seiner Tätigkeit, dann ist seine Handlung eine Anschauung, die für das Ich als Leiden erscheint. Dabei sind Angeschautes - das Ich, inwiefern es empfindet - und Anschauendes - das Ich, das über sein Anschauen nicht reflektiert - identisch. Das Sein der reinen Tätigkeit des Ich tritt für das Ich in der Anschauung als Leiden auf; insofern jene reine Tätigkeit gesetzt ist, ist sie durch Wechselbestimmung zufoge eines Gegensatzes gesetzt. Die Grenze zwischen Ich und Nicht-Ich ist als durch das Ich gesetzte eine ideale Grenze und sie ist gleichzeitig als durch das Nicht-Ich gesetzte eine reale Grenze. Die entgegengesetzten Bestimmungen sind in der Grenze vereinigt.

> "Sie ist reale, bloss inwiefern sie durch das Ich gesetzt ist, und demnach auch ideale ist; sie ist ideale, sie kann durch die Thätigkeit des Ich hinausgeschoben werden, lediglich, insofern sie durch das Nicht-Ich gesetzt, und demnach reale ist." (FI, S.353)

Die Tätigkeit des Ich wird danach real und ideal zugleich.

> "Sie ist real, inwiefern sie auf ein durch etwas reales gesetztes geht; sie ist ideal, inwiefern sie aus eigenem Antriebe darauf geht."(FI, S.354)

Die Tätigkeit des Ich soll zugleich mit dem Hinausgehen aus dem Ich selbst ohne alles Bewußtsein ein Nicht-Ich produzieren. Das Ich fühlt dieses Nicht-Ich indem es leidet, demnach setzt das Ich Tätigkeit in das Nicht-Ich. Durch das Ich wird in dem Ich ein tätiges Nicht-Ich gesetzt, darauf reflektiert das Ich und vernichtet somit die Tätigkeit des Nicht-Ich. Das Nicht-Ich und dessen Tätigkeit sollen beide das Produkt des Ich sein. Das Ich bedarf des Nicht-Ich, um sich seiner Handlungen bewußt werden zu können. Nicht durch Reflexion kann das Ich sich als frei setzen, sondern dadurch, daß es sich ein Produkt seiner freien Tätigkeit zueignet und sich **mittelbar** als frei setzt.

> "Die Freiheit, oder was das gleiche heisst, das unmittelbare Handeln des Ich, als solches, ist der Vereinigungspunct der Idealität und Realität. Das Ich **ist** frei, indem und dadurch, dass es sich frei setzt, sich befreit: und es setzt sich frei, oder befreit sich, indem es frei ist."(FI, S.371)

Dies ist nur dadurch möglich, daß das Ich sich in seiner Idealrealität mittelbar als frei erkennt. Deshalb sind Bestimmung und Sein eins, ebenso wie Handelndes und Behandeltes. Bestimmt das Ich sich zum Handeln, handelt es, indem es sich bestimmt. Dieses sich bestimmende Handeln ist die idealreale Verfahrensweise des Ich, die sich verrät, wenn es einen Gegenstand bearbeitet. Das Ich bildet diesen Gegenstand und in diesem Bilden ist es frei; zugleich ist das Bilden nur dann nicht leer, wenn es auf einen Gegenstand bezogen ist, an dem das Ich sein freies Bilden vollziehen kann. Die Wirkung des Gegenstandes auf das Ich soll als zufällig gesetzt werden, da sie durch die Freiheit des Ich selbst in das Ich gesetzt sein soll und erst durch das Ich bestimmt wird für das Ich. Daß das Nicht-Ich durch das Ich vorgestellt wird, ist zufällig für das Nicht-Ich.

> "Die Aeusserung des Dinges in der Erscheinung ist Product des Dinges; diese Erscheinung, inwiefern sie für das Ich da ist und durch dasselbe aufgefasst wird, ist Product des Ich." (FI, S.390)

Die Auffassung des Dinges durch das Ich soll durch die freie Tätigkeit des Ich gesetzt sein und deshalb soll sie den Charakter der Zufälligkeit haben. Ich und Nicht-Ich sollen voneinander völlig unabhängig sein, sie sollen ihre Sphäre im Raume erfüllen; das Nicht-Ich soll seine Produkte im Raum real setzen, das Ich soll ebenfalls seine Produkte frei im Raum idealiter setzen und deshalb haben die Berührungspunkte zwischen beiden den Charakter des Zufälligen. Das Ich muß seine ideale Tätigkeit auf das Nicht-Ich richten, wenn Bewußtsein möglich sein soll; dieses Bewußtsein trägt allerdings das Zeichen der **Zufälligkeit**(vgl. FI, S.407). Fichte kam deshalb zur Konzeption zweier Welten, die nur durch eine zufällige, nicht eine notwendige Brücke miteinander verbunden sind. Dagegen scheint der Satz zu sprechen:

> "Durch ihr Gesetztseyn, als Intelligenz, ist das, für welches sie sey, schon mit gesetzt."(FI, S.436, "Erste Einleitung in die Wissenschaftslehre").

Fichte schrieb aber weiter:

> "Es ist sonach in der Intelligenz - dass ich mich bildlich ausdrücke - eine doppelte Reihe, des Seyns und des Zusehens, des reellen und des idealen; und in der Unzertrennlichkeit dieses Doppelten besteht ihr Wesen (sie ist synthetisch); da hingegen dem Dinge nur eine einfache Reihe, die des reellen (ein blosses Gesetztseyn), zukommt. Intelligenz und Ding sind also **geradezu entgegengesetzt**: sie liegen in zwei Welten, zwischen denen es keine Brücke gibt."(Hervorhebung von mir) (FI, S.436)

Das Ding entsteht durch ein Handeln des Ich nach Gesetzen, indem die Beschaffenheiten und Verhältnisse durch die Einbildungskraft zusammengefaßt werden. Das empirische Ich soll sich durch die Anschauung eine ausgedehnte Materie erschaffen und darauf sein bloß subjektives Gefühl, das aus dem Angestoßensein resultiert, durch Denken übertragen als auf seinen Grund.

> "Die fortgesetzte Analyse und das fortgesetzte Erklären seines eigenen Zustandes giebt ihm sein Weltsystem; und das Beobachten der Gesetze dieses Erklärens dem Philosophen seine Wissenschaft."(FI, S.490, "Zweite Einleitung in die Wissenschaftslehre")

Ausgangspunkt für die Wissenschaft des Philosophen sollte die Tathandlung des Ich sein, die der Punkt ist,

> "der beide Welten verknüpft, und von welchem aus sie mit Einem Blicke übersehen werden können."(FI, S.468)

Der einzige feste Standpunkt für die gesamte Philosophie sollte die intellektuelle Anschauung sein. Darüber möchte ich hier noch nicht sprechen. Fichtes Konzeption der intellektuellen Anschauung stelle ich im folgenden Kapitel im Kontrast zu der Kants und Hölderlins dar. Für den hier vorgestellten Zusammenhang der Philosophie Fichtes ergab sich zum Schluß, daß Intelligenz und Ding als geradezu Entgegengesetzte gedacht wurden, wobei die Idealrealität der Intelligenz zugeschrieben wurde. Dieses Ergebnis bestätigt den Einwand, den Hegel in der Differenzschrift erhob, Fichte denke die Vereinigung von Subjekt und Objekt lediglich subjektiv. Ich möchte abschließend noch einmal die Gedanken hervorheben, die für Hölderlin Anregung zu einer Weiterführung waren; zugleich soll die Kritik, die er an der Fichteschen Reflexionsphilosophie leistete, gekennzeichnet werden.

7. KRITISCHE ANSATZPUNKTE HÖLDERLINS GEGENÜBER FICHTE

Die Möglichkeit des Selbstbewußtseins war bei Fichte abhängig gemacht worden von einer Wechselwirkung zwischen dem Ich und dem Nicht-Ich. Diese Wechselwirkung ist dann nicht in dem oben wiedergegebenen Sinn zufällig, wenn die Idealrealität des Bewußtseins, für die eine mittelbare Wirksamkeit möglich ist, hinsichtlich ihres Ausdrucks in der Sprache gedacht wird. Sie ist dann nicht von dem Prinzip der Eindeutigkeit des Bewußtseins, das dem Satz von dem zu vermeidenden Widerspruch folgt, regiert. Vielmehr kann das Selbstbewußtsein sich als Handelndes und Behandeltes zugleich erkennen, wenn das Nicht-Ich nicht als geradezu Entgegengesetztes angesehen wird. Die Frage nach der Möglichkeit des Selbstbewußtseins beantwortete Hölderlin versuchsweise mit dem Satz:

> "Dadurch daß ich mich mir selbst entgegenseze, mich von mir selbst trenne, aber ungeachtet dieser Trennung mich im entgegengesezten als dasselbe erkenne."(StA, IV.1, 217)

Diese Bestimmung genügte jedoch nicht. Eine weitere Frage mußte gestellt werden:

> "Aber inwiefern als dasselbe?"(StA, IV.1, 217)

Die Identität konnte nicht als Vereinigung des Subjekts und des Objekts angesehen werden, die schlechthin stattfände. Denn die Setzung "Ich = Ich" ließ die Möglichkeit offen, Nichtidentische gleichgesetzt zu haben, die in einer anderen Rücksicht, als in der, in der sie verglichen wurden, sich entgegengesetzt waren. Nur die Aufnahme des Widerspruchs der Idealrealität und der Unendlichkeit des Bewußtseins, das zugleich endlich ist, ermöglichte es, einen Punkt zu denken, der schlechthin in seiner Widersprüchlichkeit Eins sein konnte.

> "Wo Subject und Object schlechthin, nicht nur zum Theil vereiniget ist, mithin so vereiniget, daß gar keine Theilung vorgenommen werden kan, ohne das Wesen desjenigen, was getrennt werden soll, zu verlezen, da und sonst nirgends kann von einem Seyn schlechthin die Rede seyn, wie es bei der intellectualen Anschauung der Fall ist."(StA, IV.1, 216)

In dem hier vorgetragenen Zusammenhang kann diese intellectuale Anschauung annähernd als die Anschauung beschrieben werden, die zwischen Bestimmung und Unbestimmtheit in der Mitte schwebt, wie Fichte sie dem Vermögen der produktiven Einbildungskraft zugeschrieben hatte. Die Idealrealität dieser Anschauung korrespondiert dem Sein schlechthin, das als der Grund angenommen werden kann, den der Dichter in die Sprache überträgt, deren Symbole als idealreale bezeichnet worden sind. Deshalb genügt die intellectuale Anschauung, als sich nicht bestimmt Habende, dem Dichter noch nicht, sie hat das Sein vor sich als "ihr mythisches bildliches Subject Object"(FHA,14,317,30-31), wie Hölderlin sich in dem Aufsatzentwurf über den poetischen Geist ausdrückt. Der intellectualen Anschauung fehlt das Bewußtsein und die Einheit, während das abstrakte Urteil der Reflexion dagegen

> "im höchsten und strengsten Sinne die ursprüngliche Trennung des in der intellectualen Anschauung innigst vereinigten Objects und Subjects, diejenige Trennung, wodurch erst Object und Subject möglich wird, die Ur-Theilung"(StA, IV.1, 216) ist.

Die Kritik Hölderlins an der von Fichte vorgetragenen Reflexionsphilosophie in dem Fragment, das von den Herausgebern mit dem Titel "Urtheil und Seyn" überschrieben wurde, richtet sich gegen die schlechthin aufgestellte Begründung des Bewußtseins aus dem Prinzip einer reinen Tätigkeit des Ich, das sich das Ich ausschließlich voraussetzt. Diese absolute ideale Tätigkeit stellt bereits eine Absonderung dar, die die Idealrealität des menschlichen Bewußtseins einseitig überschreitet. Deshalb mußte auch Fichte die vorgeblich aufgefundene Tathandlung, in der sich das Ich als identisch mit sich selber setzen sollte, auf eine Forderung reduzieren, da das Selbstbewußtsein nur in der Wechselwirkung mit einem Nicht-Ich wirklich werden konnte. Dieses Nicht-Ich sollte gemäß der aufgestellten Forderung dem Ich gleich werden, was lediglich in unendlicher Annäherung zu erreichen sein konnte. Das Selbstbewußtsein mußte Fichte wegen des von ihm aufgestellten Geradeentgegengesetztseins von Ich und Nicht-Ich mit dem Merkmal des Zufälligen kennzeichnen. Hölderlin entwickelte stattdessen den Begriff des Harmonischentgegengesetzten, der noch zu erläutern sein wird.

Trotz der grundsätzlichen Kritik am Ergebnis und an den Ansprüchen der Fichteschen Wissenschaftslehre bleibt die Bedeutung der Wechselbestimmung zwischen Ich und Nicht-Ich hinsichtlich des Hölderlinschen Anliegens im Gedächtnis zu behalten. Solange Fichte nicht die vorhandenen Widersprüche zu schlichten bemüht war, trug er Bestimmungen des Bewußtseins vor, die sich einem Denken, das in der Sprache seinen wirklichen Ausdruck finden kann, näherten. Die Einheit von Idealität und Realität im Produkt der zwischen Bestimmtheit und Unbestimmtheit schwebenden produktiven Einbildungskraft kann über den Bereich der Anschauung hinaus auf eine angemessene Beschreibung des Denkens hindeuten. Damit ist eine Möglichkeit vorbereitet, wie die symbolische Konstruktion der Dichtung wirkliche Sprache werden kann. Wenn diese symbolische Konstruktion, im von Kant bestimmten Sinn, mit der Idealrealität des menschlichen Bewußtseins zusammengedacht wird, eröffnet sich die Möglichkeit, die Eigentümlichkeit des mittelbaren menschlichen Handelns in der Sprache darzustellen.

Hier möchte ich zunächst noch ansatzweise die Kritik wiedergeben, die Hölderlin an der Reflexionsphilosophie übte, die durch ihre Trennungen in abstrakte Idealität und abstrakte Realität das Denken des wirklichen Bewußtseins verfehlte. Diese Kritik wurde von seiner Spinoza-Lektüre beeinflußt, mit dessen Schriften er zunächst über die Darstellung Jacobis(7) und kurz vor der Lektüre der Fichteschen Grundlage direkt bekannt geworden war. Wenn Fichte die Trennungen der Reflexion auf den unbestimmten Grund alles Bewußtseins übertrug und diesen als Widerstreit bestimmte,

---

7 Friedrich Heinrich Jacobi: Über die Lehre des Spinoza in Briefen an Herrn Moses Mendelssohn (1785); in: F.H. Jacobi, Werke, Band IV/1+2, Hrsg.: F. Roth u. F. Köppen, Darmstadt (Wissenschaftliche Buchgesellschaft) 1976.

konnte von der Ethik Spinozas her dagegen ein Einwand formuliert werden. Spinoza dachte die Substanz, die nur eine Einzige und ein anderer Ausdruck für Gott sein sollte, als immanente Ursache aller Dinge(8). Substanz hatte Spinoza definiert als dasjenige,

> "was in sich ist und aus sich begriffen wird; das heisst das, dessen Begriff nicht des Begriffes eines anderen Dinges bedarf, um daraus gebildet werden zu müssen(9)".

Jene causa immanens hatte Hölderlin bereits in seinem Exzerpt der Jacobischen Briefe dadurch hervorgehoben, daß er den Satz Jacobis,

> "daß durch ein jedes Entstehen im Unendlichen, mit was für Bildern oder Worten man ihm auch zu helfen suche, durch einen jeden Wechsel in demselben, ein Etwas aus dem Nichts gesetzt werde"(F.H. Jacobi, a.a.O., S.56),

dem Wortlaut nach falsch, dem Sinn nach richtig exzerpierte, wenn er schrieb:

> "daß durch ein jedes Entstehen in dem **Endlichen** (diese Hervorhebung von mir,A.T.), durch jeden Wechsel in demselben ein **Etwas aus dem Nichts** gesezt werde. Er verwarf also **jeden Übergang** des Unendlichen zum Endlichen. Sezte dafür ein **immanentes** Ensoph."(StA, IV.1, 207)

Dieses immanente Ensoph als der Grund alles Bewußtseins gedacht und verstanden als die Substanz im Sinne Spinozas konnte nicht teilbar gesetzt werden: "Die schlechthin unendliche Substanz ist untheilbar(10)." Dies begründete Spinoza damit, daß die Substanz, wäre sie teilbar, entweder die Natur der unendlichen Substanz behalten würde, somit also nicht unterteilbar bliebe, oder aufhörte, unendliche Substanz zu sein. Weiterhin war nach Spinoza die ausgedehnte Substanz eines der unendlichen Attribute Gottes:

> "Unter **Attribut** verstehe ich das, was der Verstand von der Substanz als ihr Wesen ausmachend erkennt(11)."

----

08 "Deus est omnium rerum causa immanens; non verò transiens." Propositio XVIII. Ethica. In: Spinoza, Opera-Werke. Zweiter Band. Hrsg.: Konrad Blumenstock, Darmstadt (WB) 1967. S.120

09 "... quod in se est, et per se concipitur: hoc est id, cujus conceptus non indiget conceptu alterius rei, à quo formari debeat." a. Anm.08)a.O., S.86

10 "Substantia absolutè infinita est indivisibilis." Ethica, Pars Prima, Propositio XIII; a.a.O., S.104

11 "Per attributum intelligo id, quod intellectus de substantiâ percipit, tanquam ejusdem essentiam constituens." Definitio IV. ebd., S.86

Insofern also die körperliche Substanz Substanz ist, kann sie nicht geteilt werden, denn die Teilbarkeit der körperlichen Substanz setzte einen leeren Raum voraus.

> "Da es also in der Natur keinen leeren Raum giebt (worüber ein andermal), sondern alle Theile so zusammenhangen müssen, dass es keinen leeren Raum giebt, so folgt hieraus auch, dass sie nicht real unterschieden werden können, dass heisst, dass die körperliche Substanz, insofern sie Substanz ist, nicht getheilt werden kann(12)."

Diese Überlegungen können in den Zusammenhang des Gedankens von der Idealrealität des menschlichen Bewußtseins gebracht werden, während zugleich die Kritik an den hypostasierten Trennungen der Reflexionsphilosophie von der "Ethik" Spinozas her fundiert werden konnte.

In dem allgemeinen Teil der Abhandlung "Grund zum Empedokles" trug Hölderlin diese Kritik zusammengefaßt vor(StA IV.1, 152 ff.). Ich gehe hier kurz darauf ein, die ausführliche Darstellung folgt im vierten Kapitel. Hölderlin betonte die harmonische Entgegensetzung von Natur und Kunst im reinen Leben. Kunst ersetzte den Mangel der Natur, Natur den der Kunst und beide werden erst ganz das, was sie als Besondere sein können, wenn sie sich gegenseitig vollenden. Dieses reine Leben aber ist nur im Gefühl, nicht für die Erkenntnis vorhanden. Der Satz erinnert die Gedanken Fichtes über den Anstoß, der auf das Streben des Ich geschehe, den dieses als etwas Fremdes in sich setze, das es aber zunächst lediglich fühlte. In der Anschauung verliert sich nach Fichte das Ich im Angeschauten und vermeint die Tätigkeit des Nicht-Ich als dessen Tätigkeit, während in Wahrheit Tätigkeit nur dem Ich zukommen soll. Erst wenn das Ich sich als schlechthin Tätiges setzt, gelangt es zu der Erkenntnis seiner selbst. Hölderlin dagegen schrieb:

> "Soll es erkennbar seyn, so muß es dadurch sich darstellen, daß es im Übermaaße der Innigkeit, wo sich die Entgegengesezten verwechseln, sich trennt, daß das organische das sich zu sehr der Natur überließ und sein Wesen und Bewustseyn vergaß, in das Extrem der Selbstthätigkeit und Kunst und Reflexion, die Natur hingegen wenigstens in ihren Wirkungen auf den reflektirenden Menschen in das Extrem des aorgischen, des Unbegreiflichen, des Unfühlbaren, des Unbegrenzten übergeht, bis durch den Fortgang der entgegengesezten Wechselwirkungen die beiden ursprünglich einigen sich wie anfangs begegnen, nur daß die Natur organischer durch den bildenden cultivirenden Menschen, überhaupt die Bildungstriebe und Bildungskräfte, hingegen der Mensch aorgischer, allgemeiner unendlicher geworden ist."(StA, IV.1, 152 f.)

---

12 "Cùm igitur vacuum in naturâ non detur (de quo aliàs) sed omnes partes ità concurrere debent, ne detur vacuum; sequitur hinc etiam, easdem non posse realiter distingui, hoc est, substantiam corpoream, quantenus substantia est, non posse dividi." ebd.,S.112

Der Zustand der Extreme, in dem der Mensch nur die Idealität seines Wesens nach gedacht von der Natur als realem Dasein getrennt aufgefaßt wird, kann dann überwunden werden, wenn der Mensch sich in seiner Idealrealität begreift. In dem mittleren Zustand der abstrakten und extremen Entgegensetzung liegt der Kampf; Fichte hatte den Zustand der produktiven Einbildungskraft, die zwischen dem Bestimmten und dem Unbestimmten schwebt, als diesen Kampf bezeichnet, der deshalb als Streit erscheint, weil die Forderung nach Eindeutigkeit des Bewußtseins an der Unmöglichkeit ihrer Einlösung immer wieder scheitern muß. In dem Moment, in dem im Sinne Fichtes das bestimmende Ich seine Merkmale in das zu bestimmende Nicht-Ich setzt, die mit dem Zeichen der Zufälligkeit behaftet sind, scheint das aorgisch gewordene Organische sich selbst zu finden und zu sich zurückzukehren,

> "indem es an die Individualität des Aorgischen sich hält, und das Object, das Aorgische sich selbst zu finden scheint, indem es in demselben Moment, wo es Individualität annimmt, auch zugleich das Organische auf dem höchsten Extreme des Aorgischen findet, so daß in diesem Moment, IN DIESER GEBURT DER HÖCHSTEN FEINDSEELIGKEIT DIE HÖCHSTE VERSÖHNUNG WIRKLICH ZU SEYN SCHEINT."(Die starke Hervorhebung findet sich in der Handschrift)(StA IV.1, 153 f.)

Fichte hatte diese scheinbare Versöhnung damit zum Ausdruck gebracht, daß er das Gefühl der Realität des Dinges als Schein bezeichnete, stattdessen in Wahrheit das Ich gefühlt werde(vgl. Fichte WW,I,S.301, "Grundlage ..."). Die nur zufällige Versöhnung der Geradeentgegengesetzten mußte im Zustand der höchsten Feindseligkeit verbleiben, solange in einer natürlichen Vorstellung von ihnen Subjekt und Objekt abstrakt getrennt blieben und diese Trennung, sie hypostasierend, angesehen wurde als Grund alles menschlichen Bewußtseins. Fichte brachte dies bezeichnenderweise mit seiner Ansicht über die Sprache zum Ausdruck:

> "Sprache, im weitesten Sinne des Wortes, ist der **Ausdruck unserer Gedanken durch willkürliche Zeichen.**"(Fichte WW,VIII, S.302, "Von der Sprachfähigkeit und dem Ursprunge der Sprache", 1795)

Die Sprache sollte den Zweck haben, Gedanken zu bezeichnen. Die Frage nach dem Ursprung der Sprache stellte Fichte deshalb derart, daß untersucht werden sollte, wie der Mensch auf die Idee gekommen sei, seine Gedanken durch willkürliche Zeichen anzudeuten. Er trennte den Gedanken und das sprachliche Zeichen und brachte sie in eine Hierarchie, in der der Gedanke Vorrang hat:

> "Zuvor muß der Begriff dagewesen seyn, ehe man eine Bezeichnung für ihn suchen konnte."(F VIII, S.320)

Wie dies möglich sein soll, deutete Fichte nur an, indem er auf Schemata verwies, die von der Einbildungskraft hervorgebracht werden und der Verbindung sinnlicher und geistiger Vorstellungen dienen. Von diesen Schemata wurden die Zeichen für die Begriffe entlehnt.

> "Diesem Zeichen lag nun freilich eine Täuschung zum Grunde, aber durch dieselbe Täuschung wurde es auch verstanden, weil bei dem anderen, welchem der geistige Begriff mitgeteilt wurde, an dem gleichen Schema auch der gleiche Gedanke hing."(F VIII, S.322)

Hier erscheint der gleiche Zustand der scheinbaren Versöhnung, wie er in der Abhandlung Hölderlins charakterisiert worden ist. Solange das menschliche Denken sich nicht als Idealreales, das seinen wirklichen Ausdruck in der Sprache findet, begreift, können die sprachlichen Zeichen nur als willkürlich und die Mitteilungen nur als Täuschungen angesehen werden, die nur deshalb nicht als solche bemerkt werden, weil Alle ihnen unterliegen. Hinter diesen gemeinschaftlichen Täuschungen wird eine abstrakte Wirklichkeit angesetzt, die als diese unmittelbar für uns unzugänglich ist, wie noch weiter zu zeigen sein wird. Bliebe es bei diesem Verständnis der Sprache, dann könnte der Dichter sich nicht die Aufgabe stellen, das wirkliche Denken zum Ausdruck bringen zu wollen. Will er aber die Vernunftbestimmtheit menschlichen Handelns in seinen Dichtungen darstellen, so ist dies nur dann möglich, wenn eine wirkliche Versöhnung des organischen mit dem Aorgischen stattgefunden hat und die abstrakte Idealität sowie die abstrakte Realität in einer Vermittlung aufgehoben sind. Deshalb fand sich der bedeutendste Hinweis der Fichteschen Wissenschaftslehre hinsichtlich der Problemstellung Hölderlins in dem Gedanken, der von dem Schweben der produktiven Einbildungskraft zwischen Bestimmtem und Unbestimmtem sprach und das Produkt dieses Schwebens als die Idealrealität des wirklichen Bewußtseins andeutete, das nur als mittelbares in der Sprache erscheinen und begriffen werden kann.

Drittes Kapitel

INTELLEKTUALE ANSCHAUUNG

1. VORBEMERKUNG

Um die Bedeutung zu erläutern, die dem Begriff 'intellektuale Anschauung' bei Hölderlin zukommt, gehe ich von der Fichteschen Konzeption des Vermögens der intellektuellen Anschauung aus, um in Kontrast zu der Bestimmung, die Kant diesem Begriff gab, und in Anlehnung an Spinozas Definition einer verstandesgemäßen Liebe Gottes (Amor Dei intellectualis) zu den möglichen Voraussetzungen zu gelangen, die es erlauben, Hölderlins Begriff von der intellectualen Anschauung zu verstehen. Dazu werde ich die systematische Bedeutung dieses Begriffes darstellen, indem ich versuche, den Raum zu bestimmen, den er in dem erkenntniskritischen Modell des menschlichen Denkens einnimmt, das Fichte in der zweiten Einleitung der Wissenschaftslehre (1797) entwarf, indem ich die Deduktion der Bedingungen der Möglichkeit der Anschauung heranziehe, die Kant in der Kritik der reinen Vernunft vornahm, und, indem ich über die Beschreibung der intuitiven Erkenntnis in der Metaphysik Spinozas zu der Bedeutung der Dichtung hinsichtlich des menschlichen Erkenntnisvermögens komme, wie Hölderlin sie in seinen theoretischen Schriften entwickelt hat.

Die Mitteilung an Hegel:

> "Mit dem ästhetischen Theile der kritischen Philosophie such ich vorzüglich vertraut zu werden."(StA, VI.1, 128, Waltershausen, 10.Jul. 1794)

verstehe ich vorerst als Hinweis auf die Bedeutung, die Hölderlin in Bezug auf seine eigene Arbeit den Reflexionen Kants über die Bedingungen der Möglichkeit der Anschauung zugemessen haben könnte, da er seine Aufgabe als Künstler darin sah, die Gesinnungen und Vorstellungsarten seiner Zeit zu betreffen und deshalb Kenntnis von den Gesetzmäßigkeiten der menschlichen Wahrnehmung haben mußte.

2. DIE INTELLEKTUELLE ANSCHAUUNG ALS PRINZIP BEI FICHTE

Der Gegenstand der eigentlichen Philosophie oder Metaphysik, die Fichte von der formellen Wissenschaft der Logik unterschied, sollte das Ich als reines Tun sein, das der Philosoph betrachten kann, wenn er von allen empirischen Bedingungen abstrahiert, und das nichts anderes als sein eigenes denkendes Ich ist. Dieses Ich ist nichts als die freie Tätigkeit des Denkens, der kein Sein zugrunde liegt, denn Sein soll als abgeleiteter und damit als negativer Begriff angesehen werden, da es dem Ich erst in seinem Denken entsteht.

> "Der einzige positive (Begriff, Zusatz A.T.) ist dem Idealisten die Freiheit; Seyn ist ihm blosse Negation der ersteren."(FI, S.499)

Allein das Denken des eigenen Denkens ist dem Ich als positiver Begriff möglich; das zugleich damit gedachte Sein muß das Ich als Negation der Freiheit des reinen Denkens verstehen, wenn der Möglichkeitsgrund des Denkens nicht außerhalb des Ich liegen soll. Denkt somit das Ich ein Objekt, so soll es dieses sein Denken ebenfalls denken können, wenn das freie Bewußtsein sich selbst soll fassen können. Deshalb ging die Wissenschaftslehre von dem Ich als intellektueller Anschauung aus und führte zu dem Ich als Idee.

Das Ich als intellektuelle Anschauung ist nichts als die reine Form des in sich selbst zurückgehenden Handelns des Ich, das zugleich selbst zum Gehalte desselben wird. Diese reine Form des Ich ist noch in keiner Hinsicht bestimmt, es ist dies als ursprüngliche Anschauung der Grund der Möglichkeit jeder Bestimmung und jedes Begriffs. Das Zurückgehen des Ich auf sich selbst kann einzig positiv mit dem Begriff der Freiheit benannt werden; als immer zugrundeliegendes und ursprüngliches Handeln auf nichts als ein Handeln ist es eine bloße Anschauung und wird erst durch den Gegensatz eines Nicht-Ich zu einem Begreifen, indem das Ich in diesem Gegensatz sich selbst bestimmt.

Dem Ausgangsgedanken der Wissenschaftslehre von dem Vermögen der intellektuellen Anschauung steht am Schluß das Ich als Idee gegenüber. Diese Idee ist für das natürliche, empirische Ich vorhanden, nachdem der Philosoph sie aufgestellt hat. Sie bedeutet das Vernunftwesen, das zum einen die allgemeine Vernunft vollkommen in sich dargestellt hat und wirklich durchaus vernünftig ist, und zum anderen zugleich die Vernunft auch außer sich in der Welt realisiert hat. Das demgegenüber immer unzulängliche natürliche Individuum verliert in dieser Idee seine Individualität, die es nur durch sinnliche Beschränkung hatte; jene Idee ist aber bloß das höchste Ziel des Strebens der Vernunft und kann nicht bestimmt gedacht werden, ebensowenig kann sie anders wirklich erreicht werden, als in unendlicher Annäherung.

Wenn die Wissenschaftslehre sich zwischen den beiden unbestimmbaren Bereichen des Ich als intellektueller Anschauung und der unerreichbaren Idee des Ich bewegte, so erfüllte sie möglicherweise eine Absicht Hölderlins, die er im September 1795 äußerte:

> "Das Mißfallen an mir selbst und dem, was mich umgiebt hat mich in die Abstraction hineingetrieben; ich suche mir die Idee eines unendlichen Progresses der Philosophie zu ent-

> wikeln, ich suche zu zeigen, daß die unnachläßliche Forderung, die an jedes System gemacht werden muß, die Vereinigung des Subjects und Objects in einem absoluten - Ich oder wie man es nennen will - zwar ästhetisch, in der intellectualen Anschauung, theoretisch aber nur durch eine unendliche Annäherung möglich ist, wie die Annäherung des Quadrats zum Zirkel, und daß, um ein System des Denkens zu realisiren, eine Unsterblichkeit eben so nothwendig ist, als sie es ist für ein System des Handelns. Ich glaube, dadurch beweisen zu können, in wie ferne die Skeptiker recht haben und inwieferne nicht."(an Schiller, Nürtingen, d.4.Sept.95. StA, VI.1, 181)

Im unbestimmten Bereich des Anschauens ist die selbstgenügsame Vereinigung von Subjekt und Objekt immer als vorhanden anzunehmen, zugleich ist sie dem Verstandesdenken, das notwendig unterscheiden muß, wenn es überhaupt ein Denken sein soll, bloß als Endstadium einer unendlichen Annäherung vorstellbar. Der Grund für diese notwendigen Trennungen des Denkens ist wiederum die Eigenart des menschlichen Verstandes selbst, der sich nur in Hinsicht auf ein zugleich mit ihm vorhandenes Anderes, in Fichtes Sprache: ein Nicht-Ich, bestimmen kann, aber als seinen idealen Möglichkeitsgrund den immer begleitenden Akt des Handelns auf sein eigenes Handeln voraussetzen muß, wenn er sich als ursprünglich frei soll denken können.

Dieser Freiheit wird das natürliche Bewußtsein, das Gegenstand der Analyse des Philosophen ist, sich aufgrund der reinen Form des Sittengesetzes bewußt (Kant und Fichte), das in seiner Erhabenheit die Möglichkeit eines freien Handelns vorstellt und die unendliche Annäherung an die Vernunftidee des Ich fordert. Die Erhabenheit der reinen Form des Sittengesetzes ist die Erhabenheit des reinen Ich selbst, das sich darin als absolut Handelndes und Tätiges, abstrahierend von jeder negativen Bestimmung seiner ins unendliche strebenden Freiheit, erkennt.

> "Nur durch dieses Medium des Sittengesetzes erblicke ich **mich**; und erblicke ich mich nothwendig als selbstthätig; und dadurch entsteht mir das ganz fremdartige Ingrediens der reellen Wirksamkeit meines Selbst in einem Bewusstseyn, das ausserdem nur das Bewusstseyn einer Folge meiner Vorstellungen seyn würde."(FI, S.466)

Dieses letztere ist das Bewußtsein des natürlichen Ich, das seine Vorstellungen nur sukzessiv in einer diskursiven Zeitreihe denkt. Die reinen Formen dieses Bewußtseins leitete Kant in der transzendentalen Ästhetik ab. Jeder möglichen Anschauung mittels der Sinne liegen danach die reinen Formen von Raum und Zeit zugrunde, die a priori die Bedingungen der sinnlichen Anschauung von Erscheinungen für den äußeren Sinn überhaupt (Raum) und den inneren Sinn (Zeit) konstituieren und unsere eigentümliche Art der Wahrnehmung von Gegenständen, wofür Empfindung überhaupt die

Materie ist, begründen. Hölderlin sprach von diesen Bedingungen noch in den Anmerkungen zu seiner Oedipus-Übersetzung:

> "In der äußersten Gränze des Leidens bestehet nemlich nichts mehr, als die Bedingungen der Zeit oder des Raums."(StA, V, 202)

Als Grenze des Leidens verstehe ich hier die grundlegende formale Bedingung jedes Affiziertwerdens der freien Tätigkeit des Denkens, die als solche nicht bestimmt dargestellt werden kann, weil sie ihrer Negation durch das ihr Andere (Nicht-Ich) bedarf, um ihrer selbst positiv bewußt werden zu können.

Das prinzipiell freie Handeln des denkenden Ich auf sein eigenes Denken muß nach Fichte dennoch als Möglichkeitsgrund des menschlichen Denkens überhaupt ideal vorausgesetzt werden. Darum richtet sich die meta-physische Reflexion auf die unbestimmbare ideale Sphäre, die vor allem Denken und Bestimmen liegen soll und nur der intellektuellen Anschauung, die nichts begrifflich Faßbares sieht, gegeben sein muß, wenn das Denken nicht dogmatisch von einem vorgegebenen Sein bestimmt sein soll. Der Philosoph betrachtet das natürliche Ich als denkend handelnden Stoff, der in der Relation zu der jeweiligen Erscheinung den Begriff von dieser Erscheinung herstellt. Er denkt das Handeln und konstruiert dadurch den Begriff seiner selbst für sich. Sein Begriff vom Handeln überhaupt steht im Gegensatz zum Sein, während sein Begriff vom besonderen Handeln gebildet wird, indem das in sich selbst zurückgehende Handeln unter den möglichen Handlungen der Intelligenz als solcher eine bestimmte ist und, obwohl dieses Handeln nichts als ideale Tätigkeit sein kann, bleibt auch hier die Anschauung Unterlage des Begriffes, denn dem Denken muß notwendig eine Anschauung zum Grunde liegen, wenn es nicht leer sein soll. Das Denken muß in demselben ungeteilten Moment ein vorhandenes Anschauen befassen; deshalb benannte Fichte das ideale in sich selbst Zurückgehen des denkenden Ich als intellektuelle Anschauung, was die äußerst mögliche Bestimmung dieses Vermögens sein soll. Während der spekulierende Philosoph auf seiner Abstraktionsebene sagen kann, daß alles für das Ich Daseiende durch das Ich da sei, spricht das in der Philosophie analysierte natürliche Ich mit gleichem Recht davon, daß ebenso, wie das Ich selbst ist und lebt, etwas außer ihm existiert, das nicht durch das Ich da ist. Diese Aussage ist dem natürlichen Bewußtsein aufgrund einer mit Notwendigkeit gefühlten Vorstellung möglich. Es ist die Aufgabe des Philosophen, das zunächst nur als notwendig Gefühlte begrifflich zu bestimmen, indem er den Vorgang analysiert, der in jedem Moment stattfindet, in dem ein natürliches Bewußtsein überhaupt wirklich ist. Aus der Möglichkeit des Ich leitet er die Notwendigkeit einer Beschränkung desselben überhaupt ab, weil ansonsten von einem bestimmten Ich gar nicht die Rede sein könnte. Die Analyse läßt deshalb einen Moment in einer Zeitreihe zergliedert erscheinen, der im wirklichen Denken immer zugleich und zu jedem Augenblick stattfindet, in dem das Denken wirklich ist:

jede Erkenntnis geht aus von einer Affektion, die ich fühle und die nicht durch einen Gegenstand bewirkt wird, sondern durch ein Unbekanntes, das in meinem Denken erst für mich zu einem Gegenstand wird. Zugleich denke ich mich als affizierbar überhaupt und schreibe mir durch dieses mein Denken Rezeptivität und Sinnlichkeit zu(vgl. FI, S.488). Das unmittelbare Gefühl, das mein Denken zu einer von einem Gegenstand hervorgerufenen Empfindung werden läßt, ist veranlaßt von bloß empfindbaren Prädikaten der Objekte, die selbst wiederum nur für mein Denken Prädikate und Objekte, denen die Prädikate in meinem Denken zukommen, in dieser bestimmten Art sind. So empfindet der Tastsinn etwas, das ich als runde Form bezeichne, die Augen etwas, das ich als rote Farbe bestimmt habe, und der Geschmack etwas, das ich süß nenne. Für mein Denken ist dies ein Gegenstand, der als Frucht bestimmt werden kann, die Kirsche genannt wird. Dabei zeigt die Unzulänglichkeit des Beispiels schon die Unfähigkeit der diskursiven Sprache, alle empfindbaren Prädikate in ihrer Vielfältigkeit zu begreifen. Hier wird die poetische Sprache ihren Wahrheitsanspruch begründen können, der darin besteht, die Verhüllungen der diskursiven Sprache zu vermeiden und das Wahrgenommene unendlich bestimmt zum Ausdruck zu bringen. Der wirkliche Gegenstand, den ich, vermittelst der entsprechenden Sinne, unmittelbar bloß fühle, ist nur für mein Denken überhaupt ein **Gegenstand**, und es reicht nicht aus, ihn nur als Erscheinung eines dahinter anzunehmenden Dinges an sich von diesem zu unterscheiden, sondern jedes Ding ist als solches nur durch die Tätigkeit meines Denkens für mich aufgrund einer gefühlten Affektion konstituiert und deshalb ist die Rede von uns unzugänglichen **Dingen** bereits eine Hypostasierung der uns eigentümlichen Tätigkeit des Denkens auf etwas völlig Unbekanntes, das als solches nicht bestimmt und bezeichnet werden kann. Dies ist der unbekannte, aber a priori anzunehmende Möglichkeitsgrund allen Bewußtseins, den ich, angesehen als Realgrund, unmittelbar nur als vielfältige und immer gefühlte Einschränkung meines idealen Handelns empfinde, weshalb ich mir - nach Fichte - durch mein Denken Rezeptivität zuschreibe. Hölderlin wird mit dem spekulativen Begriff von der Form des Stoffes das Problem derart aufgreifen, daß er sich m.E. keiner Hypostasierung schuldig macht, wie ich im fünften Kapitel zeigen möchte.

Der Akt des denkenden Handelns auf das Handeln, den Fichte als das Vermögen der intellektuellen Anschauung benannte, soll andererseits der ideale Möglichkeitsgrund, den nur wir von dem realen trennen, allen Bewußtseins sein. Das unmittelbare und unsinnliche Anschauen meines Denkens als reines Tun, das als solches völlig unbestimmt bleiben muß, ist die Voraussetzung für die Möglichkeit des Satzes:

> "Die Vernunft ist absolut selbstständig; sie ist nur für sich; aber für sie ist auch nur sie. Alles sonach, was sie ist, muss in ihr selbst begründet seyn, und nur aus ihr selbst, nicht aber aus etwas ausser ihr erklärt werden, zu welchem, ausser ihr, sie nie gelangen könnte, ohne sich selbst aufzugeben." (FI, S.474)

Die Erklärung der Vernunft muß von der Möglichkeit eines absolut freien Tuns des Denkens ausgehen, wenn sie nicht sich selbst in ihrer Eigenart aufheben soll. Der Idealgrund aller Möglichkeit des Bewußtseins ist deshalb die Möglichkeit eines Denkens, das sich auf das natürliche Denken richtet, wie zugleich durch das Gefühl einer Einschränkung des unbegrenzten idealen Tuns durch das Unbekannte, das die Sinne affiziert, der Realgrund als a priori vorhanden angenommen werden muß, damit der Mensch in seinem Verstande etwas als Gegenstand festhalten kann. Der Grund des wirklichen Bewußtseins bleibt, jeweils als idealer und als realer angesehen, als solcher unbestimmt, denn erst das ideale Tun (Denken) läßt das reale Gefühl als ein von einem Gegenstand hervorgerufenes erscheinen, wobei der Gegenstand als dieser Bestimmte erst durch das Denken für es so zustande kommt. Deshalb muß der Grund zugleich als idealer und realer (als freies Tun des Denkens und unbestimmter Stoff) notwendig angenommen werden, als aller Möglichkeit des wirklichen Bewußtseins zum Grunde liegend: eine Bestimmung dieses Grundes ist darüberhinaus nicht möglich, da erst in ihrem Wechselverhältnis Idealität und Realität die Bezeichnungen konstituieren, die zugleich Bestimmungen ermöglichen. Auf der Ebene der Reflexion des Philosophen konnte deshalb die folgende Grundbehauptung aufgestellt werden:

> "So wie das Ich nur für sich selbst sey, entstehe ihm **zugleich** nothwendig ein Seyn ausser ihm; der Grund des letzteren liege im ersteren, das letztere sey durch das erstere bedingt: Selbstbewusstseyn und Bewusstseyn eines Etwas, das nicht wir selbst - seyn solle, sey nothwendig verbunden; das erstere aber sey anzusehen als das bedingende, und das letztere als das bedingte."(Hervorhebung von mir,A.T.) (FI, S.457 f.)

Da das bewußte Denken notwendig das Bewußtsein eines Gegenstandes ermöglicht, muß es als das Bedingende angesehen werden. Den Einwand, der sich dagegen erheben läßt, daß das Bedingende allein und ohne jeden Einfluß des Bedingten zugleich das Bestimmende sein soll(Vgl. FI, S.477), werde ich später anhand des Hölderlinschen Gedankens von der Rezeptivität des Stoffes ausführen. An dieser Stelle weist darauf allerdings schon die Charakterisierung des sinnlichen Affiziertwerdens durch den unbekannten Stoff hin, da das Gefühl der Affektion nicht völlig diffus vorgestellt werden kann, weil es verschiedene Sinne in verschiedener Intensität berührt, wenn auch die Unterschiede erst in dem und für das Denken Bestimmtheit erhalten.

Für das natürliche Ich ist die Vorstellung "Ich denke" nie ohne die gleichzeitige Vorstellung eines Gedachten möglich. Was die Reflexion trennt ist ursprünglich im selben Akte vereinigt: das Reflektierende und das Reflektierte bin ich,

> "**beides in seiner Vereinigung**; welche Vereinigung ich freilich nicht denken kann, weil ich eben im Denken Reflectirtes und Reflectirendes absondere."(FI, S.489)

Die Vorstellungen entstehen, indem ich durch das Denken eines Entgegengesetzten meine Anschauung bestimme und sie somit begreife. Etwas, das die Freiheit und Unbestimmtheit meines Denkens hemmt - was für das natürliche Bewußtsein immer stattfindet - denke ich als Objekt und konstituiere damit die Vorstellung eines Gegenstandes, der ohne mein Denken ebensowenig zustande käme, wie mein reines Denken ohne den unbestimmten Realgrund, der mein Gefühl affiziert, nicht zu einer Bestimmung gelangte.

Die Bestimmung der Beschränkung meines frei denkenden Tuns ist aufgrund meiner Anschauung und meines Begriffes, den ich zu der Bezeichnung dessen verwende, was für mich Gegenstand ist, durchgängig bestimmt; hinsichtlich des Unbekannten ist diese durchgängige Bestimmtheit für unsere empirische Erkenntnis vorhanden; hinsichtlich deren Realgrund erscheint sie als eine absolut zufällige Verknüpfung, die so lediglich für mich und durch mich konstruiert wurde, um ein unbestimmtes Etwas als Erscheinung begreifen und mit ihm als Gegenstand arbeiten zu können.

Das unmittelbare Bewußtsein des denkenden Handelns, das davon weiß, daß ich handle und das intellektuelle Anschauung ist, ist noch nicht der Begriff der Individualität. Dieser ist gegenüber dem absoluten Tun des Ich nur akzidentell, denn er entsteht erst durch eine synthetische Wechselbestimmung des Ich mit einem Nicht-Ich. Das Selbstbewußtsein entsteht im gleichen Akte der Bestimmung, in dem für das Ich die Welt als umfassender Begriff für alle durch sein Denken für es konstituierten Gegenstände entsteht. Ebenso setze ich mich in Freiheit in eine bestimmte Sphäre, wenn ich auf mein denkendes Handeln sehe und werde zugleich durch diese Sphäre gehalten und beschränkt, wenn ich nur auf das Objekt sehe und im Denken desselben mein eigenes Denken vergesse. Letzteres ist das Verhalten des natürlichen Denkens(vgl. FI, S.493). Für das reine Denken kommt dem Ich der Wissenschaftslehre ebenfalls Objektivität zu, denn der Akt, durch den dasselbe sich für sich selbst konstruiert, findet lediglich im Denken statt und hat als ideales Sein für das Denken Objektivität. In der Reihe der Abhängigkeit des Denkens - nicht in der Zeitreihe - wird dem Ich danach Ausdehnung und Bestehen im Raum beigelegt und dadurch wird es ein bestimmter Leib; ebenso wird es bestimmt als identisch und dauernd in der Zeit, in dieser Beziehung wird es eine Seele. Solche Bestimmungen können nur aufgrund der Entgegensetzung eines Nicht-Ich vorgenommen werden, denn erst in der Anschauung, die unter den reinen Verstandesbegriffen von Raum und Zeit stattfindet, entsteht für das Denken eine ausgedehnte Materie, auf die das empirische Ich das bloß subjektive Gefühl durch Denken überträgt und auf dem Grund des Gefühls daraus durch ideale Synthesis sich ein Objekt erstellt und somit das Ding als Grund für die Affektion zu dem Gefühl hinzudenkt.

Die Folge der Vorstellungen, die auf diese Weise dem sinnlichen, rezeptiven Bewußtsein entsteht, ist ihm nur in der Zeitreihe bewußt;

dennoch sind Raum und Zeit bloß formale Voraussetzungen für das dem menschlichen Verstande eigentümliche Anschauen, denen unabtrennbar ein ursprüngliches Bewußtsein zugrunde liegt - nicht in der Zeitreihe vorhergeht - das als Bedingung der Möglichkeit allen wirklichen Denkens die Kategorien der Anschauung erfüllt und nichts anderes ist, als die bloße Tätigkeit des Denkens, die nicht positiv bestimmbar, sondern als ein fortgehendes Leben, kein Sein, in jedem Moment meines Bewußtseins vorkommt und so die Quelle allen Lebens für mich ist (vgl. FI, S.465):

> "Ich kann keinen Schritt thun, weder Hand noch Fuss bewegen, ohne die intellectuelle Anschauung meines Selbstbewußtseyns in diesen Handlungen; nur durch diese Anschauung weiss ich, dass ich es thue, nur durch diese unterscheide ich mein Handeln und in demselben mich, von dem vorgefundenen Objecte des Handelns."(FI, S.463)

Die intellektuelle Anschauung meines Selbstbewußtseins in allen meinen Handlungen liegt als Möglichkeitsgrund vor jeder Konstitution meiner selbst als Individuum und der damit zugleich stattfindenden Konstitution jedes Objektes, das ich von mir unterscheide. Dabei kommt weder die intellektuelle noch die sinnliche Anschauung jemals allein als vollständiger Akt meines Denkens wirklich vor, sondern beide ermöglichen erst in ihrer Wechselbestimmung das Begreifen und liegen dem wirklichen Bewußtsein gleicherweise zugrunde. Die Anschauung, die vor den apriorischen Bedingungen Raum und Zeit angenommen wird, ermöglicht den Ausgang der Philosophie von einem reinen Handeln überhaupt, das als ursprüngliche Tathandlung in unmittelbarer intellektueller Anschauung den einzig möglichen idealen Ausgangspunkt denken läßt, der positiv angenommen werden kann: die Freiheit. Jene ursprüngliche Tathandlung setzt kein Objekt voraus, sondern bringt es hervor und das ideale Handeln wird unmittelbar zur realen Tat, indem es als Möglichkeitsgrund allen Bewußtseins das absolute Ich setzt, das sich in seinem unbedingten freien Handeln selbst anschaut und auf dieser Ebene von allen realen Negationen seines Handelns abstrahiert. An diesem Ausgangspunkt sind ideal vereinigt die

> "zwei Stämme der menschlichen Erkenntnis ..., die vielleicht aus einer gemeinschaftlichen, aber uns unbekannten Wurzel entspringen, nämlich Sinnlichkeit und Verstand, durch deren erstern uns Gegenstände **gegeben**, durch den zweiten aber **gedacht** werden."(Kant,KdrV,B 29; WW III, S.66)

Beide Welten können mit einem Blick übersehen werden, wenn überhaupt das wirkliche Bewußtsein auch der intelligiblen Welt zugehören und deshalb frei sein soll. Die Möglichkeit der Freiheit begründet die Annahme der idealen Voraussetzung einer intellektuellen Anschauung, die nichts über die uns unbekannte Wurzel aussagen läßt, aber gedacht werden muß, wenn das Bewußtsein nicht bloß von vorgegebenen Gegenständen im Sinn des Dogmatismus bestimmt sein soll.

3. HINWEIS AUF HÖLDERLIN

Auf der Ebene jener Voraussetzung sind die Sphären von Subjektivität und Objektivität unzertrennlich Eins. Das Denken meiner selbst als einem Denkenden hebt die Trennung von Denken und Gedachtem auf und liegt zugleich ihrer Möglichkeit zugrunde. Diese gedankliche Handlung ist objektiv, denn es ist ein Faktum des Bewußtseins, daß ich für mich bin; zugleich begründet sie die Möglichkeit jedes subjektiven Handelns, durch das ich mir in jedem Augenblick zustande komme. Nur wenn Denken und Gedachtes dasselbe sind entsteht der Gedanke meiner selbst, der durch das Wort Ich bezeichnet wird, das das in mich selbst zurückkehrende denkende Handeln bedeutet. Diese Voraussetzung muß ich allen Akten meines Bewußtseins problematisch zugrunde legen, als einen sie bedingenden ursprünglichen Akt meines Denkens als Subjekt, der ein für mich ganz unbedingter und absoluter Akt, ein Denken des Ich ist, das sich als ursprünglich durch sich selbst gesetzt denkt, da für mich (das Ich) nichts ist, das nicht in meinem Bewußtsein ist, und da alles übrige durch diesen Akt bedingt ist(vgl. FI, S.462). Weil jenen Akt nichts bedingen soll, wird hier mein Denken von aller Willkür unabhängig und damit vereinigt sich die Notwendigkeit für die freie Vernunft mit der unbedingten Forderung des Sittengesetzes. Soll ich prinzipiell frei sein, darf ich keine andere Voraussetzung als Möglichkeitsgrund für mein Denken annehmen, als den unbedingten Akt des auf sich selbst zurückgehenden Denkens. Als endliches Wesen muß ich meinem Handeln etwas entgegensetzen - dies ist die sinnliche Welt -, aber die Vernunftidee fordert die unendliche Annäherung an die intelligible Welt, die durch mein Handeln entstehen soll:

> "Ich **soll** in meinem Handeln vom reinen Ich ausgehen, und dasselbe absolut selbstthätig denken, nicht als bestimmt durch die Dinge, sondern als die Dinge bestimmend."(FI, S.467)

Wie mein subjektives Gefühl des Affiziertseins durch mein Denken bestimmt wird als durch einen von meinem Denken für mich konstituierten Gegenstand hervorgerufen, so findet prinzipiell jede Handlung des Bewußtseins statt, und auf diese Weise konstruiert jedes menschliche Denken seine Objektivität.

Deshalb konnte Hölderlin davon sprechen, daß in der intellectualen Anschauung Subjekt und Objekt innigst vereinigt seien, da sie das notwendig vorauszusetzende Ganze ist, wovon Subjekt und Objekt nur die Teile sind, die als reale nur mittelbar, durch die Ur-teilungen des Bewußtseins, denkbar sind. Das vorausgesetzte Ganze ist nach seinen Worten das Sein schlechthin, von dem nur als der intellectualen Anschauung Gegenwärtigem die Rede sein kann, die das absolute Sein, das allen trennenden Urteilen zugrunde liegt, als Ganzes hat(vgl. StA, IV.1, 216-217, "Urtheil und Seyn"). Das Hölderlinsche absolute Sein verstehe ich hier im Sinne von Fichtes

Begriff des Lebens, als Voraussetzung aller Negation der Freiheit des denkenden Handelns durch reale Einschränkungen, denn Hölderlin unterschied das Sein von der Identität, in der Subjekt und Objekt nicht schlechthin vereinigt sind, sondern nur zum Teil, während sie hinsichtlich anderer Teile entgegengesetzt bleiben müssen.

Seine Absicht hinsichtlich der Konzeption einer intellektualen Anschauung hat Hölderlin in dem bereits angezogenen Brief an Niethammer formuliert(vgl. das Zitat oben S.40). Die Suche nach dem Prinzip, das die Trennungen sollte erklären können und den Widerstreit zwischen Subjekt und Objekt verschwinden machen, ohne auf die Hilfe der praktischen Vernunft angewiesen zu sein, konnte mit dem Fichteschen Begriff der intellektuellen Anschauung zum Teil beantwortet werden. Hinsichtlich des ästhetischen Sinnes, den Hölderlin verlangte, um das Problem theoretisch lösen zu können, muß seine Weiterentwicklung zur Religion und zur Poesie berücksichtigt werden ("werde ich ... von der Philosophie auf Poesie und Religion kommen"), die er in den geplanten philosophischen Briefen ("Neue Briefe über die ästhetische Erziehung des Menschen"; an Niethammer, StA, VI.1, 203) nur hätte vorbereiten können. - Zunächst soll hier noch von der Bedeutung der Hilfe der praktischen Vernunft die Rede sein.

4. DIE HILFE DER PRAKTISCHEN VERNUNFT

Als subjektive Voraussetzung für das Denken des Denkens hatte Fichte eine Erhebung durch Freiheit in eine andere Sphäre, in deren Besitz wir nicht unmittelbar durch unser Dasein versetzt werden, gefordert. Dazu bedarf es des persönlichen Vermögens der Freiheit, dessen man durch steten Gebrauch mit klarem Bewußtsein immer inniger sich versichern soll und das dann eine Wertschätzung erfährt, die es über alles andere stellt. Nur das freie Bewußtsein kann sich selbst fassen und daraus entsteht die sittliche Forderung, daß zwischen freien Wesen keine Kausalität durch mechanisch wirkende Kraft stattfinden soll, sondern eine Wechselwirkung durch Freiheit. Wie in der Kantischen Kritik des praktischen Vernunftgebrauches war somit das formale Sittengesetz die einzige Möglichkeit, die Zugehörigkeit des Menschen zur intelligiblen Welt als notwendig zu erweisen; die Bereitschaft des natürlichen Bewußtseins zu diesem Denken hing aber von der persönlichen Entscheidung ab, durch die das Vermögen der Freiheit subjektiv erst akzeptiert werden muß, wenn das empirische Ich sich zum Denken seiner selbst soll erheben können. Ähnlich blieb für Kant das empirische Handeln des Ich in Zeit und Raum, aufgrund seiner Unzulänglichkeit, notwendig immer hinter der kategorischen Forderung des moralischen Gesetzes zurück, während gleichzeitig nur diese, niemals vollständig erfüllbare, formale Forderung den Ausblick in das Reich der Freiheit gestattete.

Diese Hilfe der praktischen Vernunft war es wohl, die Hölderlin beiseite lassen wollte, wenn er das theoretische Prinzip allen Denkens suchte. Die Trennung der Freiheitsbestimmung von ihrer immer unzulänglichen Realisierung korrespondiert der Trennung von Begründung und Erscheinung, mit ihr wird die Verwirklichung des theoretisch in der Philosophie Deduzierten in der Form eines Postulates der grundsätzlich zu kurz greifenden Praxis überlassen. Mit dieser "Hilfe" konnte dem Dichter nicht gedient sein, wenn die wirklichen Gestalten seines Werkes nicht immer nur Verlegenheitslösungen sein sollten, sondern der angemessene Ausdruck dessen, was Hölderlin in seinen theoretischen Entwürfen erreicht hatte.

Die praktische Gesetzgebung hatte nach Fichte das höchste Gesetz noch **über** sich, letzteres sollte nur dem nichtsinnlichen intellektuellen Anschauungsvermögen gegenwärtig sein. Der ursprüngliche Akt des in sich Zurückgehens, in dem das Ich für sich selbst wird, kann nur angeschaut werden; das in der Anschauung Liegende wird durch den Gegensatz des bloßen Seins überhaupt begriffen. Deshalb kann nur das Folgende gesagt werden:

> "Handeln ist kein Seyn, und Seyn ist kein Handeln; eine andere Bestimmung giebt es durch den blossen Begriff nicht; für das wahre Wesen muss man sich an die Anschauung wenden."(FI, S.461)

Schaue ich mich selbst im Vollziehen des Aktes, in dem mir das Ich entsteht, an und abstrahiere dabei von allem Sein, so ist dies die intellektuelle Anschauung. Ich bin mir unmittelbar bewußt, daß ich handle, denn ich weiß durch mein Wissen, daß ich handle. Diese Anschauung muß ich unmittelbar in mir selbst finden, sie kommt in jedem Moment meines Bewußtseins vor, und anders, als daß ich sie in mir selbst finde, kann ich sie nie kennenlernen. Im Entwerfen der Begriffe muß ich mir unmittelbar zusehen und nur der Begriffe werde ich mir bestimmt bewußt, nicht der ihnen zugleich zugrunde liegenden intellektuellen und sinnlichen Anschauung. Das Bewußtsein meiner selbst als Ich ist allerdings nur aus der intellektuellen Anschauung möglich. Von ihr kann ich mir wiederum ein unmittelbares und isoliertes Bewußtsein nur durch einen Schluß aus den offenbaren Tatsachen des Bewußtseins verschaffen. Dieser Schluß ist folgender:

> "Ich setze mir vor, das oder das Bestimmte zu denken, und der begehrte Gedanke erfolgt; setze mir vor, das oder das Bestimmte zu thun, und die Vorstellung, dass es geschehe, erfolgt. Dies ist Thatsache des Bewusstseyns."(FI, S.465)

Die intellektuelle Anschauung finde ich als Faktum des Bewußtseins, das für das ursprüngliche Ich Tathandlung ist, durch die es sich selbst entsteht, indem ich unterscheide, was im natürlichen Bewußtsein vereinigt ist. Aus dem System der gesamten Vernunft läßt sich dieses Faktum erklären mit der Aufweisung des Sittengesetzes in uns. Dieses Gesetz stellt das Ich als etwas vor, das über alle Modifikationen ursprünglich erhaben ist, und schreibt dem empirischen Ich ein Handeln vor, das nur in ihm und schlechthin in nichts anderem begründet sein soll. Nur durch das Medium des Sittengesetzes kann ich mich erblicken, denn im Bewußtsein dieses Gesetzes ist die Anschauung der Selbsttätigkeit und der Freiheit begründet.

An dieser Stelle ist die Nähe des Fichteschen Gedankenganges zu der Kritik Kants wohl am deutlichsten, deshalb schließe ich hier den Vergleich an. Zugleich frage ich schon jetzt, ob die Form des Sittengesetzes, die auch Kant als die oberste Grenze aller moralischen Nachforschung bezeichnete, notwendig das einzige Medium darstellen muß, durch das ich meiner Freiheit bewußt werden kann, oder ob die Kunst, hier also die Dichtung, nicht möglicherweise erst eine wirkliche Aussicht in das Reich der Freiheit eröffnen kann?

5. KANTS KRITIK DER INTELLEKTUELLEN ANSCHAUUNG

Nach Fichte war die Erklärung Kants gegen das Vermögen der intellektuellen Anschauung im Wesen der Kantischen Philosophie begründet. Wenn nach Kant Anschauung nur auf ein gesetztes und beharrendes Sein gerichtet sein kann, dann wäre eine intellektuelle Anschauung ein Erschaffen des Dinges an sich durch den Begriff.

> "Das Bewußtsein seiner selbst (Apperzeption) ist die einfache Vorstellung des Ich, und, wenn dadurch allein alles Mannigfaltige im Subjekt **selbsttätig** gegeben wäre, so würde die innere Anschauung intellektuell sein."(KdrV, B 69; Kant, WW III, S.92)

Solche ursprüngliche Anschauung (intuitus originarius) kann allein einem Urwesen zukommen, niemals einem abhängigen Wesen. Einem anschauenden Verstande würde durch das Selbstbewußtsein zugleich alles Mannigfaltige gegeben, während unser Verstand nur denken kann und in den Sinnen die Anschauung suchen muß(vgl. KdrV, B 135, a.a.O., S.138).

> "Derjenige Verstand, durch dessen Selbstbewußtsein zugleich das Mannigfaltige der Anschauung gegeben würde, ein Verstand, durch dessen Vorstellung zugleich die Objekte dieser Vorstellung existierten, würde einen besonderen Actus der Synthesis der* Mannigfaltigen zu der Einheit des Bewußtseins nicht bedürfen, deren der menschliche Verstand, der bloß denkt, nicht anschaut, bedarf."(KdrV, B 138 f., a.a.O., S. 140) (* die Akademieausgabe hat statt "der" "des")

Wäre die menschliche Anschauung intellektuell, d.h. durch den Verstand gegeben, dann könnte die Intelligenz, als die der Mensch existiert, sich selbst erkennen und nicht hinsichtlich einer Anschauung sich bloß erscheinen. Eine solche intellektuelle Anschauung ist uns aber nicht möglich, denn für sie gäbe es nichts anderes als Wirklichkeit, weil sie, frei von jedem Zufall, unmittelbar jedes Gedachte hervorbrächte. Eine intellektuelle Anschauung in diesem Sinne nannte Fichte

> "ein Unding, das uns unter den Händen verschwindet, wenn man es denken will, und das überhaupt keines Namens werth ist."(FI, S.472)

Dagegen suchte er zu erweisen, das dem von ihm intellektuelle Anschauung genannten Vermögen in der Begrifflichkeit Kants die reine Apperzeption entspreche. Hätte Kant die Grundlage aller Philosophie behandelt, dann hätte er das Bewußtsein des kategorischen Imperativs analog zu dem Vermögen der intellektuellen Anschauung im Sinne Fichtes bestimmen müssen, denn die ursprüngliche Einheit der reinen Apperzeption war als Prinzip der Möglichkeit aller Anschauung in der Beziehung auf den Verstand in der Kritik der reinen Vernunft gesetzt worden, und diese Einheit wird dem Menschen nur in der reinen Form des Moralgesetzes begreifbar. Kant mußte somit ebenso bei seiner Ableitung des gesamten Bewußtseins vom reinen Ich ausgehen. Auch er konnte von einem Etwas, das von dem Ich verschieden sein sollte, nichts wissen, wenn er die Kategorien als Bedingungen des Selbstbewußtseins deduzierte und die ganze Bestimmtheit der Anschauung a priori als Rezeptivität benannte, die erst das wirkliche Bewußtsein erklärbar werden läßt. Die Forderung, daß alle meine Vorstellungen von dem "Ich denke" begleitet sein können sollen, sofern sie überhaupt meine Vorstellungen sind, verstand Fichte als Hinweis auf die grundlegende Annahme eines notwendigen Bezuges aller Vorstellungen auf unser Denken selbst. Die Bestimmungen, die Kant für die reine Apperzeption aufstellte, können dieses Verständnis Fichtes weitgehend bestätigen. Sieht man von der unterschiedlichen Terminologie vorerst ab, so kennzeichnet der folgende Satz den Unterschied zwischen Fichtes Begriff der intellektuellen Anschauung, der bei Kant annäherungsweise mit dem intellektuellen Bewußtsein übereinstimmen könnte, und dem Kantischen Begriff von der intellektuellen Anschauung:

> "Wenn ich mit dem **intellektuellen Bewußtsein** meines Denkens, in der Vorstellung **Ich bin**, welche alle meine Urteile und Verstandeshandlungen begleitet, zugleich eine Bestimmung meines Daseins durch **intellektuelle Anschauung** verbinden könnte, so wäre zu derselben das Bewußtsein eines Verhältnisses zu etwas außer mir nicht notwendig gehörig."(KdrV, B XLI; a.a.O., S.39)

Der Verstand, der zugleich denkt und anschaut, wie Kant ihn dem Menschen abstreitet, könnte möglicherweise entsprechend dem natürlichen Bewußtsein gedacht werden, das zu dem außer ihm Gelegenen kein bewußtes Verhältnis gedacht hat und deshalb Denken und Anschauen nicht unterscheidet. Um die apriorischen Bedingungen der Möglichkeit von Denken und Anschauen jeweils ableiten zu können, mußte Kant diesen Unterschied konstruieren; nur dadurch konnte er das Vermögen der Anschauung a priori als subjektive Bedingung der Form nach zugleich als allgemeine Bedingung a priori, unter der allein das Objekt der äußeren Anschauung möglich sein soll, deduzieren. Die Form der Anschauung soll nichts als Verhältnisse enthalten und durch sie soll die Art zustande kommen, in der das

Gemüt durch eigene Tätigkeit affiziert wird. Diese Idealität des äußeren und des inneren Sinnes bedingt, daß alle Objekte der Sinne nur als Erscheinungen für uns in der Vorstellung sind. Die Verbindung, die durch einen Aktus der Spontaneität der Vorstellungskraft unter den Erscheinungen vorgenommen wird, durch den diese uns entstehen, ist die einzige Vorstellung, die nicht der objektiven Anschauung bedarf, sondern nur vom Subjekt spontan und selbsttätig verrichtet wird.

> "Verbindung ist Vorstellung der **synthetischen** Einheit des Mannigfaltigen."(KdrV, B 130 f., a.a.O., S.135)

Sie wird möglich durch die Vorstellung der Einheit, die in den Worten "Ich denke" enthalten, und vor allem Denken, das ich als mein Denken ansehe, gegeben sein soll; diese Einheit ist die ursprüngliche Apperzeption oder die transzendentale Einheit des Selbstbewußtseins. Als durchgängige Identität der Apperzeption enthält sie eine Synthesis der Vorstellungen, und sie wird allein möglich durch das Bewußtsein dieser Synthesis. Dadurch, daß ich ein Mannigfaltiges gegebener Vorstellungen in einem Bewußtsein verbinden kann, ist es allein möglich, daß ich mir die Identität des Bewußtseins in diesen Vorstellungen selbst vorstelle und somit ein Selbst für mich denke, das mein eigenes ist. Diese Identität des Selbstbewußtseins ist der oberste Grundsatz für das ganze menschliche Erkenntnisvermögen, an den ich Kant zufolge allen Verstandesgebrauch heften muß. Das Bewußtsein der Identität des Selbst entsteht mir sonach synthetisch aus dem apriorischen Bewußtsein der ursprünglichen Einheit der Apperzeption und ist von der verstandesmäßigen Synthesis der mannigfaltigen Vorstellungen abgeleitet. Die Einheit des Bewußtseins soll als synthetische und zugleich ursprüngliche gedacht werden. Sie allein macht die Beziehung der Vorstellungen auf einen Gegenstand möglich und damit ihre objektive Gültigkeit und die Möglichkeit, Erkenntnisse zu werden, aus, und sie ist die erste reine Verstandeserkenntnis, unabhängig von allen Bedingungen der sinnlichen Anschauung. Das Prinzip der Einheit des Bewußtseins ist nur Prinzip für den Verstand, durch dessen reine Apperzeption in der Vorstellung "Ich bin" noch nichts Mannigfaltiges gegeben ist. Dabei konnte Kant nicht davon abstrahieren,

> "daß das Mannigfaltige für die Anschauung noch vor der Synthesis des Verstandes, und unabhängig von ihr, **gegeben** sein müsse; wie aber, bleibt hier unbestimmt."(KdrV, B 145, a.a.O. S.144)

Letztere Unbestimmtheit muß der Sphäre des Mannigfaltigen vor der Synthesis durch den Verstand notwendig zukommen, wenn ein bestimmter Gegenstand erst durch die Handlungen des Denkens für dasselbe überhaupt zu einem Gegenstand werden soll. Die andere unbestimmte Sphäre, die das wirkliche Bewußtsein begleiten muß, wenn ihm auch Freiheit zukommen soll, hatte Fichte als dem Vermögen der intellektuellen Anschauung gegenwärtig bezeichnet und dieses mit dem Begriff der ursprünglichen Apperzeption verglichen. Das Prinzip der Einheit des Bewußtseins weist aber noch nicht deutlich genug die Abstraktion von aller Bestimmung durch ein Sein auf, wenn es nur als synthetische und bewußte Einheit des Mannigfaltigen für das menschliche Bewußtsein vorgestellt wird.

Erst in der Kritik der teleologischen Urteilskraft sprach Kant von der unablaßlichen Forderung der Vernunft,

> "irgend ein Etwas (den Urgrund) als unbedingt notwendig existierend anzunehmen, an welchem Möglichkeit und Wirklichkeit gar nicht mehr unterschieden werden sollen, und für welche Idee unser Verstand schlechterdings keinen Begriff hat, d.i. keine Art ausfinden kann, wie er ein solches Ding und seine Art zu existieren sich vorstellen solle."(KdU, B 342; WW VIII, S.519)

Obwohl dieses Etwas nicht positiv existierend gedacht werden kann, aber dennoch notwendig der intellektuellen Anschauung im Sinne Fichtes gegenwärtig sein soll, nennt Kant es ein Wesen:

> "Daher ist der Begriff eines absolutnotwendigen Wesens zwar eine unentbehrliche Vernunftidee, aber ein für den menschlichen Verstand unerreichbarer problematischer Begriff."(ebd.)

Dieses hier als Wesen bezeichnete, dem keine positive Bestimmung außer der der Freiheit zukommen soll, hatte Fichte als dem unmittelbaren Akt des denkenden Handelns des menschlichen Denkens auf sich selbst Gegenwärtiges aller Philosophie vorausgesetzt. Auch für Kant war diese Voraussetzung eine unbedingte Forderung der Vernunft, die allerdings dann nicht nur problematisch, sondern dogmatisch bleiben müsste, wenn das Unbestimmbare, auf das sich das Vermögen der intellektuellen Anschauung richten soll, als Wesen vorgestellt werden sollte.

Zum Zwecke des Versuchs, einen lebendigen Organismus als zweckmäßig zu denken, mußte Kant jene Forderung der Vernunft genauer bestimmen. Der § 77 der Kritik der teleologischen Urteilskraft handelt von der Idee eines Naturzweckes, die ein Vernunftprinzip für die reflektierende Urteilskraft sein soll, weil der Gegenstand (der Organismus) zwar in der Erfahrung gegeben ist, aber nicht als zweckmäßig bestimmt und beurteilt werden kann aufgrund der Eigentümlichkeit unseres denkenden Verstandes, der nach Kant nur von den Einzelteilen der Erscheinung zu dem Ganzen gelangen kann, wobei das Ganze nach den eigenen Gesetzen des Verstandes als solches konstituiert wird. Soll aber die Zweckmäßigkeit eines ganzen lebendigen Organismus mit unserer Vernunftzweckmäßigkeit übereinstimmen, dann muß der Naturzweckmäßigkeit die Idee von einem anderen möglichen Verstande zugrunde gelegt werden:

> "(so wie wir in der Kritik der r.V. eine andere mögliche Anschauung in Gedanken haben mußten, wenn die unsrige als eine besondere Art, nämlich der *, für welche Gegenstände nur als Erscheinungen gelten, gehalten werden sollte)"(KdU, B 346, a.a.O., S.523) (Die Akademieausgabe hat statt *"der" "die")

Dies ist notwendig, um Naturorganismen als zweckmäßig betrachten zu können. Ein höherer Verstand muß als Ursache für die Kauselverbindungen in der Natur angenommen werden, der nicht wie unser diskursiver Verstand ein Vermögen der Begriffe, sondern ein intuitiver, anschauender Verstand sein soll, für den die Zusammenstimmung der Natur nicht zufällig ist. In Beziehung auf diesen Verstand können wir uns, trotz der Eigenart unseres Verstehens, die Übereinstimmung der Naturgesetze mit den Reflexionen und Bestimmungen unserer Urteilskraft als notwendig vorstellen. Wir können uns jenen Verstand als einen denken, der vom Synthetisch-Allgemeinen (für uns) zum Besonderen geht, dessen intuitive Vorstellung vom Ganzen nicht nur eine zufällige Verbindung der Teile enthält, sondern urbildlich die Möglichkeit der Teile als vom Ganzen abhängend vorstellt und

> in dieser "**Vorstellung** eines Ganzen den Grund der Möglichkeit der Form desselben und der dazugehörigen Verknüpfung der Teile enthalte."(KdU, B 350, a.a.O., S.525)

Ein solcher intellectus archetypus muß seiner Möglichkeit nach nicht bewiesen werden, denn die Eigenart unseres diskursiven Verstandes führt notwendig auf diese Idee.

> "Da es aber doch wenigstens möglich ist, die materielle Welt als bloße Erscheinung zu betrachten, und etwas als Ding an sich selbst (welches nicht Erscheinung ist) als Substrat zu denken, diesem aber eine korrespondierende intellektuelle Anschauung (wenn sie gleich nicht die unsrige ist) unterzulegen: so würde ein, obzwar für uns unerkennbarer, übersinnlicher Realgrund für die Natur Statt finden, zu der wir selbst mitgehören"(KdU, B 352, ebd., S.527).

Der Grund der Naturzwecke muß als in einem übersinnlichen Substrat gedacht angenommen werden, denn wegen der Eigenart unseres Erkenntnisvermögens ist es notwendig, für die Zweckverbindungen einen Grund in einem ursprünglichen Verstande als Weltursache zu suchen.

Fichte dachte jenes übersinnliche Substrat nicht als einen höheren Verstand, sondern als idealen Möglichkeitsgrund des Vermögens der intellektuellen Anschauung des Ich, das in Freiheit sein denkendes Handeln soll denken können. Ebenso stand bei ihm der unbestimmten idealen Sphäre nicht die Substratgegenständlichkeit eines Dinges an sich gegenüber, sondern die unbestimmte Sphäre des unbekannten Stoffes. Erst die Wechselbestimmung von Ich und Nicht-Ich führte zu bestimmten Begriffen und das Bewußtsein konnte dadurch zugleich als frei Bestimmendes und durch Gefühle Affiziertes gedacht werden, das im selben Moment ein Selbst und sein Anderes bestimmt. Der Begriff der intellektuellen Anschauung für das ursprüngliche Vermögen des Ich, sich selbst denkend zu setzen und in der Anschauung jederzeit zugleich ein Nicht-Ich zu setzen, war Fichtes Versuch, den Begriff der Tathandlung genauer zu bezeichnen, indem die Idealität des Intellektuellen und die Objektbezogenheit der Anschauung in **einem** Vermögen vereinigt vorgestellt werden sollten.

6. SPINOZA

Wenn der Begriff "intelektuelle Anschauung" im Lichte der Deduktion der Gesetzmäßigkeiten des menschlichen Erkenntnisvermögens bei Kant noch zu sehr auf Gegenstandsbezogenheit verweist, dann kann seine Darstellung anhand der Ethik Spinozas möglicherweise erhellen, welche systematische Stelle diesem Begriff bei Fichte und welche Bedeutung ihm im Denken Hölderlins zukommt.

a. Substanz und Erkenntnis

Die Reflexionen Spinozas müssen im strengen Sinne als Meta-physik verstanden werden. Deshalb möchte ich seinen Substanzbegriff weder als ideale noch als reale Substratgegenständlichkeit auffassen, sondern annähernd verstehen im Sinne eines reinen Verstandesbegriffes nach Absonderung aller sinnlichen Bedingungen, wie ihn Kant problematisch gelten ließ:

> "So würde z.B. Substanz, wenn man die sinnliche Bestimmung der Beharrlichkeit wegließe, nichts weiter als ein Etwas bedeuten, das als Subjekt (ohne ein Prädikat von etwas anderm zu sein) gedacht werden kann."(KdrV, B 187, Kant, WW III, S.194)

Diese Substanz muß zufolge der Spinozakritik Kants als intelligente vorgestellt werden, wenn sie als oberster Grund für die Möglichkeit der objektiv-zweckmäßigen Formen der Materie gedacht werden soll können(Kr.d.tel.U.,B 373, Kant,WW VIII, S.541). Der Einwand blieb unterhalb der Abstraktionsebene, auf der Spinoza den Begriff der Substanz dachte und in Bezug auf ihn den Lehrsatz aufstellte:

> "Ausser Gott kann es keine Substanz geben und lässt sich keine begreifen(1)."

---

1 "Praeter Deum nulla dari, neque concipi potest substantia." Ethica I, Prop. XIV, a.S.60 a.O., S.104/105)

Daraus folgt:

> "dass das ausgedehnte Ding und das denkende Ding entweder Attribute Gottes oder ... Affectionen der Attribute Gottes sind(2)."

Unter einem Attribut verstand Spinoza das, was der Verstand als das Wesen der Substanz ausmachend erkennt. Die Substanz kann deshalb auch nicht als ideale Substratgegenständlichkeit vorgestellt werden, sondern sie sollte entsprechend der folgenden Definition gedacht werden können:

> "Unter **Gott** verstehe ich das schlechthin unendliche Seyende, d.h. die Substanz, die aus unendlichen Attributen besteht, von denen jedes ein ewiges und unendliches Wesen ausdrückt(3)."

Die Substanz, die die ganze Natur oder Gott ist, schließt noch die nur scheinbar getrennten idealen und realen Möglichkeitsgründe des menschlichen Bewußtseins ein, sie ist die immanente Ursache aller Dinge, wobei Ding im Sinne von "res" sowohl ausgedehnt wie denkend gedacht werden kann.

Die Frage, wie es dem menschlichen Denken überhaupt möglich sein könne, etwas von dieser Substanz zu wissen, möchte ich durch eine Zusammenfassung der Lehre Spinozas von den Arten der menschlichen Erkenntnis annähernd zu beantworten suchen. Der Verstand (intellectus) ist ein gewisser Modus des Denkens, der zur geschaffenen Natur gehört und aus dem unbeschränkten Denken begriffen werden muß. Diese unbeschränkte, ausgedehnte und denkende Natur ist diejenige Gottes, ihr kommen die Eigenschaften zu, notwendig, einzig und bloß aus der Notwendigkeit ihrer selbst handelnd da zu sein. Sie ist die freie Ursache aller Dinge, in der alles ist und von der alles abhängt, sodaß ohne sie weder etwas sein noch begriffen werden kann. - Möglicherweise veranlaßten diese Entsprechungen in den Bestimmungen Hölderlin, die Substanz Spinozas mit dem Fichteschen Ich gleichzusetzen: "absolutes Ich (= Spinozas Substanz)"(an Hegel, Jena, d.26.Jenner 95. StA, VI.1, 155). - Gegenüber der umfassenden Substanz sind Naturzwecke und Endursachen nichts als menschliche Fiktionen(4). Ebenso hängt das Geschmacksurteil, das

---

2 "rem extensam, et rem cogitantem, vel Dei attributa esse vel ... affectiones attributorum Dei." (Eth.I, prop.XIV, Cor.II; a.a.O., S.106/107)

3 "Per Deum intelligo ens absolutè infinitum, hoc est, substantiam constantem infinitis attributis, quorum unumquodque aeternam, et infinitam essentiam exprimit." (Et.I, Def. VI; a.a.O., S.86/87)

4 "Ut jam autem ostendam, naturam finem nullum sibi praefixum habere, et omnes causas finales nihil, nisi humana esse figmenta, non opus est multis."(Eth.I, Append.; a.a.O., S.150)

etwas als schön bezeichnet, davon ab, ob die Bewegung, die die Nerven von dem durch die Augen vorgestellten Gegenstand empfangen, dem Wohlbefinden zusagt (entsprechend hinsichtlich anderer Sinne); alle Begriffe mit denen die Natur erklärt wird, sind nämlich Modi der Einbildungskraft, die nicht die Natur eines Dinges, sondern die Verfassung der Einbildungskraft (imaginationis constitutionem) anzeigen. Dabei ist die Ordnung und Verknüpfung der Vorstellungen **dieselbe** wie die Ordnung und Verknüpfung der Dinge(5), denn das Denkvermögen Gottes ist seinem wirklichen Vermögen gleich, und alles, was aus der unendlichen Natur der einzigen Substanz formal folgt, folgt aus der Vorstellung Gottes (Dei ideâ) in derselben Ordnung und derselben Verknüpfung in Gott objektiv. Bezüglich der Vorstellung Gottes ist die Doppeldeutigkeit des Genitivs zu beachten, die erlaubt, diese Vorstellung im **selben** Moment Gott und den Menschen zukommend zu verstehen. Für das natürliche Bewußtsein aber gilt, daß der Gegenstand der Vorstellung, die den menschlichen Geist ausmacht, zunächst allein der Körper, oder ein gewisser in der Wirklichkeit vorhandener Modus der Ausdehnung ist. Der Mensch besteht aus Geist und Körper, und der menschliche Körper, so wie wir ihn wahrnehmen, ist da. Auf je mehrere Weisen der Körper bestimmt werden kann, umso geschickter ist der menschliche Geist, mehreres aufzufassen(6). Der Geist erkennt den Körper und weiß von dessen Dasein nur durch die Vorstellungen der Affektionen, denn der Geist selbst ist die Vorstellung des menschlichen Körpers, welche in Gott ist, sofern er betrachtet wird als von einer anderen Vorstellung eines einzelnen Dinges affiziert. Gott erkennt den menschlichen Körper, sofern dieser von anderen Vorstellungen affiziert ist, nicht sofern er die Natur des menschlichen Geistes ausmacht; woraus folgt, daß der menschliche Geist den eigenen Körper nicht erkennt, sondern die Affektionen desselben auffaßt und ihre Vorstellungen weiß (vgl.: Erscheinung bei Kant). Denn die Vorstellung des Geistes und der Geist selbst sind ein und dasselbe, sie werden durch dasselbe Attribut (das Denken) begriffen und die Vorstellung des Geistes, die als Vorstellung der Vorstellung nichts anderes ist als die Form der Vorstellung, insofern diese als ein Modus des Denkens ohne Bezug auf einen Gegenstand betrachtet wird, ermöglicht es dem menschlichen Geist, nicht nur die Affektionen des Körpers aufzufassen, sondern auch die Vorstellungen dieser Affektionen. Nur insofern er die Vorstellungen der Affektionen des menschlichen Körpers auffaßt, kann der menschliche Geist sich

---

5 "Ordo, et connexio idearum idem est, ac ordo, et connexio rerum." (Eth.II, Propositio VII; a.a.O., S.168)

6 "Mens humana apta est ad plurima percipiendum, et eò aptior, quò ejus Corpus pluribus modis disponi (of aangedaan worden) potest." (Eth.II, Prop. XIV; altniederländischer Zusatz aus 'De Nagelate Schriften van B.d.S.'; a.a.O., S.192)

selbst erkennen(7). Er kann einen äußeren Körper nur als wirklich daseienden auffassen durch die Vorstellungen der Affektionen seines Körpers. Je mehr sein Körper mit anderen Körpern gemeinsames hat, umso geschickter ist der Geist, Mehreres adäquat aufzufassen. Deshalb vermehrt oder vermindert die Vorstellung alles dessen, was das Tätigkeitsvermögen unseres Körpers vermehrt oder vermindert, das Denkvermögen unseres Geistes. Spinoza nannte in diesem Zusammenhang Lust die Leidenschaft, die den Geist zu größerer Vollkommenheit übergehen läßt. Da der Mensch sich selbst nur durch die Affektionen seines Körpers und deren Vorstellungen erkennt, strebt der Geist, sich das in der Phantasie vorzustellen, was sein Tätigkeitsvermögen fördert. Kann er sich selbst betrachten, so geht er dadurch zu größerer Vollkommenheit über und wird mit Lust affiziert, die umso größer wird, je bestimmter er sich und sein Tätigkeitsvermögen in der Phantasie vorstellen kann. Ist der Körper geschickt, auf mehrere Weisen affiziert zu werden oder äußere Körper vielfältig zu affizieren, so ist in einem entsprechend hohen Maß der Geist geschickt zum Auffassen; demnach ist alles das, was den Körper zu größerer Geschicklichkeit bestimmt, notwendig gut oder nützlich, und dies umso mehr, je geschickter der Körper dadurch gemacht wird. Analog zu der Ordnung der Gedanken und Vorstellungen der Dinge im Geiste werden die Affektionen des Körpers geordnet(8).

Die Lehrsätze Spinozas über das wirkliche Dasein des menschlichen Körpers und über die Geschicklichkeit des menschlichen Geistes, mehreres aufzufassen, je mehr der Körper affiziert wird, scheinen zunächst nur auf der Ebene alltäglicher Erfahrungen zu sprechen. Im Zusammenhang mit der Deduktion der Gegenstandskonstitution durch das menschliche Denken für sich selbst, wie sie Fichte vorgelegt hat, erhält aber dieser Teil der Lehre Spinozas möglicherweise Bedeutung hinsichtlich eines Wissens um das menschliche Erkenntnisvermögen, das gerade für die Gestaltung und die mögliche Wirkung der Kunstwerke folgenreich sein könnte. Unter der Voraussetzung, daß jede Vorstellung hervorgerufen wird durch eine Affektion des Körpers und daß das ansonsten leere Denkvermögen (das es nur in der Analyse gibt) mit diesem Gefühl zugleich sich selbst und sein Angeschautes bestimmen kann, verstehe ich die Analogie zwischen Geschicklichkeit des Körpers und Vielfältigkeit des Geistes weitgehend im Sinne des Fichteschen Erkenntnismodells. Die Entspre-

---

7 "Mens se ipsam non cognoscit, nisi quatenus Corporis affectionum ideas percipit." (Eth.II, Prop.XXIII; ebd., S.204)

8 "Prout cogitationes, rerumque ideae ordinantur, et concatenantur in Mente, ità corporis affectiones, seu rerum imagines ad amussim ordinantur, et concatenantur in Corpore." (Eth.V, Prop.I; ebd., S.510)

chung der Ordnung der Vorstellungen und der Ordnung der Dinge könnte in diesem Zusammenhang bedeuten, daß die Vorstellungen überhaupt erst eine Ordnung hervorbringen und umsomehr mit dem Stoff übereinstimmen, je adäquater sie sind. Der Stoff wird erst durch und für den menschlichen Geist als diese bestimmten Dinge konstituiert, er - der Stoff - hat aber zugleich notwendig an der Bestimmung teil, eben weil er den Körper, die Sinnlichkeit oder Rezeptivität für ihn begründend, auf verschiedene Weise und in verschiedener Stärke qualitativ und quantitativ unterschiedlich affiziert und dadurch in einem mit der Freiheit im selben Akte des Denkens dem menschlichen Geist Selbstbestimmung und Bestimmung alles seines jeweils Anderen ermöglicht. Der Möglichkeitsgrund, angesehen als idealer (Freiheit) und als realer (Stoff), des wirklichen Bewußtseins befindet sich als Eines in einem immerwährenden Wechselverhältnis für uns und nur in der vermittelnden gegenseitigen Bestimmung ist das menschliche Denken wirklich: als ideal-reales. Dieses zugrundeliegend einige Wechselverhältnis betrachtet der Geist, wenn er seine wirkliche Tätigkeit betrachtet, und hier könnte die Möglichkeit für den Dichter liegen, mit seiner Gestaltung der Sprache eben jene Tätigkeit des Geistes selbst zur Darstellung zu bringen, indem er sie erinnert. Spinoza sprach von Phantasiebildern der Dinge, die den menschlichen Körper affizieren, weil deren Vorstellungen uns die äußeren Körper, als ob sie gegenwärtig seien, darstellen. Diese Vorstellungen schließen zugleich die Natur unseres Körpers und eines äußeren Körpers in sich. Immer, wenn wir uns eines abwesenden Dinges erinnern, betrachten wir es, als ob es gegenwärtig sei, und der Körper wird auf dieselbe Weise affiziert.

Betrachtet der Geist sich selbst und sein Tätigkeitsvermögen, so empfindet er Lust, die umso größer ist, je bestimmter er sich und sein Vermögen in der Phantasie vorstellt. Da das Tätigkeitsvermögen des Geistes als solches nicht anschaulich sein kann, weil es erst als Eingeschränktes und Bestimmtes in der Anschauung erscheint, könnte es eben die Aufgabe der Dichtkunst sein, mit der Gestaltung der zugleich affizierenden, sinnfälligen (Klang, Rhythmus) und idealen Sprache dieses unbestimmte und prinzipiell offene Vermögen des menschlichen Geistes zu erinnern. Dazu später anhand von Hölderlins theoretischen Entwürfen mehr; zunächst folgt Spinozas Einteilung der den Menschen möglichen Arten der Erkenntnis.

b. Gattungen der Erkenntnis

Es gibt bei Spinoza eine Erkenntnis der ersten Gattung, die er die unbestimmte Erfahrung (cognitio ab experientiâ vagâ) nennt, weil sie aus ungeordneten und verworrenen Einzelheiten und aus Erinnerungen sowie Phantasievorstellungen, die undeutlich und verworren sind, besteht. Vernunft (ratio) ist die Erkenntnis der zweiten Gattung, die daraus entsteht, daß wir Allgemeinbegriffe und adäquate Vorstellungen von den Eigenschaften der Dinge haben. Die dritte und höchste Gattung ist schließlich das intuitive Wissen (scientia intuitiva), das von der adäquaten Vorstellung der formalen Wesenheit einiger Attribute Gottes bis zu der adäquaten Erkenntnis der Wesenheit der Dinge reicht. Als Beispiel für dieses Wissen gibt Spinoza die Proportion 1 : 2 = 3 : x, angesichts derer mit einem Blick, ohne diskursiven Rechenvorgang, die fehlende Zahl ergänzt werden kann. Das Ganze mit seinen Verhältnissen ist auf **einen** Blick anschaubar. Nicht zufällig wählte Spinoza immer Beispiele aus der Mathematik und der Geometrie zur Verdeutlichung dessen, was er als scientia intuitiva definiert hatte, denn nur in diesen Wissenschaften findet eine Konstruktion aus reinen Verstandesbegriffen statt (vgl. Kant). Die intuitive Erkenntnis läßt die Sache nur in ihrer Wesenheit wahrnehmen: daraus, daß ich etwas erkenne, weiß ich, was es heißt, etwas erkennen. Deshalb ist die wahre Methode des Denkens der Weg, der die Vorstellung der Vorstellungen gibt(9). So wird es möglich davon zu sprechen, daß für das menschliche Wissen dann aller Zweifel gehoben wäre, wenn es eine Kenntnis von Gott hätte, wie es sie von einem Dreieck hat, d.h. von einem absolut selbsttätig aus dem menschlichen Denken hervorgebrachten Konstrukt(10).

Solches restloses Begreifen ist auch für die intuitive Erkenntnis nur in wenigen Bereichen möglich, dennoch lehrt sie uns, das Wahre vom Falschen zu unterscheiden. Die Vorstellungen sind nämlich nur Begriffe des Denkens und sie müssen von den Bildern der Dinge, die wir uns in der Phantasie vorstellen, genau unterschieden werden, weil die Natur des Denkens nicht den Begriff der Ausdehnung in sich schließt. Vielmehr ist die Vorstellung ein Modus des Denkens, der nicht im Bilde eines Dinges oder in Worten besteht. Das Wesen der Worte wird bloß von den körperlichen Bewegungen gebildet, die den Begriff des Denkens (cogitationis conceptum) nicht einschließen, denn das Vermögen des Geistes allein ist als Erkenntnis bestimmt, und der Geist ist dann am tätigsten, wenn er möglichst viele adäquate Vorstellungen denkt, die er klar und bestimmt in intuitiver Erkenntnis weiß. Der scientia intuitiva liegt die Gotteserkenntnis zugrunde. Begreift der Geist eine wahre und adäquate Vorstellung, so betrachtet er notwendig **sich selbst** und begreift dabei sein Tätigkeitsvermögen; dadurch empfindet er Lust, weil er tätig ist und adäquate Vorstellungen begreift. Affekte und Leidenschaften der Seele sind dagegen verworrene Vorstellungen, durch

---

9 "sed quòd vera Methodus est via, ut ipsa veritas, aut essentiae objectivae rerum, aut ideae (omnia illa idem significant) debito ordine quaerantur." (Tractatus De Intellectus Emendatione; a.a.O., S.26 f.)

10 "sed si talem cognitionem Dei habemus, qualem habemus trianguli, tum omnis dubitatio tollitur."(ebd., S.60)

die der Geist eine größere oder geringere Daseinskraft seines Körpers als vorher bejaht und dadurch veranlaßt wird, eher diese Vorstellung, als etwas anderes zu denken. Da wir Teil der Natur sind, leiden wir insofern, als wir für uns selbst, ohne andere Teile, nicht begriffen werden können. Sind wir uns der Affekte (des Leidens) bewußt als eines Affektes der Lust oder Unlust, dann erkennen wir diesen als etwas **Gutes** oder **Böses**. Dies allerdings bedeutet nichts Positives, das in den Dingen selbst vorhanden wäre. Gut und Böse sind nichts als Begriffe, die wir dann bilden, wenn wir die Dinge miteinander vergleichen(11). Ebenso sind die Begriffe von Gerechtigkeit und Sünde der Natur des Geistes äußerlich. Der Vernunft gemäß streben wir nach Erkennen und der Geist erachtet nur das als nützlich, was zum Erkennen führt. Insofern unser Geist klar und bestimmt erkennt, ist er die Wesenheit der Vernunft (rationis essentia), und das Streben nach Erkenntnis ist die erste und einzige Grundlage der Tugend, weil der vernunftmäßig denkende Geist nicht um irgend eines Zweckes willen die Dinge zu erkennen strebt, sondern das als gut für sich begreift, was das Erkennen ermöglicht und fördert. Das **höchste Gut** ist die Erkenntnis Gottes; die höchste Tugend des Geistes ist es, Gott zu erkennen. Wir nehmen umso mehr Anteil an der göttlichen Natur, mit je größerer Lust wir affiziert werden und dadurch zu desto größerer Vollkommenheit übergehen. Das Tun, das aus der Notwendigkeit unserer Natur folgt, ist ein vernunftmäßiges Handeln. Deshalb ist die Weisheit des freien Menschen nichts anderes als die Betrachtung des gesamten Lebens, und kein Begriff von Gut und Böse könnte gebildet werden, wären alle Menschen frei geboren und blieben sie zeitlebens frei. Da der menschliche Körper aus vielen Teilen verschiedener Natur zusammengesetzt ist, bedürfen diese Teile ständig neuer Nahrung, damit der ganze Körper zu allem, was aus seiner Natur folgen kann, gleich geschickt ist, und, zugleich damit, der Geist ebenso geschickt wird, mehreres zugleich zu erkennen und sich der intuitiven Erkenntnisweise immer mehr anzunähern(12).

Nach Spinoza gibt es kein vernünftiges Leben ohne Erkenntnis und die Dinge sind nur dann gut, wenn sie den Menschen unterstützen, das Leben des Geistes zu genießen. Aus der intuitiven Erkenntnis Gottes entspringt die Zufriedenheit der Seele und der Verstand eignet sich vollkommener dazu, Gott und seine Attribute, die aus der Notwendigkeit seiner Natur folgen, zu verstehen. Dieses Ver-

---

11 "Bonum, et malum quod attinet, nihil etiam positivum in rebus, in se scilicet consideratis, indicant, nec aliud sunt, praeter cogitandi modos, seu notiones, quas formamus ex eo, quòd res ad invicem comparamus." (Eth.IV, Praefatio; a.a.O., S.384)

12 "quo majori Laetitiâ afficimur, eò ad majorem perfectionem transimus, hoc est, eò nos magis de naturâ diviniâ participare necesse est. Rebus itaque uti, et iis quantùm fieri potest, delectari (...) viri est sapientis." (Eth.IV, Prop.XLV, Scholium; a.a.O., S.450)

stehen ist die Glückseligkeit des Menschen. Alle Vorstellungen, die sich auf Gott beziehen, stimmen mit den Gegenständen überein und sind wahr. Da alles in Gott ist und durch ihn begriffen werden kann, sind wir in der Lage, aus der Erkenntnis Gottes, deren unendliche Wesenheit und Ewigkeit allen bekannt ist, Vieles, das wir adäquat erkennen, abzuleiten von dem Grund der intuitiven Erkenntnis her. In ihr wissen wir, daß die Natur nicht um eines Zweckes willen handelt, sondern daß das Unendliche, das wir Gott oder Natur nennen, nach derselben Notwendigkeit handelt, nach der es vorhanden ist. Ursache und Handeln dessen, was wir Gott oder Natur nennen, ist dasselbe wie dessen Dasein überhaupt: es gibt dafür keinen Anfangsgrund und keinen Endzweck. Was wir Zweckursache (causa finalis) nennen, ist bloß der menschliche Trieb, etwas als zweckmäßig erkennen zu wollen, wenn er als Anfangsgrund betrachtet wird.

Das Höchste, was der menschliche Geist erkennen kann, ist Gott oder das schlechthin unendlich Seiende, ohne das nichts dasein oder begriffen werden kann. Leben wir Menschen nach Anleitung der Vernunft, dann handeln wir gemäß den Gesetzen unserer Natur und stimmen insofern notwendig mit der Natur jedes anderen Menschen überein. Wir wandeln der Tugend nach und begehren für uns und jeden Menschen das Gut des Erkennens umso mehr, je mehr wir Gott erkennen. Wenn wir erkennen, dann können wir nur das Notwendige begehren und uns nur dann beruhigen, wenn wir die Wahrheit erreichen; erkennen wir dies als richtig, so stimmen wir in unserem Bestreben mit der gesamten Natur überein. Der menschliche Geist kann nun bewirken, daß alle Affektionen des Körpers und alle Bilder der Dinge sich auf die Vorstellung Gottes (Dei ideam) beziehen. Erkennt er sich und seine Affekte klar und bestimmt, dann liebt er Gott umso mehr, je mehr er sich und seine Affekte erkennt. Diese Liebe zu Gott (Deum Amor) muß den Geist am meisten beschäftigen, da sie mit allen Affektionen des Körpers verbunden ist und von ihm allein genährt wird. Die intuitive Erkenntnis bewirkt Liebe zu einem unveränderlichen und ewigen Etwas(13), in dessen Besitz wir wahrhaft sind, und diese Liebe wird stets größer und sie wird den größten Teil unseres Geistes inne haben, weil sie ihn in seinem ganzen Umfang affizieren kann. Je mehr wir nach der dritten Art der Erkenntnis (scientia intuitiva) die einzelnen Dinge erkennen, was das höchste Bestreben des Geistes und seine höchste Tugend ist, umso mehr erkennen wir Gott. Wird der Geist geschickter dazu, nach dieser Art zu erkennen, so begehrt er immer mehr, die Dinge danach als Ganzes zu erkennen, denn aus dieser Erkenntnis entspringt die höchste mögliche Zufriedenheit des Geistes und die höchste menschliche Vollkommenheit, in der wir mit höchster Lust

---

13 "Deus expers est passionum, nec ullo Laetitiae, aut Tristitiae affectu afficitur." (Eth.V, Prop.XVII; a.a.O., S.526)

affiziert werden, begleitet von der Vorstellung unserer selbst und unserer Tugend. Erkennt unser Geist sich und den Körper unter der Form der Ewigkeit, dann erkennt er notwendig Gott(14) und weiß, daß er in Gott ist und durch Gott begriffen wird. Die intuitive Erkenntnis hängt von dem Geist als der formalen Ursache ab; sofern der Geist selbst ewig ist, sofern hat er eine Erkenntnis Gottes. Dies ist notwendig eine adäquate Erkenntnis und der Geist ist als ewiger dazu geschickt, alles zu erkennen, was aus dieser gegebenen Erkenntnis Gottes folgen kann. An allem, was wir auf diese Weise erkennen, erfreuen wir uns, begleitet von der Vorstellung Gottes als Ursache. Daraus entspringt die verstandesmäßige Liebe Gottes (**Amor Dei intellectualis**), weil aus der intuitiven Erkenntnis Lust, als deren Ursache wir Gott verstehen, hervorgeht. Wir stellen uns Gott dann nicht in der Phantasie als gegenwärtig vor, sondern die Liebe Gottes entsteht erst dann, wenn wir erkennen, daß Gott ewig ist (sub aeternitatis specie). Sie hat keinen Anfang gehabt und ist genauso vollkommen, wie der Geist ewig vollkommen ist, der begleitet wird von der Vorstellung Gottes als seinem ewigen Grunde. Zu wissen, daß der Geist mit Vollkommenheit begabt ist, ist Glückseligkeit. Sie ist die Liebe zu Gott, die aus der intuitiven Erkenntnis entspringt und sich auf den tätigen Geist bezieht; sie ist die Tugend selbst. Sofern unser Geist erkennt, ist er ein ewiger Modus des Denkens, der von einem anderen ewigen Modus des Denkens jeweils bestimmt wird, und alle ewigen Modi des Denkens zusammen machen Gottes ewigen und unendlichen Geist aus.

Die verstandesmäßige Liebe des Geistes zu Gott ist Gottes Liebe selbst(15); er liebt sich selbst mit dieser Liebe, sofern er durch die Eigenart des menschlichen Geistes, betrachtet unter der Form der Ewigkeit, erklärt werden kann. Diese Liebe ist ein Teil der unendlichen Liebe, mit der Gott sich selbst liebt. Die Liebe des Geistes gehört zu seinen Handlungen; in ihr betrachtet der Geist sich selbst begleitet von der Vorstellung Gottes als Ursache(16).

---

14 "Mens nostra, quatenus se, et Corpus sub aeternitatis specie cognoscit, eatenus Dei cognitionem necessariò habet, scitque se in Deo esse, et per Deum concipi." (Eth.V, Propositio XXX.; a.a.O., S.540)

15 "Mentis Amor intellectualis erga Deum est ipse Dei Amor, quo Deus se ipsum amat, non quatenus infinitus est, sed quantenus per essentiam humanae Mentis, sub specie aeternitatis consideratam, explicari potest, hoc est, Mentis erga Deum Amor intellectualis pars est infiniti amoris, quo Deus se ipsum amat.- Corollarium: Hinc sequitur, quòd Deus, quatenus seipsum amat, homines amat, et consequenter quòd amor Dei erga homines, et Mentis erga Deum Amor intellectualis **unum, et idem** sit." (Eth.,V, Prop.XXXVI; a.a.O., S.544 ff.) (Hervorhebung von mir, A.T.)

16 "actio est, quâ Mens se ipsam contemplatur" (ebd. Dem.)

Zugleich ist es eine Handlung, in der Gott, sofern er vom menschlichen Geist erklärt werden kann, sich selbst betrachtet, begleitet von der Vorstellung seiner selbst. Liebt Gott sich selbst, so liebt er die Menschen, und die Liebe Gottes zu den Menschen ist **dieselbe** verstandesmäßige Liebe des Geistes zu Gott. Das Wesen unseres Geistes besteht nur in der Erkenntnis, deren Umfang und Grundlage Gott ist; auf diese Weise folgt unser Geist seinem Ursprung und Dasein nach aus der göttlichen Natur und hängt beständig von ihr ab. Die verstandesmäßige Liebe Gottes folgt notwendig aus der Natur des Geistes, sofern dieser durch Gottes Natur als eine ewige Wahrheit betrachtet wird. Für den Menschen gilt, daß dann, wenn sein Körper zu vielem geschickt ist, der größte Teil seines Geistes der Ewigkeit zugehört(17).

c. Übergang zu Hölderlin

Spinozas Begriff von der verstandesmäßigen Liebe Gottes, die zugleich von Gott kommt und zu Gott reicht, verstehe ich als Versuch, die höchste menschliche Erkenntnismöglichkeit und die prinzipiell begrifflich nur unzulänglich faßbare Substanz in ihrer Wechselbeziehung zu benennen. Der Begriff Amor Dei intellectualis drückt ähnlich wie der Begriff intellektuelle Anschauung das Bedürfnis der Metaphysik aus, eine unbedingte Sphäre zu benennen, die alle für uns notwendigen begrifflichen Trennungen in ideale und reale Bedingungen des wirklichen menschlichen Bewußtseins immer begleitet und die nicht als eine Substratgegenständlichkeit von der Vorstellung hypostasiert sein soll. Eine solche gegenständliche Vorstellung nämlich überträgt immer schon die Eigenart des menschlichen Denkens auf dessen unbestimmten Möglichkeitsgrund. Wenn mit dem Begriff Amor Dei intellectualis das Verhältnis des menschlichen Denkens zu dem alle seine Idealität und Realität begleitenden Grund gedacht wurde, dann entsprach dies den Forderungen an eine intellectuale Anschauung, die Hölderlin in den bereits genannten Briefen aufstellte. Schon seine Schreibweise des Wortes "intellec**tual**" kann auf den Einfluß des Spinozaschen Begriffes hinweisen. Doch ermöglicht erst die wechselseitige Erläuterung der Konzeptionen Kants, Fichtes und Spinozas ein genaueres Verständnis der Bedeutung dieses Begriffes für Hölderlins systematische Absicht, die auf eine Grundlegung der Poesie hinweist, deren gedankliche Voraussetzungen die Erkenntnismöglichkeiten des Menschen berücksichtigen und die Eigenart einer Gestaltung durchdenken, die einen Ausblick in den Bereich der freien Bestimmung und Bestimmbarkeit des mensch-

-----

17 "Qui Corpus ad plurima aptum habet, is Mentum habet, cujus maxima pars est aeterna." (Eth.V.Prop. XXXIX; a.a.O., S.550)

lichen Bewußtseins eröffnet. Grundlegende Voraussetzung für eine solche künstlerische Gestaltung mußte es sein, einen Grund aller Wirklichkeit anzunehmen, der weder ideale noch reale Substratgegenständlichkeit sein konnte, wenn die Möglichkeit der Freiheit gewahrt bleiben sollte. Deshalb sprach Hölderlin mehrfach von dem reinen Ideal alles Tuns und Denkens, von der undarstellbaren und unerreichbaren Schönheit, die er im zweiten Buch des ersten Bandes von "Hyperion" als das göttliche ἕν διάφερον ἑαυτω bezeichnete. Bedeutungsvoll erscheint dabei, daß das Wort bei Heraklit, wo Hölderlin es fand, nicht in der aktiven Form des sich selbst Unterscheidens, sondern passiv, als Unterschiedenes gebraucht wurde(18). Um den systematischen Gehalt des Prinzips der intellectualen Anschauung und die Folgen für die poetologische Konzeption darstellen zu können, möchte ich nun Hölderlins Äußerungen dazu wiedergeben.

7. DIE INTELLECTUALE ANSCHAUUNG BEI HÖLDERLIN

a. Das Eine

Hölderlin nannte die Ästhetik den Bereich der Vereinigung der Begriffe, der als Höheres über der Wissenschaft zu denken sei und als reines Ideal alles Denkens und Tuns die cacumina rerum darstelle. Das Labyrinth der Wissenschaft, die freie, einsame Wüste der Spekulation, in die Kant, dem Moses gleich, die deutsche Nation zu führen gesucht hatte, als er die Bedingungen der Möglichkeit des wissenschaftlichen Erkennens ableitete, ist nur möglich begleitet von der Heimat, die das stille Land der Schönheit ist. Diese Bilder verstehe ich als Ausdruck für die Notwendigkeit, eine unbestimmte Sphäre, die alles wirkliche Bewußtsein ermöglicht und im Sinne der Substanz Spinozas alle Möglichkeit und Wirklichkeit des Lebens umfaßt, zu denken. Die Gesamtheit, die weder mit einem Begriff genügend bezeichnet, noch auf irgend eine Weise gegenständlich vorgestellt werden kann, nannte Hölderlin göttliche Schönheit.

> "Denn im Anfang war der Mensch und seine Götter Eins, da, sich selber unbekannt, die ewige Schönheit war. - Ich spreche Mysterien, aber sie sind(19).-"

----

18 Heraklit: διαφερόντων und διαφερόμενον. In: Heraklit, Fragmente, Hrsg.: Bruno Sell, München (Heimeran) 1976. S.8 und S.18

19 Hyperion oder der Eremit in Griechenland von Friedrich Hölderlin. Tübingen (Cotta) 1797. S.141 f. (Nachdruck: Basel/Frankfurt, 1979)

Das unaussprechliche Einige muß ein Mysterium bleiben, weil es erst aussprechlich wird, wenn der Mensch sich selbst bekannt ist. Deshalb kann auch das Stadium der Einheit nicht als zeitlich zurückliegend vorgestellt werden, denn in dem **Moment**, in dem der Mensch sich als Mensch weiß, ist er sich bekannt und erst dann ist er wirklich Mensch. Die Sphäre der Einheit begleitet vielmehr als Grund immer alles wirkliche Denken, auch das Denken des analysierenden Verstandes, der alles einige trennen **muß**, um es diskursiv begreifen zu können.

> "Der Mensch, begann ich wieder, der nicht wenigstens im Leben Einmal volle lautre Schönheit in sich fühlte, wenn in ihm die Kräfte seines Wesens, wie die Farben an Irisbogen, in einander spielten, der nie erfuhr, wie nur in Stunden der Begeisterung alles innigst übereinstimmt, der Mensch wird nicht einmal ein philosophischer Zweifler werden, sein Geist ist nicht einmal zum Niederreissen gemacht, geschweige zum Aufbaun. Denn glaubt es mir, der Zweifler findet darum nur in allem, was gedacht wird, Widerspruch und Mangel, weil er die Harmonie der mangellosen Schönheit kennt, die nie gedacht wird. Das trokne Brod, das menschliche Vernunft wohlmeinend ihm reicht, verschmähet er nur darum, weil er ingeheim am Göttertische schwelgt."(Hyperion, S.144 f.)

Die Reflexionen des Dichters werden in diesen Bildern noch nahezu diskursiv gegeben. Der Weg von dem Gefühl der Einheit zu der poetischen Gestalt, die jenes erinnert, führt über die Untersuchung der Vermittlungsschritte, mit denen das menschliche Bewußtsein sich selbst erreicht. Deshalb möchte ich hier zunächst die Sätze kommentieren, die zeigen können, welche Gedanken hinsichtlich der menschlichen Anschauung und Erkenntnis den Gesängen Hölderlins theoretisch vorausgingen. Ich werde die angezogenen Abschnitte in diesem Kapitel nur unter dem Gesichtspunkt der erkenntniskritischen Reflexion betrachten; alle anderen Gesichtspunkte, die darüberhinaus enthalten sein können, stelle ich noch zurück.

b. Der ursprüngliche Grund

Der Dichter forderte, daß wir alles, was aus dem Bildungstrieb hervorgegangen ist, als sich entwickelnd aus einem gemeinschaftlichen ursprünglichen Grund betrachten sollen, aus dem jener Trieb, den ich zunächst als das Streben des Denkens zur weitgehenden Erkenntnis verstehe, überall hervorgeht. Diesen Grund müssen wir lebendig und überall gleich als den Ursprung jedes Bildungstriebes annehmen und uns gemäß den Bedingungen unserer Zeit eine eigene Richtung unseres Denkens vorsetzen, wobei

> "wir im **Urgrunde aller Werke und Thaten der Menschen** uns **gleich und einig fühlen mit allen, sie seien so groß oder so klein**"(FHA,14,96,13-15).

Diesen Urgrund verstehe ich als das unbestimmte Einige, das nur dem Vermögen der intellektuellen Anschauung (Fichte) gegenwärtig ist, welches im Sinne der Amor Dei intellectualis den einigen Ideal- und Realgrund alles wirklichen Bewußtseins intuitiv erkennt. Auf die Nähe zu Spinozas metaphysischer Definition der Gottesliebe weist Hölderlins Reflexion über die ewige Heiterkeit, die Gottesfreude, in der wir alles Einzelne an die Stelle des Ganzen setzen, an die es gehört:

> "deswegen ohne Verstand, oder ohne ein durch und durch organisirtes Gefühl keine Vortreflichkeit, kein Leben."(FHA,14, 70,25-26)

Erst wenn der Verstand das Leben wirklich begreift, behält der Mensch Gewandtheit der Kraft und des Sinnes zugleich mit vielumfassendem Geist. Dies ist möglich, wenn er aus Freude das Reine der Menschen und der anderen Wesen überhaupt versteht, alle Verhältnisse gemäß der Eigenart seines Denkens nacheinander auffaßt und erkennt, ihre Bestandteile in ihrem Zusammenhange solange wiederholt, bis die lebendige Anschauung objektiver aus dem Gedanken hervorgeht, der aus Freude die Eigenart seines Denkens erkannt und zugleich damit das Unbekannte wirklich gedacht hat, das alle seine Bestimmungen begleitet. Diese Erkenntnis, die Freude bereitet, erinnert die Gedanken Spinozas; Hölderlin sprach davon, daß die Liebe gerne zart entdeckt, nichts übersehen mag, und dort, wo sie sogenannte Irren und Fehler findet, das Ganze nur umso inniger fühlt und anschaut. Da jene Fehler nur von uns so genannt werden, aber nicht im unbekannten Ganzen der Natur selbst liegen, das wir nicht restlos verstehen können,

> "sollte alles Erkennen vom Studium des Schönen anfangen - denn der hat viel gewonnen, der das Leben verstehen kann, ohne zu trauern."(FHA,14,71,8-10, "Sieben Maximen")

Des Menschen Verstand wandelt nämlich unter Undenkbarem und er kann sich erst dann wirklich denken, wenn er das Unbekannte als solches zugleich denkt, das ihn umgibt in der "ewig lebenden ungeschriebenen Wildniß"(StA,V,266). Erst dann überträgt er nicht die Eigenart des menschlichen Denkens auf das ihm Unbekannte, indem er sich dieses als Substratgegenständlichkeit vorstellt, sondern er weiß, daß alle Gegenstände erst in seinem Denken für dasselbe als diese konstituiert werden und das Unbekannte für ihn immer nur in der Trennung zu begreifen ist; daß er das Gefühlte aber bloß im Wechselverhältnis mit seinem freien Denkvermögen bestimmen kann, wodurch es für ihn nicht mehr nur ungeschriebene Wildnis ist.

Empedokles, der nach Hölderlins Beschreibung meinte, der Horizont sei ihm zu enge und er müsse sich höher stellen, um aus der Ferne alles Lebendige anzublicken und anzulächeln, konnte von seinen Zeitgenossen nicht behalten und aufgefaßt werden, denn die Verhältnisse der Menschen untereinander zu seiner Zeit gestatteten nicht die Freude des Erkennens. Gezwungen durch diese, sehr aktuelle, Problematik, mußte er alles bestimmte Geschäft verachten, denn

> "nur im großen Akkord mit allem Lebendigen empfunden ... erfüllen (ihn wirklich schöne Verhältnisse ganz), blos weil er nicht mit allgegenwärtigem Herzen innig, wie ein Gott, und frei und ausgebreitet, wie ein Gott, in ihnen leben und lieben kann, blos weil er, so bald sein Herz und sein Gedanke das Vorhandene umfaßt, ans Gesez der Succession gebunden ist" (StA,IV.1,145).

An dieses Gesetz ist jedes verständige Denken gebunden, doch wenn es auf die Gesamtheit der Möglichkeiten übertragen wird, dann erzwingt der herrschende Zeitgeist das Opfer der extremen Innigkeit des Empedokles.

Dennoch kann zu jeder Zeit das Unendliche nur in der Form der jeweiligen Vorstellungsart erfaßt werden, die immer ein linkischer Gesichtspunkt ist(StA,V,272). Das Wohlgefallen an der Wahrheit bringt notwendigerweise eine Furcht vor ihr mit sich, denn ihr erstes lebendiges Auffassen im lebendigen Sinn ist Verwirrungen ausgesetzt, wie jedes reine Gefühl, das noch unbestimmt ist; der Mensch irrt aber nicht aus eigener Schuld, sondern wegen des höheren Gegenstandes, der eigentlich noch kein Gegenstand für ihn ist und dies immer nur in der Trennung werden kann, denn im Verhältnis zu ihm als Gesamtheit ist der Sinn des Menschen zu schwach (StA,V,282). Trotzdem muß der Mensch sich bemühen, das Unbekannte als solches zu denken, weil jedes Denken, das dieses nicht als das Begleitende des wirklichen Bewußtseins denkt, das nur Gefühlte mit dem im Denken konstituieren Gegenständlichen verwechselt; es kann nur ideal, vom eigenen ungenügend gedachten Verstand her, unterscheiden und nimmt das Unbekannte für durchgängig bestimmt an, ohne zu bemerken, daß die Möglichkeiten des menschlichen Denkens und die Möglichkeiten der unbekannten Natur nicht erschöpft werden können. Deshalb rächt sich die Natur und beherrscht jene, die glauben, sie vollkommen zu beherrschen.

Hölderlin hat diese Einsicht am Beispiel der freigeisterischen Kühnheit der Zeitgenossen des Empedokles erläutert, die sich des Unbekannten, das außerhalb allen menschlichen Bewußtseins und Handelns vorhanden ist, immer mehr entgegensetzte, je inniger die Menschen sich ursprünglich im Gefühl mit dem Unbekannten vereinigt fanden und dann durch den zu mächtigen und zu tiefen freundlichen Einfluß des Elements sich davon bedroht fanden, in Selbstvergessenheit und völliger Entäußerung zu versinken, wogegen sie sich aufgrund eines natürlichen Instinktes verwahrten. Dieser wird bei einem übermütigen Volk zur natürlichen Kühnheit, welche das "negative Räsonnieren, Nichtdenken des Unbekannten"(StA,IV.1,158) ist. Der natürliche Instinkt, mit dem die Menschen erst zu Menschen werden, wenn sie nicht mehr instinktgeleitet leben, ist die Reflexion der eigenen Möglichkeiten, die übermütig glauben läßt, dem menschlichen Verstande sei nichts verborgen, und die Eigenart dieses Verstandes sei als einzige Möglichkeit des Denkens überhaupt zu verstehen. Dabei wird der Möglichkeitsgrund des wirklichen Bewußtseins weder hinsichtlich seiner Idealität noch seiner Realität, weder als verstandesgemäß unbestimmbare Freiheit der Denkmöglichkeiten, noch als das unbegriffene Gefühl des Elements gedacht, sondern das Leben als durchgängig bestimm- und somit feststellbares geglaubt. Da die Natur sich gegen dieses freigeisterische Nichtdenken und Nichtanerkennen des Lebendigen wehrt, stehen jene Übermütigen "in der höchsten Dienstbarkeit gegen die Einflüsse der Natur"(StA,IV.1, S.160) und leben in herrischer Furcht des Unbekannten, das sie zu beherrschen glauben, während sie in Wahrheit von ihm beherrscht werden, weil sie es nicht **als** Unbekanntes denken.

Will der Mensch dagegen das Bestehende, für ihn Wirkliche, in seiner Auflösung empfinden, dann muß er das Unerschöpfte und Unerschöpfliche der Beziehungen und Kräfte spüren, denn jedes Bestehende wurde erst in seinem Denken und für es zu dem so Bestehenden. Die Auflösung des Bestehenden müssen wir deshalb mehr durch das Unerschöpfliche empfinden, als umgekehrt das Unerschöpfliche durch die Auflösung, denn letztere wird nur in unserem Denken überhaupt als je diese verstanden, während das Unerschöpfliche an sich zeitlos und überall ist:

> "denn aus Nichts wird nichts, und diß gradweise genommen heißt so viel, als daß dasjenige, welches zur Negation gehet, und insofern es aus der Wirklichkeit gehet, und noch nicht ein Mögliches ist, nicht wirken könne."(FHA,14,174,28-30)

Das Mögliche ist immer schon da; nur für den menschlichen Verstand wird es erst durch das Gefühl als "neues" Mögliches wirksam. In seiner Unerschöpfbarkeit macht es insgesamt entsprechend dasjenige aus, was Spinoza Substanz nannte, denn auch der Geist des Spinoza war nach Jacobi

> "wohl kein anderer gewesen, als das Uralte: a nihilo nihil fit"(Friedrich Heinrich Jacobi,a.S.59 a.O., S.56).

Wenn Hölderlin sich Spinoza anschloß und die an sich unbekannte, aber notwendig vorauszusetzende Substanz nicht als ideales Einheitsprinzip, sondern als immanentes Ensoph dachte, dann vermied er das Scheinproblem, einen Übergang vom Endlichen zum Unendlichen vorstellen zu müssen. In dem Moment nämlich, in dem von einem Übergang die Rede ist, wird das Endliche, das so nur für den menschlichen Verstand als Reales da ist, übertragen auf das Unendliche, das dann, wenn man einen bestimmbaren Übergang sucht, nicht wirklich als Unendliches und Unbegrenztes gedacht ist. Als an einer Grenze in das Endliche Übergehendes wird das Unendliche ebenso unzutreffend vorgestellt, wie der Okeanos, wenn er als Grenzfluß verstanden wird:

> "Der Mythos spricht also nicht vom Anfang der Welt, so wenig wie von ihrer Begrenzung durch den Okeanos, der als Grenzfluß doch noch ein anderes Ufer haben müßte."(Hans Blumenberg: Arbeit am Mythos. Frankfurt am Main, Suhrkamp, 1979. S.144)

Die Bestimmung des Endlichen im Unendlichen muß deshalb anders als in diesem letztlich mechanischen Bild des Übergehens gedacht werden. Hölderlin exzerpierte:

> "Dieses im abstraktesten Sinne genommen fand Spinoza, daß durch ein jedes Enstehen in dem Endlichen, durch jeden Wechsel in demselben ein **Etwas aus dem Nichts** gesezt werde." (StA,IV.1,207, "Zu Jacobis Briefen ...")

Im hier dargestellten Zusammenhang verstehe ich dies so, daß der unendliche ideal-reale Möglichkeitsgrund alles wirklichen Bewußtseins, den wir in der Trennung als bestimmte Realität auffassen, immer wirkend fühlbar ist, aber erst in der Wechselbestimmung des Denkens als ein Etwas für uns wird, und zugleich als Unbekanntes, das als Unbestimmtes nur für uns ein Nichts ist, das Bewußtsein begleitet (wobei Real und Ideal noch Bestimmungen eines menschlichen Denkens sind, das das Unbekannte nicht gedacht hat). Der Übergang als Übergang wird somit nur für uns in unserem Denken als bestimmter gesetzt(21).

Überschreitet aber das Denken sein eigenes Maß, dann versinkt der Geist in übermäßiger Innigkeit und hält die Verbindungen des Lebens, die notwendig zum Kontakt, zum wirklichen Vermitteln von Idealität und Realität geneigt sind, das Bewußtsein und das Nachdenken nicht mäßig genug. Es entsteht ein Übermaß der Innigkeit und ein Zwist, weil der übermütige Versuch unternommen wird, das Reine darzustellen, wobei die Darstellung ihre notwendige Beschränkung vergißt. Während im reinen Leben, das noch nicht gedacht wurde, Natur und Kunst harmonischentgegengesetzt Eins sind, gibt die Natur - angesehen als realer Möglichkeitsgrund des Bewußtseins -, wenn sie vom Menschen rein gefühlt wird und er nicht seine jeweils bestimmte Art des Denkens als einzig mögliche auf die gesamte Natur überträgt, diesem Menschen das Gefühl der Vollendung. Er fühlt die Natur als Vollendung seiner selbst und sich als Vollendung der Natur, denn er herrscht nicht über sie und sie deshalb nicht über ihn. Das ist der Zustand des natürlichen Denkens, das in Harmonie und Ehrfurcht mit dem ihm Unbekannten lebt und es nicht mit freigeisterischem Übermut als Eigentum ansieht.

> "Aber dieses Leben ist nur im Gefühle und nicht für die Erkenntniß vorhanden."(StA,IV.1,152)

Wenn der Mensch in seinem paradiesischen Zustande der höchsten Einfalt(22) den glücklichen Betrug der Vereinigung als zu innig und zu einzig erfährt, und er muß dies, weil er kein instinktgeleitetes Tier ist, dann löst sich ihm dieser Betrug auf und die Natur wird für ihn ein Gegenstand der ruhigen Betrachtung. Dabei geht ihm

---

21 Die geschichtsphilosophische Bedeutung dieses Gedankens führe ich hier noch nicht weiter aus.

22 vgl. die Vorrede zum Thalia-Fragment des Hyperion.

die Innigkeit des vergangenen Momentes nun allgemeiner, klarer und unterscheidbarer hervor. Verfällt er nicht in das entgegengesetzte Übermaß und abstrahiert zu sehr von der Natur, dann kann er das Gefühlte begreifen und damit wird es ihm erkennbar; das Denken setzt sich mit der Natur auseinander,

> "bis durch den Fortgang der entgegengesetzten Wechselwirkungen die beiden ursprünglich einigen sich wie anfangs begegnen, nur daß die Natur organischer durch den bildenden cultivirenden Menschen, überhaupt die Bildungstriebe und Bildungskräfte, hingegen der Mensch aorgischer, allgemeiner, unendlicher geworden ist."(StA,IV.1,153)

Dann begegnen sich der verallgemeinerte Mensch und die Wohlgestalt der Natur - der Mensch erfährt dann das vielleicht höchste Gefühl das ihm möglich ist, und die neue Harmonie erinnert die vormalige umgekehrt reine,

> "und er fühlt sich und die Natur zweifach, und die Verbindung ist unendlicher."(ebd.)

Das zweifache Fühlen der Natur und des Menschen selbst verstehe ich im Lichte der höchsten Freude in der Liebe Gottes (Spinoza), als die wissenschaftlich unbeweisbare, aber zugleich notwendige Einsicht, daß die Einheit der Sphären des idealen Möglichkeitsgrundes einer unerschöpflichen Freiheit und des Grundes in realer Hinsicht als unendlicher Stoff einer in ihrer Gesamtheit unerschöpflichen Natur unser Bewußtsein immer begleiten, und daß wir aufgrund der Eigenart unseres Verstandes diese Sphären nur als Wirklichkeit für uns in der Idealrealität der Sprache vereinigen können. Diese nämlich ist der zugleich bestimmte und unbestimmte Ausdruck unseres Denkens in der Wirklichkeit.

Wie diese Vermittlung gestaltet ist, hängt davon ab, auf welche Weise das menschliche Denken das Gefühlte als Gegenstand für es auffaßt und dabei sich bestimmt. Die sprachliche Gestaltung dieser Vermittlung kann dabei nie die Gesamtheit der Möglichkeiten erschöpfen und diese immerbestehende Offenheit erinnert der Gesang des Dichters; dazu später mehr.

Dem menschlichen Denken kann das ursprünglich Unbekannte relativ physisch werden und ebenso können wir die relativen moralischen Wertungen darauf übertragen solange unser Denken davon weiß, daß es eigene Bestimmungen hypostasiert. Deshalb durfte Sophokles die Sonne eifersüchtig nennen(StA,V,267). Wie Fichte und Spinoza zeigten, finden moralische Bestimmungen nur im menschlichen Denken und für es statt, sie sagen nichts über die uns als an sich bestehende Beschaffenheit der Natur aus, solange sie für uns unbestimmt ist. Dennoch sind solche Übertragungen für den Künstler, der der neuzeitlichen Vorstellungsart verpflichtet sein muß, kaum noch erlaubt:

> "wir müssen die Mythe nemlich überall beweisbarer darstellen."(StA,V,268)

c. Mittelbarkeit des Bewußtseins

Das höchste Bewußtsein ist das festeste Bleiben vor der wandelnden Zeit, es ist reinste Allgemeinheit und stellt die Grenze der menschlichen Möglichkeiten sinnlicher Anschauung dar, wie sie von Kant abgeleitet worden sind. Wenn nach seiner Deduktion die Zeit die reine Form des inneren Sinnes ist, so sagte Hölderlin, daß die Zeit berechenbarer sei, wenn sie im Leiden gezählt werde, weil dann das Gemüt ihrem Wandel **mitfühlend** folgt und den einfachen Stundengang begreift. Dieses Leiden verstehe ich als die Affektion der Sinne überhaupt, vermittelst derer das Wirkliche als Wechselndes fühlbar wird und dadurch den Wandel der Zeit erfahren läßt, der als Wandel in unserem Denken für uns begriffen wird, wenn wir das Gefühl als Empfindung denken und den Wechsel als reale Veränderung bestimmen. Die Sukzession einer Zeitfolge entsteht dabei nur für uns, denn die Zeit ist die formale Bedingung der Möglichkeit unseres inneren Sinnes. Deshalb ist es schon eine unerlaubte Hypostasierung, wenn "der Verstand von Gegenwart auf die Zukunft schließt"(StA,V,268), weil er dann die Wirkungen des Unbekannten nicht zulassen will und das nur für ihn zum wirklichen Gegenstand Gewordene, ungeachtet der unerschöpflichen Möglichkeiten, auf das Unbekannte überträgt. Das Unmittelbare ist aber für den sterblichen **Menschen, als Erkennenden, unmöglich als bestimmt anzunehmen,** denn er muß verschiedene Welten unterscheiden, weil ihm Erkenntnis nur durch Entgegensetzung möglich ist.

> "Die strenge Mittelbarkeit ist aber das Gesez."(StA,V,285)

Diese Mittelbarkeit ist das Gesetz, das uns der höchste Erkenntnisgrund vorschreibt, der die verstandesbedingte Eigenart unseres wirklichen Bewußtseins ist. Nur wenn wir die in unserem Denken konstituierte Welt von den anderen möglichen unterscheiden, sie nicht als einzig und ausschließlich mögliche vorstellen, werden wir unserem eigenen Erkenntnisvermögen gerecht, das sich zugleich seiner Grenzen und seiner Offenheit bewußt werden kann, wenn es die strenge Mittelbarkeit als sein Gesetz denkt.

Daß der Verstand von der Gegenwart nicht auf die Zukunft schließen soll, bedeutet nicht, daß damit ein Glaube an ein übermächtiges Fatum gefordert werde. Schicksal als Strafendes nannte Hölderlin vielmehr die ungedachten Gegensätze zwischen Natur und Kunst, die noch nicht in der bewußten Harmonie der strengen Mittelbarkeit, die das Unbekannte als solches denkt, aufgehoben wurden. Deshalb konnte er den Gegner des Empedokles, der die Probleme seiner Zeit negativ lösen, die Extreme bändigen und ihre Wechselwirkung an ein Bleibendes und Festes, das zwischen sie gestellt ist und jedes in seiner Grenze hält, indem es jedes sich zu eigen macht, knüpfen wollte, das Schicksal selber nennen. Allerdings unterscheidet der Gegner sich vom Schicksal auch dadurch, daß in ihm die streitenden

Kräfte an ein Bewußtsein, einen Scheidepunkt befestigt sind, der sie sich klar und sicher gegenüber hält, sie an eine negative Idealität knüpft und ihnen eine Richtung gibt.

> "Seine Tugend ist der Verstand, seine Göttin die Nothwendigkeit."(StA,IV.1,162)

Dies ist der Geist des sich selbst auf alles Unbekannte übertragenden Denkens, das die Natur um der Beherrschbarkeit willen unter Gesetze zwingt, die scheinbar nur aus dem Denken entstehen; solche Handlungen gehören insofern dem Schicksal zu, als sie dem Unbekannten umso ausgelieferter gegenüber stehen, je perfekter sie es zu beherrschen meinen. Das eigene Bewußtsein steht in ihnen als Orientierungspunkt unter den streitenden Kräften, die nur deshalb streiten und nicht vermittelt werden können, weil sie bloß zum Zwecke der Aneignung und Ausnutzung, also als Feindliche, in eine Ordnung gebracht werden sollen. Die Notwendigkeit ist solchem Denken die einzige Göttin, denn in ihrem Schutz unterwirft es sich die Vielfalt der Möglichkeiten des Lebens zu eindeutiger Bestimmung in der Absicht, das Leben klar und sicher zu beherrschen und es jenen Zweckursachen zu unterstellen, die nach Spinoza nur Fiktionen des menschlichen Denkens sind. Das Bewußtsein, das die unter technisch-praktischen Gesichtspunkten selbst konstituierte Welt als die einzig mögliche ansieht, erhebt seinen Eigensinn zum höchsten Zweck und begreift alles Übrige als ihm zugeeignetes Mittel. Dies ist die negative Idealität, die sich in der einzig möglichen positiven Bestimmung des Denkens durch Freiheit verliert und deshalb nirgendwo Freiheit gestattet. Hölderlin konnte angesichts solchen Denkens von einem negativen Schicksal sprechen, denn auf alle Taten und Unterlassungen, die aus jenem Denken erfolgen, antwortet die Natur mit ihrer Rache. Die Tragödie der Rache der Natur, die dem Eindeutigkeitsstreben des technisch-praktischen Denkens ein Opfer abfordert, sollte der "Tod des Empedokles" auch sein; Hölderlin konnte sie nicht zum Abschluß bringen, weil der Zeitgeist zu unmittelbar in diesem Thema gegenwärtig war und das Problem in immer mächtiger werdendem Übermaß bis heute mit sich fortgerissen hat.

d. Halt für das Bewußtsein

Doch wußte Hölderlin um das Bedürfnis, die Form des Bewußtseins auf Gegenstände, die kein Bewußtsein haben, zu übertragen und nannte es einen großen Behelf der geheimarbeitenden Seele. Auf dem höchsten Bewußtsein muß die menschliche Seele dem Bewußtsein ausweichen und, ehe sie der gegenwärtige Gott wirklich ergreift, ihm mit einem kühnen Wort begegnen und dadurch die heilige lebende Möglichkeit des Geistes erhalten.

Diese Möglichkeit verstehe ich als den vor aller Bestimmung liegenden idealen Grund des wirklichen Bewußtseins, von dem vermutlich auch das Wort von der geheimarbeitenden Seele spricht, denn die ideale Sphäre der Freiheit kann im menschlichen Denken nie vollständig erreicht werden, weil es sich dann selbst auflöste in göttlicher Allwissenheit. Deshalb muß das menschliche Bewußtsein dem absoluten Bewußtsein ausweichen, um sich selbst zu bewahren und damit gerade das Übermaß zu vermeiden, das in der übermütigen Unterwerfung alles Lebendigen herrscht. Deshalb ist es das Schicksal der unschuldigen Natur, die Form des Bewußtseins notwendig soweit annehmen zu müssen, wie weit das Bewußtsein um seine unumgängliche Hypostasierung weiß. Die ursprüngliche Fruchtbarkeit der Natur verstärkt dann die Wirkungen des geistigen Sonnenlichtes zu sehr und wird deshalb dürre(StA,V,267). Dies ist der notwendige Vorgang in dem das Gefühl bestimmt wird und dabei festgehalten (Dürrewerden des fruchtbaren Landes); er findet immer dann statt, wenn das menschliche Denken das Gefühlte für sich selbst als durch einen Gegenstand hervorgerufen bestimmt. Ohne diese Bestimmung wäre kein wirkliches Bewußtsein möglich, zugleich muß es immer das ursprünglich Unbekannte erinnern, das es begleitet, will das Denken nicht in das Extrem der negativen Idealisierung verfallen, sondern sich der Relativität seiner Gegenstandskonstitutionen hinsichtlich der unerschöpflichen Möglichkeiten bewußt bleiben. Dann spricht es heilige Namen aus, unter denen das Höchste mittelbar gefühlt wird, und hält sie zugleich heilig, denn es muß sich der Erhabenheit der Sphäre der unendlichen Möglichkeiten bewußt bleiben, die seine Konstruktionen begleitet und ermöglicht. Die Verlegenheit um Namen für das Göttliche, die im Sinne der alten Mythen Verbindlichkeit beanspruchen könnten, wird ein Thema der Hymne "Friedensfeier" sein.

Dem erkennenden Wesen Mensch ist eine gänzliche Umkehr, ohne allen Halt, nicht möglich. Wenn sich die Vorstellungsarten und Formen in der Zeit verändern, dann ist, bedingt durch die Idealrealität des menschlichen Denkens, eine Umkehr (ein Wandel) immer nur möglich in einem mit einem Halt. Neigt die Natur und die Notwendigkeit, die immer bleibt, sich zu einer anderen Gestalt(StA,V, 271), verändern sich die Verhältnisse in denen die Teile sich zueinander bewegen, dann fühlt der Mensch das in seine Wirklichkeit tretende Mögliche und kann es nur bestimmen, wenn er denkend das sich auflösende Wirkliche erinnert und in Relation dazu das Neue, für ihn wirklich Werdende, bezeichnend auffaßt. Deshalb ist ihm das Begreifen jeder Bewegung nur relativ zu einem in seinem Denken für ihn dergestalt konstituierten Halt möglich. Hölderlin schrieb in seinem Kommentar zu seiner Übersetzung des Pindar-Fragmentes "Das Belebende":

> "Der Begriff von dem Centauren ist wohl der vom Geiste eines Stromes, so fern der Bahn und Gränze macht, mit Gewalt, auf der ursprünglich pfadlosen aufwärtswachsenden Erde."(StA,V, 289)

Im hier vorgetragenen Zusammenhang verstehe ich dies als Bild für das wirkliche Bewußtsein des Menschen, das sich nach dem Gesetz der Mittelbarkeit in der Sphäre der ideal-unendlichen Möglichkeit (Geist eines Stromes) und der real-unendlichen Möglichkeit (ursprünglich pfadlose aufwärtswachsende Erde) bewegt und nur beide in einem Moment vermittelnd wechselseitig bestimmen kann (so fern der Bahn und Gränze macht). Nur ineinem mit seiner festen Bahn kann unser Denken den beweglichen Strom als solchen erkennen, denn die Eigenart seiner Idealrealität erlaubt nur, Bewegung und Halt zusammen in wechselseitiger Relation überhaupt zu denken(23). Zugleich erinnert die Schönheit, daß allen notwendigen Trennungen des menschlichen Denkens die Einheit des idealen und realen Möglichkeitsgrundes nicht erschöpfend bestimmbar zugrunde liegt, und diese Einheit ist das umfassende Prinzip, das dem Geist in intellektualer Anschauung gegenwärtig sein soll. Daß wir dafür ästhetischen Sinn bedürfen, verstehe ich hier aus der Notwendigkeit, die Eigenart des menschlichen Erkenntnisvermögens zu denken (transzendentale Ästhetik) und zugleich das Unbekannte als bloß zu Ahnendes zu wissen, es aber zu fühlen (Sinn), wobei nicht übersehen werden darf, daß das Gefühlte erst als bewußte Empfindung überhaupt für uns vorhanden ist. Erst dann kann "heiliger Wahnsinn höchste menschliche Erscheinung" sein(StA,V,267), die Relativität alles natürlichen Denkens ist zusammen mit der Notwendigkeit dieses Denkens bewußt, und die Schönheit, die in der verstandesmäßigen Liebe der intellectualen Anschauung gegenwärtig ist, erinnert die grundlegende Offenheit des Denkens und des Lebens.

> "und es ist auch nöthig, so im Superlative von der Schönheit zu sprechen, weil die Haltung unter anderem auch auf dem Superlative von menschlichem Geist und heroischer Virtuosität beruht."(StA,V,267)

---

23 Schon diese theoretischen Überlegungen, die späte Hölderlinsche Schriften kommentieren, weisen auf die Unhaltbarkeit der These von 'Hölderlins spätem Widerruf' (Jochen Schmidt, Hölderlins später Widerruf, Tübingen (Niemeyer) 1978) hin, die der Verf. damit begründet, daß in den Odenüberarbeitungen um das Jahr 1803 mehr und mehr Worte aus dem Umfeld von Grenze und Fixierung auftauchten. Nicht nur wird dies der Gestaltung der Nachtgesänge insgesamt nicht gerecht; die Rückschlüsse auf die Befindlichkeit des Dichters, er habe sich nocheinmal vor dem drohenden Wahnsinn schützen wollen, gestatten es kaum, die These ernst zu nehmen.

e. Der Gesang

Diese Schönheit erinnert der Gesang des Dichters, wenn er eine der Gestalten der Kunst ist,

> "wo das Reine in einer idealischen Darstellung die zwischen der Gestalt des Schiksaals und des Ursprünglichen liegt, noch leicht wieder aufgefaßt wird, wenn sich die Zeit noch nicht zu sehr davon entfernt hat"(StA,IV.1,156).

Dann läßt der Gesang in seiner idealrealen Gestalt die unendliche Einheit des Grundes zugleich mit der endlichen Vermittlung fühlbar werden und gibt das Mögliche über das jeweils bestimmte, aber relative Reale hinaus aufzufassen. Er ist erst dann die vollendete Gestalt der Schönheit, wenn er auf der Höhe des menschlichen Geistes und mit größter Virtuosität komponiert wurde und wenn er die scheinbar eindeutigen Bestimmungen der alltäglichen Sprache als Ausdrücke der ursprünglichen und umfassenden Offenheit des Lebens fühlbar werden läßt. Das Bild des vollendeten Gesanges gab Hölderlin mit dem Kommentar zu seiner Übersetzung eines Pindarfragmentes, das dem Sänger Xenokritos geweiht war. Es lautet:

> " Vom Delphin
>
> Den in des wellenlosen Meeres Tiefe von Flöten
> Bewegt hat liebenswürdig der Gesang.
>
> Der Gesang der Natur, in der Witterung der Musen, wenn über Blüthen die Wolken, wie Floken, hängen, und über dem Schmelz von goldenen Blumen. Um diese Zeit giebt jedes Wesen seinen Ton an, seine Treue, die Art, wie eines in sich selbst zusammenhängt. Nur der Unterschied der Arten macht dann die Trennung in der Natur, daß also alles mehr Gesang und reine Stimmung ist, als Accent des Bedürfnisses oder auf der anderen Seite Sprache.
>
> Es ist das wellenlose Meer, wo der bewegliche Fisch die Pfeife der Tritonen, das Echo des Wachstums in den waichen Pflanzen des Wassers fühlt(24)."

---

24 Der übersetzte Abschnitt des 117.Fragmentes, das Hölderlin nur in Bruchstücken vorlag, lautet im Original:

ἁλιου δελφῖνοσ ὑποκρισιν
τὸν μεν ἀκύμονοσ ἐν πόντου πελάγει
αὐλον ἐκίνης ἐρατὸν μέλος

In der wissenschaftlichen Übersetzung Oskar Werners:
"..., wie's / Des Delphins Gebaren zeigt, den in des/ Meeres, des reglosen, Flut des Flötengetöns/ Lieblicher Schall drehn sich und wenden läßt."
Pindar, Siegesgesänge und Fragmente, Griechisch und deutsch hrsg.u.übersetzt von Oskar Werner, München (Heimeran) o.J., S.456/457.

Diesen Gesang der Natur erinnert der Gesang des Dichters, der nichts einseitig bestimmt, sondern jedes Wesen zu seinem Ton kommen läßt, den es seiner Art entsprechend singt. Der Gesang spricht dann mehr aus als die Sprache, als Ausdrucksmittel der Bedürfnisse betrachtet, die als solche der alltäglichen Notwendigkeit dient, daß der Mensch Bestimmungen von Gegenständen in seinem Denken für sich setzen muß, die eine Befriedigung seiner gefühlten, natürlichen Bedürfnisse gestatten. Die dazu benötigte Sprache ist die Alltagssprache, die möglichst eindeutiger Bestimmungen bedarf, wenn eine technisch-praktische Nutzung des Lebens möglich sein soll. Der Gesang, der immer die Alltagssprache berücksichtigen muß, um verständlich zu bleiben, und nicht neue Worte einkünsteln darf, sondern die Verbindungen, in denen die Worte zueinander stehen, in Bewegung bringen muß, bedarf der reinen Töne, die die Möglichkeiten erinnern, die den Trennungen und Bestimmungen des natürlichen Bewußtseins zugrunde liegen und als unerschöpfliche Einheit jedes wirkliche Denken umfassend begleiten. Das Bedürfnis des ästhetischen Sinnes, der das Prinzip, das allen Widerstreit erklärt und verschwinden macht, in der intellectualen Anschauung finden kann, führt deshalb auf die Poesie und die Kunst überhaupt, die das einzige Produkt des Menschen ist, das jene ewige Schönheit fühlbar werden lassen und deshalb in ihrer Unausschöpflichkeit und nie vollständig zu überwindenden Unbekanntheit erkennen und denken lassen kann.

In einer sehr persönlichen Mitteilung sprach Hölderlin davon, wie die höchste Virtuosität, die der Gesang fordert, wenn er seiner eigentlichen Aufgabe gerecht werden will, einzig für den Dichter erreichbar ist; der Satz war nur für den Freund Neuffer bestimmt, weil er inzwischen längst öffentlich bekannt ist, kann ich ihn auch hier wiedergeben:

> "Ich werde mich auch wohl noch mehr daran gewöhnen, mit Wenigem fürlieb zu nehmen, und mein Herz mehr darauf zu richten, daß ich der ewigen Schönheit mehr durch eignes Streben und Wirken mich zu nähern suche, als daß ich etwas, was ihr gliche, vom Schiksaal erwartete."(StA,VI,200)

Der Dichterberuf fordert dieses eigene Streben und Wirken, und dazu gehört, daß der Dichter die Eigentümlichkeiten des menschlichen Bewußtseins kennt. Dann kann er den Gesang so gestalten, daß dieser Erkenntnisse ermöglicht, die über diejenigen hinausgehen, die der alltägliche Sprachgebrauch vermitteln kann. Zu den eigensten Aufgaben der Dichtung in diesem Zusammenhang komme ich nach einer Zusammenfassung dessen, was Hölderlin zum tragischen Gedicht sagte.

f. Das tragische Gedicht

"Das tragische, dem Schein nach heroische Gedicht ist in seiner Bedeutung idealisch. Es ist die Metapher einer intellectuellen Anschauung(25)."

Der heroische Schein ist diesem Gedicht nur äußerlich, sein eigentlich bedeutender Grundton ist idealisch. Die Bedeutung dieser Termini werde ich erst im weiteren Verlauf der Darstellung angemessen erläutern können. Vorerst kommt es mir auf den Hinweis an, daß die intellectuale Anschauung den Grund des tragischen Gedichtes bilde, was Hölderlin zu einer langen Bestimmung dieses Begriffes veranlaßte(FHA,14,370,f.,18-39/1-34). Damit versuchte er, die Einigkeit zu umsprechen, die der intellectualen Anschauung gegenwärtig ist, und entwickelte dabei die bisher genannten Gedanken hinsichtlich eines Begreifens der wirklichen Erkenntnis des Bewußtseins in seiner vermittelnd erfaßten Sphäre, die es immer begleitet. Hölderlin sprach davon, ohne die Grenzen des menschlichen Denkvermögens zur Transzendenz zu überschreiten(26).

Der Verstand, das beschränkte Gemüt, kann die Einigkeit als Ganze nicht fühlen, er kann immer nur einzelne Gefühle als Ausschnitte des Ganzen bestimmen; der Geist muß die Einheit als Ganze als Idee voraussetzen, wenn er die Möglichkeit wirklicher Freiheit und Veränderung wahren will. Er kann die Einigkeit mit Allem was lebt aber nicht anders als intuitiv an den seiner eigenen Natur entsprechenden Produkten erkennen, die seine Gestaltungen aus reiner Vernunft sind. Erst da erfährt der Geist die Gesamtheit der unerschöpflichen Möglichkeiten seines Tätigkeitsvermögens zugleich mit der Gesamtheit der Natur, die in ihrer immer aufs Neue unbestimmten Schönheit schon auf der Ebene der Deduktionen Kants "mit dem freien Spiele unserer Erkenntnisvermögen" zusammenstimmt(KdU,B303 Kant,WW VIII,S.493). Der menschliche Geist kann jene Einheit nur erkennen, wenn er nicht diskursiv auffaßt, sondern mit **einem** Blick das Gesamte begreift, weshalb Spinoza die Proportion der einfachsten Zahlen als Beispiel wählte.

Das Ursprünglicheinige beschreibt Hölderlin entsprechend der Schönheit als das Eine, sich in sich selbst unterscheidende, und das

---

25 FHA,14,369,5-6. Die Schreibweise weicht hier zum einzigen Mal von der sonst üblichen (intellectual) ab.

26 Die natur- und menschheitsgeschichtlichen Gedanken, die in einem Zusammenhang mit Hölderlins Beschäftigung mit der Astronomie entstanden sein können (Ähnlichkeiten zu Kants "Allgemeine Naturgeschichte und Theorie des Himmels"(1755) fallen auf), führe ich hier nicht weiter aus, obwohl die oben genannte Stelle sie nahelegt.

Wort von der notwendigen Willkür des Zevs steht als ein Bild in Bezug zu dem höchsten menschlichen Erkenntnisvermögen, das notwendig unter den apriorischen Gesetzen von Raum und Zeit steht, wenn der Verstand diskursiv denkt und Empfindungen bestimmt. Hölderlin verstand Zevs als den Vater der Zeit oder den Vater der Erde, dessen Charakter es ist,

> "der ewigen Tendenz entgegen, **das Streben aus dieser Welt in die andre** zu kehren **zu einem Streben aus einer andern Welt** in diese."(StA,V,268)

Nach dem antiken Mythos löste das Prinzip des Zevs willkürlich das selbstgenügsame Prinzip des Saturn ab und begründete das beschränkte, aber menschliche Bewußtsein, das aus einer vergehenden wirklichen Welt in eine immer neue, erst mögliche, dann wirkliche Welt übergeht. Die wechselseitige Notwendigkeit des Zevs und des Saturn füreinander und für die Möglichkeit unseres Bewußtseins hat Hölderlin in der Ode "Natur und Kunst oder Saturn und Jupiter" zu gestalten versucht, wobei das wohl von Emerich stammende Wort Herrscherkünste die Nennung des römischen Namens des Zevs, Jupiter, forderte(27).

Weil sie den Wechsel des Möglichen zu einem neuen Wirklichen gestaltet, ist die tragische Sprache durchaus originell und schöpferisch, das Individuelle entsteht im tragischen Gedicht aus dem Unendlichen und das neue Leben wird wirklich, während das ideal gedachte alte Leben (das jetzt erinnerte vergangene Wirkliche), das sich auflösen sollte und aufgelöst hat, jetzt möglich ist; ebenso ist die Auflösung notwendig: sie trägt ihren eigentümlichen Charakter zwischen Sein und Nichtsein. In diesem Zustand wird alles Mögliche real, das ehemals Wirkliche ideal erinnert im Denken und dies "ist der freien Kunstnachahmung ein furchtbarer aber göttlicher Traum." (FHA,14,175,13-14) Die Kunst erinnert das Vergangene als Vergangenes und zugleich damit die für den Verstand nur ahnbare Unendlichkeit der Vielfalt des Möglichen sowie die Relativität des Wirklichen, das nur für das Denken dieses besondere Wirkliche ist. Im tragischen dramatischen Gedicht kommt die tiefste Innigkeit zum Ausdruck und das Göttliche spricht sich aus, das der Dichter in seiner Welt empfindet und erfährt, denn das Gedicht ist ihm ein Bild des Lebendigen, das in seinem Leben gegenwärtig ist und war. Die Welt und das Leben des Dichters sind nicht nur biographische Welt und Leben Friedrich Hölderlins, sondern dessen reflektierte Empfindung der Zusammenhänge, die als Sphäre der unendlichen Möglichkeit den Bereich der alltäglichen Bedürftigkeit begleiten.

---

27 vgl. Friedrich Joseph Emerich: Das Schicksal. "Erhabene Tyber,Rom,Kapitolium, /...du Wiege der Herrscherkünste." StA, II/2,995. und Hölderlin: Natur und Kunst oder Saturn und Jupiter."Ruhm der unsterblichen Herrscherkünste." StA,II/1, 37,v.4.

Weil das höchste menschliche Bewußtsein dem absoluten Bewußtsein ausweichen muß, muß das Bild der Innigkeit seinen letzten Grund umso mehr verläugnen, je mehr es sich dem Symbol nähert, je unendlicher und unaussprechlicher, je näher dem Frevel die Innigkeit ist, desto strenger und kälter muß das Bild den Menschen und sein empfundenes Element unterscheiden, um die Empfindung in ihrer Grenze festzuhalten - in den möglichen Bestimmungen des Denkens - , umso weniger kann das Bild die Empfindung unmittelbar aussprechen; es muß sie der Form und dem Stoff nach verleugnen, der Stoff muß ein kühneres, fremderes Gleichnis (aus anderer Zeit) und Beispiel von ihr sein, die Form muß mehr den Charakter der Entgegensetzung und Trennung tragen (die sprachliche Sukzession des tragischen Dialoges). Der fremde künstliche Stoff, der als heroischer erscheint, muß aber analog genug sein, damit der Geist, das Göttliche sich nicht verleugnet; das Innige darf und kann sich nicht anders aussprechen, als durch einen umso größeren Grad des Unterschiedes der gedachten Bedeutung, je inniger die zum Grunde liegende Empfindung ist. Das Trauerspiel muß deshalb jenen dritten, fremden Stoff, der nicht der realen Erfahrung der jeweiligen Zeit entnommen ist und vom Dichter und seiner Welt verschieden genug sein muß, aber auch analog genug zu ihr, enthalten,

> "um seine Totalempfindung in ihn hineinzutragen, und in ihm, wie in einem Gefäße, zu bewahren"(StA,IV.1,151).

Der natürliche Verstand kann die Totalempfindung, die in der intellectualen Anschauung der unendlichen Offenheit fühlbar wird, nicht ahnen und nicht fassen, wie ein Gefäß. In der Darstellung des Tragischen kommt es deshalb vor allem darauf an,

> "daß das Ungeheure, wie der Gott und Mensch sich paart, und gränzenlos die Naturmacht und des Menschen Innerstes im Zorn Eins wird, dadurch sich begreift, daß das gränzenlose Eineswerden durch gränzenloses Scheiden sich reiniget."(StA, V,201)

Rede und Gegenrede der tragischen Dialoge müssen sich letztlich gegenseitig aufheben, denn der Dichter weicht dem Ungeheuren eines absoluten Bewußtseins aus und zugleich muß er das Einswerden der Naturmacht, des Unbekannten, mit dem Menschen begreifbar werden lassen. Dies ist nur möglich über den fremden und analogen Stoff, der dem natürlichen Verstand das fühlbar und bestimmbar macht, was der Geist in höchster Virtuosität intuitiv erkennt. Die Vermittlung muß sich selbst aufheben, denn die intellectual angeschaute Gesamtheit kann als solche nur als Unbestimmbare bestimmt werden, weshalb für den Verstand das tragische Gedicht streng genommen nichts übrig läßt, das er positiv bestimmen könnte, außer der Idee der Freiheit.

In der griechischen Tragödie, so schrieb Hölderlin, beruhte die Darstellung darauf, daß der unmittelbare Gott in der Gestalt des Todes gegenwärtig war. Er war ganz eins mit dem Menschen und die unendliche Begeisterung, die ich auch als Ausdruck des idealen Grundes des menschlichen Denkens, der Freiheit, verstehe, faßte sich unendlich und zugleich in Gegensätzen im Bewußtsein, das das Bewußtsein aufhob: sie faßte sich, indem sie heilig sich schied. Hölderlin beschrieb dies als die Eigenart des griechischen Denkens, das, im Vergleich zu der mittelbaren Nähe des christlichen Gottes (den er als höchsten Verstand in höchstem Geiste begriff), den unmittelbaren Gott in der Gestalt des Todes aussprach. Das heroische Streben des tragischen Helden gegen die Gesetze der Zeit oder der Notwendigkeit, das Ausdruck für die Unendlichkeit der Möglichkeiten des Menschen, sich zu bestimmen, ist, führte in der griechischen Tragödie notwendig zum Tode, denn das Wort wurde dort "mittelbarer factisch" und ergriff den sinnlichen Körper, der wirklich tötete(StA,V,269). So richtete sich das tötlichfaktische Wort, das dem Oedipus sagte, daß er seinem Schicksal gerade deshalb nicht entgangen war, weil er ihm zu entgehen gesucht hatte, weil er übermütig von der Gegenwart auf eine als nach den Gesetzen seines Denkens allein verlaufend vorgestellte Zukunft schließen wollte, auf den Körper des Oedipus selbst. Für Antigonä wurde das Wort des Gesetzes, das sie nicht als einzig mögliches anerkennen wollte, tötlichfaktisch, aber auch für den Gesetzeshüter Kreon, der durch dieses Wort seine Frau und seinen Sohn verlor und sein eigenes Wort nicht mehr zurücknehmen konnte, weil er zu spät bemerkte, das es die Körper ergriffen hatte, die sich wirklich töteten. Kreon, dessen Tragödie die "Antigonä" eigentlich ist, war in seiner Art nahezu neuzeitlich:

> "Für uns, da wir unter dem eigentlicheren Zevs stehen, der nicht nur zwischen dieser Erde und der wilden Welt der Todten inne hält, sondern den ewig menschenfeindlichen Naturgang, auf seinem Wege in die andre Welt, entschiedener zur Erde zwinget, und da diß die wesentlichen und vaterländischen Vorstellungen groß ändert, und unsere Dichtkunst vaterländisch seyn muß, so daß ihre Stoffe nach unserer Weltansicht gewählt sind, und ihre Vorstellungen vaterländisch, verändern sich die griechischen Vorstellungen insofern, als ihre Haupttendenz ist, sich fassen zu können, weil darin ihre Schwäche lag, da hingegen die Haupttendenz in den Vorstellungsarten unserer Zeit ist, etwas treffen zu können, Geschik zu haben, da das Schiksaallose, das δυσμορον , unsere Schwäche ist."(StA,V.269 f.)

Das Prinzip des trennenden und vermittelnden Bewußtseins, das zwischen der jeweils in unserem Denken für dasselbe konstituierten Welt und den unzugänglichen wilden Sphären inne hält, nannte Hölderlin hier wiederum Zevs. Dieses Prinzip zwingt in unserer Art des Denkens den unergründlichen Naturgang, der immer als Grund unser Bewußtsein begleitet, zu unserer Erde, allerdings nirgendwo anders, als in der Mittelbarkeit der Sprache. Der Gott ist nicht mehr in den Gestalten der Natur gegenwärtig, sondern diese wird als Objekt der Analyse für das menschliche Denken angesehen und dem Bestreben weitestgehender Bestimmbarkeit unterworfen; deshalb ist das Schicksallose unsere Schwäche: die Antwort des Unendlichen auf unsere Bestimmungen haben wir in unabsehbare Ferne zu rücken gesucht.

Eine solche Vorstellungsart muß der Dichter berücksichtigen, denn die tragisch unendliche Gestalt kann den Gott nur verständlich fassen und lebendig zueignen, wenn sie das faktische Wort in ihrem gesamten Zusammenhang fühlbar werden läßt, statt es unvermittelt aussprechen zu wollen. Die tragische Darstellung besteht auch und besonders

> "in der Vernunftform, die sich in der furchtbaren Muße der tragischen Zeit bildet, und so wie sie in Gegensäzzen sich darstellte, in ihrer wilden Entstehung, nachher, in humaner Zeit, als feste aus göttlichem Schiksaal geborene Meinung gilt."(StA,V,270)

Diese tragische Zeit ist die Zeit des Stillstellens, in der die Vernunftform, die Gesetze, die das menschliche Denken sich aufstellte und in denen es seine Welt konstituierte, nur noch durch Zwang und Tod aufrechtgehalten werden können, während bereits eine andere Empfindung fühlbar ist, aus dem umfassenden Grund wild entsteht, die eine veränderte Vernunftform verlangt und, wenn das menschliche Denken sie als Gegenständlichkeit, als die sie in humanerer Zeit erscheint, bestimmt hat, von dem natürlichen Bewußtsein, das um seinen eigenen Erkenntnisvorgang nicht weiß, erneut für eine Welt gehalten wird (Meinung), die es sich als einzig mögliche vorstellt, weil sie in seinen Augen natürlich so entstanden ist, wie sie erscheint (aus göttlichem Schicksal geboren).

Das tragische Gedicht überträgt (μετὰ φέρειν) die in seinem Grund nur zu ahnende intuitive Erkenntnis des Geistes als Metapher einer intellectualen Anschauung in den Kunstcharakter des erscheinenden Heroischen. Der Grund ist die gefühlte und vom Geist in höchster Virtuosität erkannte Offenheit der Möglichkeiten, die in der unerschöpflichen Einheit enthalten sind. Der tragische Held setzt sich scheinbar heroisch gegen die Gesetze seiner Zeit zur Wehr und tut in Wahrheit nichts anderes, als das vom idealen Möglichkeitsgrund des Bewußtseins her notwendige: er nimmt sich die Freiheit, andere Gesetze auch für möglich zu halten, weil er fühlt, daß die Gesetze seiner Zeit dem Bedürfnis des wirklichen Bewußtseins nicht mehr angemessen sind, das Lebendige zu denken und zu erfahren.

> "Kreon: Was wagtest du, ein solch Gesez zu brechen?
> Ant.: Darum. **Mein** Zevs berichtete mirs nicht;
> Noch hier im Haus das Recht der Todesgötter,
> Die unter Menschen das Gesetz begrenzet;"
> (StA,V,223)
>
> ---
>
> "Kreon: Doch, Guten gleich sind Schlimme nicht zu nehmen.
> Ant.: Wer weiß, da kann doch drunt' ein andrer Brauch seyn." (StA,V,226)

Aus der gefühlten Einigkeit mit allem Lebendigen konnte Antigonä von einem eigenen Bewußtsein (Mein Zevs) sprechen und die Möglichkeit offen lassen, daß woanders andere Rechte und Sitten gelten könnten, was erweist, daß das Gesetz des Kreon nicht als naturnotwendig und unabänderlich vorgestellt werden muß. Der Chor der Thebanischen Alten sprach aus eben der intellectualen Anschauung von dem ungeheuren Wesen, das der Mensch ist, wenn er sich die Erde unterwirft und dabei die Gesetze seines Denkens auf alles ihm Unzugängliche überträgt; wenn er Gott und Natur als ideale und reale Substratgegenständlichkeiten vorstellt und dabei das Unbekannte nicht denkt, das in seiner unbestimmten Einheit das wirkliche Bewußtsein erst ermöglicht und immer begleitet.

g. Über einige Eigenschaften von Dichter und Dichtung

Vor dem Hintergrund des bisher dargestellten gedanklichen Zusammenhanges möchte ich jetzt versuchen, die besonderen Erkenntnisse zu beschreiben, die das poetische Kunstwerk ermöglichen kann. Erst die eigenartige Bedeutung der Dichtung für das menschliche Bewußtsein wird möglicherweise den Unterschied und die Relation, wie sich die Kunst zu den diskursiven Erkenntnismöglichkeiten bewegt, einsehbar werden lassen können.

Dazu erscheint es mir notwendig, zunächst die Eigenschaften zu nennen, die Hölderlin dem Dichter zuschrieb. Er sprach von einer ungewöhnlichen Tendenz in der subjektiven Natur des Empedokles, der zum Dichter geboren schien, sich tätig auf die Allgemeinheit zu richten, die zu der ruhigen Betrachtung, der durchgängigen Bestimmtheit des Bewußtseins führen kann, mit der der Dichter auf ein Ganzes, auf die Einheit der Möglichkeiten und der Wirklichkeit in einem bestimmten Lebenszusammenhang, blickt. Zugleich liegt in der objektiveren Natur des Empedokles, in seiner Passivität oder Rezeptivität, die glückliche Gabe, auch ohne wissentliches Ordnen, Denken und Bilden, ohne diskursive Gedankenanstrengung, zum Ordnen, Denken und Bilden geneigt zu sein. Dies nannte Hölderlin eine Bildsamkeit der Sinne und des Gemütes, die allen bildbaren Stoff in seiner Ganzheit lebendig aufnimmt und der Tätigkeit des Künstlers mehr zu sprechen, als zu tun gibt. Der Dichter wird zum Künstler, wenn er begreift, daß er immer einen Ausschnitt aus dem lebendigen Zusammenhang zur Behandlung wählen und entreißen muß. Der gefühlte lebendige Zusammenhang ist der Grund, den der Dichter in die Gestalt des Kunstwerkes überträgt, das als dieses bestimmte Werk einen Kunstcharakter äußert, der Schein ist. Die wirkliche Bedeutung kann erst gedacht werden, wenn der Ausschnitt, den das erscheinende Werk darstellt, wiederum in seiner Relation zu dem lebendigen Einen begriffen wird, das das Gedicht erinnert.

Das Gefühl, das den Dichter auf seinen Stoff führt, muß er prüfen, und sich fragen, ob die Form, die er wählt, dem Ideal des gesamten lebendigen Zusammenhanges und zugleich dem besonderen lebendigen Stoff nicht widerspreche.

> "Das Gefühl ist aber wohl die beste Nüchternheit, und Besinnung des Dichters, wenn es richtig und warm und klar und kräftig ist. Es ist Zügel und Sporn dem Geist. Durch Wärme treibt es den Geist weiter, durch Zartheit und Richtigkeit und Klarheit schreibt es ihm die Gränze vor und hält ihn, daß er sich nicht verliert; und so ist es Verstand und Wille zugleich."(FHA,14,69,18-22)

Diese scheinbare Begriffsverwirrung könnte im dargestellten Zusammenhang einen umfassenden Sinn hinsichtlich der Erkenntnis enthalten. Wenn die gefühlte Affektion des Körpers der Realgrund alles wirklichen Bewußtseins ist (Fichte), dann wird das Gefühl zugleich der Antrieb für den Dichter (Sporn, Wille), einen Stoff aus dem lebendigen Zusammenhang zu reißen, und ihn auf seine Weise bewußt zu gestalten. Ebenso zügelt (Verstand) das Gefühl den Übermut, der glaubt, mit seinen Bestimmungen alle Möglichkeiten des lebendigen Einen erschöpft zu haben. Die Poesie, die dann entstehen kann, wenn dem Dichter das richtige und warme Gefühl Zügel und Sporn, Verstand und Wille zugleich ist, gibt dem Menschen die Möglichkeit, sich bei ihr zu sammeln:

> "sie giebt ihm Ruhe, nicht die leere, sondern die lebendige Ruhe, wo alle Kräfte regsam sind, und nur wegen ihrer innigen Harmonie nicht als thätig erkannt werden."(StA,VI.1,305)

Sie erinnert den lebendigen Allzusammenhang und vereinigt die Menschen mit allen ihren Leiden und Glückseligkeiten, Fehlern und Meinungen, Tugenden und Ideen zu einem

> "tausendfach gegliederten innigen Ganzen, denn eben diß soll die Poesie selber seyn, und wie die Ursache, so die Wirkung." (StA,VI.1,306)

Ausgehend von der metaphysischen Stimmung des Geistes, in der er intuitiv in intellectualer Anschauung die Einigkeit alles Lebens erkennt und die notwendigen Grenzen des wirklichen Bewußtseins ebenso denkt, wie das Unbekannte, weil er "zum Gefühle der Gottheit sich erhoben hat, und aus diesem alles betrachtet, was da war und ist und seyn wird"(StA,VI.1,297), kann er dieses höchste Bewußtsein mit dem gefühlten lebendigen Stoff vermitteln und eine Form entwickeln, die den einigen Grundbereichen der Möglichkeit einer wirklichen Vermittlung des idealen und realen Zusammenhanges entspricht. Dazu muß der Dichter das Gesetz denken, nach dem der ganze Mensch als Empfindungssystem sich unter dem Einflusse des umfassenden lebendigen Elementes entwickelt, er muß um den Kalkül wissen, nach dessen Gesetzmäßigkeit

> "Vorstellung und Empfindung und Räsonnement, in verschiedenen Successionen, aber immer nach einer sichern Regel nacheinander hervorgehen"(StA,V,196).

Diese Regel verstehe ich analog zu dem höchsten Erkenntnisgrund, der strengen Mittelbarkeit, die die apriorischen Bedingungen des wirklichen menschlichen Denkens enthält, und die der Dichter mit mathematischer Genauigkeit kennen und beachten muß, um die rhythmische Aufeinanderfolge der Vorstellungen so gestalten zu können, daß die eigentliche Bedeutung zum Ausdruck kommt. Für das tragische Gedicht heißt dies, daß der Wechsel der Vorstellungen, der ohne Halt reißend ist, weil das tragische Gedicht die Metapher einer intellectualen Anschauung ist und als diese die Gesamtheit des fließenden Lebens zum Grunde hat, aufgehalten werden muß durch eine gegenrhythmische Unterbrechung (Cäsur), die an Stelle des Wechsels der Vorstellungen die Vorstellung selbst erscheinen läßt. Diese Unterbrechung ist notwendig, weil der Mensch auf der Höhe des Bewußtseins dem absoluten Bewußtsein ausweichen muß und das Ganze nur mittelbar, nur in der Gestalt eines geordneten Lebensausschnittes, der ein Schatten des Vollkommenen ist, begreifen kann(28). Das Schauspiel muß sein ein

> "treues, aber **dichterischgefaßtes** und **künstlerischdargestelltes** Abbild des sogenannten gewöhnlichen, das heißt, desjenigen Lebens, welches in schwächeren und entfernteren Beziehungen mit dem Ganzen steht, und eben darum dichterisch begriffen unendlich bedeutend, an sich in hohem Grade unbedeutend sein muß."(FHA,14,374,11-12;375,1-4)

Das gewöhnliche Leben wird, dichterisch begriffen (sub aeternitatis specie, Spinoza), in dem Zusammenhang des Ganzen gestaltet als eine wirkliche bestimmte Ausformung der unerschöpflichen Möglichkeiten des lebendigen Zusammenhanges, die als einzelne Form für sich notwendig erscheint, an sich aber, angesichts der Relativität gegenüber dem Ganzen, weitgehend unbedeutend, nur eine der in unserem Denken gewordenen Möglichkeiten ist. Will der Dichter dies begreifbar machen, kann er nicht, wie die formal vorgehende Philosophie, in analytischer Zergliederung nur jeweils ein Vermögen der Seele behandeln und dieses als ein Ganzes für sich darstellen, sondern er muß nach dem kalkulablen Gesetz Vorstellung, Empfindung und Räsonnement nach poetischer Logik entwickeln:

> "so behandelt die Poesie die verschiedenen Vermögen des Menschen, so daß die Darstellung dieser verschiedenen Vermögen ein Ganzes macht, und das Zusammenhängen der selbstständigen Theile der verschiedenen Vermögen der Rhythmus im höheren Sinne, oder das kalkulable Gesez genannt werden kann."(StA,V,265)

Erst wenn die verschiedenen Vermögen des Menschen in dem Gedicht als einem Ganzen berücksichtigt sind, so daß seine Erscheinung die

---

28 "Auch im Gegenstande selber, mag er noch so fragmentarisch seyn, sobald nur irgend eine Ordnung in ihn gebracht wird, ist ein Schatten des Vollkommenen."(StA,VI.1,254)

selbständigeren Teile ebenso wie die unendliche Bedeutung des lebendigen Einen begreifbar werden läßt, hat die poetische Sprache ihre Eigenart erreicht, sie ist Gesang und unterscheidet sich von der alltäglichen Sprache, die das jeweils als Wirklichkeit Erscheinende eindeutig zu bestimmen sucht. Der Dichter muß aber den besonderen Rhythmus der Vorstellungsart in seiner Zeit, der in der Alltagssprache Ausdruck findet, ebenso berücksichtigen, wie er die apriorischen Gesetzmäßigkeiten des menschlichen Erkenntnisvermögens denken muß, um den Gesang gestalten zu können, der die Möglichkeit eröffnet, zu erkennen, daß die Verknüpfungen und Bestimmungen, die im menschlichen Denken jeweils die Vorstellungen regulieren, angesichts des unausschöpflichen Ganzen des Lebens immer nur relativ bedeutsam sind.

Dann gibt der Gesang dem Unbekannten keine bestimmten oder bestimmenden Prädikate. Das was vermittelst seiner Gestalt erkannt werden kann, darf nicht im Rhythmus der Vorstellungsart der jeweiligen Zeit gebaut sein, wenn es nicht denselben Bestimmungen subsumierbar sein soll, die dem bereits gegeben wurden, was als beherrschbare Wirklichkeit angesehen wird. Dann bestärkte er die geläufige Art, die Vorstellungen zu ordnen und wäre nichts als Unterhaltung zum Zweck der Regeneration technisch-praktischer Nutzbarkeit des Menschen (mit dem heutigen Wort: Affirmation). Wenn aber jede Selbstbestimmung des menschlichen Denkens nur möglich sein kann in gleichzeitiger Bestimmung seines Anderen, dann kann die eigentliche Aufgabe des Gesanges sein, die Möglichkeit zu geben, das an sich Unbedeutende jeder Bestimmung im menschlichen Denken zugleich mit der Notwendigkeit dieser jeweiligen Bestimmungen der Erkenntnis zu öffnen.

Wenn ich die Elemente des Gesanges hinsichtlich ihrer Fühlbarkeit, des Klanges und des Rhythmus der Sprachgestalt wahrnehme, dann ist dies für mich ein realer Möglichkeitsgrund, unbekannter Stoff, den ich in meinem Denken und für es bestimmen muß, um ihn überhaupt im Bewußtsein zu haben. Läßt der Rhythmus, in dem das Gedicht die Vorstellungen gibt, eine lineare und eindeutige Bestimmung aber nicht zu, dann kann ich erkennen, daß jede Bestimmung eine an sich unbedeutende und zugleich für mein Denken notwendige Vermittlung des idealen und realen lebendigen Möglichkeitsganzen ist. Der Gesang kann dann die Erkenntnis ermöglichen, daß die Konstitution jedes Gegenstandes nur in meinem Denken eine notwendige ideale Handlung ist, die mir erst ein Bewußtsein meiner selbst in Wechselbestimmung mit dem ermöglicht, was ich als mein Anderes denke. Der Begriff meiner selbst ist dann erst bei mir, wenn er zugleich bei jenem Anderen ist, denn er konstitutiert jede positive Erkenntnis meiner selbst und des mich affizierenden Unbekannten als Gegenstand in meinem Denken. Während nun die Worte der Alltagssprache die derart konstituierten Gegenstände in weitestgehend eindeutiger Bestimmtheit halten, um eine Zweckmäßigkeit in sie legen zu können, die ihrer Nutzbarkeit für den Menschen entgegenkommt, zeigt die poetische Sprache, daß die Möglichkeiten der idealrealen Vermittlung des unbestimmten lebendigen Ganzen prinzipiell offen sind. Zugleich läßt sie fühlbar werden, daß meine Bestimmungen idealiter aus Freiheit erfolgen und nur einen Ausschnitt der materialen Möglichkeiten, die der lebendige Stoff umfasst, als Gegenstand für mich begreifbar werden lassen.

So erinnert der Gesang das Ganze der ewigen Schönheit, das mein Bewußtsein immer begleitet. Er spricht die Erhabenheit der prinzipiell offenen Möglichkeiten, zugleich zu bestimmen und bestimmt zu werden, aus und gefällt deshalb gegen das alltägliche Interesse, das auf eine gesicherte Gegenstandskonstitution gerichtet ist, indem er die Begeisterung hervorruft, die dann entsteht, wenn ich erkenne, daß die jeweiligen Bestimmungen für mein Denken zwar notwendig sind, aber zugleich hinsichtlich der Freiheit und unerschöpflichen Vielfältigkeit des lebendigen Ganzen an sich unbedeutende Bestimmungen in der jeweiligen Zeit darstellen. Das Gedicht kann erst dann diese Einsichten hervorrufen, wenn es nicht nur in einer konventionellen, alltäglichen Sprache erscheint und dadurch die ungedachte Vostellung gibt, es spreche das Unbekannte aus, sondern wenn es weitest möglich nach eigenen Gesetzen gestaltet ist und keine abschließende Bestimmung seiner selbst zuläßt. Dann ist es im eigensten Sinne ein Naturprodukt des Menschen, denn es erinnert zugleich, daß jede Gegenstandsbestimmung eine notwendige Handlung für meinen Verstand ist und daß die Art dieser Handlung ihrer Möglichkeit nach offen und unfixiert bleiben muß, wenn der ideale Möglichkeitkeitsgrund des menschlichen Bewußtseins allein die Unabhängigkeit sein soll, die einzig mit dem Wort Freiheit benennbar ist. Der eigentümliche Charakter des Gedichtes, der diese Erkenntnisse ermöglichen kann, ist seine gesamte Gestalt, die so konstruiert sein muß, daß weitestgehend die Meinung ausgeschlossen ist, das Gedicht spreche über etwas, daß außerhalb seiner in der unbestimmten Natur bereits als Gegenstand auch ohne unser Denken so vorhanden sei. Dies wäre bloß jene Hypostasierung der Eigenart unseres Verstandes auf das uns Unbekannte, die unser Denken immer dann vornehmen muß, wenn es sich um seiner natürlichen Erhaltung willen das Leben aneignet. Die Sprache des Gesanges aber muß diese eindeutige Bestimmung möglichst vermeiden, sie muß deshalb so konstruiert sein, daß der Rhythmus, in dem sich die Vorstellungen bewegen, die prinzipiell offenen Möglichkeiten des Bewußtseins fühlbar werden und erkennen läßt. Wie dies im Einzelnen geschieht, kann nur anhand des Gesanges selbst erläutert werden. Ein Beispiel für Hölderlins Wissen um die Notwendigkeit der beschriebenen Gestaltungsweise gibt eine Maxime:

> "Man hat Inversionen der Worte in der Periode. Größer und wirksamer muß aber dann auch die Inversion der Perioden selbst seyn. Die logische Stellung der Perioden, wo dem Grunde (der Grundperiode) das Werden, dem Werden das Ziel, dem Ziele der Zwek folgt, und die Nebensäze immer nur hinten an gehängt sind an die Hauptsäze worauf sie sich zunächst beziehen, - ist dem Dichter gewiß nur höchst selten brauchbar."(FHA,14,69,5-10)

Wenn die poetische Sprache in ihrem Rhythmus das Zusammenhängen der selbstständigeren Teile der verschiedenen Vermögen des Menschen als Ganzes darstellen und damit die Möglichkeit geben will, die grundlegende Offenheit des menschlichen Bewußtseins zu erkennen, darf ihre Gestalt nicht den jeweiligen begrifflichen Bestimmungen der Wirklichkeit im Denken der historischen Zeit einordenbar sein, sondern sie muß die gleichzeitige Unbestimmtheit fühlbar werden lassen und der Erkenntnis eröffnen, die das an sich unbedeutende Bestimmte im umfassenden Zusammenhang des unerschöpflichen Lebens immer begleitet. Deshalb kommt es allein der Kunst zu, Bleibenderes zu stiften, aber jederzeit muß das Kunstwerk auch im Bezug zu der jetzt bestimmten Wirklichkeit stehen, wenn es überhaupt mitteilbar sein soll. Darum käme wirkliche Überzeitlichkeit, um den Gedanken Spinozas zu erinnern, nur dem Gedicht zu, das in solcher Abstraktion von allem Mannigfaltigen konstruiert wäre, wie ein Dreieck.

Viertes Kapitel

ANSÄTZE ZU EINER GENETISCHEN BESCHREIBUNG DES POETISCHEN GEISTES

1. VORBEMERKUNG

Das Wissen des Geistes um seine Einigkeit mit allem was lebt in intellectualer Anschauung befindet sich noch in einem Zustand unbestimmter Harmonie, der es nicht ermöglicht, daß das Bewußtsein sich wirklich begreift. Die Notwendigkeit jenes Wissens kann im Horizont der formalen Logik lediglich als Behauptung gesetzt werden; diese Notwendigkeit als konstitutive Bedingung des menschlichen Bewußtseins aufzuweisen und erkennbar werden zu lassen, bedarf der weitergehenden Bestimmung der Charakteristika des menschlichen Geistes, die nicht Eigenarten sind, wie sie durch determinierende Prädikate einem Gegenstand zugeschrieben werden können. Wenn die erkenntniskritische Philosophie den Bereich ihrer Aussagen auf die Verstandeserkenntnisse beschränken muß, um nicht zu Überschwenglichem zu kommen, so kann sie lediglich eine Ahnung dessen ausdrücken, was der Geist erkennt, der gegenüber dem festsetzenden Verstand unbeschränkter begriffen werden soll. Deshalb möchte ich den Unterschied darstellen, der, den Überlegungen Hölderlins zufolge, besteht zwischen dem eingeschränkteren Verstand, der in dem Einigen des Lebens Teile bestimmt und damit sich festsetzend unterwirft, und dem umfassenderen Geist, der sich selbst zugleich mit der ihm äußeren Sphäre erkennen und diese Erkenntnis in die Gestalt eines Kunstwerkes übertragen soll können. Wie der Geist sich seiner selbst bewußt werden kann, ohne sich zu verfehlen und in seiner Selbstbestimmung unvermerkt in der Abhängigkeit von ihm heterogenen Substratgegenständlichkeiten zu verbleiben, versuchte Hölderlin in der Schrift zu beschreiben, die mit den Worten "Wenn der Dichter einmal des Geistes mächtig ..." beginnt(1). Bevor allerdings der poetische Geist, den ich vorläufig allgemein als das menschliche Bewußtsein in Hinsicht seiner schöpferischen Konstitutionsleistungen betrachtet verstehe, im Umfang seiner Bewegung voll-

---

1 Dieser Entwurf wurde bisher unter dem Titel "Über die Verfahrungsweise des poetischen Geistes"(Zinkernagel) ediert und zitiert. Die Herausgeber der Frankfurter Hölderlin-Ausgabe haben stattdessen die ersten sieben Worte als Titel gewählt (s.o.); ich schließe mich ihnen an, schon weil der alte Titel mit Vorstellungen zu sehr belastet ist. (vgl. FHA,14,179)

ständig dargestellt werden kann, bedarf es der vorbereitenden Erläuterung des oben genannten Unterschiedes anhand von Teilaspekten, die Hölderlin in anderen Aufsätzen bedacht hat. Zu diesem Zweck gehe ich von seinen Überlegungen zu einem Bildungstrieb aus, die den ersten Aufschluß hinsichtlich des Sichbestimmens innerhalb der ursprünglichen Einigkeit geben, um daran anknüpfend zu den Gedanken zu kommen, die es ermöglichen, die Geschichtlichkeit des Bewußtseins zu begreifen, auf der, als notwendiger Voraussetzung für ein Verständnis der nichthintergehbaren Mittelbarkeit der menschlichen Erkenntnis, aufbauend dann die Stufen von der Empfindung über das Gegenstandsbewußtsein bis zu der Erkenntnis, in der das Bewußtsein zugleich sich und sein Anderes weiß, erläutert werden können. Erst dann wird es möglich sein, zu einem adäquateren Verständnis dessen zu gelangen, was bisher mit dem Wort Geist benannt wurde.

Nach diesen Vorbereitungen kann der Unterschied dargestellt werden, der zwischen dem Geist, dessen der Dichter mächtig sein muß, und den Denkversuchen, die das Selbstbewußtsein notwendig verfehlen, vorhanden ist und den Hölderlin in seinem umfangreichsten theoretischen Entwurf beschrieben hat. Die systematische Frage, die im Lauf der Darstellung eine Beantwortung finden soll, richtet sich zum einen auf den genannten Unterschied zwischen Verstand und Geist, zum anderen, und dies ist der wichtigere Gesichtspunkt, auf das Verhältnis des schöpferischen Geistes zu der Gestalt, die der Künstler real hervorbringt. Letzterer Aspekt beinhaltet, wie zu entwickeln sein wird, die Frage nach der theoretischen Bestimmbarkeit der Selbstreflexion des poetischen Geistes und distanziert sich dabei in seinem Ansatz von jedem Versuch, die Verfahrungsweise des poetischen Geistes mit dem realen Verfahren des Dichters gleichzusetzen.

2. DER BILDUNGSTRIEB

In dem aus dem Sommer 1799 stammenden Aufsatzentwurf "Der Gesichtspunct aus dem wir das Altertum anzusehen haben"(FHA,14,83 ff.) beschreibt Hölderlin das Heraustreten und Unterscheidbarwerden des Ursprünglicheinigen am historischen Beispiel der Verhältnisses seiner Zeit zur Antike. Er schildert die Alternative, entweder vom Überkommenen, bereits Geschaffenen, zur Unproduktivität gezwungen zu sein, oder sich gewaltsam und naiv allem Erlebten entgegenzustellen und aus vermeintlich eigener ursprünglicher Lebendigkeit schöpferisch tätig werden zu wollen. Dem ursprünglichen Trieb des Menschen, Ungebildetes zu bilden und scheinbar Rohes, Natürliches zur Vollkommenheit zu bringen, steht das Erbe des Altertums als erdrückende Vorwelt entgegen, die den Gegenwärtigen nichts mehr zu tun übrig gelassen hat. Dies charakterisiert Hölderlin als die

Situation des Untergangs der Völker: die lebendige Natur und jene Originalität, die in den jeweils notwendigen Bestimmungen der Gesamtheit des Lebens zunächst gewährt gewesen ist, erstarrte unter positiven Formen, die über ihre Zeit hinaus für gültig gehalten und deshalb zum Luxus werden, der in den Bestimmungen des Lebens den zugleich notwendigen Wechsel nicht zuläßt. Der Ausweg, unter Vermeidung der schlechten Alternative des Erdrücktwerdens und des gewaltsamen Aufbegehrens, ist gerade die Reflexion der Bedingungen, nach denen der ursprüngliche Trieb, das Ungebildete zu bilden, seine ihm jeweils angemessene Richtung nehmen kann; nicht blinde Resignation oder ebensolches Wirken des Triebes, sondern sein Wirken mit Bewußtsein ist erforderlich. Dieses Bewußtsein soll zugleich das Wissen um den allgemeinen Grund, aus dem jener Trieb immer hervorgeht, und um die jeweils besondere Richtung, in die er strebt, umfassen.

Zur allgemeinen Erläuterung dessen, was an dieser Stelle Trieb genannt wird, möchte ich die Beschreibung heranziehen, die Hölderlin von der Konstitution des Bewußtseins in der Wechselwirkung von Streben und Beschränkung in Anlehnung an Fichte gab(vgl.,StA, VI.1,164). Danach ist im Menschen ein Streben ins Unendliche, eine ihrem Triebe nach unendliche Tätigkeit, die in der Natur eines Wesens, das Bewußtsein hat, notwendig beschränkt sein muß, denn wäre sie dies nicht, dann könnte sie nicht zu Bewußtsein kommen. Für das Bewußtsein sind das Streben ins Unendliche und die diesem Streben entgegenstehende Beschränkung von außen gleichermaßen notwendig, denn nur im Wechsel von Streben und Beschränkung wird es möglich, um das eine wie das andere zu wissen, ein Bewußtsein zu haben, welches somit immer in seiner realen (Gegenstand) und idealen (Streben) Bestimmung zugleich um sich und sein Anderes weiß.

Im Zusammenhang der historischen Problemschilderung, die Hölderlin im vorliegenden Aufsatz gibt, wird die praktische Bedeutung jenes Strebens thematisiert, die auf eine Bestimmung des Anderen, das hier das Ungebildete genannt wird, durch die Tätigkeit des Triebes gerichtet ist. Dadurch soll dem Ursprünglichen eine Form gegeben werden, die es für das Tätige begreifbar werden läßt; das Ungebildete soll gebildet werden. Deshalb sprach Hölderlin an dieser Stelle von einem Bildungstrieb(2), der, wenn gedacht wird, woraus

---

2 Der Begriff "Bildungstrieb" stammt aus der zeitgenössischen Naturwissenschaft, wo er von Joh.Fr.Blumenbach mit der Schrift "Über den Bildungstrieb", Göttingen, bey Johann Christian Dietrich 1791 (3. Auflage, zuerst 1789) eingeführt wurde. Blumenbach wandte sich gegen die vom Aristotelischen Entelechiegedanken geprägte These von dem Vorhandensein präformierter Keime in den Eizellen und schrieb:

> "Daß keine präformirten Keime präexistiren: sondern daß in dem vorher rohen ungebildeten Zeugungsstoff der organisirten Körper, nachdem er zu seiner Reife und an den

er hervorgeht und welche besondere Richtung er zur jeweiligen Zeit nehmen muß, mit Bewußtsein wirken und das Rohe bilden kann, ohne überkommene Gestalten zu wiederholen oder ungeschichtlich seine eigentümliche Richtung zu verfehlen. Insofern konnte Hölderlin die geschilderten Umstände seiner Zeit als günstig bezeichnen, da sie auch die Möglichkeit beinhalteten, sich der Eigenart der Aufgabe des Bildungstriebes bewußt zu werden. Dazu ist erforderlich zu wissen, welche Um- und Abwege der Trieb nehmen kann: dieses Wissen läßt die historische Erfahrung zu, die zeigt, daß bestimmte Richtungen, die bereits eingeschlagen wurden, sich als Verirrungen erwiesen haben. Darüber hinaus gibt das historische Wissen die Richtungen an, die schon genommen wurden und die deshalb nicht

---

2 (Fortsetzung) Ort seiner Bestimmung gelangt ist, ein besonderer, dann lebenslang thätiger Trieb rege wird, ihre bestimmte Gestalt anfangs anzunehmen, dann lebenslang zu erhalten, und wenn sie ja etwa verstümmelt worden, wo möglich wieder herzustellen. Ein Trieb, der folglich zu den Lebenskräften gehört, der aber eben so deutlich von den übrigen Arten der Lebenskraft der organisirten Körper (der Contractilität, Irritabilität, Sensibilität etc.) als von den allgemeinen physischen Kräften der Körper überhaupt, verschieden ist; der die erste wichtigste Kraft zu aller Zeugung, Ernährung, und Reproduction zu seyn scheint, und den man um ihn von andern Lebenskräften zu unterscheiden, mit dem Namen des **Bildungstriebes** (nisus formatiuus) bezeichnen kan"(a.a.O.,S.31 f.).

Er fand damit die Zustimmung Kants, denn er hatte mit seiner Erklärung dem kritischen Anspruch genügt und

"zugleich dem Naturmechanism unter diesem uns unerforschlichen **Prinzip** einer ursprünglichen **Organisation** einen unbestimmbaren, zugleich doch auch unverkennbaren Anteil (gelassen, Zusatz A.T.), wozu das Vermögen der Materie (zum Unterschiede von der, ihr allgemein beiwohnenden, bloß mechanischen **Bildungskraft**) von ihm in einem organisierten Körper ein (gleichsam unter der höheren Leitung und Anweisung der ersteren stehender) **Bildungstrieb** genannt wird."(KdU,B 379; WW VIII,545)

Da Blumenbach nicht versuchte, die Ursache dieses Triebes zu bestimmen, sondern mit dem Wort nur eine Kraft bezeichnen wollte, "deren constante Wirkung aus der Erfahrung anerkannt worden", wobei er sich auf das Newtonsche "whatsoever be the cause" berief (a.a.O.,S.33), konnte der Begriff auch analog in geschichtsphilosophische Gedankengänge übernommen werden, die keine dogmatische, sondern eine kritische Begründung von Entwicklungen geben wollten. - Ich verdanke den Hinweis auf Blumenbach Herrn Dr.Wilhelm Schmidt-Biggemann (Wolfenbüttel).

in identischer Weise wiederholt werden dürfen, wenn nicht eine bereits überkommene Bestimmung festgehalten und das Leben darin übermäßig fixiert werden soll. Das Kriterium für die Gültigkeit der jeweils einzuschlagenden Richtung besteht in dem zugleich erforderlichen Wissen um den Ursprung des Bildungstriebes, der als Urgrund aller Werke und Taten der Menschen bezeichnet wird, in dem wir "uns **gleich und einig fühlen mit allen**"(FHA,96,14). Der Bildungstrieb wird demnach als hervorgehend aus der Einigkeit mit allem was lebt, die der intellectualen Anschauung gegenwärtig ist, gedacht. Daher konnte Hölderlin diesen Grund denjenigen nennen, "den wir lebendig, und überall gleich, als den Ursprung alles Bildungstriebes annehmen"(ebd., Z.9-10). Wenn diese ursprüngliche Einheit des Lebens als das Woraus und Wovonher des Bildungstriebes gewußt werden soll, dann kann eine wesentliche und reine Richtung des Strebens damit charakterisiert werden, daß sie eine vermittelnde Bestimmung des unerschöpflichen Ganzen bedeutet, die zugleich der Notwendigkeit dieser jeweiligen Bildung für das Bewußtsein und der sie begründend begleitenden lebendigen Einheit eingedenk bleibt und somit nicht das Bedürfnis des Bildungstriebes, zu formen, absolut setzt und dadurch das Leben tötet. Hölderlin forderte eine

> "Reaction gegen postives. Beleben des Todten durch **reelle Wechselvereinigung** desselben."(FHA,14,96,16-17)

Das Zurückgreifen auf bereits positiv überkommene Formen ist ein Aufgreifen des Toten, weil diese Formen der Bewegung des Lebens nicht mehr entsprechen können. Jede Richtung, die eine solche Absolutsetzung einer der Komponenten des Einigen bedeutet, kann als Verirrung oder Abweg gekennzeichnet werden, mit dem die jeweils eigentümliche Stelle verfehlt wird, die der Bildungstrieb anstrebt, indem er eine Vermittlung der Idealität seines Strebens mit der Realität seines Stoffes sucht, die dem Bewußtsein das Wissen um sich selbst und sein Anderes zugleich eröffnet. Insofern sind die Voraussetzungen dafür, daß die Verirrungen des Bildungstriebes reduziert werden können, das Wissen um den gemeinschaftlichen Grund, aus dem der Trieb hervorgeht, um die Richtungen, die er bereits eingeschlagen hat in historisch vorliegenden Bildungen und um die falschen Richtungen, die er nehmen kann. Aus diesem Wissen geht die Bestimmung der besonderen eigenen Richtung hervor, die zur jeweiligen Zeit und unter den jeweiligen Bedingungen ihre Stelle finden muß, welche wiederum relativ ist gegenüber den Möglichkeiten, die prinzipiell aufgrund des Wissens um den allgemeinen Ursprung offen sind. Die eigene Richtung, die durch die oben genannte Forderung charakterisiert ist, nannte Hölderlin "unsere besondere Richtung **Handeln**"(ebd.). Er legte sie somit formal fest als ein Aufheben des positiv Gebildeten in die Tätigkeit des Bildungstriebes, die erst dann ihre wesentliche Richtung erkennen kann, wenn sie um ihre allgemeinen und besonderen Bedingungen weiß. Hinsichtlich des hier thematisierten Gesichtspunktes wird die dichterische Konsequenz in dem freien Umgang mit antiken Formen und in den Übersetzungen zu finden sein.

Das Problem des Verhaltens dem Altertum gegenüber steht an dieser Stelle als ein erstes Beispiel für das Sichbestimmen und Sichbewußtwerden des Geistes in der Geschichte, das einen vorbereitenden Begriff von den Bedingungen gibt, die gedacht werden müssen, wenn das Wissen um die ursprüngliche Einigkeit zu seiner Selbstbestimmung soll gelangen können, die es an und für sich erkennbar werden läßt und die darum ein Selbstbewußtsein ermöglichen kann. Dieser Begriff ist allerdings insofern noch im Bereich der Setzungen verblieben, als der Bildungstrieb als solcher lediglich festgestellt wurde als ein ursprünglicher Trieb, der zwar als Konstituens des Bewußtseins im Zusammenhang mit der von Fichte eingeführten Wechselwirkung von Streben und Beschränkung angenommen werden muß, aber hinsichtlich der Notwendigkeit seiner Bewegung noch nicht anders, als durch Evidenz begründet werden konnte.

3. DIE NOTWENDIGE WILLKÜR DES ZEVS

Innerhalb des Gedankengangs, mit dem Hölderlin versuchte, die Einheit mit allem was lebt zu umschreiben, hat er sich einer Bestimmung der Notwendigkeit der Bewegung für das menschliche Bewußtsein genähert(FHA,14,370 f.; vgl. oben S.104). Zunächst begründete Hölderlin, warum das Ursprünglicheinige aus sich herausgehen muß. In ihm darf kein Stillstand stattfinden, denn die Art der Vereinigung muß wechseln, weil, der Materie nach, die Teile des Einigen nur darin ihr ganzes Maß an Leben erreichen, wenn ihre Beziehungen, in denen sie sich herstellen, untereinander nicht dieselben bleiben.

Die Begründung für die Notwendigkeit des Wechsels in den Beziehungsverhältnissen läßt sich durch den Unterschied zwischen Identität und absolutem Sein erläutern, wie Hölderlin ihn in den frühen theoretischen Fragmenten, die "Urtheil und Seyn" genannt wurden, angedeutet hat. Wenn ich mich selbst in der Entgegensetzung meiner selbst erkennen kann, dann bleibt die Frage, inwieferne ich in dem Entgegengesetzten mich als ich selbst erkenne. Es ist dies nur ein Aspekt meiner selbst, den ich erkennen kann, wenn ich mich in bestimmter Weise mir entgegensetze: nämlich eben der bestimmte Aspekt, den die bestimmte Art der Entgegensetzung zu erkennen zuläßt. Alle anderen Möglichkeiten, mich selbst bestimmt zu erkennen, sind hierbei wenigstens außerhalb des Blickfeldes, wenn nicht sogar die Art der Identitätssetzung als absolut vorgestellt und damit das, was Hölderlin "absolutes Seyn" nannte, in dem Subjekt und Objekt schlechthin vereinigt sind, verfehlt wird.

Aus eben diesem Grund würde auch der Stillstand des Ursprünglicheinigen nur eine und immer dieselbe Art der Vereinigung zulassen, die als solche beschränkt bliebe auf eben diese eine Hinsicht und sich dadurch der unendlichen Möglichkeit anderer Beziehungen begeben würde. Warum aber gibt es überhaupt Teile und Ganzes als unterscheidbare Konstituentien des Ursprünglicheinigen? Hölderlin bezeichnete die Teile auch als ein Ganzes, das untereinander "nur leichter verbunden"(FHA,14,371,2) ist, als das Ganze, das als solches wahrgenommen wird. Die Unterscheidung zwischen Teilen und Ganzem hängt deshalb davon ab, wie das Einige vorgestellt wird. Gehe ich von der "Unmöglichkeit einer absoluten Trennung und Vereinzelung"(FHA,14,370,23-24) aus, dann sehe ich das Ganze als fest verbundenes Ganzes an. Diese Hinsicht ist notwendig, wenn berücksichtigt wird, daß die Konstitution eines bestimmten Gegenstandes immer nur so in meinem und für mein Denken stattfindet, während zugleich die Möglichkeit dieser Gegenstandskonstitution durch Bestimmungen prinzipiell nicht erschöpft werden kann. Die Gesamtheit dieser Möglichkeiten ist das Ganze, das als solches verstanden keine Einteilungen haben kann, weil diese bereits Einschränkungen sind, die der bestimmende Verstand benötigt. Eben dieser Verstand sieht andererseits auch die Teile als leichter verbundene Teile an und unterscheidet das getrennte Materielle und Vergängliche von seiner einheitsstiftenden Verbindung, durch die ihm die Mannigfaltigkeit begreifbar wird. Dabei ist das Subjektive wie das Objektive nichts anderes als "nur ein Zustand des Ursprünglich einigen"(ebd., Z.28), der eben deshalb notwendig ist, weil kein Stillstand stattfinden darf, wenn die Möglichkeit des mannigfaltigen Lebens gegenüber einem Erstarren in einer bestimmten Art der Beziehung überhaupt soll gedacht werden können. Hölderlin konnte damit zugleich die Notwendigkeit, das Ganze, wie die, Teile vorzustellen, zeigen, wobei jeweils das eine nur möglich ist unter Voraussetzung des anderen. Weiterhin führte er an dieser Stelle aus, welche wechselseitigen Veränderungen der Fortgang bewirkt, der darin besteht, daß in immer neuen Beziehungen immer neue Teile in anderen Verhältnissen zueinander sich bilden. Das Ganze als Vollständiges und der jeweilige Teil als Bestimmter nähern sich einander immer mehr an; je mehr verschiedene Wechselwirkungen zustande kommen, umso vollständiger werden die in ihnen sich bestimmenden Teile und umso bestimmter wird zugleich das Ganze. Zugleich gewinnt dieses an Leben und die Teile an Lebhaftigkeit, denn das Ganze kann sich in den immer bestimmteren Teilen mehr fühlen, wie zugleich die Teile durch die sich erweiternde Vielfalt ihrer Bestimmungen sich immer mehr erfüllen. Das Ganze fühlt sich demnach desto mehr, je mehr sich die jeweils bestimmten Teile trennen und aus der Einigkeit des Ganzen, die zugleich in jedem Moment vorhanden ist, herausgehen zu einer neuen Einigkeit, die sich in sich anders bestimmt. Deshalb ist dies nicht anzusehen als ein Herausgehen aus einem Gegenstand mit dem Namen "das Ganze", sondern als ein Raum und Zeit umfassender unendlicher Prozess, in dem sich die Gesamtheit insofern verändert, als durch die und in den möglichen Konstellationen, in denen sich im Ganzen immer andere Teile bestimmen, das Ganze sich in sich selbst ebenso immer anders und erneut fühlt. Der angemessene Ausdruck für diesen

Prozess, der kein linearer Fortschritt oder zielgerichteter Vorgang ist, wäre wieder das ἕν διαφερον ἑαυτω , das Eine, sich in sich selbst unterscheidende. Wenn Hölderlin dennoch von einem Fortschritt der Fühlbarkeit des Ganzen dem Grade nach und in dem Verhältnis, in welchem

> "die Trennung in den Theilen und in ihrem Centrum, worin die Theile und das Ganze am fühlbarsten sind, fortschreitet" (FHA,14,371,16-17),

sprach, dann richtete er die Aufmerksamkeit auf das Herausgehen und Sichversinnlichen der in intellectualer Anschauung gewußten Einheit **für** das menschliche Bewußtsein, nicht aber auf die kosmologische Dialektik von Teil und Ganzem. Dieses Sichversinnlichen der Einigkeit findet ebenfalls als Trennung der Teile statt, die sich zu einig fühlen, wenn sie dem Mittelpunkt als Ganzem näher sind, die also aufgrund der Anziehungskraft des Zentrums nicht zur eigenen Bestimmung gelangen können, oder die sich, als vom Mittelpunkt entfernte Teile, der Vollständigkeit nach nicht einig genug fühlen, denn dann sind sie zu weit verstreut, als daß sie durch die Anziehungskraft aufeinander wirken und durch Wechselbestimmung zur Vollständigkeit gelangen könnten. Sind die Teile noch nicht Teile, sondern erst Teilbare, noch nicht Gewordene, dann fühlen sie sich der Lebhaftigkeit nach nicht einig genug, denn durch die nicht vollzogene Bestimmung zu Teilen ist ihnen die lebendige Wechselbestimmung noch nicht möglich. Der Hinweis auf die erst teilbaren Teile läßt deutlich werden, daß von Teilen und Ganzem nicht als von nur fest Vorhandenem gesprochen werden darf. Erst in der Teilung werden die Teile zu diesen Teilen und die Teilung erfolgt in der Wechselwirkung dessen aufeinander, was für uns als Teile erscheint. Insofern spricht Hölderlin an dieser Stelle durchaus innerhalb der Grenzen der Erkenntniskritik und gibt keine schlechten metaphysischen Bestimmungen des Ganzen und der Teile. Vielmehr ist die Teilung, die als Bedingung der Möglichkeit unseres Bewußtseins zugleich mit dem Ganzen gedacht werden muß, das Entstehen der Teile selbst, die als **diese** Teile aber an dem und für das menschliche Bewußtsein konstituiert werden, das sich selbst keinen Standpunkt außerhalb dessen vorstellen darf, wenn es zugleich mit seinem Anderen sich selbst soll denken können.

Mit den hier wiedergegebenen Vorstellungen aus der zeitgenössischen Physik und Astronomie versuchte Hölderlin einen Vorgang zu beschreiben, den er "Übermaaß des Geistes" nannte(FHA,14,371,26): der Geist ist mit sich selbst in der intellectualen Anschauung zu einig und muß deshalb nach Materialität streben. Weil das in der intellectualen Anschauung gewußte Ganze nichts anderes ist, als das reine Tun des Ich (Fichte), muß der Geist nach Materialität streben, um Tätigkeit zu gewinnen, mit der er seine erkennende Selbstbestimmung erst verwirklicht. Im Zustand der Einigkeit befände sich der Geist in selbstgenügsamer Kontemplation, die jedoch aufgegeben werden muß, weil sie der Stillstand des Todes wäre.

Deshalb muß das Unendliche nach Trennung streben, und dies ist möglich, weil es ein Teilbares ist und weil in ihm als dem Unbestimmten, nicht in seiner Notwendigkeit an und für sich erkennbaren Aorgischen, das Organische, das in sich als bestimmter und notwendiger bekannt ist, bereits enthalten sein muß, da die Möglichkeit des Bestimmens (das Unbestimmtere) das Bestimmtere, Organische begründet. Deshalb strebt das Unendliche nach Trennung und dieses Streben teilt "sich im Zustande der höchsten Einigkeit, alles organischen, den in dieser enthaltenen Theilen" mit(FHA,14,371,31-32). Die höchste Einigkeit des Organischen ist die Gesamtheit der möglichen Wechselbestimmungen, mit denen sich die Teile als diese bestimmten Teile des Ganzen herstellen können. Dies ist nicht eine bestimmte Menge von Teilen, die sich in verschiedenen Konstellationen wie in einem Gefäß innerhalb eines Ganzen bewegen; vielmehr konstituiert sich das Ganze als unendliche Möglichkeit von Beziehungen, die hinsichtlich einer Verwirklichung jeweils bestimmter Teile in jeweils bestimmten Wechselwirkungen notwendig in ihrer Unerschöpflichkeit gedacht werden müssen, während zugleich für das Bewußtsein die getrennten Teile nur als solche und als auch durch dasselbe Bestimmte erkannt werden können. Dabei sind diese bestimmten Teile nur in dieser und für diese Bestimmung diese Teile, nicht aber absolut.

Die notwendige Tendenz nannte Hölderlin den "ideale(n) Anfang der wirklichen Trennung"(FHA,14,371,33-34). Nur für unser Denken (worauf ich hier vereinfachend das Wort 'ideal' beziehe) ist es notwendig, einen Anfang der Trennung zu denken, weil der Geist aus der Einigkeit herausgehen muß. Für die Gesamtheit der Wirklichkeit kann ein Anfang nicht behauptet werden, ohne die Notwendigkeit für uns zu einer absoluten zu hypostasieren. Vergleichbar ist die Auflösung der ersten Antinomie bei Kant mit dem Satz:

> "Mithin sind nur Erscheinungen **in der Welt** bedingterweise, **die Welt** aber selbst weder bedingt, noch auf unbedingte Art begrenzt."(KdrV,A 523/B 551; WW IV,482)

Eine jede Grenze, die für das Ganze (die Welt) vorgestellt würde, wäre aus der Notwendigkeit des Verstandes, Bestimmungen festsetzen zu müssen, übertragen auf den unendlichen Grund jeder Bestimmung. Zugleich ist es für das menschliche Bewußtsein notwendig, einen Anfang der Trennung zu denken, denn es kann nicht in der Einheit stillstehen bleiben. Dieser Anfang ist allerdings lediglich der Eintritt in die erste Stufe der Selbstreflexion des Bewußtseins, das damit zunächst die notwendige Voraussetzung der Möglichkeit, sich selbst zu erkennen, gedacht hat. Die weiteren Vermittlungsstufen werden im "Übergang von der ersten zur zweiten"(FHA,14,371,40) Einigkeit durchlaufen, was ich im Folgenden darstellen werde, denn die hier angedeutete zweite Einigkeit ist eben dann erreicht, "wenn der Dichter einmal des Geistes mächtig ist" und seine Sprache gefunden hat.

Zuerst war zu zeigen, wie die Notwendigkeit eines Anfangs des Aussichherausgehens des Geistes im Zustand der Einigkeit gedacht werden kann und wie diese Notwendigkeit sich zu der Wirklichkeit verhält, wobei erkennbar wurde, daß der Anfang für uns zugleich kein Anfang für die Gesamtheit ist.

4. DIE BEIDEN ERSTEN PERIODEN IM AUGENBLICK DES BEWUßTSEINS ("DAS UNTERGEHENDE VATERLAND"(3))

Einleitende Bemerkung

Die theoretischen Entwürfe Hölderlins, die Voraussetzungen dafür geben, zu verstehen, was gedacht werden kann, wenn von einem poetischen Geist die Rede ist, möchte ich nun in der Abfolge "Das untergehende Vaterland", Grund zum Empedokles und "Wenn der Dichter einemal des Geistes mächtig" kommentieren (nur die Überschrift "Grund zum Empedokles" stammt von Hölderlin). Diese Reihenfolge soll systematisch die einzelnen Stufen bzw. Perioden des Sichbegreifens des Bewußtseins darstellen. Eine solche analytische Ausbreitung des Begriffs muß allerdings immer zugleich als ein Ganzes gelesen werden, wenn der eigene Anspruch des Hölderlinschen Denkens nicht verfehlt werden soll. Die ursprüngliche Einheit der ersten Einigkeit und die wiedererlangte der zweiten sind immer zugleich als unbegrenzter Grund und als Ausdruck der Wirklichkeit des Bewußtseins für den Gedanken vorhanden; doch soll hier die Aufmerksamkeit zunächst den sogenannten Perioden gewidmet sein, die Hölderlin für den Augenblick der Selbstkonstitution des Bewußtseins, der zugleich der Augenblick der Konstitution seines Anderen für es ist, unterschieden hat.

a. Auflösung und Herstellung

In dem Entwurf, der mit den Worten "Das untergehende Vaterland" beginnt, sind die Verhältnisse dessen, was bisher Teil und Ganzes genannt wurde, hinsichtlich des menschlichen Bewußtseins in der Zeit gedacht. Dazu war es notwendig zu bestimmen, wie die Unter-

---

3 FHA,14,135 ff. Der Text wurde bisher "Das Werden im Vergehen" überschrieben; ich folge mit dem Titel wieder der Frankfurter Ausgabe. - Der Entwurf steht in der Handschrift mit Plänen zur Fortsetzung des "Empedokles" zusammen (vgl. S.136 u. 139, sowie die Handschrift).

scheidung von Idealität und Realität, die zusammen und in Wechselwirkung eine Gegenstandserkenntnis überhaupt ermöglichen, sinnvoll gedacht werden kann, wenn mit den Unterschieden nicht zwei Substratgegenständlichkeiten vorgestellt werden sollen. Wie das Ganze sich in sich selbst unterscheiden muß, wenn kein Stillstand und damit der Tod eintreten soll, so müssen die besonderen Wechselvereinigungen sich auflösen, in denen jeweils Natur und Menschen miteinander zu stehen gekommen sind(4). Unter dem Begriff Natur wird hier "das andere reale Prinzip"(FHA,14,174,5) gefaßt, das der bisher so genannte reale Möglichkeitsgrund allen Bewußtseins ist. Mit diesem realen Prinzip, das als solches weiter nicht benennbar ist, stehen die Menschen, welches Wort hier für das ideale Prinzip steht, in einer jeweils besonderen Wechselvereinigung: jede Bestimmung eines durch einen Anstoß bewirkten Gefühls als eine durch einen Gegenstand hervorgerufene Empfindung konstituiert in einer besonderen Wechselvereinigung von Idealität und Realität erst diesen Gegenstand da, der somit nur in dieser Wechselvereinigung dieser besondere bestimmte Gegenstand für mich ist. Diese "besondere idealgewordene Welt"(ebd,Z.2), diese Wechselvereinigung von Idealität und Realität, die dem Bedürfnis des Verstandes nach Einheit zwar entspricht, und insofern ideal, mittels des Verstandes bestimmt und behandelbar geworden ist, entspricht nicht mehr dem Bedürfnis des realen Prinzips, das diejenigen Kräfte zur Geltung bringt, die in der besonderen Wechselvereinigung nicht begriffen sind. Deshalb muß die ideal gewordene Welt sich auflösen und eine neue Welt muß entstehen, die allerdings immer eine besondere, wenn auch von der aufgelösten verschiedene, Wechselvereinigung von Idealität und Realität für das Bewußtsein sein muß. Den Moment des Untergangs der alten und des Anfangs der neuen Welt erfahren wir als Zeit. Diese Zeit ist aber nicht nur die relative, meßbare Zeitreihe, die immer eines festen Vergleichpunktes bedarf, sondern die wahre Zeit des Augenblicks, die nicht wie ein Gegenständliches vorgestellt werden kann. In dieser Zeit stellt sich "die Welt aller Welten, welche immer ist und seyn muß, deren Seyn als das Alles in Allen angesehen werden muß"(FHA,14,174,7-9) dar, und zwar "im werden des Moments"(ebd., Z.10).

Zum Verständnis des letzteren Ausdrucks, der den Augenblick "genetischer" beschreiben soll, möchte ich auf den Abschnitt über die Modalitäten in "Urtheil und Seyn" verweisen. Dort ordnete Hölderlin dem Begriff der Wirklichkeit das mittelbare Bewußtsein und Gegenstände der Wahrnehmung und Anschauung zu. Der Begriff der Mög-

---

4 Daß mit dem Wort "Vaterland" die politische Bedeutung der folgenden Gedanken unübersehbar betont ist, geht auch aus dem Zusammenhang mit dem Empedokles-Trauerspiel hervor. Auch wenn ich darauf hier nicht eingehe, ist es deutlich, daß die Begründung der Notwendigkeit, fixierte Formen aufzulösen, uneinschränkbar gilt.

lichkeit wurde dagegen in Verbindung gebracht mit dem unmittelbaren Bewußtsein und sollte gelten von Gegenständen des Verstandes, nicht aber von Gegenständen der Vernunft, "weil sie niemals als das, was sie sein sollen, im Bewußtsein vorkommen"(Urtheil und Seyn. StA,IV.1,216-217). Für sie gilt dagegen der Begriff der Notwendigkeit. Während das Denken eines Gegenstandes als möglich "nur das vorhergegangene Bewußtsein, kraft dessen er wirklich ist" (ebd.) wiederholt, bedarf es der Wirklichkeit der Wahrnehmung zuerst, um dann eine Möglichkeit denken zu können. Wirklichkeit bedeutet hier also dasjenige, das unmittelbar wirkt, d.h. das, was zuvor in der Sprache Fichtes das die Empfindung bewirkende Gegenstreben genannt wurde. Gerade das, was noch unbestimmt ist, ist hier das Wirkliche, das das Werden des Moments bewirkt. Erst wenn das Wirkende als dieser Gegenstand bestimmt ist, können Möglichkeiten gedacht werden, denn dies setzt voraus, unterscheiden zu können. Deshalb ist nichts, was in diesem Sinne nicht Wirklichkeit ist, als Möglichkeit vorstellbar. Das hier als Wirklichkeit Gedachte, nämlich das unbestimmt Wirkende, wird demnach zu unterscheiden sein von der besonderen Wechselvereinigung, der besonderen Welt, die üblicherweise mit dem Wort Wirklichkeit bezeichnet wird. Den Unterschied möchte ich damit verdeutlichen, daß ich für die jeweils unter kategorialen Verstandesbestimmungen gehaltene Wirklichkeit, den bestimmten und behandelbaren Teil der gesamten Wirklichkeit, das Wort Realität verwende(5). Die hier vorgetragene Auffassung der Modalkategorien nimmt Hölderlin in "Das untergehende Vaterland" genauer formulierend wieder auf, wie ich zeigen möchte.

In dem Augenblick, in dem das Unbestimmte wirkt und damit den Untergang der ideal gewordenen Welt, der im Verstande festgestellten besonderen Wechselvereinigung bewirkt, soll das immer Seiende, das Alles in Allem sich darstellen. Dies ist gerade die Wirkung des Unbestimmten, mit der das zum Ausdruck kommt, was Hölderlin das "reale Prinzip" nannte. Der Untergang läßt zur Darstellung kommen, und somit erkennbar werden, daß das Besondere, die realideal bestimmte Wechselvereinigung von Stoff und Form, in der der bestimmte Gegenstand konstituiert wird (die Welt), immer nur wirklich gedacht werden kann, wenn zugleich damit die unerschöpfliche Sphäre der Welt aller Welten gedacht wird, d.h. die Gesamtheit aller Wirklichkeit, innerhalb derer die jeweils bestimmt gedachte Welt immer nur ein für das menschliche Denken notwendiger Ausschnitt ist, der nicht absolut gesetzt werden darf. Deshalb konnte Hölderlin die Darstellung des Alles in Allem im Moment mit der Sprache vergleichen, die "Ausdruk, Zeichen Darstellung eines lebendigen aber besondern Ganzen"(6) ist.

---

5 Mit dieser Wortwahl folge ich Bruno Liebrucks, der in seinem Werk "Sprache und Bewußtsein" ebenso unterscheidet.

6 FHA,14,174,11-12 (für den Band 14 der Frankfurter Ausgabe gebe ich künftig nur die Seite und die Zeilen an.)

Zu einem besonderen Ganzen wird ein Ausschnitt des unbestimmten Ganzen in dem selben Moment notwendig für das Bewußtsein, in dem sich dieses Ganze darstellt. Dieser Augenblick kann deshalb an sich nicht vorgestellt werden, wie er zugleich begriffen werden muß als den Kategorien der Anschauung ebenso unfaßbar, wie dieselben ermöglichend. Entsprechend dachte Hölderlin die Sprache als Zeichen, in dem im selben Augenblick Einheit und Mannigfaltigkeit aufgehoben sind. Im Augenblick wie in der Sprache kommen zusammen "die Möglichkeit aller Beziehungen" und "eine Beziehungsart, und **Stoffart**"(174,16) zur Darstellung. Letzeres ist der Zustand des "lebendig Bestehenden", des als ein bestehendes konstituierten Wechselbestimmens, das den unendlichen Stoff und die unerschöpflichen Beziehungsmöglichkeiten als Arten festsetzt, während ersteres eben die Offenheit der Möglichkeit zu Wechselbestimmungen ist. Wenn beide Komponenten zugleich in der Sprache zum Ausdruck kommen sollen, dann kann dies nicht die Sprache hinsichtlich ihrer Verwendung zur alltäglich-praktischen Realitätsbewältigung verstanden sein, denn aus dieser Sprachverwendung muß "die Möglichkeit aller Beziehungen"(174,17) ausgeblendet werden, wenn sie funktionieren soll. Deshalb werde ich auf diese Beschreibung der Sprache zurückkommen, wenn von der Sprachgestaltung des Dichters die Rede sein wird.

Die scheinbar Getrennten sollen jedoch keinesfalls als abgesonderte vorgestellt werden: während in der einen Beziehungs- und Stoffart alle übrigen zu ahnen sind, wird im Augenblick des Übergangs, des Allgemeinen, das Besondere möglich. Das Unendliche bewirkt, indem seine Wirkung in der Wechselvereinigung des Bewußtseins sich bestimmt, eine besondere Endlichkeit. Dabei ist das in der Auflösung der besonderen Wechselvereinigung sich neu konstituierende Bewußtsein immer zugleich auch ein Bestehendes. Der Moment der Auflösung ist ebenso der Moment des Neuherstellens, denn er darf nicht als gegenständliche Spanne vorgestellt werden, wenn nicht das Bewußtsein nur als physische Sukzession angenommen werden soll. Deshalb kann Hölderlin an dieser Stelle das a nihilo nihil fit erinnern, denn der sogenannte Übergang aus dem Unendlichen in das Endliche ist in dem Moment, in dem Auflösung und Konstitution zusammenfallen, gedacht, ohne als Weg vorgestellt zu werden. Hier kommt Hölderlin auf die Modalitäten zurück und bestimmt sie im bereits angesprochenen Sinn als das Wirkende, das als Unbestimmtes die Bestimmung bewirkt und **Wirklichkeit** ist. Löst sich die jeweils bestimmte Realität auf, tritt das **Mögliche** in die Wirklichkeit, die somit die realen Möglichkeiten und das Unbestimmte umfaßt. Das

> "**Mögliche,** welches in die **Wirklichkeit** tritt, indem **die Wirklichkeit sich auflöst,** diß wirkt, und es bewirkt sowohl die Empfindung der Auflösung als die Erinnerung des Aufgelösten." (174,31-33)

Der Auflösung selbst kommt **Notwendigkeit** zu. Damit ist der Grund gelegt für die Umwendung von einem auf ein Wirkliches gerichteten Erkenntnisblick, der in diesem Sinne aber nur Möglichkeiten sieht, zu einem Begriff des Erkennens, der weiß, daß wir immer in der umfassenden Wirklichkeit stehen und darin unsere Realität bestimmend setzen, wobei zugleich die Wirkung des Wirklichen eine notwendige Auflösung der je besonderen Setzungen fordert. Im Verlauf der Aufsätze, die ich hier kommentiere, wird Hölderlin dies hinsichtlich der Geschichtlichkeit und der Sprachlichkeit des menschlichen Bewußtseins ausführen.

b. Die reale Auflösung

Die Empfindung der Auflösung, die das Mögliche bewirkt, ist notwendig noch unbestimmt; sie kann nur beschrieben werden als ein unbekannter "Schmerz"(175,4). Wenn das Denken bei dieser Empfindung stehenbliebe, könnte es die Gesamtheit der Auflösung nicht begreifen, denn dazu gehört auch die Erinnerung derselben. Verharrt das Denken in der Betrachtung des Leidens, dann ist ihm das noch nicht bestimmte Unbekannte "ein Gegenstand der Furcht"(ebd., 5-6), weil es weder um die Notwendigkeit der neuen Bestimmung, noch um die des Wechsels weiß. Die Auflösung wird für ein Bestehendes gehalten, denn es kann nichts anderes vorstellen, als Etwas, das gegenständlich erscheint. Fixiert das Denken diese Furcht als seinen absoluten Zustand überhaupt, dann hält es zum einen an der Bestimmung fest, die sich auflösen muß, zum anderen kommt ihm dann das als Gegenstand entgegen, was es für seine Tätigkeit hält, die als solche angesehen Schein ist. Erst wenn die Auflösung in ihrem "eigentümlichen Karakter zwischen Seyn und Nichtseyn"(ebd.,10-11) gedacht wird, weiß das Bewußtsein um die Notwendigkeit, Bestehendes aufzulösen. Ist der neue bestimmte lebendige Zusammenhang real, dann ist der aufgelöste möglich, d.h. er ist nicht mehr als Wirkender empfindbar und kann nur erinnert werden als "alt". Das zuvor Reale wird ideal, es wird als Vergangenes erinnert und ist somit nicht mehr ein wirkendes Wirkliches, sondern ein ideal in der Erinnerung gedachtes ehemaliges Wirkliches. Insofern bewirkt das Mögliche auch die Erinnerung des Aufgelösten, denn könnte das Mögliche nicht mit der für uns "neuen" Empfindung verglichen werden, könnten wir eine davon unterschiedene "alte" Empfindung gar nicht erinnern. Diese Erinnerung bezeichnet Hölderlin als das Ideale, während das wirkende Wirkliche in der Auflösung zum Realen wird. Im selben Moment konstituiert sich demnach das Bewußtsein real und ideal, denn es muß gleichermaßen die wirkliche Empfindung erfahren und das wirkende Lebendige erinnernd bestimmen, indem es relativ dazu das Aufgelöste erinnert. Wird die Auflösung selbst gedacht, dann wird sie zu einem "idealische(n) Objekt"(175,15), denn der Charakter der Idealität eignet jedem Objekt, das als solches gedacht, bzw. wie hier gezeigt: erinnert wird. Zugleich kann aber das, das in Wechselwirkung mit der idealen Erinnerung und in derselben für sie als Objekt konstituiert wird, nicht anders zustande kommen, als ebenso bewirkt in einer wirklichen Empfindung, die eine Bestimmung erfordert, welche sich erinnernd als "neue" von der "alten" Bestimmung unterscheiden läßt, womit Unterscheidungen überhaupt erst möglich werden. Das erinnernde Bewußtsein weiß bei dieser Unterscheidung um die Notwendigkeit der Auflösung, denn es kann zurückblicken "auf den Weg"(ebd.,16), der scheinbar zwischen dem Beginn der Auflösung, dem Moment der Wirkung des Wirklichen, und dem neuen Leben liegt, das sich im selben Moment konstituiert und das die Erinnerung, d.h. die Unterscheidung des aufgelösten und des sich neukonstituierenden bestimmten Lebens ermöglicht. Die Erinnerung kann, wenn sie aufgrund des Wissens um die Notwendigkeit der Auflösung das alte und das neue Leben vergleicht, indem sie sie unterscheidet, den Unterschied denken und sich die scheinbar vorhandene Lücke erklären, die der Moment des gleichaugenblicklichen Vergehens und Entstehens eines bestimmten lebendigen Zusammenhanges ist.

Die idealische Erinnerung, wie Hölderlin sie an dieser Stelle charakterisiert, verstehe ich als die Anschauung. Der sogenannte Rückblick auf den scheinbar durchlaufenen Weg von einer bestimmten Konstitution des anschauenden Bewußtseins und seines Gegenstandes zugleich zu einer anderen Bestimmung ist die Vorstellung, die dann entsteht, wenn der Moment der Auflösung nicht als Augenblick, sondern als meßbarer Zeitpunkt angesehen wird. Die Erinnerung vergleicht dann, vom Standpunkt des neuen bestimmten lebendigen Zusammenhangs aus, diesen mit dem zuvor bestimmten und vermutet eine Lücke, denn es muß sich ein Unterschied zeigen, wenn überhaupt verschiedene Bestimmtheiten wirklich sind. Als Anschauung sich selbst erfassend kann das Denken sich diesen Unterschied nur erklären, wenn es die Auflösung als "idealisches Objekt" vorstellt, als einen gegenständlichen Vorgang ("Weg"), der sich zwischen den unterscheidbaren Bestimmtheiten vollzogen zu haben scheint. Hier begreift das Denken die Auflösung noch nicht wirklich in ihrer Notwendigkeit für es selbst als Bewußtsein, das sich jeweils in der Zeit konstituiert, indem in einer Wechselwirkung von wirkendem Wirklichen und idealer Erinnerung das Bewußtsein im Augenblick vergeht und entsteht. Hölderlin macht allerdings hier darauf aufmerksam, daß die Anschauung nicht als unmittelbare, sondern nur in der Idealität der Erinnerung Vermittelte gedacht werden kann. Wenn das reale Prinzip, die möglichen Kräfte, in ihrer Wirkung empfunden werden, dann ist dies noch nicht die bewußte Anschauung, sondern lediglich eine Affektion der Sinne. Dieselbe aber bewirkt eine Bestimmung und erst in der Wechselvereinigung von Wirkung des Wirklichen und deren idealer Bestimmung als einem Möglichen ist die idealreale Anschauung oder die bewußte Wahrnehmung eines Gegenstandes, der von anderen Gegenständen unterscheidbar ist. Die in ihrer Mittelbarkeit und Idealrealität charakterisierte Anschauung hat die Wirklichkeit als Gegenständlichkeit vor sich und denkt noch nicht die Konstitution des Bewußtseins und seines Anderen im gleichen Augenblick. Deshalb wohl wählte Hölderlin für die Beschreibung der idealischen Auflösung Worte, die dem vorstellenden Denken entsprechen, wie die bereits zitierten "Weg" und "Lücke" und die noch zu nennenden "Anfangs- und Endpunkt"(175, 21).

Endpunkt für die Erinnerung der Auflösung soll der neue lebendige Zusammenhang sein, der in der Wechselbestimmung des Wirkenden "gesezt, gefunden, gesichert"(ebd., 21-22) wird, zugleich mit dem Anfangspunkt, der die vorhergehende (alte) Bestimmung des lebendigen Zusammenhanges ist. Für die idealische Auflösung, für die Wahrnehmung der Veränderung, erscheint diese, die Auflösung überhaupt, als ein reproduktiver Akt. Die, von der Erinnerung her gesprochen, alte Bestimmtheit löst sich auf, denn das Leben, d.h. die Möglichkeiten der Wechselvereinigung, die in der alten Bestimmung nicht enthalten sind, erfordert eine Neukonstitution, wenn es nicht unter der Einseitigkeit der überkommenen Bestimmtheit erstarren soll. Der idealischen Erinnerung erscheint das Leben als etwas, das sich reproduzieren muß und deshalb auf keinem Punkt verweilen darf, sondern alle durchläuft und auf "jedem sich auflöst, um in dem nächsten sich herzustellen"(7). Diese punktuelle Vorstellung des Lebens denkt dasselbe noch als eine lineare Zeitfolge, die sich nur **nacheinander** im Zustand der Auflösung und Herstellung befindet. Deshalb kann das wirkliche Bewußtsein hier für sich noch nicht vollständig zum Ausdruck kommen, sondern bloß der Aspekt des Vorstellens in der anschauenden Wahrnehmung. Was für das Bewußtsein in einem Augenblick gilt, wird hier in der Analyse der Wahrnehmung auseinandergelegt. Deshalb kann Hölderlin sagen, je weiter sich die Auflösung von ihrem Anfangspunkt entferne, umso idealer werde sie und umso realer werde zugleich die Herstellung. Die gefühlte Empfindung des Wirklichen, die die Auflösung der vorgenommenen Empfindung bewirkte, wird, wenn sie erneut bestimmt wird, idealer; im gleichen Moment wird auch die neu sich herstellende lebendige Bestimmheit realer. Der Moment der Auflösung und Herstellung zugleich ist der Moment der "unendlich durchlaufenen Empfindungen des Vergehens und Entstehens"(175, 29-30). Damit wird er nicht als Zeitpunkt vorgestellt, sondern als der Augenblick begriffen, in dem der unendliche Wirklichkeitsgrund aller Bestimmung eine jeweilige Konstitution des Bewußtseins und seines Anderen bewirkt. Die vorstellende Wahrnehmung hat diesen Augenblick als ein "ganzes Lebensgefühl"(ebd., 30), und aus diesem geht die Erinnerung des Aufgelösten als Objekt hervor. Letzteres ist das erinnerte "alte" Lebensgefühl, das das einzige ist, das von dem neuzubestimmenden Gefühl seiner selbst notwendig ausgeschlossen sein muß, weil ansonsten kein Unterschied erkennbar wäre. Der

---

7 ebd.,25-26. Hier ist die Ähnlichkeit am deutlichsten zur Phänomenologie Hegels: "das reine Bewußtsein ... als das unruhige **Hin- und Hergehen**, welches alle seine Momente durchläuft". G.W.F. Hegel, Werke in zwanzig Bänden, Band III, Phänomenologie des Geistes; Frankfurt am Main (Suhrkamp) 1970. S.183.

aufgelöste Zustand erscheint als Objekt, denn in der Vorstellung kann ich mich nur von meinem aktuellen Standpunkt aus als Wesen in der Zeit denken, wenn ich mir selbst als Gegenstand gegenübertrete. Erst die Unterscheidung und die damit stattfindende formale Vereinigung des erinnerten Individuellen, das aufgelöst ist, von und mit dem neuen Lebensgefühl, ermöglicht den neuen Zustand, der hinsichtlich des Aufgelösten negativ bestimmt werden muß. Wenn das sich so fühlende Denken die Auflösung mit ihren beiden feststehenden 'Enden' vorstellt, dann erscheint diese als der "sichere, unaufhaltsame, kühne Act, der sie eigentlich ist."(175,40). Sie wird nicht mehr nur gefürchtet, wie im ungedachten Zustand der Empfindung der Auflösung, sondern sie wird vorgestellt als zeitliche Veränderung im eigenen Leben, das aber als solches lediglich gefühlt, noch nicht gedacht ist. An dieser Stelle zeigt Hölderlin, daß das Lebensgefühl nicht ohne die ideale Erinnerung vorgestellt werden könnte, daß auch das ungedachte Gefühl des Menschen, in dem er sich selbst fühlt, nicht ein vorbewußtes Fühlen ist, sondern sich ihm in idealrealer Vermittlung als bestimmte Empfindung konstituiert.

c. Die idealische Auflösung

Der Unterschied zwischen der idealischen Auflösung und der realen Auflösung wird nun eingehender bestimmt. Die idealische Auflösung geht vom "Unendlichgegenwärtigen zum Endlichvergangenen"(176,2-3), sie ist die Erinnerung der Auflösung eines bestimmten Lebensgefühls, das im herkömmlichen Wortsinn Wirklichkeit genannt wird. Hier wird deutlich, daß die im vorstellenden Denken wahrgenommene Realität des Menschen und der Welt immer schon vergangen ist, wenn er sie als Objekt begreift(8). Die wirkliche Gegenwart ist das Unendlichgegenwärtige, das erst als Bestimmtes der Vorstellung gegenwärtig erscheint, als solches aber bereits logisch vergangen ist. Im gleichen Sinn ist das Wirkliche, das gemeinhin dafür angesehen wird, nicht das gegenwärtig Wirkende, sondern das Gewirkt-

---

8 Genau umgekehrt spricht Schelling im Hinblick auf Fichte von der transzendentalen Vergangenheit des Ich:

> "Ich suchte also mit Einem Wort den unzerreißbaren Zusammenhang des Ich mit einer von ihm notwendig vorgestellten Außenwelt durch eine dem **wirklichen** oder empirischen Bewußtsein vorausgehende transzendentale Vergangenheit dieses Ich zu erklären, eine Erklärung, die sonach auf eine transzendentale Geschichte des Ichs führte."

F.W.J. Schelling, Zur Geschichte der neueren Philosophie - Münchener Vorlesungen. Darmstadt (WB) 1975. S.83 f.

habende, das in der anschauenden Erinnerung bestimmt erscheint. Die wirkende und wirkliche Gegenwart ist nicht anders denkbar als im Begriff des Augenblicks, des hier so genannten Moments der Auflösung und Herstellung, der jede Ausdehnung in Raum und Zeit begründet, aber nicht als Substrat vorgestellt werden darf, wenn nicht im Sinne schlechter Metaphysik Gegenständlichkeiten als transzendent angesehen werden sollen. Der Augenblick, der die wahre Zeit ist, ist der Wirklichkeitsgrund für die Kategorien, die den Raum und die Zeit erfahren lassen und damit die Erkenntnis für den Verstand ermöglichen. Das Denken, das nur die Vorstellung von Erscheinungen für das einzig menschenmögliche Denken ansieht, erweist Hölderlin hier als auf einem Lebensgefühl gegründet; es hat den wirklichen lebendigen Zusammenhang noch nicht in das Bewußtsein aufgenommen.

Das Unendlichgegenwärtige, das die wirkliche Auflösung immer bewirkt und lediglich in der und für die idealische Erinnerung zu nur diesem bestimmten Zusammenhang wird, ist die wirkliche und augenblickliche Gegenwart, die der Möglichkeit zugrunde liegt, den vergangenen Zustand einer bestimmten Endlichkeit als Objekt anzusehen und die dem Menschen ermöglicht zu meinen, dieser Zustand seiner selbst und seiner Welt sei gegenwärtige Realität. Die idealische Auflösung, die aus der wirklichen Gegenwart des Augenblicks in die endliche Vergangenheit des "alten" bestimmten Zusammenhanges geht, ist dadurch gekennzeichnet, daß in ihr eine unendlichere Verflechtung von Auflösung und Herstellung, von jeweils einzelnen Auflösungen und Herstellungen untereinander und von einzelnen Auflösungen und Herstellungen mit dem "Totalgefühl der Auflösung und Herstellung"(176,5-6) begreifbar wird. Nicht die besondere Auflösung und Herstellung einzelner Teile, noch deren Verbindungen, noch die Vorstellung des Unterschiedes zwischen dem bestimmten alten Zustand und dem Lebensgefühl charakterisieren die idealische Auflösung, sondern die Unendlichkeit aller dieser möglichen Momente zusammen, denn in ihr ist die Unendlichkeit des Wirklichen gegenwärtig und nur in dieser wirklichen Gegenwart kann das vorstellende Denken, das diese Wirklichkeit nicht in das Bewußtsein aufnimmt, sich als reales bestimmen. Dabei setzt es sich mit der in Wahrheit vergangenen Objektbestimmung identisch: als Objekt in der Realität.

Die einzelnen Punkte und Teile, sowie ihre Verbindungen, in denen sie sich untereinander und als Ganzes konstituieren, sind alle erst in der vermittelnden Bestimmung des Bewußtseins zu diesen Punkten, Teilen und Verbindungen geworden; sie sollen sich in der idealischen Auflösung unendlicher durchdringen, berühren und angehen

> "und so ein himmlischer Feuer statt irdischem"(176,9)

wirken. Im unterscheidenden Vergleich zu der endlichen, vergangenen Bestimmung soll danach in der idealischen Auflösung, d.h. in der Erinnerung dieser Bestimmung, die Unerschöpflichkeit des

Wirklichen (himmlischer Feuer) wirksam sein und dadurch die Unterscheidung der vorhergegangenen Bestimmung von den möglichen übrigen Bestimmungen und zugleich von der notwendig offenen Möglichkeit anderer Bestimmung überhaupt fühlbar werden lassen. Diese Unterscheidung verbleibt noch auf der Ebene der Empfindung, denn die beiden Perioden der wirklichen Auflösung und der idealischen Erinnerung konstituieren zusammen nicht mehr als ein Lebensgefühl an sich, das noch nicht die Vorstellung der eigenen Identität oder das wirkliche Selbstbewußtsein für sich begriffen hat. Allerdings ist dieses Lebensgefühl in jedem Moment wirklich und ein notwendiges Konstituens des Bewußtseins ebenso, wie es nicht als vorbewußtes Gefühl, sondern nur als idealreal vermittelte Empfindung überhaupt vorgestellt werden kann.

Wenn in der idealischen Auflösung die Unendlichkeit des unbestimmten Wirklichen wirkt, dann bedeutet dies, daß auch dieses Gefühl des Lebens nur möglich sein kann, wenn zugleich ein bestimmter Zusammenhang (Gegenstände, eigene Gegenständlichkeit) erinnert wird und die unbestimmte Unendlichkeit wirksam ist, auch wenn für das Lebensgefühl nur jener erscheint, weil von diesem aus die gesamte Wechselvereinigung nicht gedacht werden kann. Die wirkliche Auflösung wird in der idealischen, die eben von dem Unendlichgegenwärtigen ausgeht, bestimmt und somit für die idealische Vorstellung unterscheidbar und begrenzbar. Damit ist die Furcht, die die wirkliche Auflösung, als ungedachtes Gefühl angesehen, auslöst, beruhigt und die bewußte Empfindung der Auflösung kann ihren "präcisen, geraden, freien Gang"(176,19) gehen. Die Bedeutung dieser Worte möchte ich dadurch zu umschreiben versuchen, daß ich die Unterscheidungen bezüglich der Furcht und des freien Gangs, des unbegriffenen Gefühls und der bewußten Empfindung, die Hölderlin an dieser Stelle nennt, genauer erläutere. Die diffuse Furcht kann die einzelnen Punkte der Auflösung nicht unterscheiden, sie rafft sie "mit ängstlicher Unruhe"(176,13) zusammen und irrt ab auf Unwesentliches, das der Auflösung hinderlich ist, auf "also eigentlich tödtliches"(176,16). Diese Vorstellung läßt sich in Verbindung bringen mit dem oben zu den reinen und unreinen Richtungen des Bildungstriebes Ausgeführten. Wenn die Auflösung aus Furcht vermieden werden soll, wenn also die bestimmte Wechselvereinigung festgehalten wird, dann beschränkt diese Bestimmung sich einseitig und bewirkt damit letztlich den Tod des Lebendigen. Es bleibt nämlich eine Bestimmtheit bestehen und es werden neue Bestimmungen nicht ermöglicht; beides ist für das Bewußtsein tödlich. Jenes hindert die Möglichkeiten der Wechselvereinigung in ihrer notwendigen Bewegung, dieses läßt das Lebensgefühl nicht zu, das sich für das und in dem Bewußtsein immer zugleich aus Bestimmung und Unendlichkeit konstituiert. Deshalb ist jede Richtung der Wechselbestimmung, die nicht zugleich die Unendlichkeit des Wirklichen und die Erinnerung des endlichen Möglichen in sich aufnimmt "zum eigentlich Todten veranlaßt"(176,18-19). Der freie Gang der idealischen Auflösung aber ist dadurch gekennzeichnet, daß er in seine Bestimmung die Unendlichkeit des Neuen und die Endlichkeit des Alten aufnimmt, daß er zugleich das "Realtotale" und das "Idealpartikulare" begreift und daß von diesen beiden sogenannten Punkten aus die übrigen erscheinenden Punkte bestimmt werden können, ohne daß eine der Auflösung hinderliche Richtung genommen würde. In dem Lebensgefühl der idealischen Erinnerung wird die Auflösung individualisiert zu Punkten, die jeweils in Beziehungen mit den übrigen Punkten stehen und in denen die Auflösung und die Herstellung zwar nur vorgestellt werden, wobei aber diese Vorstellung den Augenblick der jeweiligen Auflösung und Herstellung als

> "ganz das, was sie auf ihm (dem vorgestellten Punkt, Zusatz, A.T.), aber auch nur auf ihm seyn kann"(176,20-21)

begreift. Die Vorstellung der individuellen Punkte und ihrer Beziehungen erfolgt nach der Auflösung und Herstellung der beiden ersten dazu

> "**fähigen** Puncte(n), nemlich dem entgegengesezten Unendlichneuen, und Endlichalten"(176,26-27).

Gegen das Endlichalte, die bestimmte Wechselvereinigung, wirkt das Wirkliche als Gefühl und wird als unbestimmt Entgegengesetztes zu einem Lebensgefühl, das sich selbst in diesem Entgegengesetzten als gegenwärtig erscheint. Danach, aber nur für den Horizont des anschauenden Denkens danach, nimmt es andere Punkte wahr, die in ihrer Wechselbeziehung insgesamt etwas ausmachen, das ich entsprechend dem Lebensgefühl hier **Weltgefühl** nennen möchte. Wie sich für die idealische Erinnerung die Konstitution einer bestimmten Empfindung des eigenen Lebens dann zugleich auflöst und herstellt, wenn im Augenblick das unendliche Wirkliche wirkt, so lösen sich auch die erinnernd angeschauten Punkte des Kosmos auf und stellen sich her. Für das vorstellende Denken ist dies ein Vorgang, der erst **nach** seiner Selbstkonstitution erfolgt. Die Scheinbarkeit dieses Nacheinander kann das wirkliche Bewußtsein ebenso begreifen, wie es das Wissen um die Relativität und den Setzungscharakter der Vorstellungen von Wirklichkeit und Möglichkeit, Gegenwart und Vergangenheit in den Gedanken aufnimmt. Dies wird aber erst im Zusammenhang mit dem zu erarbeitenden Begriff des Geistes ausführbar sein.

d. Der mythische Zustand des transzendentalen Aktes

Die idealische Auflösung, die im Unendlichen das Endliche als Altes erinnert, wenn das endlich Bestimmte in der Wirkung des unendlichen Wirkenden aufgelöst wird, kann als Empfindung die Auflösung selbst nicht denken und diese muß "schlechterdings als reales Nichts"(176,33) erscheinen. Während die Auflösung als unbestimmtes Gefühl angesehen ein diffuser Gegenstand der Furcht war, erscheint sie dem erinnernden Empfinden als reales Etwas, das aber nicht bestimmt werden kann und deshalb ein zwar empfundenes aber nicht begriffenes Nichts ist. Die idealische Erinnerung ist zwar nur möglich als "Vereinigung und Vergleichung des Vergangenen Einzelnen, und des Unendlichen gegenwärtigen"(175,35-37), aber sie nimmt nur das Einzelne für sich wahr und darum erscheint ihr positiv "jedes Bestehende also Besondere, als Alles"(176,33-34). Sie kann die Auflösung nur als reales Nichts empfinden und so stellt sie die Gesamtheit vor als zusammengesetzt aus punktuellen Einzelnen, die insgesamt das Ganze ausmachen. Wird durch die Reflexion des Denkens dieses Lebensgefühl nicht als solches erkannt, sondern absolut gesetzt, dann entsteht eine Ansicht vom menschlichen Bewußtsein, die Hölderlin als einen sinnlichen Idealismus oder Epikuräismus bezeichnet. Dieses Denken schaut die bestimmten Einzelteile des Ganzen an und hält sie für die Gesamtheit. Dabei denkt es die wirkliche Auflösung nicht und kann deshalb weder sich selbst als Bewußtsein erkennen, noch die Bestimmung des jeweils als Einzelnes Erscheinenden in ihrer Konstitution denken. Dem derart absolut gesetzten Empfinden erscheint somit nur die Ansammlung der besonderen Objekte, sein Lebensgefühl und sein Weltgefühl, als Bestehendes, die Auflösung dagegen als Nichts, wenn auch als reales Nichts, das nicht geleugnet werden kann, denn die Bewegung wird gefühlt: Veränderung findet offensichtlich statt.

Nimmt man das Lebensgefühl nicht für das menschliche Bewußtsein als solches an, dann wird es möglich, dieses Gefühl in seiner Idealrealität und in seiner Zugehörigkeit zu dem Augenblick der Konstitution des Bewußtseins, der in aller Zeit ist, zu denken. Die Auflösung erscheint dann nicht als reales Nichts, sondern wird gedacht "als Übergang aus Bestehendem ins Bestehende"(177,1-2). Das bestimmte Bestehende, das sich in der Wirkung des Wirklichen auflöst, wird im Augenblick seiner Auflösung ersetzt durch ein anderes bestimmtes Bestehendes. In diesem Augenblick der Auflösung und Herstellung geht das Idealindividuelle, die besonderen Formen der Verstandesbestimmung, in das Unendlichreale, den unerschöpflichen wirklichen Grund aller Realität, über und **zugleich** dieses in jenes, wobei das Idealindividuelle sich von dem als Altes erinnerten in seiner Bestimmtheit unterscheiden muß, wenn verschiedene Bestehende sollen vorgestellt werden können. Der Augenblick der Auflösung und Herstellung begründet somit zugleich die Möglichkeit einer zeitlich und räumlich differenzierenden Anschauung. Er wird aber als Übergang aus Bestehendem in Bestehendes nur gedacht, wenn er nicht als leere Spanne oder Lücke zwischen den unterscheidbaren Gegenständen der Wahrnehmung in ihrem räumlichen Neben- und zeitlichen Nacheinander vorgestellt wird. Diese Gegenstände da werden als diese nur dann konstituiert, wenn das Bewußtsein die idealreale Wechselbestimmung aufgrund der Wirkung des unerschöpflichen Wirklichkeitsgrundes aller Bestimmung erinnert und die dabei für die Wahrnehmung erscheinende bestimmte Gegenständlichkeit als seine aktuelle Realität vorstellt, die in Wahrheit bereits vergangen ist. Soll sich das Bewußtsein als Wirkliches begreifen, dann muß immer zugleich mit den notwendigen jeweiligen Bestimmungen die Notwendigkeit des Wechsels, d.h. die Wirkung des unbestimmten Wirklichen, in das Denken des Augenblicks eingehen, in dem das Bewußtsein in aller Zeit sich zugleich mit seinem Anderen auflöst und herstellt. **So gedacht** gewinnt die Auflösung "an Gehalt und Harmonie" (177,1), denn sie wird nicht vorgestellt als Nichts oder als Lücke zwischen unterscheidbaren Bestimmtheiten. Vielmehr ist sie gedacht als für alles Leben notwendig, das in seinen jeweiligen Gestalten harmonisch zusammenstimmt(9). Zugleich gewinnt das Bestehende "an Geist"(177,3), wenn es zusammen mit dem Übergang gedacht wird. Ansonsten stellt das wahrnehmende Denken das Bestehende als partikulares Gegenständliches in gerader Entgegensetzung zu dem Denken selbst vor. Dabei sieht es die Auflösung des Einzelnen "als Schwächung und Tod"(177,5) an, denn es weiß nicht um die Notwendigkeit des Wechsels gerade für das Leben, das sich nur dann erhalten kann, wenn einzelne Bestimmungen und Beziehungen nicht festgehalten werden, sondern die in ihnen sich konstituierenden Teile sich wieder auflösen und in anderen bestimmten Konstellationen andere Teile entstehen können. Wird diese Notwendigkeit gedacht, dann erscheint die "Auflösung des Idealindividuellen ... als Aufleben als Wachstum", die "des Unendlichneuen ... als Liebe"(177, 4-7). Beides muß nämlich zugleich als im Augenblick wechselseitiger Auflösung begriffen werden: das einzeln für den Verstand so Bestehende, weil es das Leben nicht in seiner Form fixieren darf, das Unendlichneue, weil es als nur Unbestimmtes nicht erinnert werden und deshalb die Empfindung keinen festen Punkt gewinnen könnte. Das Auflösen des Unendlichneuen zu einem Bestehenden, das sich in der idealischen Erinnerung vollzieht, charakterisiert Hölderlin hier damit, daß er sagt, es erscheine als Liebe. Dies verstehe ich im vorgetragenen Zusammenhang so, daß damit eine Gunst des Unendlichen für das menschliche Bewußtsein angedeutet sein soll, die auch als die Gnade Gottes bezeichnet werden könnte. Diese erscheint als Liebe(10), wenn das Bewußtsein sich begreift als sich im Augenblick in dem unerschöpflichen Unendlichen, das für die Anschauung

----

9 Der hier angedeutete Begriff der harmonischen Entgegensetzung wird im folgenden Kapitel noch ausgeführt.

10 Der Spinozasche Liebesbegriff ist hier mit dem christlichen nahezu vereinigt worden: Gott geht aus sich heraus, weil er die Schöpfung will, und zugleich ist die Liebe, mit der er sich selbst liebt, dieselbe, mit der wir ihn auf der höchsten Stufe der Erkenntnis lieben.

Bei Hegel kommt der Gedanke folgendermaßen zum Ausdruck: "daß das Unwandelbare selbst seine Gestalt **preisgibt** und ihm (dem Bewußtsein, Zusatz,A.T.) zum Genusse **überläßt**. ... eine fremde Gabe, welche das Unwandelbare ebenso dem Bewußtsein überläßt, um sie zu gebrauchen." ("Phänomenologie", a.S.130 a.O.171).

von den erinnernden Bestimmungen her (idealisch) als ein immer wieder Neues erscheint, konstituierend. In Wahrheit bewirkt und verlangt die Unendlichkeit dieses Neue.

Die in diesem Augenblick sich vollziehende Wechselwirkung des Besondernden und des Unendlichen nennt Hölderlin einen "(transzendentale(n)) schöpferische(n) Act"(177,7-8). Dessen Wesen soll sein "idealindividuelles und realunendliches zu vereinen"(177,8-9), wobei zugleich sein Produkt "das mit idealindividuellem vereinigte realunendliche" ist(177,9-10). Dabei soll das Idealindividuelle das Leben des Unendlichrealen, dieses die Gestalt von jenem annehmen, "und beede sich in einem mythischen Zustand vereinigen"(177,11-12).

Dieser transzendentale Akt und der in ihm hervorgehende mythische Zustand scheinen nicht voneinander trennbar zu sein. Wenn im transzendentalen Akt das Individuelle und das Unendliche vereinigt werden, im Zustand beide vereinigt sein sollen, dann geht aus dem bisher zur Auflösung Gesagten hervor, daß beide, der geschehende Akt und der ruhende Zustand, in den Augenblick der Auflösung und Herstellung fallend gedacht werden müssen. Mit welchem Recht aber verwendete Hölderlin hier das Wort "transzendental" und welche Bedeutung hat im gleichen Zusammenhang "mythisch"? Zur Erläuterung möchte ich den Begriffen "Idealindividuell" und "Realunendlich" weiter zu folgen versuchen, weil dabei der Sinn dieser zunächst ungewöhnlichen Zusammenstellung möglicherweise eine Erläuterung finden kann.

Aus der bisher kommentierten Charakterisierung des wahrnehmenden Bewußtseins geht hervor, daß dieses sich selbst immer zugleich mit seinem Anderen konstituiert, weil ein bestimmtes Objekt nur wahrgenommen werden kann, wenn in der Wirkung des unbestimmten Wirklichen eine unterscheidende Erinnerung des Bestehenden möglich wird. In der Periode des Lebensgefühls, in der Hölderlin das Bewußtsein hier beschreibt, kann es sich nur in der Wechselwirkung des von ihm ideal erinnerten Besonderen, das es für seine ganze Wirklichkeit ansieht, und des unbestimmten und wirkenden Wirklichen empfinden. Insofern kann Hölderlin von einem "Idealindividuellen" sprechen, denn die Individualität kommt immer nur in den Verstandesbestimmungen für das wahrnehmende Bewußtsein als diese zustande und muß für es zustande kommen, denn ansonsten könnte es sich noch nicht einmal als Reales empfinden. Zugleich und vereinigt damit muß aber das "Realunendliche" gedacht werden, das als unerschöpfliches Wirkliches wirkt und immer andere Bestimmungen bewirkt. Faßt man das in der Erinnerung Bestimmte als den der Erfahrung erscheinenden Gegenstand auf, dann kann das unbestimmt Wirkende als der Wirklichkeitsgrund aller Erfahrung begriffen werden, mit dem auch die aus Freiheit erinnernde Bestimmung aller Erkenntnis zum Grunde liegt. Da dieser Wirklichkeitsgrund zwar notwendig, aber völlig unbestimmt vorausgesetzt werden muß als Bedingung der Wirklichkeit jeder besonderen Erkenntnis, kann insofern der Hölderlin eigene Gebrauch des Begriffes "transzendental" für den Akt des Zusammenwirkens von Realunendlichem und Individuellidealem gerechtfertigt werden.

Das Produkt dieses Aktes soll ein mythischer Zustand sein. Dabei geht der Akt der Vereinigung von Individuellem und Unendlichem diesem Zustand nicht in der Zeitreihe voraus, sondern in dem Augenblick der Wirklichkeit des Bewußtseins vereinigt sich in ihm zugleich die Bestimmung und die Unbestimmtheit und somit befindet es sich in dem mythischen Zustand der Vereinigung beider. Den Begriff des Mythischen verstehe ich hier als Ausdruck für den transzendentalen Akt und Zustand, in dem das Bewußtsein gleichaugenblicklich sich konstituiert und wirklich ist; in dem also die erinnernde Bestimmung des Besonderen als Mögliches und die wirkende unendliche Wirklichkeit vermittelt sind. Mit diesem Begriff wird das Bewußtsein demnach als bestimmend und bewirkt gedacht, sowie zugleich als offen für andere Bestimmungen und nicht abschließend bestimmbar im gleichen Augenblick. Der mythische Zustand wird im Zusammenhang mit dem Gedicht als Mythe weiterhin zu erläutern sein; er wird dann als der Zustand erscheinen, in dem das Bewußtsein in der Wirkung des Göttlichen (des Wirklichen) dieses zu fassen sucht, indem es ihm eine (idealindividuelle) Gestalt, die immer auch historisch bedingt ist, gibt, die bei Hölderlin als Sprachgestalt begriffen ist. Sprachlichkeit kam den Gestalten, mit denen die Menschen der Wirkung des Göttlichen antworteten, um es ertragen zu können, allerdings immer zu, nur wurden die Gestaltungen erst mit den Voraussetzungen, die Hölderlin zur Verfügung standen, in ihrem Sprachcharakter begreifbar.

Zunächst scheint gegen die Deutung des Zustandes als mit dem schöpferischen Akt Zusammenfallenden, also gegen das Ineinsfallen von Bewegung und Ruhe, der Satzteil zu sprechen, in dem Hölderlin sagt, daß in diesem Zustand

> "mit dem Gegensaze des Unendlichrealen und endlichidealen, auch der Übergang aufhört, so weit daß dieser an Ruhe gewinnt, was jene an Leben gewonnen"(177,12-14).

Ich möchte aber versuchen aus der Formulierung selbst zu zeigen, daß hier nicht an einen Zustand der fixierten Ruhe gedacht ist, sondern nur an Ruhe insofern, als der scheinbare Gegensatz in den Gedanken aufgehoben wurde und damit zugleich den Charakter direkter Entgegengesetztheit verloren, sowie in der wirklichen Wechselbestimmung an Leben gewonnen hat. Wenn der mythische Zustand derjenige ist, in dem sich das Bewußtsein im Augenblick seiner Wirklichkeit befindet, dann ist für das Denken dieses Zustandes der gerade Gegensatz von Unendlichrealem und Individuellidealem insofern aufgehoben bzw. zur Ruhe gebracht, als es erkennen kann, daß das Bewußtsein sich gleichermaßen in den Entgegengesetzten konstituiert. Diese gewinnen dann auch an Leben, denn ihre wechselseitige Notwendigkeit kann gerade im Hinblick auf die Möglichkeit des Lebens gedacht werden. Die empfundene Entgegensetzung von bestimmtem Einzelnen und unbestimmtem Wirklichen, die Hölderlin als die Periode des Lebensgefühls charakterisiert hat, ist für das Denken des Übergangs eine Vereinigung, die die "Faßlichkeit, Sinnlichkeit" des Individuellidealen und den "Geist"(177,18) des Unendlichrealen im gleichen Augenblick begreift, weshalb eine ausschließende Zuordnung von Geist und Faßlichkeit zu Individuellem und Unendlichem gar nicht vorgenommen werden kann, weil für uns beides nur in der Wechselwirkung zur Geltung kommt. Hölderlin nennt diese Vereinigung im Übergang tragisch(11). Der tragische Zustand zeichnet sich dadurch aus, daß in ihm die scheinbar Gegensätzlichen, das Unendlichreale und das Endlichideale, immer vereinigt werden und sind. Sowohl die bestimmende Erinnerung des Besonderen aufgrund der Wirkung des unendlichen Wirklichen, als auch die Empfindung dieser Wirkung in erinnernder Relation zu dem Besonderen, scheinbar Wirklichen, bedingen sich beide wechselseitig ihrer Möglichkeit nach. Deshalb erscheinen sie für das Denken des Bewußtseins nicht als Gegensätze, die sich in zeit- und räumlicher Absonderung entgegen oder einander folgend verhielten, sondern als im wirklichen Augenblick oder in aller Zeit gleichermaßen notwendige Konstituentien des Bewußtseins. Hölderlin nennt das Besondere, das bestimmt erscheinende Faßbare, nun Zeichen, Materie des Übergangs, Isoliertes und beseelte Organe, während er für den Übergang Begriffe wie Geist, Transzendentales und organische Seele wählt. Diese scheinbar nebeneinanderstellbaren Bereiche der Besonderheit, erkennbaren Materialität und unterscheidbaren Zeichenhaftigkeit einerseits und der transzendentalen Geistigkeit oder Seele andererseits werden nicht nur als Getrennte und Geradeentgegengesetzte vorgestellt. Für das Denken, das den Übergang aus Bestehendem in das Bestehende denkt, können sie "harmonisch entgegengesezt Eines"(177,23-24) sein. Das bedeutet für das einzelne Zeichen, daß es ohne den Geist nicht verstanden werden könnte, wie ebenso der Geist sich im Zeichen äußern muß; für die Materie des Übergangs, daß sie ohne diesen ihr Leben verlöre, wie dieser ohne jene Nichts wäre; für die beseelten Organe, daß sie ohne die organische Seele blind wären, wie diese ohne jene leer bliebe. Das Transzendentale bedarf somit des isoliert Erfahrbaren, wie das Erfahrbare des Transzendentalen bedarf, wenn das menschliche Bewußtsein wirklich sein und sich begreifen können soll. Die Einigkeit des Harmonischentgegengesetzten bedeutet demnach eine Wechselwirkung, deren Konstituentien nicht in einem auf seine Form reduzierbaren Verhältnis zueinander stehen, sondern sich in einer notwendigen Ergänzung wechselseitig ermöglichen und verwirklichen. Mit diesem Einen, das sich in sich harmonisch entgegensetzt, bestimmte Hölderlin den entsprechenden Ausdruck dessen, was er in "Urtheil und Seyn" Seyn genannt hatte. Dabei wurde deutlich, daß dieser immer ein sich realideal Vermittelndes sein muß, wenn er

---

11 Sie unterscheidet er von "dem lyrischen Unendlichrealen" und "dem episch darstellbaren individuellidealen" (177,15-17). Auf die Zusammenhänge von Gattung und Erkenntnis komme ich bei Gelegenheit der Dichtarten zurück.

dem menschlichen Bewußtsein entsprechen können soll. Bereits in seiner Charakterisierung des Lebensgefühls zeigte Hölderlin nämlich, daß die Wirkung des unbestimmten Wirklichen nur in der idealen Erinnerung begriffen als Besonderes empfunden werden kann, wie umgekehrt die ideale Bestimmung nur in der Wirkung des unendlichen Wirklichen möglich ist.

e. Das Neuindividuelle

Die Vereinigung des Unendlichneuen mit dem Endlichalten nannte Hölderlin tragisch. Das Tragische verstehe ich hier als Auflösung des in der idealischen Erinnerung Bestimmten in der Wirkung des Wirklichen, aufgrund derer das Bestimmte als Endlichaltes erscheint gegenüber dem wirkenden unendlichen Unbestimmten; eine neue Realität muß sich im Tragischen konstituieren. So bezeichnete Hölderlin im Zusammenhang mit der Darstellung des Tragischen dieses als

> "das Ungeheure, wie der Gott und Mensch sich paart und gränzenlos die Naturmacht und des Menschen Innerstes im Zorn eins wird"(StA,V,201).

Der Gott und das unendliche reale Prinzip der Naturmacht vereinigen sich in diesem Satz und drücken den Bereich des Unbestimmten aus, der ebenso **nur** unter Raum- und Zeitkategorien nicht vorstellbar ist, wie er in der Vereinigung mit dem Innersten des Menschen diese erst ermöglicht. Das Innerste verstehe ich hier als das sich zugleich auflösende und konstituierende bestimmte Bewußtsein des Menschen von sich selbst und der Welt, das aber im tragischen Moment nicht individuell erfahrbar ist. Im Moment der tragischen Vereinigung wird das Lebensgefühl empfunden, aufgrund dessen im gleichen Augenblick in idealischer Erinnerung die Besonderheit bestimmt wird, weil das Wirkliche wirkt, durch das, für das Denken des Übergangs als solchem, die alte Bestimmung aufgelöst und eine neue verlangt wird, wenn das Bewußtsein nicht erstarren soll. Erst aus der tragischen Vereinigung "entwikelt sich dann ein neues Individuelles"(177,26). Das Unendliche, das im Lebensgefühl der Gestalt des Endlichen gegenüberstehend erscheint, bewirkt die Empfindung dieses Endlichen vermittelst der idealen Erinnerung als Realität. Diese reale Gestalt, die in Wahrheit im Moment ihrer Empfindung bereits vergangen ist, wird abgelöst von einer neuen individuellen Gestalt, als die das wahrnehmende Bewußtsein sich fühlt und die es als "Neuindividuelle" an Stelle der alten setzt. Dieses Neue muß von dem Alten ebenso unterschieden werden, wie von dem unendlichen Lebensgefühl als Unbestimmtem, während das idealisch Alte sich in das Unendliche auflösen mußte: als ein Vergangenes, das vergangen ist. Deshalb wird das Individuellneue in dem Moment zum Individuellalten, in dem das Unendlichneue als auflösende und "unbekannte Macht"(177,35) wirkt. Die jeweilige idealische Bestimmung löst sich auf, wenn die in ihr konstituierte besondere Gestalt die Wirkungen des unendlichen Wirklichen nicht in sich aufnehmen kann und deshalb das Leben hemmt. Als Ausdruck für eine derartige Hemmung verstehe ich Hölderlins Wort von dem "Übermaß der Innigkeit", wenn Innigkeit auf die idealischen Bestimmungen bezogen verstanden wird, die in der Erinnerung einen besonderen Ausschnitt des unendlichen Möglichen als die Realität des Menschen in seinem Lebensgefühl erscheinen lassen.

Die bisher beschriebene Erinnerung ist aber noch nicht das ganze menschliche Denken. Das Denken als Empfindung ist der Moment, in dem das bestimmte Besondere (Individuellneues) sich als solches in Wechselbestimmung mit dem unbekannten Wirklichen ansieht und dabei zugleich als Individuellneues aufgelöst wird, weil gegenüber dem neuen Bestimmten das unendlichneue Unbestimmte immer so wirkt, daß das jeweils konstituierte Besondere zu einem Alten wird, das in der idealischen Bestimmung als solches erscheint. Während sich in der sogenannten ersten Periode dieses Moments das bestimmt werdende Neue "aus der Unendlichkeit loszuwinden" strebt, sucht das alt gewordene idealisch Bestimmte in der zweiten Periode sich "ins unendliche Lebensgefühl aufzulösen"(177,31-32). Das idealreale Bewußtsein als sich Empfindendes, noch nicht als sich Begreifendes, erinnert eine Bestimmung und sieht diese an als alle Wirklichkeit im gleichen Moment, in dem das unendliche Wirkliche wirkt und eine neue Bestimmung notwendig bewirken muß, wenn das Leben nicht unter der formalen Einseitigkeit der einen bestimmten Gestalt ersterben soll. Dieser Wechsel von Bestimmungen findet in dem Augenblick statt, in dem das Bewußtsein wirklich ist und empfindet.

Erst wenn

> "das Unendlichneue als Lebensgefühl (als Ich) sich zum individuellalten als Gegenstand (als Nichtich) verhält"(177,40 - 178,2)

ist die Periode der Verstandesbestimmung erreicht, in der das Bewußtsein sich als Ich setzt zugleich mit einem sich entgegengesetzten Gegenstandsbereich, dem Nicht-Ich. Die weiteren Perioden, die erst insgesamt das wirkliche Bewußtsein sich begreifbar werden lassen, hat Hölderlin nur noch angedeutet. Ich möchte zu zeigen versuchen, daß eine vollständige genetische Beschreibung des Bewußtseins mit Hilfe der übrigen theoretischen Entwürfe ansatzweise möglich ist.

f. Abschließende Bemerkung zu "Das untergehende Vaterland"

Die Frage nach der Möglichkeit, Idealität und Realität so vereinigt zu denken, daß dabei nicht eine Wechselwirkung von Substratgegenständlichkeiten vorgestellt wird, kann m.E. aufgrund der vorliegenden Schrift weitgehend beantwortet werden. Es wurde gezeigt, daß schon die Empfindung für das Bewußtsein nur als Erinnerte erfahren ist und daß es deshalb für dasselbe keine unmittelbare Wahrnehmung gibt. Zugleich wirkt im Augenblick der Wirklichkeit des Bewußtseins das unbestimmte und unendliche Wirkliche, das sich im Moment des Wechsels darstellt, in dem sich eine besondere Bestimmung auflöst und eine andere Bestimmung entsteht. Der Augenblick der Wirkung des Wirklichen, der Auflösung des Realen und der Herstellung einer neuen Bestimmtheit ist die wirkliche Bedingung der Möglichkeit aller Bestimmungen in Raum und Zeit. Wenn die in letzteren Bestimmungen konstituierten Gegenstände als das einzig dem menschlichen Denken Erfahrbare angesehen werden, dann wird nur **ein** notwendiger Aspekt absolut gesetzt, wobei dieser Setzung ein Lebensgefühl zugrunde liegt, das als solches nicht gedacht ist. Um das wirkliche Bewußtsein zu denken, reicht es nicht aus, die Bestimmung von Gegenständen der Erfahrung ohne die Wirkung des unendlichen Wirklichen zu begreifen. Zugleich mit der in dieser Wirkung bewirkten Erinnerung der Auflösung des jeweils besonderen Bestimmten kann erst die Erinnerung des Aufgelösten als die Empfindung der Realität bestimmt werden, die notwendig realideal vermittelt ist. Das Idealische der Bestimmung ist die Erinnerung eines individuellen Objektes, das unterschieden wird in der unbestimmten Mannigfaltigkeit.

Die Formulierungen Hölderlins zeigen, daß das Denken des Bewußtseins, das dieses als harmonisch entgegengesetztes Eines begreift, sich in diesem Begreifen, nicht in seinem "Gegenstand", von einer Vorstellung unterscheidet, die Idealität und Realität als gerade Gegensätze annimmt. Die scheinbare Gegensätzlichkeit gewinnt an Gehalt und Harmonie

> "jemehr sie gedacht wird als Übergang aus Bestehendem ins Bestehende, so wie auch das Bestehende in eben dem Grade an Geist gewinnt, jemehr es als entstanden aus jenem Übergange oder entstehend zu jenem Übergange gedacht wird". (177,1-4)

Nicht das Thema des Denkens soll ein anderes sein, sondern der Umfang des denkend in das Bewußtsein Aufgenommenen ist über den Bereich der Erscheinungen hinaus insofern erweitert, als auf die Notwendigkeit hingewiesen wird, das Unbestimmte zu denken, wenn das Denken nicht auf die Anschauung von Gegenständen reduziert werden soll. Damit wird gezeigt, daß die für den Verstand notwendigen Trennungen nicht auf den unendlichen Wirklichkeitsgrund übertragen werden dürfen, wenn nicht die erkenntniskritisch bestimmten Grenzen für die Vorstellung überschwenglich überschritten werden sollen. Zugleich wird die Möglichkeit erwiesen, diese Grenzen als Grenzen zu denken, d.h. als notwendig überschrittene, wenn sie überhaupt sollen gedacht werden können. Das denkende Überschreiten, das kein überfliegendes Vorstellen ist, wird möglich, wenn erkannt ist, daß das Bewußtsein sich im Augenblick der Wirkung des unendlichen Wirklichen und der Bestimmung des endlichen

Realen konstituiert und nur in der Ganzheit dieses Augenblicks wirklich ist. Mit dem Aufweis der Verstandeserkenntnis als einem notwendigen, aber nicht dem absoluten Moment des Denkens ist es möglich, die unendliche Möglichkeit zu Bestimmungen als solche zu erkennen, ohne daß sie als ein nur raum-zeitlich erfaßbarer Bereich vorgestellt wird. Erst die Einheit des Bestimmten und des Unbestimmten bedeutet das wirkliche Bewußtsein und ihr gegenüber kann die bestimmte Realität gedacht werden als ein Ausschnitt der unerschöpflichen Gesamtheit, der immer schon vergangen ist relativ zu der wahren Zeit der Konstitution des Bewußtseins im Augenblick. Die Wirkung des Alles in Allem und das in ihr sich auflösende und herstellende Lebensgefühl hat Hölderlin in "Das untergehende Vaterland" beschrieben. Zugleich gab er eine Charakterisierung der sich und zugleich ihr Anderes bestimmenden idealischen Erinnerung in der Periode der Empfindung, die noch nicht die der gegensetzenden Reflexion ist. Dabei wurde die Idealrealität der scheinbar unmittelbaren Wahrnehmung deutlich, die auch ein Lebensgefühl nur in der Vermittlung von bestimmender, einheitstiftender Erinnerung und wirkender, Auflösung und Herstellung fordernder, unendlicher Wirklichkeit hat.

5. WEITERE BESCHREIBUNG DES BEWUßTSEINS IM "GRUND ZUM EMPEDOKLES"

a. Die Begründung der tragischen Ode

Die Anmerkung am Schluß von "Das untergehende Vaterland" scheint auf eine Fortsetzung der Beschreibung der "Perioden" des Bewußtseins hinzudeuten. Nach der ersten Periode (Herauslösen des Neuindividuellen aus dem Unendlichen, Herstellen des Bestimmten), der zweiten (Verallgemeinerung des Isolierten, Auflösung im unendlichen Lebensgefühl) und der dritten (Verhalten des Unendlichen als Lebensgefühl, das als Ich gesetzt wird, zum Individuellalten als Gegenstand, der als Nicht-Ich gesetzt wird), deutete Hölderlin einen Fortgang nur noch an:

> "Nach diesen Gegensäzen tragische Vereinigung der Karaktere, nach dieser Gegensäze der Karaktere zum Wechselseitigen und umgekehrt. Nach diesen die tragische Vereinigung beeder." (178,3-5)

Ich verstehe diese Stichworte so, daß erst mit allen diesen Perioden das Bewußtsein vollständig beschrieben ist. Deshalb möchte ich versuchen, anhand der Begründung für das Trauerspiel "Der Tod des Empedokles", die bisher vorgetragenen Gedanken zu ergänzen. Sowohl "Das untergehende Vaterland" wie der "Grund zum Empedokles" sind Reflexionen über die Begründung der Tragödie des Bewußtseins, wobei die erste Schrift diese Überlegungen allgemein vorträgt, während die zweite den tragischen Zustand mehr am Beispiel des Empedokles und seiner Zeit durchdenkt. Deshalb scheint es möglich zu sein, die Ausführungen zu der Begründung der tragischen Ode und über das Verhältnis von Natur und Kunst als Fortsetzung von "Das untergehende Vaterland" zu lesen. Dabei verstehe ich auch den ersten Abschnitt des Grundes zum Empedokles ("Die tragische Ode fängt im höchsten Feuer an ... in den Anfangston zurück"(StA,IV.1, 149)) nicht nur als eine Beschreibung der tragischen Ode als Erscheinung oder als einen Bericht über das Verfahren des Dichters bei ihrer Abfassung, sondern als die Beschreibung des Bewußtseins, dessen Begreifen der Wirklichkeit in der Gestalt einer Tragödie seinen Ausdruck findet. Insofern möchte ich die scheinbar sukzessive Abfolge von dem "Anfang" bis zur "Rückkehr" in den Anfangston nicht bloß als eine linear in der Zeit erscheinende Abfolge verstehen, sondern als die Bestimmung des Augenblicks, in dem das Bewußtsein sich und sein anderes begreift, so, daß es in den Konflikt gerät, der in der tragischen Ode zum Ausdruck kommt. Dieses Verständnis beruht auf dem Hinweis, den Hölderlin mit dem Begriff "Grund" in der Überschrift gab. Wie ich noch genauer ausführen möchte, wird der Grund in den Schriften zu den Dichtarten von dem Ausdruck, der Vermittlung und der Wirkung unterschieden. Der **Grund** liegt dem erscheinenden Ausdruck (dem gestalteten Gedicht, wie es uns in der Vorstellung erscheint) zugrunde, er kommt aber nur vermittelt in einen jeweils charakteristischen Modus des Auffassens und des Ausdrucks in der Sprache zur Darstellung. Der Grund des tragischen Gedichtes soll eine intellectuale Anschauung sein, während es ihm Charakter des Heroischen erscheint. Insofern verstehe ich die unter dem Begriff Grund vorgetragenen Reflexionen als die Bemühung, jene intellectuale Anschauung zu denken, um damit wissen zu können, was in das Bewußtsein aufgenommen sein muß, wenn die Bedeutung des tragischen Konfliktes soll begreifbar werden können. Deshalb lese ich die Überlegungen zum Grund des Trauerspiels vom Tod des Empedokles als weitere Ausführungen zu der am Anfang des Kapitels gestellten Frage, wie die zuvor erläuterte intellektuelle Anschauung über ein kontemplatives Sichselbstgenügen hinaus gedacht werden könne, wenn sie eine Bedeutung für das Bewußtsein erlangen soll.

Wenn in "Das untergehende Vaterland" die ersten beiden Perioden gekennzeichnet worden sind, die dem Augenblick des Bewußtseins zugehörig gedacht werden müssen, dann setzt die Reflexion des Grundes der tragischen Ode bei dem "Übermaas der Innigkeit"(StA, IV.1,149) ein, das zu dem tragischen Konflikt führt. Dieses Übermaß nennt Hölderlin auch höchstes Feuer und charakterisiert es damit, daß er sagt, der reine Geist bzw. die reine Innigkeit habe "ihre Grenze überschritten" und die ohnehin notwendig zum Kontakt geneigten "Verbindungen des Lebens ... nicht mäßig genug gehalten" (StA,IV.1,149). Unter Berücksichtigung der bisher kommentierten

Beschreibung des Bewußtseins verstehe ich dies so, daß das Übermaß der Innigkeit ein Aufgehen im unendlichen Wirklichen bedeutet, das nicht die Wirkung dessen in Distanz halten kann, noch die einmal insolierten besonderen Empfindungen als relative weiß, sondern sie ungedacht festhält und sich deshalb in sie verliert. Die Verbindungen des Lebens, die in der Wechselwirkung von unendlichem Wirklichem und endlicher Bestimmung der Wirklichkeit zu lebendigen Gestalten für das Bewußtsein werden und deshalb "zum Contact geneigt sind"(StA,IV.1,149), werden nicht mehr als lebendige Gestalten empfunden, sondern als Gegenstände dem Ich entgegengesetzt, wobei dieses setzende Denken sich seiner Fundierung in einem Lebensgefühl ebensowenig bewußt ist, wie es die Wirkung des Unendlichen überhaupt berücksichtigt. Diesen "Zwist" muß die tragische Ode zu ihrem Anfang fingieren: sie muß in ihrer Begründung gedacht werden als die mögliche Darstellung des nicht mäßig genug gehaltenen Bewußtseins, Nachdenkens oder der physischen Sinnlichkeit(12). Sowohl das Nachdenken kann demnach über das Maß der notwendigen Bestimmung hinausgehen, indem es eine Bestimmung festhält, die wegen ihrer Einseitigkeit die Wirkung des Unbestimmten hemmt, wie als entsprechende, logisch gleichgültige, andere Seite die physische Sinnlichkeit ein Übermaß erreichen kann, wenn nur die Wirkung des Unbestimmten aufgenommen wird, ohne zu Bestimmungen zu kommen, die in ihrer ebenmäßigen Vermittlung eine Erkenntnis ermöglichten: dies wäre ein Zustand der Bewußtlosigkeit. Beidemale entsteht ein Zwist, denn die übermäßige Innigkeit würde jedesmal letztlich zum Tode führen, wenn nicht das Maß wiederum eingehalten würde, das in der gleichaugenblicklichen Bestimmung und Auflösung besteht, in der das unendliche Wirkliche wirken und begriffen werden kann. Die tragische Ode muß in ihre Begründung zuerst die Erkenntnis des Übermaßes der Innigkeit aufnehmen, weil die festgesetzte extreme Unterscheidung, in der sich die als Entgegengesetzte Vorgestellten (Ich und Nicht-Ich) im Zwist gegenüberstehen, negativ "das Reine darzustellen"(StA,IV.1,149) ermöglicht. Das Reine verstehe ich als die Einheit des ungetrennten Wirklichen, die im extremen Gegensatz der Unterscheidung von Ich und Nicht-Ich scheinbar gänzlich vergessen ist, die aber dann gedacht werden kann, wenn die Möglichkeit dieser Entgegensetzung in Frage gestellt wird. Der extreme Zustand des Zwistes der Entgegengesetzten läßt erkennbar werden, daß diese Unterscheidung nicht ausreicht, um die lebendige Bewegung zu denken, sondern daß, wenn dieser Zustand der einzig wirkliche sein sollte, gar kein Leben dasein könnte. Deshalb muß das Extrem des Unterscheidens in der Grundlegung der tragischen Ode zuerst fingiert werden, um in negativer Relation dazu das Reine denken zu können.

---

12 Das Übermaß des Nachdenkens schreibt Hölderlin dem Gegner des Empedokles zu, während für Empedokles wohl das Übermaß der physischen Sinnlichkeit zutrifft, denn als extremer Gegenpol zu der freigeisterischen Kühnheit der Agrigentiner "mußte ... sein Geist im höchsten Sinne aorgische Gestalt annehmen" (StA,IV.1,159).

Dies ist möglicherweise die oben genannte "tragische Vereinigung der Karaktere"(FHA,14,178,3), die den Gegensätzen folgen soll. In der Periode der Wirkung des Wirklichen wurde dieses in der idealischen Erinnerung bestimmt und eine besondere Endlichkeit konnte empfunden werden. Die Periode der idealischen Erinnerung stellte diese besondere Endlichkeit, ausgehend von der Wirkung des unendlichen Unbestimmten, als ihre gesamte Realität vor, d.h. es wurde ein Lebensgefühl empfunden, das als seine ganze Realität das bestimmte Endliche annahm, das im gleichen Augenblick hergestellt und aufgelöst wird. Angesichts dieser Auflösung in der Wirkung des Wirklichen setzte das Lebensgefühl sich als Ich einem Gegenstand, den es als Nicht-Ich ansah, entgegen und verfiel damit in das "Extrem des Unterscheidens"(StA,IV.1,149). Diese ausschließliche Entgegensetzung (der Zwist) konnte aber nicht gedacht werden, ohne einen Grund ihrer Möglichkeit anzunehmen und deshalb wurde das Reine, das Übersinnliche, dem Bereich der Unterscheidung entgegengesetzt, damit aber formal mit ihm vereinigt. Der Charakter der Unterscheidung von Ich und Nicht-Ich und der entgegengesetzte einer reinen Übersinnlichkeit werden insofern vereinigt, als beide als gegenständliche Bereiche nebeneinander vorgestellt werden: als Sinnenwelt und als übersinnliche Welt. Dies ist das "Extrem des Nichtunterscheidens des Reinen"(StA,IV.1,149), in dem eine Unterscheidung von bestimmter Endlichkeit und unbestimmter Wirklichkeit nicht begriffen werden kann, weil beide als realer bzw. idealer Substratgegenstand vorgestellt werden. Dieses Nichtunterscheiden scheint "keine Noth anzuerkennen"(StA,IV.1,149), es kann die Notwendigkeit einer vermittelnden, trennenden Bestimmung nicht denken, weil es selbst in der Trennung befangen ist, in der es die beiden scheinbaren Bereiche absolut gesetzt hat. Der Übergang aus dem Extrem des Unterscheidens der Gegensätze von Ich und Nicht-Ich in das Extrem des Nichtunterscheidens des Reinen (tragische Vereinigung der Charaktere) erfolgt "durch einen natürlichen Act"(StA, IV.1,149). Begründet im Lebensgefühl hatte das Ich sich und als Gegenteil das Nicht-Ich gesetzt; die Empfindung der Wirkung des Wirklichen und der Erinnerung des Bestimmten wurde nicht mehr bloß als Lebensgefühl und als Weltgefühl in dauernder Auflösung und Herstellung aufgenommen, sondern festgesetzt als entgegengesetzte Endlichkeiten. Aus diesem Extrem geht die Reflexion der tragischen Ode über in das Extrem des Nichtunterscheidens. Der Akt, in dem der Übergang geschehen soll, kann deshalb "natürlich" genannt werden, weil die Perioden der Entgegensetzung und des Nichtunterscheidens immer noch auf dem Lebensgefühl beruhen, in welchem Zustand das Bewußtsein noch nicht vollständig zu denken ist. Es sind notwendige, aber unvollständige Stufen des Begreifens der Selbst- und Gegenstandskonstitution des wirklichen Denkens, die als solche überhaupt nur charakterisiert werden können, weil ihre Absolutsetzung in entsprechenden Ansichten vom menschlichen Denken zum Ausdruck kommt. So könnten die Perioden der extremen Unterscheidung und Nichtunterscheidung als das Denken gekennzeichnet werden, das in der Wissenschaftslehre Fichtes seinen Ausdruck gefunden hat. Wenn neben die bestimmte und deshalb erkennbare Welt der Erscheinungen (bestimmtes und wechselseitig bedingtes Ich und Nicht-Ich) als ideales Substrat eine übersinnliche Welt (der intellektuellen Anschauung des absoluten Ich Gegenwärtiges) gesetzt wird, dann erfolgt dies in einem natürlichen Akt, von dem an dieser Stelle die Rede ist: neben dem Gegenstandsbereich der Erscheinungen (Realität) wird der Gegenstandsbereich der Übersinnlichkeit (Idealität) befindlich vorgestellt, wobei die notwendige Vermittlung und die Einheit von Realität und Idealität nicht ausreichend gedacht werden kann. Das Denken hat lediglich Vorstellungen, die es auf Bereiche überträgt, welche nur der Anschauung nicht faßbar sind. Der Anlaß für diesen natürlichen Akt ist die Notwendigkeit, eine übersinnliche Bestimmungsgrundlage für das Denken vorstellen zu müssen, da im Extrem des Unterscheidens das Ich das ausschließlich und in Freiheit Bestimmende sein soll. Dies könnte nicht möglich sein, wenn nicht dem Bereich der Erscheinungen ein Bereich der Übersinnlichkeit übergeordnet wäre, aus dem die Möglichkeit der Freiheit abgeleitet, aber nie bewiesen werden kann. Darum stellt das Denken, das sich in dieser Periode auffaßt, sich ein in sich gegensätzliches Reich der Not und ein einheitliches Reich der Freiheit ("das gar keine Noth anzuerkennen scheint"(StA,IV.1,149)) in einem natürlichen Nebeneinander vor.

Aus diesem natürlichen Zustand der Vorstellung von Extremen fällt die Begründung der tragischen Ode "in eine reine Sinnlichkeit, in eine bescheidenere Innigkeit"(StA,IV.1,149). Die übermäßige Bestimmung der gefühlten Wirkung des unendlichen Wirklichen hat zum Fixieren als Objektwelt geführt, denn die Bestimmung reduzierte die Wirklichkeit auf einen besonderen Aspekt und setzte diesen absolut. Dadurch will sie verhindern, daß in anderen Konstellationen andere Verbindungen des Lebens sich in Wechselbestimmung für den Verstand realisieren können. Angesichts dieser Herrschaft des bestimmenden Denkens wird dessen Anspruch zurückgewiesen, das Denken wird gewissermaßen romantisch und will einer reinen Sinnlichkeit ihr Recht einräumen. Hölderlin nennt dies eine "bescheidene Innigkeit", die allerdings so weit zurück geht, daß sie das Denken selbst zu empfinden können glaubt und es als sinnliches Geschehen versteht, womit sie sich bescheidet(13). Diese Periode reagiert auf

---

13 Dieser Periode entsprechen die Weisen in der bekannten Bemerkung Hölderlins:

> "Die Weisen aber, die nur mit dem Geiste, nur allgemein unterscheiden, eilen schnell wieder ins reine Seyn zurük, und fallen in eine um so größere Indifferenz, weil sie hinlänglich unterschieden zu haben glauben, und die Nichtentgegensezung, auf die sie zurückgekommen sind, für eine ewige nehmen. Sie haben ihre Natur mit dem untersten Grade der Wirklichkeit, mit dem Schatten der Wirklichkeit, der idealen Entgegensezung und Unterscheidung getäuscht, und sie rächt sich dadurch."(FHA,14,74)

die übermäßige Innigkeit des Anfangs ebenso, wie auf die in der vorigen Periode der Nichtunterscheidung als Extrem erscheinende

> "ursprünglich höhere göttlichere, kühnere Innigkeit"(StA,IV.1, 149).

Während die übermäßige Innigkeit des ausschließlichen Bestimmens zu einer Festsetzung führte, die die Wirkungen des unendlichen Wirklichen abschnitt, mußte in der Periode der tragischen Vereinigung der Charaktere dem Gegensatzpaar Ich - Nicht-Ich der Bereich des Übersinnlichen zugeordnet werden. Dem Extrem des Unterscheidens wurde damit das Extrem des Reinen beigestellt, das hier als "höhere Innigkeit" wieder genannt wird. Alle diese gegenständlich vorgestellten Unterscheidungen lassen es nicht zu, das Bewußtsein wirklich zu denken, und so muß der Fall in die reine Sinnlichkeit erfolgen. Nachdem das vorstellende Denken das Lebensgefühl des Ich als Bestimmendes absolut gesetzt hatte, konnte die Sinnlichkeit nicht anders wieder aufgenommen werden, als in einer absoluten Gegensetzung. Das Wechselseitige, das die Charaktere in Wahrheit konstituiert, wurde zum Gegensatz: der reinen Idealität des Denkens wurde seine reine Realität (Rückfall in das reine Sein) entgegengesetzt und damit die Wirklichkeit des Bewußtseins wiederum verfehlt, weil es auf ein reines Seiendes reduziert wurde, was eine abstrakte Vorstellung ist.

Soll die Reflexion des Grundes der tragischen Ode nicht "in dieser Bescheidenheit tragisch enden"(StA,IV.1,149), dann muß eine weitere Umkehrung des Gegensatzes erfolgen. Das Denken, das sich in der Erscheinung begreift, kann den Anfangston des Übermaßes der Innigkeit als seinen Gegensatz erkennen und aus dieser Erkenntnis

> "gehet dann das idealische das diese beeden Gegensäze vereiniget, reiner hervor, der Urton ist wieder und mit Besonnenheit gefunden."(StA,IV.1,149)

Damit ist die Periode erreicht, in der das Bewußtsein sich theoretisch vollständig begriffen hat. Es erkennt, daß die Selbstbestimmung als reine Sinnlichkeit ebenso unzureichend ist, wie das Selbstgefühl als das absolut Bestimmende und kann aufgrund der Entgegensetzung der beiden Extreme die wechselseitige Begründung seiner eigenen Idealrealität denken. Dazu muß das Denken, sofern es sich als reines Sein ansieht, in den entgegengesetzten Charakter der übermäßigen Innigkeit übergehen und durch die Wechselvereinigung der für sich unzureichenden Extreme die Vereinigung der scheinbaren Gegensätze erreichen. Dann erst kann es sich selbst in seiner Begründung erkennen und den zunächst naiv wahrgenommenen Ton der Empfindung mit Besonnenheit wiederfinden. Es kann den Weg gehen, den Hölderlin in "Das untergehende Vaterland" in seinen ersten beiden Perioden vorgetragen hat und den er in "Wenn der Dichter einmal des Geistes mächtig" bis zum Erreichen der eigenen Sprache beschreiben wird. Wenn das Wort "Urton" verstanden werden kann als Umschreibung des Begreifens der Wirkung des Wirklichen, dann denkt das Bewußtsein im Durchgang der hier genannten Perioden den Augenblick seiner Selbst- und Gegenstandskonstitution vollständig. Der abstrakte Gegensatz von Idealität und Realität wird aufgehoben in den Gedanken, der ihn nicht als gegenständliches Nebeneinander von Substraten vorstellt, sondern die gleichaugenblickliche Wirkung des unbestimmten Wirklichen und die bestimmende idealische Erinnerung dieser Wirkung erkennt, wobei Idealität und Realität sich in einer sich unterscheidenden Einheit wechselseitig notwendig bedingend bewegen. Die "tragische Vereinigung beeder", die in "Das untergehende Vaterland" als letzte Periode angedeutet wurde, ist die Vereinigung der scheinbar Getrennten in jener Einheit, in der sie in ihrer wechselseitigen Begründung gedacht werden können. Ihre Wechselbestimmung in der Bewegung des Wirklichen ist für die Erkenntnis notwendig; die Kategorie der Notwendigkeit sollte nach dem oben Gesagten der Auflösung der bestimmten Realität in der Wirkung des Unendlichen zukommen. Eben diese Notwendigkeit ist es, die als Grund der Tragödie in der vorliegenden kurzen Skizze eines Grundes der tragischen Ode von Hölderlin vorgetragen wurde. Damit ist die spekulative Begründung dessen gegeben, was in dem tragischen Gedicht seinen Ausdruck finden soll: die tragische Ode wird bestimmt als Ausdruck für die Notwendigkeit der Auflösung und Herstellung von besonderen Bestimmungen des Bewußtseins, das im Augenblick seiner Wirklichkeit zugleich als Erinnerndes bestimmt und die Wirkung des Wirklichen erfährt. Der Grund der tragischen Ode ist folglich die erkannte Gesamtheit des menschlichen Bewußtseins in der augenblicklichen Gegenwart des Wirklichen, in der das Bewußtsein zugleich sich und sein Anderes in dem Augenblick konstituiert, dessen Perioden hier genetisch beschrieben wurden. In Wahrheit fallen alle diese "Perioden" in den Augenblick des wirklichen Bewußtseins. Die Möglichkeit, sie gesondert zu bestimmen, folgt aus den Absolutsetzungen des trennenden Denkens, das jeweils eine gesonderte Periode seiner selbst für die Gesamtheit nimmt und dabei den vollständigen Augenblick seines Bewußtseins verfehlt. Die Unzulänglichkeit dieser Versuche des Denkens, sich selbst zu begreifen, führt zu der Erkenntnis des Bewußtseins, das allerdings hier nicht im Sinne einer systematisch abgeschlossenen Vollendung gedacht wird. Vielmehr zeigt gerade die Hölderlinsche Beschreibung des Denkens, daß das Bewußtsein im gleichen Augenblick als bestimmend und zu Bestimmungen in der unendlichen Wirklichkeit offen gedacht werden muß, wenn nicht die Fixierung einer besonderen Bestimmung und damit letztlich der Tod absolut gesetzt werden soll. Dieses Denken des Bewußtseins faßte Hölderlin in einem zweiten Entwurf zu einem "Grund des Empedokles" nocheinmal ausführlicher anhand der Begriffe Natur und Kunst. Da ich diesen Abschnitt bereits öfters zitiert habe, möchte ich nur die Besonderheiten gegenüber der Begründung der tragischen Ode hervorheben.

b. Das Organische und das Aorgische

Natur und Kunst sind im "Grund zum Empedokles" Begriffe für die harmonischentgegengesetzten Sphären, die in ihrer Einheit für uns das konstituieren, was bisher allgemein mit dem Wort Leben bezeichnet wurde. Hölderlin spricht hier von dem "reinen Leben" und weist darauf hin, daß dieses "nur im Gefühle und nicht für die Erkenntniß vorhanden" ist(StA,IV.1,152). Diese gefühlte Harmonie von Natur und Kunst wird demnach in der Periode des Lebensgefühls empfunden, das noch nicht die unterscheidende Reflexion oder die zugleich unterscheidende und vereinigende Erkenntnis ist. Dennoch wird hier wiederum deutlich, daß diese Empfindung in der harmonischen Entgegensetzung von Natur und Kunst vermittelt sein muß, wenn sie als Moment des menschlichen Bewußtseins gedacht werden soll können.

Welche Charakteristika kommen im Zusammenhang mit dem bisher Ausgeführten den Sphären zu, die jetzt mit den Worten Natur und Kunst benannt wurden? In der Periode der Empfindung erscheint die Kunst als "Vollendung der Natur"(StA,IV.1,152), als verschiedenartig, aber harmonisch zur Natur, die erst in Verbindung mit der Kunst als göttlich angesehen werden kann. Diese verbindende Vollendung ist dann da,

> "wenn jedes ganz ist, was es seyn kann, und eines (sich) verbindet ... mit dem andern, ersezt den Mangel des andern, den es nothwendig haben muß, um ganz das zu seyn, was es als besonderes seyn kann"(StA,IV.1,152).

Dann ist das Göttliche in der Mitte von beiden. Die wechselseitige Vollendung ist im Hinblick auf die Möglichkeit der vereinigenden Wahrnehmung gedacht, die in ihrer idealischen Erinnerung einen Ausschnitt des unendlich Wirkenden (Natur) als ein Besonderes bestimmend konstituiert (Kunst). Sowohl die Wirkung des Wirklichen wie auch die idealische Bestimmung in der Erinnerung wären jede für sich nicht einmal fühlbar für die menschliche Wahrnehmung. Deshalb bedeutet ihre Vermittlung die Vollendung und die Aufhebung des jeweiligen Mangels. Diese Vermittlung erfährt das Göttliche, das in der Mitte von beiden ist. Das Göttliche kommt demnach mit der Notwendigkeit der Auflösung jeweils festgesetzter Bestimmungen im Moment der Wirkung des Wirklichen und der Erinnerung des isolierten Besonderen zum Ausdruck. Für das Wirkliche steht hier wiederum(14) der Begriff Natur, denn diese soll "rein gefühlt" werden, vom "rein organisirten, rein in seiner Art gebildeten Menschen"(StA,IV.1,152). Im Unterschied, aber nicht im geraden Gegensatz zu der Natur, ist die Kunst gedacht als das organisierte,

---

14 vgl. oben: "und den überbleibenden Kräften der Natur" FHA, 14,174,4-5 "Das untergehende Vaterland".

gestaltete, individuelle Besondere, das in der idealischen Erinnerung des Gefühls bestimmt wird. Damit hat der Begriff Kunst den weitestmöglichen Umfang; er umfaßt alle denkbaren Gestaltungen des Menschen, wie ebenso Natur im weitesten Sinn als das unerschöpfliche und unbestimmte Wirkliche und Wirkende verstanden werden kann. Die Bedeutung der beiden Begriffe wird noch weiter charakterisiert im Verlauf der Beschreibung der Bewegung, in der das Bewußtsein die zunächst gefühlte Wirkung des harmonischen Lebens erkennt.

Die Periode der Setzung des Lebensgefühls als Ich und des Endlichalten als Gegenstand (Nicht-Ich) wird hier als ein erster Schritt auf die Erkenntnis hin beschrieben, weil in dieser Periode das Leben zur Darstellung kommen soll, dadurch daß "im Übermaaße der Innigkeit ... sich die Entgegengesezten verwechseln"(StA,IV.1,152). Das Übermaß benennt Hölderlin als Extrem der Selbsttätigkeit, Kunst und Reflexion (Ich), während die Natur (Nicht-Ich) entgegengesetzt auf den reflektierenden Menschen als Extrem des Aorgischen, Unbegreiflichen, Unfühlbaren und Unbegrenzten wirkt. Während in der Periode des Lebensgefühls das Bewußtsein anschauend in der Natur aufgeht und um die eigene Bestimmung nicht weiß (das Fichtesche Aufgehen der Anschauung im Objekt), setzt es sich nun absolut als Tätiges und einzig die Bestimmung Bewirkendes, während es sich die Wirkung des Unbestimmten ebenso abstrakt als Unbegreifliches gegenüber setzt. Für die Begriffe Natur und Kunst wählte Hölderlin nun auch die Worte Organisches und Aorgisches. Aufgrund der extrem gegensätzlichen Charakteristika, die er an dieser Stelle für die beiden Seiten gibt, verstehe ich das Organische als das Gestaltete, das bestimmt Erkennbare, ebenso, wie als das Tätige und Bestimmende, mit dem die Reflexion zu einer besonderen Einheit kam und sich deshalb auch begrenzen und unterscheiden kann. Dagegen ist das Aorgische dasjenige, das sich (für die Periode der Entgegensetzung, also nur scheinbar, denn sonst könnte davon gar nicht gesprochen werden) nicht begreifen, fühlen und begrenzen läßt, das völlig unbestimmte und unbestimmbare Allgemeine, Unendliche, das als Gestaltloses für das menschliche Erkennen vollständig unzugänglich ist. Das trennende Denken läßt keine Vermittlung dieser Extreme zu, die als Notwendige erkannt werden könnte. Dennoch hat es sich - als Periode des Bewußtseins, die Hölderlin hier ausdrücklich als ein Moment möglicher Erkenntnis bezeichnet - bereits allein dadurch selbst überschritten, daß es das scheinbar Unbegreifliche als sein Gegenteil setzt und es damit, wenn auch in extremer Abstraktion, in das Denken aufnimmt. Die "entgegengesezten Wechselwirkungen"(StA,IV.1,153) der Charaktere hatte Hölderlin bereits im Abschnitt zu der tragischen Ode gekennzeichnet; er geht an dieser Stelle sofort über zu dem, was zuvor "die tragische Vereinigung beeder"(FHA,14,178,5) genannt worden ist. Die erneute Vereinigung wird vorläufig dergestalt skizziert, daß nun die extremen Eigenschaften der Gegensätze zu einer wechselseitigen Ergänzung gekommen sind: die Natur ist organischer, der Mensch ist aorgischer geworden, weil die Wirkung der Eigenarten beider aufeinander zu ihrem Recht kam. Damit erscheint die Natur als durch den "cultivirenden Menschen, überhaupt die Bildungstriebe und Bildungskräfte"(StA,IV.1,153) bestimmtes Gebilde, während der Mensch nunmehr um die Notwendigkeit der Wirkung des Wirklichen weiß und deshalb auch "allgemeiner, unendlicher geworden ist"(StA,IV.1,153). Wenn die gleichaugenblickliche Notwendigkeit der Bestimmung und der Auflösung einzelner Bestimmtheiten in der offenen Wirklichkeit gedacht wird, dann erscheint gleichermaßen die Natur nicht mehr als unbegreiflich und abstrakt allgemein, wie der Mensch nicht mehr als fixierte und fixierende, einzig selbsttätige Instanz der ebenso abstrakt allgemeinen, wesentlichen Einheitsstiftung vorgestellt wird, sondern der "verallgemeinerte geistig lebendige künstlich rein aorgische Mensch und die Wohlgestalt der Natur"(StA,IV.1,153) begegnen sich. Diese Harmonie wird nicht mehr bloß als Lebensgefühl empfunden, sondern zugleich gedacht, wobei im gleichen Augenblick die Empfindung des reinen Lebens und die Erkenntnis ihrer Notwendigkeit begriffen sind. Für die Erinnerung ist jetzt nicht nur das gewirkt habende Wirkliche bestimmt und vom Lebensgefühl aus als alle Realität angesehen, sondern zugleich das "vormalige umgekehrte reine Verhältniß"(StA,IV.1,153), nämlich die unreflektierte Wechselwirkung von Idealität und Realität in der Anschauung, gedacht. Während die gefühlte Wahrnehmung sich selbst an das bestimmte Besondere verlor und sich deshalb ihrer eigenen Konstitutionsleistung nicht bewußt sein konnte, hat sich im Bewußtsein der Empfindung und ihrer notwendigen Konstituentien das Verhältnis umgekehrt: nicht die Wirkung des Wirklichen allein wird erinnert, sondern zugleich diese und die idealische Erinnerung als in dem unendlichen Wirklichen bewirkte, aber notwendig in Wechselwirkung und -bestimmung damit das Bewußtsein vermittelnd konstituierende. Die Perioden des Bewußtseins, die als Momente dem reflektierten Gefühl der harmonischen Entgegensetzung vorausgehen, wobei die Reihenfolge nur in der Analyse gedacht wird, charakterisiert Hölderlin nun ausführlicher.

Dabei kommt nocheinmal der Übergang aus dem Extrem des Unterscheidens in das des Nichtunterscheidens zur Darstellung, der als natürlicher Akt charakterisiert worden ist. Diese Periode der tragischen Vereinigung der Charaktere wurde oben hinsichtlich der Möglichkeit der Erkenntnis als vergegenständlichende Gleichsetzung von Sinnlichem und Übersinnlichem bestimmt. An der vorliegenden Stelle ist die Aufmerksamkeit eher auf die praktische Konsequenz dieses Moments gerichtet; er wird von Hölderlin bestimmt als die Periode des Bewußtseins, die der Grund eingreifenden Handelns ist. Der Zusammenhang mit dem Todesopfer des Empedokles ist gewiß ein Anlaß für die Ausführlichkeit, mit der Hölderlin diesen Moment durchdenkt; es scheint aber darüberhinaus dem folgend Kommentierten eine allgemeinere Bedeutung zuzukommen. Auf das Schicksal des Empedokles deuten zuerst die Worte "Kampf und der Tod des einzelnen"(StA,IV.1, 153) hin. In diesem tödlichen Kampf soll das Organische seine Ichheit, das Aorgische seine Allgemeinheit ablegen. Dieses Ablegen der jeweils extremen Eigenarten der Periode der Entgegensetzung wird unterschieden von dem Aufgehen des Lebensgefühls im bestimmten, idealisch erinnerten Gegenstand als aller Realität ("in idealer Vermischung"(StA,IV.1,153)) und bestimmt als die Annahme der Eigenschaften des jeweils extrem Entgegengesetzten, ohne daß diese Entgegensetzung aufgehoben würde. Das besondere Organische (Ich) muß sich "gegen das Extrem des Aorgischen ... tätig immer mehr verallgemeinern", während zugleich das allgemeine Aorgische (Nicht-Ich) "gegen das Extrem des besonderen sich immer mehr concentriren" muß(StA,IV.1,153). Dabei reißt sich das Organische von seinem Mittelpunkt, während umgekehrt das Aorgische einen Mittelpunkt gewinnen, "zum besondersten werden muß"(StA,IV.1,153). Da in der Periode der Entgegensetzung das Nicht-Ich völlig unbegreifbar erschien, muß nun dadurch, daß das Ich verallgemeinert wird zur Instanz aller Tätigkeit, das Nicht-Ich aber für dieses Bewußtsein besondert zum Objekt, die Möglichkeit des evident vorliegenden technisch-praktischen Eingreifens erklärt werden. Deshalb verstehe ich die hier charakterisierte Periode als die des körperlichen Sich-Aneignens der Natur, die in jeder Selbsterhaltungstätigkeit zum Zweck der leiblichen Reproduktion des Menschen vollzogen wird. Um dieses Zweckses willen muß die Allgemeinheit (Mannigfaltigkeit) der Natur vergessen werden, da sonst ein wirkungsvoller Eingriff in den unbestimmten Bereich des Wirklichen gar nicht stattfinden könnte. Zugleich muß der Mensch sich hierfür das Vermögen der Tätigkeit zuschreiben und sich damit allgemein den besonderen Naturobjekten, die er bearbeitet, entgegensetzen. In dieser Entgegensetzung scheint "das aorgisch gewordene organische"(StA,IV.1,153) sich selbst wieder zu finden, denn seine Tätigkeit erscheint für es in der bestimmten Besonderung des Aorgischen, auf das sein praktischer Eingriff gerichtet ist. Zugleich scheint das Aorgische sich wieder zu finden, denn das Organische ist ebenfalls aorgisch geworden und damit das Individualität annehmende Aorgische mit dem aorgischen Organischen formal identisch. Diese Verwechslung und scheinbare Versöhnung verstehe ich als dasjenige, was heute als verdinglichtes Bewußtsein benannt werden könnte. Wenn das Denken sich als einzig tätige Instanz allgemein setzt und sich deshalb als Besonderes nur in den bearbeiteten Objekten erscheinen kann, wobei es die Möglichkeit und Notwendigkeit der Auflösung fixierter Bestimmungen vergessen hat (denn die Gegenstände müssen diese Besonderen bleiben, wenn ich mit ihnen technisch soll arbeiten können), dann kann es sich selbst nur als einen Gegenstand unter Gegenständen begreifen. Hölderlin nennt dies die "Geburt der höchsten Feindseeligkeit", in der sowohl Individualität wie Allgemeinheit "Erzeugniß des höchsten Streits" sind(StA,IV.1,153u.154). Wird dieses Moment des Bewußtseins, das notwendig hinsichtlich der körperlichen Selbsterhaltung ist, absolut gesetzt, so resultiert daraus das Verhalten der Agrigentiner, die nichts als bedürftige Not und ordnenden Verstand kennen. Im Gegensatz zu ihrer ausschließlich technisch-praktischen Weltauffassung muß Empedokles sein Opfer bringen, mit dem er entsprechend der Natur zum individuellen Punkt wird, der als dieser sterben muß und damit in die Allgemeinheit der Natur aufgehen(vgl. dazu StA,IV.1,154 ff.). Dieser Konflikt zwischen Empedokles und den Menschen seiner Zeit ist allerdings nur die fabula des Trauerspiels, die heroisch erscheinende Auseinandersetzung mit einem gehaltenen Prinzip, die aber mit ihrer Aussage noch nicht die wirkliche Bedeutung zum Ausdruck bringen kann: diese soll für das tragische Gedicht begründet sein in einer intellektualen Anschauung. Deshalb kann der "Grund zum Empedokles" nicht mit der Bestimmung der Periode des Bewußtseins schließen, die im Trauerspiel dann mit dem dargestellten Geschehen zum Ausdruck kommt. Das wäre das Enden in der innigen Sinnlichkeit; so bescheiden brauchen und dürfen wir nicht sein. Es muß - wie bereits in der oben dargestellten Begründung der tragischen Ode - der gesamte Augenblick des Bewußtseins in seinen Momenten begriffen sein, soll es möglich werden, die Gestaltung der Tragödie als "die Metapher einer intellectuellen Anschauung"(FHA,14,369,6) spekulativ zu begründen. Deshalb fährt Hölderlin mit dem Hinweis fort, daß die scheinbare Versöhnung durch das konkrete Handeln sich wieder auflösen muß "wie ein Trugbild"(StA,IV.1,154). Sie scheint vorhanden zu sein in dem Moment, in dem der Eingriff erfolgt und sich als wirksam erweist, also mit erkennbaren Resultaten auf das zum Besondersten bestimmte Allgemeine einwirken kann. Diese Versöhnung des die Handlung bestimmenden Bewußtseins mit der Unterwerfung der Natur unter ihre Bestimmung in der Handlung, der sie notgedrungen entsprechen muß, erweist sich als **scheinbare** Versöhnung, weil die unbestimmte Wirklichkeit darin nicht endgültig zum Stillstand gebracht werden konnte und somit weiterhin Anlaß zu erneuten idealischen Bestimmungen des Wirkenden und zugleich zu einer Auflösung des als Reales Bestimmten gibt. Hier zeigt Hölderlin, daß die Perioden des Bewußtseins in einem Augenblick gedacht werden müssen, denn das Organische und das Aorgische wirken jedes wiederum auf seine Art "auf diesen Moment"(StA,IV.1,154). Sie wirken also auf denselben Moment, in dem das eine in extremer Entgegensetzung zugleich die Eigenart des anderen annahm, wobei das Bewußtsein sich zu realem Handeln bestimmte. Wenn sich die scheinbare Versöhnung auflöst, dann wird das zum Besondersten abstrahierte Allgemeine wiederum allgemeiner, das zum Allgemeinsten abstrahierte Besondernde und Bestimmende wieder besonderer, denn die Wirkung des unbestimmten Wirklichen bewirkt wiederum die idealische Erinnerung dieser Wirkung auf das Organische und zugleich damit stellt sich in der Auflösung das Allgemeinste als das wirkende Wirkliche dar, das erst in der Bestimmung dem Bewußtsein erkennbar ist.

Der Moment des realen Handelns reagiert "aorgisch gegen das organische"(StA,IV.1,154), das in dem Eingriff des Handelns bearbeitete Erscheinende ist als Dingliches nun ein vergangenes Bestimmtes und muß sich als solches auflösen in die Unbestimmtheit. Aufgrund der Wirkung des Wirklichen ist stets im Bewußtsein ein Lebensgefühl, gegenüber dem das Bestimmte als Mögliches idealisch erinnert wird und in das es sich zugleich auflösen muß. In diesem Moment der Auflösung des Bestimmten stellt sich, wie ausgeführt, das unbestimmte Wirkliche dar und deshalb kann in der Erinnerung des im konkreten Handeln zum Besondersten Abstrahierten die wirkliche Vermittlung der scheinbar nur im Kampf versöhnten Extreme gedacht werden: das Aorgische wird "ein Gegenstand der ruhigern Betrachtung"(StA,IV.1,154). Zugleich wird das Organische in eine "reinere Allgemeinheit erhoben"(StA,IV.1,154) durch den vergehenden Moment. Die scheinbare Versöhnung im Eingriff der extrem allgemeinen Tätigkeit des Bestimmenden in das als extremes Besonderstes vorgestellte Unbestimmte war ein Übermaß der Innigkeit, dem die Vermittlung in der konkreten Handlung des Sichaneignens eines Gegenstandes sinnlich erschien. Dieser "glükliche Betrug der Vereinigung"(StA,IV.1,154) löst sich auf, denn die extreme Besonderung, deren das reale Aneignen bedarf, kann nicht die endgültige Vermittlung in der Bestimmung des Wirklichen bleiben, wenn auch nur die leibliche Reproduktion nicht einseitig fixiert werden soll. Dieses Vergehen des Momentes der extremsten Besonderung läßt aber die eigentümliche Vermittlung des Bewußtseins begreifbar werden, die bisher dahingehend beschrieben wurde, daß die Wirkung des unbestimmten Wirklichen in der idealischen Erinnerung als bewirkt durch einen Gegenstand vorgestellt wird, wobei zugleich die Notwendigkeit der Auflösung des Isolierten gedacht werden muß. Wenn dieses Bestimmte zugleich mit der Auflösung als notwendig gewußt ist, dann wird es ein "Gegenstand der ruhigern Betrachtung" und "die Innigkeit des vergangenen Moments (geht) nun allgemeiner gehaltner unterscheidender, klarer" hervor(StA,IV.1,154). Dieses Hervorgehen verstehe ich als die Erkenntnis des Bewußtseins, in der das reale Handeln nur als ein notwendiges Moment gedacht wird, worin die Versöhnung des Bestimmenden und des Unbestimmten real ist, das aber die vollständige Wirklichkeit der Vermittlung des Denkens nicht erschöpft. Dies ist die Erkenntnis, die als eine intellektuale Anschauung auch den "Grund zum Empedokles" bedeutet, der in der konkreten Auseinandersetzung, die im Trauerspiel erscheint, negativ zum Ausdruck kommt und gedacht werden kann, wenn die Begründung dieses Konfliktes aus der Absolutsetzung eines Momentes des Bewußtseins in Relation zu der Gesamtheit der Momente, in denen sich das wirkliche Denken konstituiert, erkannt wird. So begriffen kann das Trauerspiel das Denken des menschlichen Bewußtseins evozieren, wobei es nicht Mittel zu diesem Zweck ist, sondern nur als Ausdruck dessen möglich sein kann, was es bewirken soll.

6. ZUSAMMENFASSUNG UND VORLÄUFIGE FOLGERUNGEN

a. Zusammenfassung

Die bisher kommentierten Schriften verstehe ich als die Bemühung Hölderlins um eine Beschreibung der Wahrnehmung des menschlichen Bewußtseins, die über eine Ableitung der Möglichkeitsgründe für die Vorstellung von der Erfahrung erscheinenden Gegenständen hinaus geht. Es kam ihm darauf an, das Bewußtsein nicht bereits als Gegenstand vorzustellen, sondern die Momente zu denken, deren es bedarf, um in seiner Wirklichkeit begreifbar zu sein. Die Vermittlung von Bestimmung und Bestimmbarem wurde dabei rein formal dargestellt, weshalb auch die Bedeutung des Bestimmbaren hinsichtlich seiner Bestimmbarkeit noch nicht thematisiert wurde. Zunächst verstehe ich als Ergebnis des bisher dargestellten Zusammenhanges die Einsicht, daß jede bewußte Wahrnehmung des Menschen als ideal-reale Vermittlung einer Wirkung des unbestimmten Wirklichen und der erinnernden Konstitution eines Gegenstandes, der angesehen wird als Ursache dieser Wirkung, gedacht werden kann. Auch ein Gefühl kann daher überhaupt erst als Empfindung verstanden werden, wenn in dieser mittelbaren Erkenntnis seine Wahrnehmung für das Bewußtsein wirklich ist. Der Begriff der Wirklichkeit erfährt in diesem Zusammenhang eine Bedeutungsveränderung, die folgenreich für das Verstehen der Zeit ist. Weil das unbestimmte Wirkliche eine Bestimmung bewirkt, die erst in dieser Wirkung zustande kommt, ist das Bestimmte im Verhältnis zum Wirkenden immer ein Vergangenes. Dieses Vergangene sehen wir als unsere Gegenwart an, denn das unbestimmte Wirkliche können wir nicht anschauend begreifen, weil es erst als Bestimmtes begriffen ist. Dennoch ist die Unterscheidung von bestimmter Realität als Vergangener und unbestimmter Wirklichkeit als Gegenwärtiger nicht überflüssig, denn erst im Augenblick der Wirkung dieser kann zugleich jene vorgestellt werden. Damit ist die notwendige Einheit dessen gedacht, was bisher mit den Begriffen Idealität und Realität in zwei Bereiche geschieden war, die miteinander in Wechselwirkung stehen sollten. Im Augenblick des wirklichen Bewußtseins sind die Wirkung des unbestimmten Wirklichen, die erinnernde Bestimmung eines Besonderen und die Auflösung der jeweils fixierten Bestimmungen gleichermaßen notwendig. Diese Konstituentien des Bewußtseins sind die Bedingungen der Wirklichkeit einer Erfahrungserkenntnis in Raum und Zeit, wobei die Kategorien der reinen Anschauung ebenso wie die gesetzte Unterscheidung von Subjekt und Objekt auf einem ungedachten Lebensgefühl aufruhen, wenn jener wirkliche Grund nicht als der Grund ihrer Möglichkeit in den Begriff aufgehoben ist.

b. Die Geschichtlichkeit des Bewußtseins

Für die geschichtliche Verantwortlichkeit des Menschen bedeutet dieser Begriff des Bewußtseins, daß alle Realität, die scheinbar von außen auf uns zukommt, auch aufgrund unserer erinnernden Bestimmung als diese Realität erscheint. Damit ist nicht nur unsere Freiheit von dogmatisch vorgegebenen gegenständlichen Besimmungsgründen für das reine Tun des Denkens gedacht (Fichte), sondern auch die Freiheit **zu** einem Sichbestimmen im Wirklichen, das, sich verantwortend, den überkommenen und gleichzeitigen Erfahrungen antworten muß. Das Maß für diese Verantwortlichkeit sah Hölderlin darin, daß die Absolutsetzung vereinzelter Momente des Bewußtseins die Wirkung des unbestimmten Wirklichen abschneidet und stattdessen **eine** Bestimmtheit als unbedingt gültige festsetzt. Damit aber wird zugleich die Bewegung des Lebens fixiert: die Absolutsetzung einer Bestimmung, die die Offenheit des Bewußtseins in der Wirkung des Wirklichen vergessen hat, ist der Tod. Die historische Angemessenheit jeder Bestimmung läßt sich demnach daran erkennen, ob in ihr der Wirkung des Wirklichen entsprochen wird, oder ob sie, die überkommenen Bestimmungen und die Erfahrung von verfehlten Bestimmungen mißachtend, ein positives Festhalten am Toten praktiziert. Die jeweils auch als die Eigenen zu denkenden Bestimmungen sind somit keineswegs der Beliebigkeit überlassen, sondern müssen immer die historische und gegenwärtige Erfahrung mit einbeziehen. Entscheidend ist allerdings aufgrund der hier vorgetragenen Bebeschreibung der menschlichen Wahrnehmung, daß jede erscheinende Realität nicht eine absolute Wirklichkeit ist, sondern als Realität in der idealischen Erinnerung des Bewußtseins bestimmt ist, das zugleich immer die Wirkung des Wirklichen erfährt und in dieser Wirkung die Realität als seine Wirklichkeit setzt. Deshalb ist das Bewußtsein immer mitverantwortlich für die jeweils bestimmte Weltansicht, denn in dieser Konstitution bestimmt es zugleich sich selbst und sein Anderes.

c. Die poetische Sprache

Die Konsequenzen für eine poetische Gestaltung der Sprache lassen sich zunächst anhand von zwei Hinweisen in "Das untergehende Vaterland" erschließen. Zum einen heißt es dort, die Welt aller Welten stelle sich nur im Untergang einer besonderen Wechselvereinigung, also im Moment des Auflösens und Herstellens der Bestimmtheit, dar und dieser sei

> "wie die Sprache, Ausdruk Zeichen Darstellung eines lebendigen aber besondern Ganzen, welches eben wieder in seinen

> Wirkungen dazu wird, und zwar so, daß in ihm, sowie in der Sprache, von einer Seite weniger oder nichts lebendig Bestehendes von der anderen Seite alles zu liegen scheint."(FHA, 14,174,11-15)

Weiterhin soll für den Übergang gelten, daß

> "Geist und Zeichen ... harmonisch entgegengesezt Eines"(ebd., 177,21-24)

sind. Hölderlin versteht die Sprache als Ausdruck, der gleichermaßen die besondere Bestimmung und die lebendige Unbestimmtheit zur Darstellung bringt. Deshalb sind in ihr auch Zeichen und Geist in harmonischer Entgegensetzung vereinigt. Dies verstehe ich so, daß die Sprache, solange sie nicht in der Absicht eindeutiger Bezeichnung aufgefaßt wird, wie es hinsichtlich der Bewältigung technisch-praktischer Probleme notwendig ist, immer zugleich die Bestimmung und die Unbestimmtheit aufgrund der Wirkung des Wirklichen darstellt. So verstanden legt die Sprache zugleich einen lebendigen Zusammenhang fest und wird der Gesamtheit des lebendig Bestehenden gerecht, da sie nicht nur **eine** ausschließliche Bestimmung zum Ausdruck bringt. Die gleichaugenblickliche idealische Erinnerung des Gewirkthabenden und die Wirkung des unbestimmten Wirklichen konstituiert das, wofür Hölderlin m.E. an dieser Stelle den Begriff Geist wählt, und der Ausdruck dieses Geistes, der das wirkliche menschliche Bewußtsein ist, ist das sprachliche Zeichen, das aber dem Bewußtsein nicht entgegengesetzt, sondern mit ihm harmonischentgegengesetzt vereinigt sein soll. Diese harmonischentgegengesetzte Vereinigung von Zeichen und Geist deutet darauf hin, daß das Bewußtsein ebenso der Sprache bedarf, um sich zu begreifen, wie die Sprache des Bewußtseins bedarf, um etwas zu bedeuten. Geist und Zeichen sind damit nicht identisch, aber auch nicht gegeneinander gesetzt; vielmehr konstituiert sich die Sprache dem Bewußtsein entsprechend in der Vermittlung von Bestimmung und Unbestimmtheit, die gleichermaßen notwendig sind, wenn lebendig Bestehendes wahrgenommen und gedacht werden soll können. Demgemäß kann die Darstellung eines besonderen lebendigen Ganzen in ihrer Wirkung wieder zu solch einem Ganzen werden. Das heißt, daß das Zeichen zunächst ebenfalls in einem unbestimmten Gefühl die Sinne affiziert und, soll es bewußt wahrgenommen, d.h. nach dem Ausgeführten: auch nur empfunden werden, als ein unterscheidbares Besonderes bestimmt werden muß. Diese Bestimmung kann im Horizont der Alltagssprache die Wirkung des unbestimmten Wirklichen nicht mit vollständiger Aufmerksamkeit berücksichtigen, wenn praktisches Handeln möglich sein soll. Im Unterschied zu dieser Verwendung der Sprache kann es dagegen der eigentümliche Charakter der poetischen Sprache sein, die gleichaugenblickliche Bestimmtheit in der Unbestimmtheit, also die Notwendigkeit der Auflösung und Herstellung isolierter Bestimmungen im Augenblick der Wirklichkeit des Bewußtseins zu erinnern. Hinsichtlich der Gestaltung der dichterischen Sprache kann in diesem Zusammenhang allgemein gesagt werden, daß die Wirkung der Sprache eine einzige und ausschließliche Bestimmung nicht ermöglichen darf, solange der gestaltete Zusammenhang des gesamten Gedichtes beachtet wird. Die Vorstellungen, die das Gedicht bewirkt, können darum nicht abschließend bestimmt werden, sondern sind als Besondere immer unzureichend begriffen gegenüber den unerschöpflichen Möglichkeiten zu weiteren Bestimmungen. In dieser Wirkung erinnert das Gedicht die für das menschliche Bewußtsein gleichzeitige Notwendigkeit, zu bestimmen und Bestimmungen aufzulösen, weil das unbestimmte Wirkliche andere Bestimmungen erfordert. Ebenso bewirkt das Gedicht als bestimmte sprachliche Gestalt notwendig besondere Vorstellungen, denn es kann kein ungedachtes diffuses Gefühl evozieren; diese Vorstellungen sollten aber die mögliche Wirkung nicht erschöpfen, wenn das Gedicht für das Bewußtsein anders, als eine alltagssprachliche Mitteilung bedeutsam sein soll. Erst dann kann es die notwendige Auflösung der erscheinenden Realität und die Gesamtheit der Wirklichkeit des Bewußtseins erinnern. Als freie Kunstnachahmung ermöglicht es die Erkenntnis, daß die Wirkung des unbestimmten Wirklichen erst als Vergangene idealisch erinnert und in dieser bestimmenden Erinnerung als Realität unterschieden wird in sich selbst, als dem die Auflösung Bewirkenden. Das Gedicht erinnert so den Zustand zwischen "Seyn und Nichtseyn"(FHA,14,175,11); in ihm

> "wird aber überall das Mögliche real, und das wirkliche ideal, und diß ist in der freien Kunstnachahmung ein furchtbarer aber göttlicher Traum.;(ebd., Z.12-14)

Dieser Traum ist furchtbar, weil das Bewußtsein begreift, daß jeder Halt, den es sich bestimmend schafft, die Wirklichkeit einseitig verfehlt und deshalb wieder aufgelöst werden muß, soll das Leben nicht gehemmt werden. Zugleich ist gerade dies die Erkenntnis des Göttlichen, denn sie gestattet zu begreifen, daß die Wahrnehmungen des Bewußtseins immer in einer vermittelnden Bestimmung von Ausschnitten das unendliche Wirkliche auffassen und daß deshalb die Freiheit zu Bestimmungen nicht eingeschränkt werden kann. Damit weiß der Mensch um seine gleichaugenblickliche Abhängigkeit und Unabhängigkeit von der Notwendigkeit, sich als endliches Wesen zu verstehen. Die poetische Sprache kann diese Einsicht hervorrufen, wenn sie zugleich bestimmt und nicht abschließend bestimmbar erscheint, d.h. wenn ihre sinnlich wahrgenommenen Elemente nicht in eindeutigen Konstellationen als diese und nur diese Aussagen erfaßbar sind, sondern wenn die Sprache derart konstruiert ist, daß in immer anderen möglichen Konstellationen andere Vorstellungen konstituiert werden können und damit die Freiheit des Menschen in seinem Sichbestimmen zu Etwas erinnert wird.

Fünftes Kapitel

HÖLDERLINS BESCHREIBUNG DES POETISCHEN GEISTES

1. BEMERKUNG ZU DER VERFAHRENSWEISE

Während Hölderlin in den theoretischen Schriften, die ich bisher kommentiert habe, das menschliche Bewußtsein hinsichtlich des Augenblicks seiner Konstitution genetisch beschrieben hat, nähert er sich mit der Schrift "Wenn der Dichter einmal des Geistes mächtig" der Wirklichkeit des Denkens in der Sprache. Deshalb stellt diese Schrift den wichtigsten Übergang von den bisher vorgetragenen erkenntniskritischen Reflexionen zu einem Denken dar, das auch sein Anderes gedacht und in seinen Bestimmungen berücksichtigt hat. Erst damit wird es möglich zu zeigen, daß das Sichbestimmen des Menschen Gültigkeit erlangen und die Wirklichkeit erreichen kann. Den poetischen Geist, von dem hier die Rede ist, verstehe ich als das menschliche Bewußtsein, wie es sich in poetischen Werken äußert, wie es aber, unausgesprochen, unser wirkliches Erkennen immer begleitet. Das poetische Werk kann, wird es entsprechend aufgenommen, das Bewußtsein erinnern. Was dies im Einzelnen heißt, habe ich an den betreffenden Punkten des Gedankengangs zu sagen versucht.

Die Schrift Hölderlins, der ich hier kommentierend folge, ist zwar nicht zur Veröffentlichung bestimmt gewesen, sie erscheint mir trotzdem in sich streng zusammenhängend und einem durchgängigen Gedanken folgend. Die Überlegungen richten sich auf

> "die poetische Verfahrungsweise, wie sie genialisch und vom Urtheile geleitet in jedem ächtpoetischen Geschäffte bemerkbar ist"(FHA,14,305,31 - 306,1).

Insofern könnte man von einer transzendentalen Reflexion sprechen, wenn dies die Frage nach den Bedingungen der **Möglichkeit** von Kunstwerken wäre. Eine weitere erkenntniskritische Maxime verweist auf Ähnliches:

> "weil alles bestimmter, und nothwendiger vorhandene, ein Unbestimmteres, unnothwendiger Vorhandenes nothwendig macht" (ebd.,371,29-30).

Die Beschreibung der Verfahrungsweise des poetischen Geistes wird sich danach nicht auf ein positiv auffindbares Verfahren berufen, sondern die Bedingungen, die das Werk begründen, zu nennen suchen. Den Unterschied zur transzendentalen Fragestellung Kants möchte ich vorläufig damit kennzeichnen, daß Hölderlin den Begriff der Verfahrungsweise nicht als Bedingung der Möglichkeit, sondern als spekulativ zu denkende Bedingung der **Wirklichkeit** eines Zusammenhanges, der unendlicher sein soll, bestimt. Den Begriff des Spekulativen verstehe ich im Sinne Hegels:

> "In diesem Dialektischen, wie es hier genommen wird, und damit in dem Fassen des Entgegengesetzten in seiner Einheit oder des Positiven im Negativen besteht **das Spekulative.**" (G.W.F. Hegel, WW V,S.52, "Wissenschaft der Logik I")

Die Bedingungen der Wirklichkeit des Gedichtes werden spekulativ gefaßt; sie kommen im Gedicht selbst in bestimmter Negation zum Ausdruck. Insofern können keine Gesetzmäßigkeiten, die wesentlich und gegenständlich außerhalb des Gedichtes wirklich wären aufzusuchen sein, das Gesetz und die Welt, in der es ausgeübt wird, können nicht mehr nur abstrakt getrennt gedacht werden:

> "die Verfahrungsart und die Sphäre in der sie beobachtet wird ... (sind) ... unendlicher verbunden"(FHA,14,47,25-28).

Daß dies kein Rückfall in den Dogmatismus ist, wird an den Abschnitten deutlich, in denen Hölderlin von der freien Wahl eines Objektes oder einer Sphäre spricht. Um das unendlichere Verbundensein zu erläutern, weise ich hier nur auf den Begriff eines hyperbolischen Verfahrens hin, mit dem Hölderlin die gleichaugenblickliche Vereinigung und Entgegensetzung von Geist und Stoff umschreibt. Wie die Hyperbel und die Asymptote sich im Unendlichen vereinigen, so auch das geistige Gesetz und die Sphäre seiner Anwendung. Der Begriff des Geistes, der diesen Zusammenhang und die für den menschlichen Verstand notwendige Trennung in Einem denken kann, wird sich entsprechend in dieser Spannung des hyperbolischen Verfahrens bewegen. Deshalb verstehe ich Hölderlins Gedanken als die Überlegung, wie der Geist zu denken sei, der seine Wirklichkeit in der Sprache der poetischen Werke erreicht. Er gibt damit eine spekulative Beschreibung des Grundes allen wirklichen Bewußtseins, der begrifflich nur umschreibbar ist, während die gesamte Gestalt des poetischen Werkes ihn erinnern kann, ohne daß der unverfügbare Grund darin aufginge.

Mein Kommentar folgt dem Entwurf Hölderlins in der Textkonstitution, die er in der "Frankfurter Ausgabe", Band 14, Entwürfe zur Poetik, erhalten hat. Es haben sich damit einige neue Lesarten und Möglichkeiten der Einsichtnahme ergeben, die aufschlußreich sind und das Verstehen außerordentlich fördern. Da Hölderlin sich von der Konstruktion des Verhältnisses von Geist und Stoff zu dessen wirklichem Ausdruck in der Sprache des poetischen Werkes hin bewegt, die Schreibrichtung des Entwurfes aber umgekehrt verläuft, wäre es verlockend, diese Tatsache in die Interpretation einzubeziehen. Im üblichen Verlauf gelesen beginnt der Entwurf mit dem Gedicht und endet mit einer Beschreibung des rein formalen Verhältnisses seiner Konstituentien. Der Aufsatz als Ganzes könnte also als "Einheit, wo ... alles vor und rükwärts gehe"(FHA,14,311,7-8) begriffen werden. Dies kommt in der Schwierigkeit zum Ausdruck, ihn linear darzustellen; ich möchte darauf allerdings ebensowenig eingehen, wie auf die Figuren, die Hölderlin am unteren Rand des ersten Blattes gezeichnet hat(ebd., S.263 unten), weil ich denke, daß das dazu zu Sagende im Kommentar zum Text gesagt ist. Bemerkenswert ist die Form des ersten Satzes, der bisher häufig nur als 'langer Satz' beschrieben wurde. Dieser Umfang ist nicht unbedacht zustande gekommen, sondern steht mit dem Thema, den Bedingungen der wechselseitigen Rezeptivität des Geistes und des Stoffes, in einem notwendigen Zusammenhang. Der Satz schließt erst dann, wenn Hölderlin diese Bedingungen vollständig aufgezählt hat; sein Umfang entspricht dem der Bedingungen, die er mit wiederkehrendem konditionalem Einsatz nennt.

Mit dem Erreichen der Sprache als der Wirklichkeit des menschlichen Bewußtseins erreicht Hölderlin zugleich dessen Intersubjektivität und dessen Geschichtlichkeit. Inwiefern er damit auch einen eigenen Begriff vom Mythos gedacht hat, ist hier zwar implizit erkennbar geworden, es bedarf aber noch der Ausführung im Zusammenhang mit der Unterscheidung der Dichtarten, die der Satz fundiert: "So wäre alle Religion ihrem Wesen nach poetisch"(ebd., 49,17). Der Mythos wird nicht getrennt von der Sprache gedacht werden können.

> "was für ein Geist es war, der den Stoff zu organisiren und darin das poetische Leben zu befreyen vermochte"
> (Hölderlin an Niethammer, 1801)

2. BEDINGUNGEN DER REZEPTIVITÄT DES GEISTES UND DES STOFFES

Der erste Satz von Hölderlins theoretischem Entwurf "Wenn der Dichter einmal des Geistes mächtig" nennt die Bedingungen, die gedacht sein müssen, um den Geist begreifen zu können, der jede poetische Gestaltung des Menschen ermöglicht. Dabei geht es nicht nur um den "Geist des Dichters", sondern um "die gemeinschaftliche Seele, die allem gemein und jedem eigen ist"(1). Der poetische Geist ist damit bereits als das Bewußtsein angedeutet, das nicht nur als subjektive, besondere Art der Erkenntnis vorzustellen ist, sondern dem Allgemeingültigkeit ebenso wie Besonderheit für jeden Einzelnen zukommt. Die Aufgabe des Dichters, sich dieser Seele zu versichern, enthält den Anspruch, daß er um die Eigentümlichkeit des menschlichen Denkens wissen müsse, wenn seine Arbeit der Erkenntnis entsprechen können soll. Insofern möchte ich die vorliegende Schrift Hölderlins als eine Bemühung lesen, das Bewußtsein hinsichtlich der

---

1 FHA,14,303,2-3 (Den Aufsatz zitiere ich künftig nur mit Seiten- und Zeilenangabe.)

Vermittlung von Idealität und Realität zu denken, und dabei diese Vermittlung so zu begreifen, daß erkennbar wird, wie der Mensch sich des eigenen Bewußtseins bewußt werden kann. Zunächst entwirft Hölderlin dies anhand einer Bestimmung des Verhältnisses von Geist und Stoff, wobei beide sowohl in ihrem Streben nach Identität, wie auch in dem nach Wechsel beschrieben werden. Während einerseits der geistige Gehalt die Gemeinschaft und Verwandtschaft aller Teile, das Verweilen, sowie Einigkeit und Ewigkeit fordert, steht dem gegenüber die geistige Form mit einer Forderung nach Wechsel und Fortstreben des Geistes. Die von der Vernunft geforderte Einheit der Erkenntnisse, wenn ich sie als meine Erkenntnisse soll wissen können, sowie deren Vollständigkeit und die - als praktisches Postulat ausgesprochene - Forderung nach Unsterblichkeit, Ewigkeit der Seele, die Bestrebungen des Geistes also, sich in sich zu konzentrieren, um seine Erkenntnisse festhalten zu können, werden in direkten Widerspruch gesetzt mit dem Streben des Geistes, als reiner Form, aus sich herauszugehen, seiner exzentrischen Tendenz, sich in immer wechselnden Bestimmungen in seinem Anderen zu reproduzieren. Diese einander gerade entgegengesetzten Forderungen des Geistes erhalten ihre Gültigkeit allerdings erst dadurch, daß auch der Stoff sich in diesem Widerstreit von Identität und Wechsel befindet. Hier kehrt Hölderlin allerdings die Bedeutung der Begriffe Form und Gehalt um: die Form des Stoffes ist gleichbleibend, sie ist die Identität in allen Teilen, auf die Erkenntnis bezogen: ihr sinnlicher Berührungspunkt. Der Gehalt dagegen ist die Mannigfaltigkeit des Stoffes, der materielle Wechsel. In gegenseitiger Ergänzung der in sich entgegengesetzten Tendenzen des Geistes und des Stoffes, die als solche völlig unbestimmt sind, wird erst ein besonderes Bewußtsein von Etwas möglich.

Der geistige Gehalt kann nämlich erst erkennbar werden, wenn die Einheit der Erkenntnisse, die er fordert, unterscheidbar ist von der Mannigfaltigkeit des Stoffes, wenn

> sie von "dem sinnlichen Gehalte dem Grade nach, auch den harmonischen Wechsel abgerechnet auch bei der Gleichheit der geistigen Form, (des Zugleich und Beisammenseyns) verschieden" ist(303,15-18).

Auch wenn die Form einer Bestimmung gleich bleibt, wenn also dieser Gegenstand in dieser bestimmten Hinsicht festgehalten wird, besteht zugleich ein Unterschied zwischen der einheitsstiftenden Forderung des Geistes, die eben diese Bestimmung festhalten möchte, und dem darin isolierten Stoff, der selbst in einer festgesetzten Bestimmung fortwirkend in einer mehr oder weniger großen Nichtidentität mit dieser (dem Grade nach) sich weiterhin bewegt. Die niemals vollständige Übereinstimmung von Bestimmung und Bestimmtem läßt die Bestimmung in ihrer Einheit überhaupt erkennbar sein, denn ohne die Wirkung des Unbestimmten wäre die Bestimmung nicht zu erinnern und deshalb keine Erkenntnis möglich, wie aus "Das untergehende Vaterland" hervorging. Ist die Wirkung des unbestimmten Stoffes dem Grade nach allerdings so beschaffen, daß die geistige Form nicht mehr die gleiche bleiben kann, um ihn erfassen zu können, dann muß diese Form wechseln, eine andere Bestimmung muß stattfinden. Der Wechsel der geistigen Form, den ich als den Wechsel der Form, in der der Stoff bestimmt erfahren wird, der Hinsicht, in der er als dieser besondere Gegenstand erscheint, verstehe, erhält seine Gültigkeit erst durch die Identität der Form des Stoffes. Auch er wird erst dann fühlbar,

> "wenn die wechselnden Theile ... in der **sinnlichen** Form sich unter dem Wechsel und Fortstreben gleich bleiben"(303,19-22).

Der Stoff, der als solcher **für** das Bewußtsein unbestimmt gedacht werden muß, ist demnach keineswegs als diffuse Masse vorzustellen, die erst in der formenden Bestimmung Konturen gewinnen könnte, sondern als durchaus in sich qualitativ verschieden und auch seinen Formen nach gestaltet. Diese unbestimmten Gestalten des Stoffes geben der geistigen Form als objektiver Gehalt erst "ihre völlge Bedeutung"(303,30). Sie sind das Bestimmbare, das den Wechsel der Bestimmungen erfordert solange diese ihm nicht angemessen sind, indem es unbestimmt wirkt; das aber auch soweit angemessen bestimmt werden kann, daß ein Verweilen des Geistes möglich ist. Es wird noch zu zeigen sein, daß diese Idee von Gestalten des Stoffes, die für uns unbestimmt sind, unterschieden werden muß von den Gestalten, die aufgrund positiv gewordener Vorstellungen scheinbar von "außen" auf uns zukommen. Zunächst ist diese Idee notwendig, wenn die formalen Bestimmungen des Geistes nicht völlig beliebig, "ein leeres leichtes Schattenspiel"(303,19) sein, sondern wenn sie angemessene Erkenntnisse sollen ermöglichen können. Die Annahme der Identität des Stoffes ist dabei spekulativ, so wie der Begriff von für uns unbestimmten Gestalten des Stoffes ein Hilfsmittel darstellt, das nicht als Hypostasierung verstanden werden darf. Diese spekulative Voraussetzung ist allerdings notwendig, wenn die Möglichkeit angemessener Bestimmungen für das menschliche Bewußtsein erwiesen werden soll. Solche Bestimmungen sind möglich, weil der Gegensatz von Einheit und Wechsel, in dem der Geist sich mit seinen Forderungen befindet, eben durch die identische Form des Stoffes gelöst wird, welche ein Bestimmen ermöglicht, und weil der Stoff zugleich, wegen seiner ebenfalls zu denkenden Mannigfaltigkeit, den Wechsel der Bestimmungen fordert. Die identische, in sich einheitliche Form des Stoffes, seine unbestimmte Gestalt, ist der Grund für die Möglichkeit besondernder Bestimmungen und sie ersetzt dabei auch

> "eben so viel ..., als von ursprünglicher Verwandtschaft und Einigkeit der Theile verloren werden muß im harmonischen Wechsel"(303,27-29).

Wenn als Voraussetzung für die Wirklichkeit des in seinen Trennungen sich bestimmenden Bewußtseins die unendliche Sphäre gedacht werden kann, die alle Bestimmungen begleitet, dann wird für sie eine ursprüngliche Verwandtschaft und Einigkeit der Teile anzunehmen sein; die Teile sind in ihr noch gar nicht diese Teile, als die sie für uns erscheinen (vgl. den Abschnitt über die "nothwendige Willkür des Zevs"). Im Wechsel mit dem Bewußtsein, das darin sich und sein Anderes bestimmt, verliert sich ihre ursprüngliche Einigkeit; sie kann aber dann ersetzt werden, wenn der bestimmte Teil als lebendiges Ganzes begriffen wird, wenn also die Wirklichkeit mittels der formalen Bestimmungen nicht "einseitig schief", nur mit dem Verstand, "der blos aus Noth kommt"(FHA,14,71,1-2, "Sieben Maximen") aufgefaßt wird. Wie dies möglich sei, versuchte Hölderlin im vorliegenden Aufsatz zu erläutern.

Während die identische Form des unbestimmten Stoffes den Wechsel der geistigen Bestimmungen erkennbar werden läßt, weil ihre Wirkung eben diesen Wechsel der Form, in der der Stoff begriffen wird, bewirkt, und wenn sie damit als objektiver Gehalt der geistigen Form ihre Bedeutung gibt, so wird andererseits die Forderung des Geistes nach unbegrenzter Einheit und Ewigkeit begleitet von dem unendlichen

> "**materielle(n) Wechsel des Stoffes**"(303,31).

Die vom Geist geforderte Ewigkeit erhält somit durch die Unendlichkeit des Stoffes ihre notwendige Ergänzung; damit ist der Wirklichkeitsgrund allen Bewußtseins gedacht. Weder nur ein absolutes Ich als idealer Substratgegenstand, noch nur eine absolute Materie, als realer Substratgegenstand, wird von Hölderlin als Voraussetzung angenommen, sondern die ungeteilte Einheit von Idealität und Realität muß als Grund aller trennenden Bestimmungen des Denkens gedacht werden. Hölderlin schrieb in diesem Sinn an Schiller:

> "Auch bin ich veranlaßt worden, besonders über die nothwendige Gleichheit nothwendig verschiedener höchster Prinzipien und reiner Methoden manches zu denken"(StA,VI.1,422).

Die Mannigfaltigkeit des Stoffes entspricht zugleich der unabschließbaren Forderung des Geistes, zu wechseln, d.h., nicht nur besondere Bestimmungen festzuhalten, sondern sich in immer andern Bestimmungen "in sich selber und in anderen zu reproduciren"(303,5). Während nun die Forderung des geistigen Gehaltes den Wechsel der Bestimmungen um der Einigkeit willen aufhält, wirkt ihr in dieser Hinsicht der materielle Wechsel entgegen, "die objektive Form, die Gestalt"(304,4) ist dem angehaltenen geistigen Wechsel, der damit eine bestimmte Form begreifend fixiert, entgegen, sie befindet sich im unabschließbaren Wechsel, der niemals endgültig in einer Bestimmung zur Ruhe kommen kann. Ebenso ergänzen sich aber Geist und Stoff wechselseitig, denn die Mannigfaltigkeit des Stoffes kommt dadurch, daß die geistige Form der Bestimmungen unendlich wechselt, genauso zu ihrem Recht, wie die materielle Identität, die Einigkeit aller Teile, "ersezt wird durch den immerforttönenden allesausgleichenden **geistigen Gehalt**"(304,4). Diese Möglichkeit der Ersetzung möchte ich mit einem anderen Vergleich erläutern:

> "Wie die Luft forttönt, auch wenn die schallende Glocke verstummt ist, so kann auch in den Sinnenwerkzeugen ... der Ton nachklingen"(2).

Wenn dieses Bild aus dem Bereich physikalischer Wirkungen im Sinne des Hölderlinschen Verständnisses der Bewußtseinskonstitution gelesen wird, dann ist der Eindruck des identischen Stoffes das Wirkende, das erinnert wird und in der geistigen Erinnerung als Ton nachklingt, den der Geist aufnimmt und der somit forttönt. Dieses Forttönen des "geahndeten Totaleindruks"(304,1-2) in der Einheit, deren der Geist bedarf, um die Wirkung des Stoffes bestimmt erinnern zu können, wird sich im Verlauf des vorliegenden Entwurfes als der Grundton des sprachlichen Ausdrucks des unbestimmten Eindrucks erweisen lassen. Damit möchte ich zunächst nur andeuten, daß das 'immerforttönend, allesausgleichend' eine Erläuterung nur im gesamten Zusammenhang des Gedankengangs finden kann. Hier muß angemerkt werden, daß die Reihenfolge vom Eindruck zu seiner Erinnerung nicht in der Zeit vorgestellt werden darf, sondern daß sie in den Augenblick der Bewußtseinskonstitution fällt, von dem auch in "Das untergehende Vaterland" die Rede war.

Die Ersetzung von materieller Identität und materieller Mannigfaltigkeit durch den ruhenden geistigen Gehalt und die wechselnde geistige Form ist jeweils vollständig erreicht in den "Ruhepuncten und Hauptmomenten"(305,4). Ohne eine weitergehende Auslegung dieser Begriffe vorzunehmen, möchte ich sie umschreibend als die Punkte oder Momente verstehen, in denen die Mannigfaltigkeit des Stoffes in einer bestimmten begrifflichen Form entsprechend der gleicherweise anzunehmenden Gestalt des Stoffes erfaßt worden ist, sodaß die Forderung des Geistes nach Einheitlichkeit der Erkenntnis damit ebenso erfüllt wird. Es wären also diejenigen Ruhepunkte, in denen der Geist und der Stoff sich in wechselseitigem Ausgleich bestimmen, wobei diese Momente nur als relativ ruhende Punkte verstanden werden können, vergleichbar mit dem Vorschlag, daß man

> "die Ruhe als eine unendlich kleine Geschwindigkeit oder als eine unendlich große Langsamkeit ansehen" kann(3).

Der Widerstreit von Identität und Wechsel kommt in ihnen nämlich niemals endgültig zur Ruhe; gerade dadurch, daß in Relation zu diesen nur relativ stillstehenden Punkten die Bewegung von Geist und Stoff "so viel sie in diesen nicht vereinbar sind"(305,4-5) bemerkbar bleibt, kann diese Notwendigkeit der Bewegung erkannt werden, genauso, wie aufgrund der Unvereinbarkeit von geistigem

---

2 Franz Brentano: Die Psychologie des Aristoteles. Mainz 1867. Nachdruck: Darmstadt (Wiss.Buchges.) 1967. S.103

3 G.W. Leibniz: Hauptschriften zur Grundlegung der Philosophie. Band I. Hamburg (Meiner) 1966 "Über das Kontinuitätsprinzip" S.86

Gehalt und geistiger Form, sowie materiellem Wechsel und materieller Identität das Eine das jeweils Andere, die Ruhe die Bewegung und umgekehrt, erkennbar werden läßt. Hölderlin spricht allerdings von "**fühlbar**"(305,1) an den Stellen, an denen ich das Wort "erkennbar" verwendet habe. Dies verweist zum einen zurück auf die Beschreibung der Bewußtseinskonstitution in "Das untergehende Vaterland", zum anderen bereitet es den Begriff der "transcendentalen Empfindung" vor, der zu erläutern sein wird. Da die bestimmte Erkenntnis eine unbestimmte Wirkung des Stoffes erinnert (den geahnten Totaleindruck), kann für diesen Moment des Erkennbarwerdens einer Veränderung durchaus von Fühlbarkeit die Rede sein, denn erst die gefühlte Wirkung des unbestimmten Stoffes bewirkt den Wechsel der Form, in der jeweils das Wirkende begriffen ist, sodaß damit im selben Augenblick auch der Widerstreit von geistiger Einheit (des Begreifens) und dem notwendigen Wechsel der auffassenden Form bewußt wird.

Das Verhältnis von Geist und Stoff bestimmte Hölderlin in dieser ersten Skizze als ein notwendig wechselseitiges Sichergänzen, das weder von einem dominierenden Prinzip abhängt, noch in sich eine Hierarchie aufweist. Beiden kommt eine konzentrische und eine exzentrische Tendenz zu(4); wie der Geist gleichermaßen der Einheit, um seine Erkenntnisse als seine zu wissen, und des Wechsels, um sich zu reproduzieren, bedarf, so muß auch für den Stoff eine ständig wechselnde Mannigfaltigkeit und zugleich eine Identität, ein "Berührungspunkt aller Theile"(304,14) angenommen werden, wenn die Möglichkeit angemessener Erkenntnisse begründbar sein soll. Dieses Wechselverhältnis von Geist und Stoff kann mit Vorstellungen, denen bereits die Kategorien von Raum und Zeit zugrunde liegen, nicht erfaßt werden; vielmehr ist es selbst die Bedingung der Möglichkeit, diese Kategorien ableiten zu können. Hölderlin spricht hier nicht von dem Verhältnis des Denkens zu seinem erscheinenden Anderen oder von den apriorischen Voraussetzungen hinsichtlich der Verhältnisse der Erscheinungen untereinander für unsere Vorstellung, sondern von den konstitutiven Momenten des Bewußtseins überhaupt und deren wechselseitiger Notwendigkeit unter Voraussetzung der Idealrealität des Wirklichkeitsgrundes. Weil er dabei Geist und Stoff als in sich entgegengesetzt, aber gleicherweise als jeweils für die Erkenntnis notwendig komplementär denkt, geht er über das Bewußtseinsmodell Fichtes hinaus, wie es im folgenden Satz hinsichtlich des Stoffes zum Ausdruck kommt:

---

4 Rolf Michaelis hat in seiner metrischen Untersuchung von Hölderlins Oden erfreulicherweise Ähnliches gefunden: "Hölderlins Ode entsteht im Widerstreit zweier gegeneinandergerichteter Kräfte, der konzentrischen und der exzentrischen Kraft." R.M.: Die Struktur von Hölderlins Oden - Der Widerstreit zweier Prinzipien als "kalkulables Gesez" der Oden Hölderlins. Dissertation. Tübingen 1958. S.13

> "Es (das Ich, das das Objekt bestimmen wird und muß, Zusatz,A.T.) wird in dieser Bestimmung durch den Trieb geleitet, und geht darauf aus, es (das Objekt,A.T.) nach ihm zu bestimmen; es steht aber zugleich unter der Einwirkung des Nicht-Ich, und wird durch dasselbe, durch die wirkliche Beschaffenheit des Dinges begrenzt, dasselbe in höherem oder niederem Grade **nicht** nach dem Triebe bestimmen zu können. Durch diese Einschränkung des Triebes wird das Ich begrenzt; es entsteht, wie bei jeder Begrenzung des Strebens und auf die gleiche Art ein Gefühl, welches hier ein Gefühl der Begrenzung des Ich, nicht durch den **Stoff**, sondern **durch die Beschaffenheit des Stoffes ist.**"(Fichte, WW I, S.309)

Fichte setzt mit der Nicht-Bestimmbarkeit des Dinges bereits eine Vorstellung voraus, entsprechend der das Ich das Objekt zu bestimmen strebt. Die Beschaffenheit des Stoffes erweist sich als ungeeignet, dieser Vorstellung subsumiert zu werden, sie wird aber dabei nicht in ihrer qualitativen Mannigfaltigkeit gesehen, die der fixierten Vorstellung widerstrebt. In Hölderlins Gedankengang ist die Bestimmung dagegen erst innerhalb des Wechselverhältnisses von Geist und Stoff möglich, wobei der Stoff nicht nur als in sich unterschiedene qualitative Mannigfaltigkeit gedacht wird, sondern auch als in sich identisch, was mit der Idee einer Gestalt angedeutet werden kann. Erst in der wechselseitigen Wirkung von geistigem Gehalt und geistiger Form mit materieller Mannigfaltigkeit und materieller Identität kommt der entsprechende Begriff zustande, den Fichte auf der Ebene der Vorstellung dieser Wechselbestimmung schon vorausgesetzt hat. Im weiteren Verlauf des Hölderlinschen Aufsatzes wird eben diese Konstitution des begreifbaren Bewußtseins ausführlicher dargestellt. Zunächst muß allerdings das Verständnis des Stoffes in seinen unterschiedlichen Bedeutungen erläutert werden.

3. DER STOFF

Im ersten Abschnitt des Entwurfes "Wenn der Dichter einmal des Geistes mächtig"(5) versteht Hölderlin den Stoff als unbestimmten Grund möglicher Bestimmungen, er ist ungeteilt und unbegriffen und wird als dieser spekulativ vorausgesetzt. Dieser unendliche Stoff bewirkt einen "Totaleindruk", der allerdings nur "geahndet" werden kann, denn er ist zwar der Wirklichkeitsgrund der Erkenntnis, aber seine Wirkung ist "unbestimmt gelassen, der Stoff ist noch unentwikelt"(304,25). Diese Bedeutung des Stoffes wird im Zusammen-

---

5 Diesen Abschnitt möchte ich fortan "Einleitungssatz" nennen.

hang mit dem Begriff der "transcendentalen Empfindung" wieder aufgenommen werden. Zunächst kann sie als das Wirkliche, das wirkt und dessen Wirkung das Bewußtsein sich bestimmend erinnert, charakterisiert werden.

Davon unterschieden ist die Bedeutung, die der Stoff hinsichtlich seiner Beschaffenheit erhält(305,10 - 306,30). In diesem Zusammenhang gebrauchte Hölderlin den gängigen Begriff des "Stoffes für eine Dichtung"; hier ist die Rede von Erscheinungen, die als "Vehikel des Geistes"(306,9) dazu dienen können, daß der Geist sich reproduziere. Mit der Unterscheidung in Begebenheiten, Bestrebungen und Phantasien nennt Hölderlin die drei möglichen Modalitäten, denen entsprechend die erscheinende Realität vom Dichter aufgefaßt werden kann, nämlich als Reale, Mögliche oder Notwendige (Empfindung, Vorstellung, Erinnerung). Auf diese Bedeutung der Auffassung des Stoffes werde ich im Zusammenhang mit den Gattungen zurückkommen; sie ist die Bedeutung des Wortes Stoff "in so fern es angewandt ... verstanden wird"(305,29-30). Dies betrachte ich aber nicht als das Thema der vorliegenden Schrift, die sich mit der "unangewandten" Seite der Begriffe Geist und Stoff beschäftigt; in dieser Hinsicht

> "sagen diese Worte nichts aus, als die poetische Verfahrungsweise, wie sie genialisch und vom Urtheile geleitet in jedem ächtpoetischen Geschäffte bemerkbar ist."(305,30 - 306,1)

Weil gerade diese poetische Verfahrungsweise erläutert werden soll, gehe ich hier auf den bereits bestimmt erscheinenden Stoff noch nicht ein.

4. BEGRÜNDUNG UND BEDEUTUNG

Zu den Worten die in unangewandter Hinsicht von der poetischen Verfahrungsweise sprechen, gehört auch das von der Begründung oder Bedeutung des Gedichtes. Sie ist es, die

> "zwischen dem Ausdruke (der Darstellung) und der freien idealischen Behandlung liegt"(306,31-32).

Damit ist eben der Bereich angesprochen, der hier charakterisiert werden soll, denn die Begründung ist das Denken, das den Stoff in seinem Gewordensein für das Bewußtsein, so, wie er uns erscheint, zugleich mit der bestimmenden Reflexion, die als freie idealische Behandlung den Stoff formal aufteilt, begreift. Während die erinnernde Reflexion des Stoffes diesen als besondere Einheit bestimmt, erscheint die Darstellung zunächst als eine Reihe von Teilen. Diese Entgegengesetzten, die geistige Einheit und die materielle Mannigfaltigkeit, sollen in der Begründung als miteinander in Wechselbeziehung befindliche gedacht werden. Das erscheinende

Gedicht kann in diesem Zusammenhang als eine bestimmte Abfolge von Teilen angesehen werden, die aber erst an der und für die Erinnerung des Geistes zu dieser Abfolge von diesen Teilen wurde. Deshalb muß die Begründung gerade das Gewordensein der besonderen Teile und ihres Zusammenhanges für die ideale Erinnerung denken. Sie muß den Grund, der alle besonderen Bestimmungen begleitet, als das wirklich Wirkende mit in den Gedanken aufnehmen und hinsichtlich dieses Grundes das Gewordensein der erscheinenden Teile für das Bewußtsein in seiner Bedeutung begreifen. Die Wirksamkeit des Wirklichkeitsgrundes aller Bestimmung kann in ihrer Idealrealität bereits mit Fichte beschrieben werden:

> "**Ideal- und Real-Grund sind im Begriffe der Wirksamkeit** (mithin überall, denn nur im Begriffe der Wirksamkeit kommt ein Real-Grund vor) **Eins und Ebendasselbe.**"(Fichte, WW I, S.175)

Entsprechend ist die Bedeutung des Gedichtes nach Hölderlin idealreal, sie ist das Denken, das "sich selber überall entgegengesezt ist"(307,1-2). Darin unterscheidet sie sich von dem bestimmenden Denken, das eine Einheit unter den Erscheinungen für seine Vorstellungen herstellt, damit es die Vorstellungen als seine wissen kann. Das Denken der Begründung eben dieser besonderen Erscheinungen bezieht das jeweils isoliert Begriffene auf seinen Wirklichkeitsgrund und kann deshalb dasjenige, das als Einiges erscheint, (als Begebenheit, als Anschauung) trennen, indem es dieses als entstanden aus einem Streben begreift. Dies - die Begründung des epischen Gedichtes - verstehe ich im Zusammenhang mit den Gedanken Hölderlins zur Konstitution des Bewußtseins so, daß aufgrund der Wirkung des unbestimmten Wirklichen zugleich besondere Bestimmungen aufgelöst werden, wie sie auch im Moment eben dieser Wirkung als diese Besonderen erinnert und erst für die Erinnerung in ihr isoliert werden. Somit liegt im gleichen Augenblick des Bewußtseins einer Reihe von Begebenheiten der Möglichkeit dieses Bewußtseins die Wirkung des Unbestimmten zum Grunde, die das Streben nach Auflösung und Herstellung von besonderen Teilen (Gegenständen der Anschauung) bewirkt. Ebenso erscheint - im tragischen Gedicht - die intellectuale Anschauung, in der der Geist um den unendlichen freien Wirklichkeitsgrund weiß, festgesetzt in Bestrebungen, Gedanken, Vorstellungen oder Leidenschaften: die Wirkung des Grundes, die notwendig frei von Bestimmungen gedacht werden muß, erscheint in dem Bestreben, besondere Setzungen um der Offenheit des Möglichen willen aufzulösen. Für das Besondere der Empfindung - die dem lyrischen Gedicht zum Grunde liegt - bedarf es entsprechend der Begründung einer Verallgemeinerung, denn diese scheinbar individuelle Empfindung muß idealisch erinnert werden, wenn sie für das Bewußtsein überhaupt Etwas sein soll.

Die Begründung ist demzufolge das Denken der bestimmenden Reflexion, das nicht nur den bestimmten Teil, noch diesen bestimmten Teil in seinem Verhältnis zu dem ihn begreifenden Reflektieren, sondern das besondere Gewordensein dieses Erscheinenden in dem besonderen Auffassen denkt, welches sich innerhalb des Grundes aller Bestimmung charakterisiert. Nicht das bestimmende Erinnern allein wird gedacht: dies wäre eine Verbindung von Geist und Stoff, in der die Form des Begreifens und die Art des Begriffenen fixiert ist, wenn auch der Gehalt der so bestimmten Einheit wegen der graduellen Verschiedenheit des Stoffes in der idealen Bestimmung nicht erschöpft sein kann. Dennoch wäre dabei der notwendige Wechsel der Form des Begreifens nicht berücksichtigt. Das Denken der Begründung des Erscheinenden und seines Begreifens muß aber zugleich wissen, daß die scheinbar Entgegengesetzten (Geist und Stoff)

> "sich nicht dem Gehalte nach, aber in der Richtung und Grade der Entgegensezung vergleichbar sind"(307,10-11).

Wie bereits aus dem Einleitungssatz hervorging, ist eine Identität des Gehaltes von Geist und Stoff nicht endgültig zu erreichen: die einheitlichen Gestalten, die der Geist erinnernd bestimmt, sind immer dem Grade nach verschieden von den problematisch vorauszusetzenden Gestalten des Stoffes, die in dieser Bestimmung niemals restlos aufgehen. Vergleichbar ist aber die Richtung, die exzentrische Tendenz, die Geist und Stoff zukommt, denn beide müssen aus sich herausgehen, wenn sie nicht in einer festgelegten Einheit erstarren sollen. Wie oben die komplementäre Notwendigkeit von Geist und Stoff in ihrer konzentrischen und exzentrischen Tendenz für eine wirkliche Erkenntnis dargestellt wurde, so sagt Hölderlin nun von der Begründung,

> "daß sie das **Widersprechendste vergleicht,** und durchaus hyperbolisch ist"(307,11-12).

Das begründende Denken begreift das Verhältnis von Geist und Stoff nicht in einer anderen Form als eine andere "Art" der Reflexion, es hat einen anderen "Gehalt"(307,15) im Blickfeld, wenn es zwar die idealische Erinnerung des Stoffes auch als solche auffaßt, aber damit zugleich die aufgefaßte Einheit in den Gegensatz mit der unendlichen Einheit des Grundes bringt und in diesem Bezug erst als begründete Einheit erkennen kann. Damit wird die Einheit von Geist und Stoff, die jeweils erscheint, in ihrem Gewordensein denkbar, denn die vereinzelt vorgestellten Tendenzen, die isoliert als Empfindung (naiv), Vorstellung (heroisch) oder Räsonnement (idealisch) angesehen werden, sind "einig im Allgemeinsten, im Leben"(307,18-19). Erst das Gefühl des wirkenden Unbestimmten und die Vorstellung dieser Wirkung in ihrer bestimmenden Erinnerung als Empfindung von Etwas konsituieren das Bewußtsein im Augenblick seiner Wirklichkeit. Deshalb darf die Reflexion der Begründung des Gedichtes die freie idealische Behandlung, also die Form des Begreifens und Bestimmens, und das Dargestellte nicht als gegenständlich nebeneinander befindliche Einheiten ansehen, sondern sie muß diese scheinbaren Extreme so denken,

> "daß sie durch Entgegensezung durch das Berühren der Extreme vereiniget"(307,9-10).

An dieser Stelle wird am deutlichsten, daß die Benennung dieses Denkens mit dem Wort "hyperbolisch" kaum mit der literaturwissenschaftlich geläufigen Bedeutung von "Übertreibung des Ausdrucks" oder der wörtlichen Übersetzung "Darüberhinauswerfen, Übermaß" erklärt werden kann. Zwar geht das hyperbolische Denken auch "über" den Bereich der Verstandesbestimmungen "hinaus", insofern es die Erscheinungen hinsichtlich ihres Gewordenseins im unendlichen Wirklichen begründet; dies ist aber nicht mit einer quantitativen Übersteigerung gleichzusetzen. Aufschlußreicher erscheint mir die Bestimmung der Hyperbel in der Descartesschen Geometrie, wo es von den Kegelschnitten heißt:

> "die Krümmung der Kegelschnitte (hängt) allemal von zwei Bedingungen ab, man kann folglich mittels dieser Linien auch **gleichzeitig zwei verschiedene Punkte bestimmen.**"(Hervorhebung von mir, A.T.)(6).

Eben dies, im selben Augenblick zwei zunächst entgegengesetzt erscheinende Punkte zu denken, soll die Begründung ermöglichen, sie soll den Stoff und den Geist in ihrer wechselseitigen Notwendigkeit füreinander hinsichtlich der Wirklichkeit von Erkenntnissen begreifen, wie zugleich auch die in sich entgegengesetzten Tendenzen von Geist und Stoff, die zugleich nach Einigkeit und Wechsel streben. Hölderlin hat mit diesem "hyperbolischen Verfahren" die Form des Denkens benannt, das die Bedeutung des Gedichtes begreifen kann. Es ist nicht die vereinzelnde Anschauung des Erscheinenden, noch die Reflexion der idealischen Behandlung:

> "die Auflösung der Dissonanzen in einem gewissen Charakter ist weder für das blosse Nachdenken, noch für die leere Lust."(Hyperion, Vorrede, a.a.O., S.3)

Vielmehr können wir dann die Bedeutung des Gedichtes erfassen, wenn wir die gleichaugenblickliche Komplementarität von Geist und Stoff und ihre Vermittlung ebenso denken, wie das Entstehen und Vergehen von besonderen Bestimmungen in der wirkenden Wirklichkeit des unendlichen Grundes. Wir wissen so um die wechselseitige Begründung von Erscheinungen in unbestimmtem Stoff und freier Form und können darum die jeweils besonderen Vorstellungen als notwendige Teile (für den Verstand), aber als nicht erschöpfenden Ausdruck des Bewußtseins, das das erscheinende Gedicht ermöglicht, denken.

Bisher hat Hölderlin die wechselseitige Bestimmung von Geist und Stoff allerdings nur aus dem Leben überhaupt, das das Allgemeinste ist, begründet; dessen Begriff ist eine Idee. Die Folgen davon zeigen sich in den Aporien, in die das subjektive Begründen geraten wird.

----

6 René Descartes: Geometrie. Darmstadt (W.B.) 1969. S.103.

a. Das subjektive Begründen

Das hyperbolische Denken, das die scheinbar Entgegengesetzten gemeinsam und in Beziehung auf ihren Grund begreift, kommt im folgenden Abschnitt über den subjektiven Grund des Gedichtes zur Anwendung. Weil die Auffassung der Wirklichkeit, die das Reale und das unbestimmte Wirkliche umfaßt, nicht lediglich als ideale Handlung, die nur aufgrund ihres Begreifens mit dem Stoff verbunden wäre, angenommen, sondern weil sie in ihrem gleichaugenblicklichen Konstituiertsein in der Wechselbestimmung von Idealität und Realität gedacht wird, kann die jeweils besondere Form des Auffassens der Wirklichkeit auch in ihrem unzertrennlichen Zusammenhang mit dem so begriffenen Gegenstand gewußt werden. **Wie** der Dichter formal jeweils die Wirklichkeit auffaßt, **so** erscheint sie notwendigerweise auch: die idealische Erinnerung des unbestimmten Wirkenden als Etwas ist nicht abstrakt zu trennen von der besonderen Form, in der der Stoff erscheint. Das "innere idealische Leben", das ich als das Lebensgefühl verstehe, als das das anschauende Bewußtsein sich selbst ahnt, ist der "subjective Grund des Gedichts"(beide Zitate: 307,28). Es ist eine reine Stimmung, die in sich reflektiert ist hinsichtlich der Modi, die Wirklichkeit zu begreifen. Diese Modalitäten unterscheidet Hölderlin entsprechend der Konstituentien des Bewußseins (Empfindung, Vorstellung, Erinnerung) und beschreibt sie in ihrem Entsprechungsverhältnis zu der Auffassung des Stoffes. Wird das innere idealische Leben, das Lebensgefühl das die Wirkung des Unbestimmten und, als anschauendes Denken, die Auflösung und Herstellung von Bestimmungen, empfindet, betrachtet als Empfindung, dann geht es aus von dem Wirkenden und strebt danach, die unbestimmt gefühlte Wirkung zu verallgemeinern. Wird es zunächst als Vorstellung betrachtet, dann geht es aus von dem Bewirkten und strebt danach, dieses als besonderes Bestimmtes festzusetzen. Als intellectuale Anschauung betrachtet geht die Stimmung von dem Wirklichkeitsgrund des Bewußtseins aus und strebt danach, diesen in seiner Bewegung zum Ausdruck zu bringen. Diese subjektive Grundstimmung des Dichters entspricht seiner Auffassung des Stoffes, d.h. der Hinsicht, in der er den Stoff erinnernd bestimmt und so bestimmend begreift. Die Form der Selbstauffassung ist somit nicht zu trennen von einer entsprechenden Form des Auffassens des Anderen:

> "und so fordert und bestimmt die subjective Begründung eine objective, und bereitet sie vor"(308,2-4).

Der subjekt=objektive Begründungszusammenhang würde verfehlt, wenn man ihn nur als Vorgang in Raum und Zeit vorstellte. Ich verstehe ihn als eine erste Beschreibung des Augenblicks, in dem sich das Bewußtsein zugleich als Wissen um sich selbst und sein Anderes konstituiert. Da die schon genetisch beschriebenen Perioden dieses Augenblicks es zulassen, daß jeweils Momente akzentuiert werden, kann ein Unterschied hinsichtlich der jeweiligen Begründung des gewählten Objektes aus den Konstituentien des Bewußtseins abgeleitet werden. Die Form, unter der die Wirkung des unbestimmten Wirklichen aufgefaßt wird (die Stimmung), entspricht somit notwendig der Form, in der der Stoff als besonderer erscheint, wobei die Auffassung des letzteren in ihrer jeweiligen Besonderheit die Akzentuierung erkennbar werden läßt, als die sich die je besondere subjektive Anschauung des Bewußtseins bestimmt. Innerhalb der Gesamtheit des unbestimmten Wirklichen und des Augenblicks des Bewußtseins hat der Dichter mit dieser Akzentuierung seines Begreifens der Wirklichkeit, das immer zugleich ein Begreifen des Denkens und des Gedachten ist, "dem Idealischen einen Anfang, eine Richtung, eine Bedeutung"(307,27) gegeben. Das hyperbolische Verfahren ließ denkbar werden, daß die Vermittlung von unendlicher Form (der Freiheit des Begreifens von heterogenen Bestimmungsgründen) und unendlichem Stoff (der unerschöpflichen Mannigfaltigkeit) nicht als Verbindung von abstrakt getrennten Vorgängen angesehen werden sollte, sondern daß die Auffassung des Lebensgefühls in besonderer Form bereits notwendig eine komplementäre Auffasung des Anderen darstellt, daß also die subjektive Anschauung des eigenen Bewußtseins im gleichen Augenblick Idealität und Realität in sich begreift. Der Begriff des Anfangs ist an dieser Stelle aus der Notwendigkeit des Verstandes heraus, einen Anfang zu setzen, gegenüber der "Idee des Lebens überhaupt"(307,26) entwickelt worden; ich möchte ihn in derselben Relativität verstehen, wie in dem Abschnitt über die "nothwenige Willkür des Zevs", wo ich versucht habe zu zeigen, daß der Moment des Herausgehens aus dem Einen nur für uns als Anfang erscheint, daß aber in Wahrheit das Verhältnis von Einigkeit und Trennung nicht in einer zeitlichen Abfolge, sondern als Gleichaugenblickliches gedacht werden muß. Hier wurde deutlich, daß ein jeder solcher scheinbare Anfang der Selbstauffassung des poetischen Geistes zugleich die Auffassung des Stoffes in entsprechender Bedeutung ist, wobei Hölderlin dieses Auffassen bisher nur auf der Ebene des anschauenden Bewußtseins, das sich selbst als ein subjektives Lebensgefühl (inneres idealisches Leben) ansieht, beschrieben hat.

b. Die direkte Bestimmung des Lebens

Die gefühlte Selbstauffassung des reinen poetischen Lebens, d.h. des Geistes, der sich in subjektiver Anschauung als Empfindung, Streben oder in intellectualer Anschauung betrachtet, hat zwar im gleichen Moment die Möglichkeit einer jeweils entsprechenden Auffassung seines Anderen vorbereitet, sie hat nicht nur Stimmung und Ton, sondern auch Bedeutung und Richtung gewonnen, der Geist hat sich selbst und komplementär dazu den Stoff gefaßt, er ist aber noch nicht real aus sich heraus gegangen:

> "so fehlt in der Verfahrungsweise des poetischen Geistes noch ein wichtiger Punct, wodurch er seinem Geschäffte ... die Wirklichkeit giebt."(308,10-13).

In der abstrakten Gegenüberstellung von "reinem poetischen Leben" und der "Idee des Lebens überhaupt" kann jenes nur gedacht werden als dieses in einer besonderen Hinsicht bestimmend, es faßt das Leben überhaupt, das nur als Idee gedacht werden kann, bloß in verschiedenen Formen auf, aber es ist noch nicht in eine wirkliche Vermittlung mit dem Stoff übergegangen und verbleibt deshalb als reine Möglichkeit außerhalb einer Erkennbarkeit in Raum und Zeit. So betrachtet kann das poetische Leben zwar hinsichtlich der verschiedenen Formen, in denen es sich und sein Anderes begreift, unterschieden werden; es wird nicht mehr als Einigkeit angesehen, die sich noch nicht getrennt hätte. In dieser abstrakten Entgegensetzung von idealer Auffassung und realem Leben wird das letztere aber als isolierter Gegenstand bestimmt, wobei allerdings dementsprechend das poetische Leben des Geistes genauso gegenständlich vorgestellt wird. Gegenüber dem unbestimmten Wirklichkeitsgrund lassen sich die unterschiedlichen Formen des Begreifens nur als Geradeentgegengesetzte denken, wie auch das jeweils isoliert Begriffene, das Individuelle, im Gegensatz zu der Form und dem Unbestimmten (dem Reinen) verbleibt. Die Unterscheidung des reinen poetischen Lebens hinsichtlich der möglichen Formen, in denen das Unbestimmte begriffen und als Besonderes erinnert werden kann, hat somit

> "durchaus ein(en) Widerstreit von Individuellem (Materialem), Allgemeinem (Formalem) und Reinem"(308,37-38) zur Folge.

Solange der Gehalt, die aufgefaßte und in der idealischen Erinnerung bestimmte Einheit des in besonderer Form begriffenen Stoffes, als Festgesetzter gedacht wird und nur die Form des Begreifens wechseln kann, ist es weder möglich, daß das unendliche und unbestimmte Reine zu einem erkennbaren Ausdruck kommen kann, noch, daß das poetische Leben aus sich heraus gehen und anschaulich werden kann. Hölderlin beschreibt auf dieser Ebene das bestimmende Denken, das sich als ein Ich dem Nicht-Ich dinglich entgegensetzt und dabei nicht berücksichtigt, daß diese Setzungen auf einem Lebensgefühl (reines poetisches **Leben**) aufruhen. Die abstrakte Fixierung der Form des Begreifens gegenüber dem Leben überhaupt (als Idee der Gesamtheit gedacht), läßt ein Begreifen der Wirklichkeit noch nicht denkbar werden, das seinen Ausdruck in einem poetischen Werk finden könnte. Bisher ist die Einheitsstiftung dem unbestimmten Wirklichen gegenüber zu fixierenden Bestimmungen gekommen, wobei das idealisch erinnernd Isolierte (das materiale Individuelle), die allgemeine, mögliche Form der begreifenden Erinnerung (das besondere Organ) und das unendliche, unbestimmte Wirkliche (das Reine) nur als einander entgegengesetzte Entitäten vorgestellt werden konnten. Dies kennzeichnet die Ebene des nur formal unterscheidenden Denkens, das bloß den Bedürftigkeiten des Verstandes gerecht werden kann.

> "Die Verfahrungsweise des poetischen Geistes bei seinem Geschäffte kann also unmöglich hiemit enden. Wenn sie die wahre ist, so muß noch etwas anders in ihr aufzufinden seyn, und es muß sich zeigen, daß die Verfahrungsart, welche dem Gedichte seine Bedeutung giebt, nur der Übergang vom Reinen zu diesem Aufzufindenden, so wie rükwärts von diesem zum Reinen ist. (Verbindungsmittel zwischen Geist und Zeichen.)" (309,11-16)

Die Vermittlung von reinem Geist und unbestimmtem Stoff kann, wenn sie bloß hinsichtlich der formalen Unterscheidbarkeit gedacht wird, als die wechselseitige Bestimmung, in der das Bewußtsein sich und sein Anderes zugleich erkennt, noch nicht hinreichend beschrieben werden. Wenn das Verhältnis von Denken und Gedachtem nur hinsichtlich seiner Form bestimmt ist, dann wird demnach nicht erkennbar, wie das Denken sich und seinen Gegenstand überhaupt als Etwas wissen kann, das es auch selbst frei hervorgebracht hat.

5. DIE EINHEIT DES EINIGEN

Im folgenden Abschnitt des Textes (309,17-40) gibt Hölderlin die Bedingungen dafür an, wie das "Organ", worin der Geist enthalten ist, betrachtet und begriffen werden können müßte, wenn das Begreifen nicht nur ein abstraktes Entgegensetzen von Geist und Stoff, sondern wenn es auch deren Vereinigung sein soll. Er verwendet das Wort "Organ" anstelle der Begriffe "Form" und "Allgemeines" und bezieht es auf den Gehalt, die besondere Einheit von Geist und Stoff, die es jeweils auffaßt (vgl.: "dem Gehalt nach, das heißt, den Organen nach, in denen sie (die Stimmungen, Zusatz,A.T.) begriffen" sind (308,28)). Dieses Wort verstehe ich als Ausdruck der Absicht, sowohl den Herstellungscharakter des Begreifens, entsprechend der alten Bedeutung von organon (Werkzeug)(7), wie auch die untrennbare Zugehörigkeit von Empfindung und Erinnerung zu dem Augenblick der Bewußtseinskonstitution anzudeuten.

Das Organ, in dem der Geist sich selbst auffassen und entgegensetzen kann, müßte auch als formale Verbindung mit dem Stoff betrachtet werden können; ebenso als dasjenige, wodurch die Stimmungen des Begreifens "auch materiell verbunden und formal entgegengesezt sind"(309,23-24), als das, was auch das materielle

---

7 vgl. dazu: Jörn Henning Wolf: Der Begriff "Organ" in der Medizin. München (Fritsch) 1971. S.9 und passim.

Einzelne so begreift, daß es nicht nur als Isoliertes erscheint, und als das, was sowohl für Geist und Stoff "**receptiv** sein muß"(309,30), also die Harmonischentgegengesetzten, als die Geist und Stoff hinsichtlich ihrer wechselseitigen Komplementarität bestimmt sind, nicht nur trennt, sondern auch verbindet und dadurch erst wirklich erkennbar werden läßt, um so überhaupt

"**das harmonischentgegengesezte möglich zu machen**"(309,29).

Das Organ, das die Gesamtheit auffassen und erkennbar werden lassen soll, müßte demnach als etwas gedacht werden können, das in seinem formalen Bestimmen Geist und Stoff zugleich begreift, dessen besonderndes Begreifen der Gesamtheit in verschiedener Hinsicht diese Gesamtheit als solche erinnert, wobei die Formen des Auffassens, nicht deren Gehalt, unterscheidbar sind, und das auch in die durch es isolierte materielle Erscheinung den unendlichen Stoff und die unendliche Form aufnehmen kann. Es ist nicht nur, wie die Begründung, der notwendige Bezug zwischen besonderer Stimmung und ihr entsprechend aufgenommenem Stoff, sondern es soll gedacht werden können als "die Vereinigung von beiden"(309,37-38), nämlich von unbestimmt wirkendem Stoff und aus Freiheit erinnerndem Geist, die in dieser Vereinigung gerade erst in ihrer Eigenart wirklich erkennbar werden sollen. Solange nämlich der "Act des Geistes"(309,38) der das Reine, den Wirklichkeitsgrund, begreift und mit diesem Begreifen die harmonische Entgegensetzung von Geist und Stoff überhaupt erst herstellt, als ein Bestimmen vorgestellt wird, in dem das wirkende Unbestimmte als besonderes Gewirkthabendes aufgefaßt und von diesem Gegenstand das bestimmende Ich unterschieden wird, müssen das Reine, die Form des Begreifens, und das Begriffene jeweils abgesondert erscheinen und damit ist die Trennung, die für die Bestimmungen des Verstandes notwendig ist, übertragen worden auf deren Grund. Nur als Geradeentgegengesetztes zu der Idee des Lebens überhaupt kann demnach das reine poetische Leben nicht so gedacht werden, daß die Wirklichkeit eines poetischen Werkes erkennbar würde. Deshalb sucht Hölderlin den Akt des Geistes, in dem vom unendlichen Wirklichen begleitet gleichaugenblicklich das Bewußtsein und sein Anderes entsteht, so zu begreifen, daß mit der Unterscheidung von Geist und Stoff zugleich deren Einheit gedacht werden muß(8). Dieser Akt, der die Verstandestrennungen in Raum und Zeit erst ermöglicht, soll nun als "Einheit des Einigen"(310,6) begriffen werden. In dem "**Puncte der Entgegensezung und Vereinigung**"(310,7-8) sollen Geist und Stoff als vorhanden denkbar sein, ohne daß der Geist als ein Endliches angesehen wird und ohne daß das Reine im Widerstreit wäre mit dem Organ, das es auffassen soll. Der hier genannte Punkt wurde bereits im Einleitungssatz als relativer Ruhepunkt benannt, in dem die Einheit, die der geistige Gehalt fordert, mit der problematisch

---

8 vgl. dazu bei Hegel: "es ist also die Einheit des Ich und des Seins, die **Kategorie**." Phänomenologie, a.a.O., S.260

anzunehmenden unbestimmten Gestalt des Stoffes zu einer Übereinstimmung gekommen ist, die allerdings nie den Geist und den Stoff "in seiner Unendlichkeit"(310,9) vollständig erschöpfen kann. Vielmehr soll in diesem Punkt der Geist als Unendlicher fühlbar und das Reine, das auch den Geist umfaßt, als "ein **Lebendiges** ... sich selber **gegenwärtig**" sein(310,11-12).

Um dies denken zu können, muß der Moment der Einheit des Einigen begriffen werden als Augenblick, der die zuvor unterschiedenen Stimmungen alle umfaßt, sodaß sie zwar unterschieden, aber zugleich auch vereinigt sind. Er ist somit der Augenblick der Bewußtseinskonstitution, in dem die Empfindung und deren bestimmte Vorstellung in der Erinnerung, die das Gewirkthabende erst als Wirkung des Unbestimmten weiß, notwendig vereinigt sind, wogegen nur isolierende Abstraktionen jene drei Formen abgesondert als die verschiedenen Arten des Denkvermögens ansehen. Wenn Hölderlin im Zusammenhang mit der Begründung zeigen konnte, daß die subjektive Vorstellung der Vorstellung eine bestimmte Auffassung des Stoffes notwendig mit sich bringt, dann kann er nun deutlich machen, daß die drei zuvor abgesondert betrachteten Stimmungen, die drei Formen in denen das Reine begriffen wird, im Augenblick der Wirklichkeit des Bewußtseins in Einem gedacht werden müssen, wenn er nicht gegenständlich vereinzelt angesehen und damit immer verfehlt werden soll. Dieser Augenblick ist der

> "**Mittelpunct** (...) ..., wo sich die harmonisch entgegengesezten Stimmungen begegnen"(310,14-15).

In ihm vereinigen sich die Grundstimmung, die den Totaleindruck des Unbestimmten aufnimmt, die bestimmende und trennende Vorstellung dieser Wirkung und die Erinnerung des Gewordenseins der besonderen Vorstellung in der Vermittlung von unendlicher Form und unendlichem Stoff. Wird der Mittelpunkt als Einheit des Einigen begriffen, dann ist dies nicht mehr die "erste idealische(...)" Stimmung(310,16), also nicht mehr die erste Reflexion, die die gefühlte Wirkung des unbestimmten Wirklichen besondernd und fixierend als Gegenstand bestimmt, sondern die

> "zweite(...) künstlichreflectirte(...) Stimmung"(310,16-17),

die in einer Reflexion der ersten Reflexion das Gewordensein der Vorstellungen, die diese als Bestimmte festgehalten hat, erkennt, weil sie den unendlichen Grund, der mit seiner Wirkung zugleich Herstellung und Auflösung von besonderen Bestimmungen bewirkt, mitdenkt. Deshalb wird sie dem Geist **und** dem Stoff in ihrer harmonischen Entgegensetzung gerecht. Die Reflexion der Reflexion, die die Konstitution des Bewußtseins denkt, wie dies im Einleitungssatz bereits entworfen wurde, kann deshalb in höchster Abstraktion die Notwendigkeit von Geist und Stoff im gleichen Maße für diese Konstitution begreifen; sie setzt sich nicht als bestimmende dem Leben überhaupt abstrakt gegenüber (erste Reflexion), sondern sie denkt die komplementäre Wechselbestimmung von geistigem Gehalt und idealer Form mit der Form und dem Gehalt des Stoffes. In dieser höchsten Abstraktion erkennt der Geist demnach die Notwendigkeit des Stoffes für seine Reproduktion, denn die Wirkung des Unbestimmten ermöglicht überhaupt erst die Vermittlung von Idealität und Realität und damit eine Erkenntnis. Gerade in "der **materiellsten** Entgegensezung"(310,17), in der abgezogensten Reflexion des Geistes, wird ihm die notwendige Komplementarität des unendlichen Stoffes bewußt, und er kann den Wirklichkeitsgrund aller freien Bestimmung denken. Die ursprüngliche Empfindung, die das ideale Bestimmen bewirkte, ist damit in ihrer Unbestimmtheit in die Form des Gedankens dergestalt aufgenommen worden,

> "daß gerade da das Unendlichste sich am fühlbarsten am negativpositivsten und hyperbolisch darstellt"(310,24-25).

Die zweite Reflexion vereinigt nämlich denkend die freiheitsbegründete Idealität des Geistes und die Unendlichkeit des Stoffes ("hyperbolisch"), weil sie sie als den negativen (von der ersten Reflexion her gesprochen) Grund des positiv Erscheinenden erkennt. Sie weiß damit um die Konstitution des Bewußtseins in der es begleitenden Unendlichkeit und hat "als eigene Welt der Form nach"(310,30) die Empfindung des Wirklichen in das Denken aufgenommen, ohne diese Empfindung im Sinne der ersten Reflexion als besonderen Gegenstand anzusehen. Vielmehr ist mit der zweiten künstlichen Reflexion der Stimmung weder der Geist noch der Stoff nur als Endliches vorgestellt worden; sie hat das Reine ebenso gedacht wie auch die relative Notwendigkeit der Verstandesfixierungen und ist deshalb die Voraussetzung dafür, daß die ungetrennte Empfindung und die Unterscheidungen der ersten Reflexion in einem Moment

> "klarer von dem freien Bewußtseyn und gebildeter, allgemeiner, als eigene Welt der Form nach, als Welt in der Welt, und so als Stimme des Ewigen zum Ewigen dargestellt wird." (310,29-32).

Mit dem Begriff der Einheit des Einigen hat Hölderlin gezeigt, daß das Gewordensein der bestimmten Vorstellungen im Bewußtsein erst gedacht werden kann, wenn der Geist sich nicht nur als reine Idealität dem Stoff material entgegensetzt und sich nur als der Form nach (in den Bestimmungen) mit ihm verbunden ansieht, noch wenn die Form des Geistes sich als Einigkeit der Form des Stoffes als Mannigfaltigkeit abstrakt entgegensetzt, sondern wenn die Erscheinungen gedacht werden als in der Vermittlung von wirkendem unendlichen Stoff und aus Freiheit diese Wirkung als ein Besonderes bestimmendem Geist Gewordene. Die Unendlichkeit der Freiheit des Geistes und des unbestimmten Stoffes können wir demnach nur erkennen, wenn die Erscheinung, die diese Erkenntnis ermöglichen soll, beide als Einheit, die sich in sich selbst entgegensetzt, zum Ausdruck bringt. Sonst ist die Unendlichkeit nicht unterscheidbar von den endlichen Bestimmungen und wird nur als leere Unendlichkeit vorgestellt, wie ebenso die endlichen Teile in

> "eine Unendlichkeit isolirter Momente (gleichsam eine Atomenreihe) zerfallen"(311,4-5).

Um dies zu verhindern, schließt Hölderlin an die Begründung, warum der poetische Geist mit dem Begriff der Einheit des Einigen gedacht werden müsse, die Forderung an, daß er

> "bei seiner Einigkeit, und harmonischem Progreß auch einen unendlichen Gesichtspunct sich gebe"(311,6-7).

Es genügt nicht, daß der Geist sich als Einheit denkt, die er erst begreifen kann, wenn er sich seiner selbst in der Wechselbestimmung mit seinem Anderen (dem Stoff) bewußt wird. Weiterhin muß in den Gedanken aufgenommen werden, daß die Wechselbestimmung von dem unendlichen Wirklichen begleitet wird, und dieses Denken des Unendlichen als Unendlichen soll in die Gestalt des poetischen Geistes aufgenommen werden. Erst dann ist es möglich zu wissen, daß eine besondere Vorstellung nicht nur aufgrund der Wirkung des unbestimmten Stoffes und der idealen Erinnerung desselben entstanden ist, sondern daß im gleichen Augenblick das ungeschiedene Unendliche die Möglichkeit dieser Erinnerung eines Gewirkthabenden begründend begleitet. Unter Voraussetzung der unendlichen Einheit ist überhaupt erst der "harmonische(...) Progreß und Wechsel"(311, 8) wirklich. Darum muß der unendliche Gesichtspunkt gedacht werden als das Begreifen des unbestimmten Wirklichkeitsgrundes, der die Herstellung und Auflösung von Bestimmungen bewirkt, der also die Reproduktion des Geistes in sich und in seinem Anderen immer begleitet. Die Wirkung dieses Unendlichen nimmt der poetische Geist auf

> "durch seine **durchgängige karakteristische Beziehung** auf diese Einheit"(311,9-10).

Mit der Beziehung auf die unendliche Einheit charakterisiert der Geist sich selbst; sie ist es, die in allen Bestimmungen zum Ausdruck kommt und die deshalb den Akt des Geistes immer erkennbar werden läßt, auch wenn er sein Sichbestimmen im Unendlichen nicht als dieses gedacht hat. In dem Bestimmten, als das das wirkende Unendliche jeweils erinnert wird, ist der Geist gegenwärtig; es ist deshalb auch nur dann möglich, daß er sich in seiner Freiheit begreift, wenn die Erscheinung, in der er sich bestimmt, diese zum Ausdruck bringen kann. Abstrahiert das Denken von der Wirkung des Unendlichen, dann kann es folglich auch sein Anderes nur als Endliches begreifen und die eigene Kausalität aus Freiheit lediglich als Forderung aufstellen, ohne deren wirkliche Gestalt begreifen zu können.

Erst wenn es die Konstitution seiner selbst und seines Anderen als Bestimmung begreift, die das unendliche Unbestimmte begleitet, kann es sich selbst in einer Erscheinung entgegenkommen, die auch die Freiheitsbegründung des Bewußtseins erkennbar werden läßt. Dann ist die Forderung erfüllt, daß der Geist in den unterscheidbaren Momenten und Stimmungen sich so gegenwärtig bleiben müsse,

> "wie er sich ganz gegenwärtig ist (...) **in der unendlichen Einheit**"(311,16-17).

Die trennende und individualisierende Bestimmung, die in der ersten Reflexion die Wirkung des Unbestimmten dem Verstand faßlich aufnimmt, kann nun im Zusammenhang mit der einigen Unendlichkeit gedacht werden, in der diese Trennungen erst möglich sind und die zugleich in sich einig bleibt. Die Wirkung des Unendlichen wird "unzertrennlich gefühlt, und als gefühltes erfunden"(311,21-22); in ihr ist sich der Geist ungeteilt gegenwärtig, allerdings kann er sich selbst in dieser einigen Gegenwart im Gefühl nicht erkennen. Wie bei Fichte muß das Gefühlte erst zu einem bestimmten Empfundenen (so lese ich das "erfunden") geworden sein, um überhaupt Etwas für uns zu sein. Um der wirklichen Selbsterkenntnis willen aber muß das Unendliche als Unendliches gedacht sein; das Begreifen der Wirkung desselben ist es nämlich gerade, was Hölderlin die poetische Individualität nennt:

> "- und dieser allein ist die Identität der Beigeisterung und die Vollendung des Genie und der Kunst, die Vergegenwärtigung des Unendlichen, der göttliche Moment gegeben."(311,23-25).

Das Eigentümliche des poetischen Geistes ist hiernach nicht die Fülle des Stoffes, die dem Genie zur Verfügung stehen soll, noch nur die Regeln und Fertigkeiten des Handwerks, die der Künstler beherrschen muß, sondern die sich charakterisierende Auffassung des unbestimmten Unendlichen, das alle Erscheinungen als Grund ihrer Wirklichkeit begleitet und das jene Begeisterung bewirkt, die der Erkenntnis des Göttlichen eigentümlich ist. Diese wichtigste Bedingung dafür, daß der Geist als poetischer Geist gedacht werden kann, folgt der Maxime:

> "Aus Freude mußt du das Reine überhaupt, die Menschen und anderen Wesen verstehen"(70,30-31, "Sieben Maximen").

Hölderlin begnügt sich allerdings nicht mit dieser Forderung - sie hätte auch schon im Zusammenhang mit der intuitiven Erkenntnis Spinozas aufgestellt werden können -, sondern er fragt nach der Möglichkeit, die poetische Individualität, die den göttlichen Moment aufnimmt, zu erkennen. Diese Individualität, die ich als das Empfinden der Wirkung des Unendlichen vor aller Bestimmung verstehe, kann nicht als Entgegengesetztes zur Unendlichkeit, noch als formale Instanz der Vereinigung des Mannigfaltigen vorgestellt werden: jedesmal würde der begreifende Geist und die Unendlichkeit als Gegenständliches angesehen. Die Reflexion, die die poetische Individualität

> "in ihrer Reinheit und subjectiven Ganzheit, als ursprüngliche(n) Sinn", in dem "das Einige als Wechselwirkung ... als Eines begriffen ist"(311,28-33)

denken möchte, gerät allerdings notwendig in diese Schwierigkeit. Wird die poetische Individualität sich selbst zum Objekt, wie dies der Fall ist, wenn das Gefühl der Wirkung des Unendlichen (Lebensgefühl), als das idealisch erinnernd Bestimmte, als Ich, gesetzt wird, dann ist die so gesetzte Einheit "eine todte und tödtende Einheit"(311,36), die das wirkende unendliche Leben in dieser besonderen Bestimmung fixiert hat. Die Wirkung des ungetrennten Einigen soll aber der poetischen Individualität zugleich mit der Entgegensetzung gegenwärtig sein und dieser Augenblick, in dem das Bewußtsein sich konstituiert, kann als solcher gar nicht erscheinen, "oder nur im Karakter eines positiven Nichts"(311,40). Mit ihm zusammen müßte nämlich die Unendlichkeit gedacht werden, die als Wirkliche das bestimmte Bewußtsein begleitet, und dies würde bedeuten, daß sie als Erscheinung aufgefaßt und damit immer verfehlt würde. Der Begriff des positiven Nichts war bereits in "Das untergehende Vaterland" in der Formulierung "reales Nichts"(176,33) bei dem Nachweis aufgetreten, daß der unendliche Grund der Auflösung von Bestimmungen nicht zu einer positiven Erscheinung werden kann. Zwar wirkt dieser Grund, denn die Bewegung und Veränderung des Lebendigen ist wahrzunehmen, aber er selbst an sich ist für die Reflexion, die Erscheinungen als ihren Gegenstandsbereich hat, ein reales, positiv bemerkbares, aber unerklärliches Nichts. Dennoch soll der poetische Geist sich seines Begreifens des Unendlichen versichern, wenn auch Hölderlin weiß, was er damit fordert:

> "es ist die Hyperbel aller Hyperbeln der kühnste und lezte Versuch des poetischen Geistes, wenn er in seiner Verfahrungsweise ihn je macht, die ursprüngliche poetische Individualität, das poetische Ich aufzufassen, ein Versuch, wodurch er diese Individualität und ihr reines Object, das Einige, und Lebendige, harmonische, wechselseitig wirksame Leben aufhöbe, und doch muß er es, denn da er alles, was er in seinem Geschäffte ist, mit **Freiheit** seyn soll, und muß, indem er eine eigene Welt schafft, und der Instinkt natürlicher weise zur eigentlichen Welt, in der er da ist, gehört, da er also alles mit Freiheit seyn soll, so muß er sich auch dieser seiner Individualität versichern."(312,1-10)

Damit erreicht die Abstraktion ihre äußerste Anspannung, denn die Hyperbel aller Hyperbeln ist für mein Verständnis die Anstrengung des Denkens, zugleich die extrem entferntesten Punkte bestimmen zu wollen. Hölderlin verlangt das höchste Maß an Elastizität des Geistes(9), denn die Reflexion soll das unbestimmte Gefühl auf-

---

9 "Mein Lieber! Du hast an Präzision und tüchtiger Gelenksamkeit so sehr gewonnen und nichts an Wärme verloren, im Gegenteil, wie eine gute Klinge, hat sich die Elastizität Deines Geistes in der beugenden Schule nur um so kräftiger erwiesen." An Casimir Ulrich Böhlendorff, 4. Dez. 1801(StA, VI.1, 425).

fassen, das, aller Bestimmung zum Grunde liegend, die Wirkung des unendlichen Wirklichen aufnimmt. Mit Recht spricht er deshalb auch von dem **Instinkt**, denn die Wirkung des einigen Lebens ist noch in keiner Hinsicht für das Denken ein bestimmtes Etwas, vielmehr bewirkt sie überhaupt erst die Trennungen und Unterscheidungen, die Gegenstände als diese in der Erscheinung erinnerbar werden lassen. Gerade aber die Möglichkeit, in Freiheit sich in der Wirkung dieses Instinktes zu bestimmen, wird noch als das eigentümlich Menschliche hervorgehoben werden.

Das Denken soll gemäß der Forderung, alles mit Freiheit zu sein, seinen spekulativ angenommenen, aber reflexiv unverfügbaren Grund und dessen vorbegriffliche Wirkung erfassen, es soll eben dasjenige begreifen, das alles Begreifen unbegriffen begleitet und so vorausgesetzt werden muß, wenn das wirkliche Bewußtsein sich überhaupt begreifen können soll. Fichte hatte das Problem durch die Einführung des Glaubens an dieser Stelle zu entschärfen gesucht:

> "Etwas, das lediglich durch **die Beziehung eines Gefühls** möglich wird, ohne dass das Ich **seiner Anschauung desselben** sich bewußt wird, noch bewußt werden kann, und **das daher gefühlt zu seyn scheint**, wird **geglaubt**."(Fichte, WWI,S.301)

Hölderlin dagegen verlangt das Wissen um die ursprüngliche Auffassung des unbestimmten Lebens und weiß zugleich, das dieses Wissen eben dasjenige, das gewußt werden soll, notwendig verfehlen muß, weil die Wirkung des Unbestimmten nicht bestimmt werden kann, ohne ihr ihre Unbestimmtheit zu nehmen. Das wirkende Leben kann erst als Bestimmtes erinnert werden und ist damit notwendigerweise fixiert; es ist aufgehoben in das bestimmte Begreifen und der Reflexion niemals unmittelbar als Einiges zugänglich. Genausowenig kann der ursprüngliche "Sinn" unmittelbar gedacht werden, denn als Gedachtes ist das Gefühl bereits für das Bewußtsein bestimmt in der idealen Erinnerung. Wie soll also die Wirkung der "eigentlichen Welt" mit Freiheit begriffen werden können, wenn damit etwas gefordert wird, das offenbar nicht einzulösen ist, ohne es immer zu verfehlen?

Weil die reine Individualität, die das Unendliche aufnimmt, unmittelbar nicht erkannt werden kann, bedarf der poetische Geist eines "äußere(n) Object(es)"(312,11), das aber nicht lediglich als bestimmter Gegenstand vorgestellt werden darf, der dem poetischen Geist als dieser da von "aussen" gegeben würde, sondern das gedacht werden muß als

> "ein solches, wodurch die reine Individualität, unter mehreren besondern weder blos entgegensezenden, noch blos beziehenden sondern poetischen Karakteren, die sie annehmen kann, irgend Einen anzunehmen bestimmt werde"(312,12-15).

Das Objekt wird nicht als fertiges Objekt aufgenommen, sondern es entsteht erst und nur in der Wechselbestimmung mit dem poetischen Geist, der einen besonderen Charakter annehmen muß, wozu ihn der unbestimmt wirkende Stoff bewegt. Erst wenn der Geist den Stoff bestimmt und dazu im gleichen Augenblick vom Stoff bewegt wird, kann eine Gestalt konstituiert werden, die den Charakter begreifen läßt, der der Beziehung eigentümlich ist, in der die poetische Individualität das unbestimmte Wirkliche aufnimmt. Diese Gestalt wird also nicht als Entgegengesetztes oder als vom Geist geordnetes Mannigfaltiges erscheinen; sie wird sowohl die Notwendigkeit für den Geist, sich zu etwas bestimmen zu müssen, ausdrücken, wie sie ebenso erkennen lassen wird, daß das Unendliche im gleichen Augenblick mit der fixierenden und isolierenden Bestimmung diese überhaupt erst ermöglicht. Deshalb soll der unendliche Stoff einen poetischen Charakter dazu bestimmen, in einer werdenden Gestalt zum Ausdruck zu kommen. Die verschiedenen Charaktere, die die poetische Individualität annehmen kann, verstehe ich als die Modi, entsprechend denen die Unendlichkeit aufgefaßt wird: als Wirklichkeit (Gefühl), Möglichkeit (Streben) oder Notwendigkeit (intellectuale Anschauung). Der besondere poetische Charakter wäre der Standpunkt, von dem aus der poetische Geist die unbestimmte Wirklichkeit jeweils zuerst aufnimmt, wobei hier nicht von einem Vorgang in Raum und Zeit ("Standpunkt", "zuerst") die Rede sein kann, sondern von dem Augenblick der Bewußtseinskonstitution, dem alle drei Modi der Auffassung zugehören. Der jeweils "erste" Charakter wird die Grundlage für die Ableitung der Dichtungsgattungen bilden. Hier bestimmt Hölderlin das sogenannte Objekt, das den Geist dazu bewegt, sich zu bestimmen, rein formal so weit,

> "daß also sowohl an der reinen Individualität, als an den andern Karakteren, die jezt gewählte Individualität und ihr durch den jezt gewählten Stoff bestimmter Karakter, erkennbar und mit Freiheit vestzuhalten ist."(312,15-18).

Hinsichtlich der begründenden reinen Individualität und der möglichen Charaktere, die das Unendliche begreifen können, ist die Erscheinung nur als Besondere erkennbar, und der Charakter, der sich in der Wahl dieses Stoffes bestimmt, kann von den übrigen Charakteren unterschieden werden. Die reine Individualität, die als unbestimmtes Auffassen des unendlichen Wirklichen diese Erscheinung begleitet, ist in ihr nicht unmittelbar fixiert worden, sondern in der **Wahl** des Stoffes zum Ausdruck gekommen, die es ermöglicht, sie "mit Freiheit vestzuhalten"(10). Dabei hat Hölderlin schon im Zusammenhang mit der Begründung darauf hingewiesen, daß der subjektiven Begründung eine objektive korrespondiert: der gewählte Stoff läßt den seine Wahl bestimmenden Charakter des Begreifens erkennbar werden. Zugleich soll die so erkannte Individualität aber

---

10 ebd. Michael Konrad möchte diesen Satz als Versehen auffassen und korrigiert:

> "so daß also sowohl an der jetzt gewählten Individualität als an den anderen Charakteren die reine Individualität und ihr durch den jetzt gewählten Stoff bestimmter Charakter erkennbar und mit Freiheit festzuhalten ist". (M.K.:

poetische Individualität sein, sie soll den Stoff nicht nur als fixiertes Objekt bestimmen, sondern dies in seinem Gewordensein zum Ausdruck bringen. Dadurch kann erkennbar werden, daß diese Konstitution als vom idealrealen Unendlichen begleitet gedacht werden muß. Insofern darf auch die Mannigfaltigkeit des Stoffes nicht endgültig festgehalten werden, denn Hölderlin setzt die Einsicht voraus

> "daß eben dieser materielle Wechsel die objective Form, die Gestalt ausmache im Gegensaze gegen den geistigen Gehalt" (303,35-37).

Der poetische Geist wird also den Stoff nicht derart bestimmen, daß das Objekt als restlos identisch mit der vom Geist angestrebten Einheit erscheint und damit eindeutig und abschließend fixiert wäre. Vielmehr kann er sich seiner ursprünglichen Individualität gerade erst dann versichern, wenn er an der **Wahl** des Stoffes und an dem **Wie** des Bestimmens erkennt, in welchem Charakter das Begreifen auf die Wirkung des Unendlichen antwortet, das die Individualität bewegt, aus sich herauszugehen und sich zu reproduzieren. Dies ist allerdings nur mit Freiheit festzuhalten, wenn die poetische Individualität, das vorbegriffliche Auffassen des unbestimmten Lebens, in einer Gestalt erkennbar wird, die als Bestimmte zugleich die Offenheit des Unendlichen erinnert. Wie eine solche Gestalt gedacht werden kann, möchte ich im Folgenden noch ausführlicher darstellen.

6. DIE FREIE WAHL

Um die Notwendigkeit der Wahl eines Objektes zu beweisen, zeigte Hölderlin, daß das Ich sich nicht erkennen kann, wenn es sich in einer natürlichen Vorstellung bloß als Subjekt oder als Objekt ansieht. Begreift es sich nur

> "innerhalb der subjectiven Natur"(312,19),

----

10 (Fortsetzung) Hölderlins Philosophie im Grundriss. Bonn (Bouvier) 1967. S.71)

Die Korrektur leuchtet zunächst unmittelbar ein; andererseits ist es bemerkenswert, daß Hölderlin an dieser Stelle einiges geändert hat, diesen augenfälligen Irrtum aber nicht (vgl. 234,37-38 und 235). M.E. ist die Formulierung auch im Zusammenhang des Gedankens sehr genau. Die besondere Individualität, der bestimmte Charakter, soll gerade unter Voraussetzung der spekulativ gedachten reinen Individualität erkennbar werden und den umfassenden Grund zum Ausdruck bringen, der in seiner reflexiven Unerkennbarkeit erkannt sein muß, wenn das "Objekt" nicht eine gegenständlich fixierte Erscheinung sein soll.

dann setzt es sich in seinem ungedachten Lebensgefühl und hat sich gegenüber einen abstrakten Bereich der Gegenständlichkeit. Es kann als dieses abstrakte Ich sich nur material dem Anderen entgegengesetzt, formal mit ihm vereinigt erfassen, aber es kann weder das eigene Gewordensein, noch das des Nicht-Ich auch als seinen Akt denken; es hat deshalb von sich selbst eine ebenso gegenständliche Vorstellung wie von seinem Anderen. Der Grund für diese Unmöglichkeit, daß das Ich sich als subjektive Natur selbst erkenne, ist sein "Nichtdenken des Unbekannten"(StA, IV.1, 158, "Grund zum Empedokles"); es hat nämlich die Wirkung des Unendlichen, das Lebensgefühl, als Ich gesetzt und trennt davon das Gewirkt-Habende, das es in der idealischen Erinnerung bestimmt. Die begleitende Einigkeit von Idealität und Realität und die gleichaugenblickliche Konstitution seiner selbst und des anderen hat das Ich, das sich in einer natürlichen Vorstellung als reines Subjekt ansieht, nicht gedacht. Dieses Ich kann somit nicht "sich **selbst, seinen** Act"(313,18) erkennen, denn es hat sich als einzig Tätiges gesetzt und muß die Möglichkeit, seine Tätigkeit zu unterscheiden, entweder als eine Fiktion ansehen, oder, wenn der Unterschied real ist, sich selbst für dogmatisch "von außen" bestimmt. Indem also das Denken von der Wirkung des Unbestimmten abstrahiert, kann es auch nicht die eigene Freiheit erkennen; es befindet sich in einem Zustand, in dem es zwar nach Erkenntnis seiner selbst strebt, diese jedoch notwendig immer verfehlen muß, weil es sich als Bestimmendes unmittelbar dem zu Bestimmenden entgegensetzt und deshalb den Wirklichkeitsgrund seiner selbst, der auch der Grund seiner Freiheit ist, prinzipiell verfehlen muß. Denn dieser kann als unter einem einseitigen Prinzip Bestimmter nicht gedacht werden.

Genausowenig ist es dem Denken möglich, sich zu erkennen, wenn es sich mit der Natur identisch fühlt. Es kann nicht einmal die Unterscheidung zwischen der Tätigkeit, die es sich zuschreibt, und dem Objekt, das es bestimmt, treffen, sondern es ist mit eben dem Objekt identisch: die idealische Erinnerung, die das "alte" Objekt erinnernd bestimmt, hält sich selbst für dieses Objekt und kann deshalb ihre Freiheitsbegründung nicht ahnen. Die Veränderung der Bestimmungen, die gleichwohl notwendig ist, macht das sich als Objekt ansehende Ich "als getriebenes"(313,33) mit; es weiß nicht um seinen möglichen Anteil daran. Dies ist der Zustand, den wir an uns selbst erfahren,

> "so oft wir in unserer eigenen gewöhnlichsten Stimmung ungestört an den Umständen gegenwärtig sind, in denen wir selber leben."(132,33-35)

Wenn das Ich sich in der Anschauung der Gegenstände verliert und deshalb seine Freiheit nicht erkennen kann, hat sein Zustand der Selbstauffassung eine ebenso natürliche Vorstellung von dem Denken wie der zuvor beschriebene, der die Subjektivität als Etwas begreifen will, das an sich erkennbar wäre. Beidesmal wird der notwendige Wechselbezug von Geist und Stoff, deren harmonische Entgegensetzung, nicht gedacht und deshalb kann das Denken, das sich als Objekt oder als reines subjektives Tun auffaßt, sich nicht erkennen; es muß mit diesen Versuchen von vorneherein sich selbst aufheben, denn in ihnen kann es sich immer **nur** gegenständlich als Objekt oder Lebensgefühl erscheinen. Die Bedingungen für die Erkenntnis des Bewußtseins, die Hölderlin im Einleitungssatz formulierte, werden bei diesen Denkversuchen nicht berücksichtigt; ebensowenig wird die Einheit des Einigen gedacht, dergemäß das ideale Handeln des Denkens und das reale Wirken des Stoffes wechselseitig notwendig sind, wenn das Bewußtsein wirklich gewußt werden soll. Angesichts dieser vergeblichen Bemühungen, die reine Individualität des poetischen Geistes zu begreifen, hatte Hölderlin die Wahl eines Objektes gefordert, das die Selbstbestimmung erkennbar und in ihrem freien Charakter festhaltbar werden lassen sollte. Davon, wie ein derartiges Objekt gedacht werden kann, soll zuerst die Rede sein, danach von dem Begriff der Sphäre, der den des Objektes erweitert.

a. Das frei gewählte Objekt

Das reine poetische Ich zu denken ist nur möglich, wenn zugleich die harmonische Entgegensetzung von Idealität und Realität, die formale Vereinigung beider und die Einheit von Entgegensetzung und Vereinigung, sowie von Idealität und Realität in den Gedanken aufgenommen wird. Um demgemäß das Objekt charakterisieren zu können, das gefordert ist, wenn das poetische Ich fähig sein soll, sich zu erkennen, muß der Augenblick der Bewußtseinskonstitution auch als derjenige verstanden werden, in dem dieses "Objekt" entsteht. Insofern ist der Begriff "Objekt" hier leicht irreführend, denn gerade als Ausdruck der reinen Individualität kann ein bestimmtes Objekt, wie es in der ersten Reflexion als Gegenstand erscheint, nicht geeignet sein. Davon möchte ich ausgehen hinsichtlich des folgenden Satzes:

> "Alles kommt also darauf an, daß das Ich ... sich **mit Freiheit** ein **Objekt wähle, von dem es, wenn es will abstrahiren** kann, um von diesem **durchaus angemessen bestimmt zu werden** und **es zu bestimmen.**"(313,35-37/314,19-21)

In der **Wahl** des "Objektes" kommt die Freiheit zum Ausdruck, die ermöglicht, daß das Ich sich nicht nur als Getriebenes ansieht, sondern als poetischen Geist begreifen kann, der sich frei in der Wechselwirkung mit dem unendlichen Stoff bestimmt. Der Geist verliert sich dann nicht restlos in der Bestimmung, sondern er kann von ihr abstrahieren, ohne sich damit aufzuheben. Darum möchte ich dieses Objekt nicht als eine Bestimmung des Wirklichen verstehen, die das Wirkende als nur dieses da eindeutig bestimmt und fixiert, die als bestimmende Urteilskraft es einem vorhandenen Begriff im Sinne Kants subsumiert; es muß vielmehr ein "Objekt" sein, das die notwendige Komplementarität von unendlichem Geist und Stoff für eine wirkliche Erkenntnis in ihrem Gewordensein zugleich mit ihrer Bestimmung erinnert. Die Wirkung des Unbestimmten kann folglich nur dann zum Ausdruck kommen, wenn das in der idealischen Erinnerung bestimmte "Objekt" als für und durch das Bewußtsein dieses Gewordene erscheint, dessen Erscheinung zugleich die Freiheit des Bestimmens und die Unerschöpflichkeit des Stoffes erkennen läßt. Da Hölderlin allerdings den Stoff nicht als qualitäts- und formlose Mannigfaltigkeit denkt und da die Selbstauffassung des "idealischen Lebens" notwendig mit einer komplementären Auffassung des Stoffes verbunden ist, bringt auch die besondere Qualität und Gestalt des erscheinenden Objektes die sich in ihr konstituierende Individualität zum Ausdruck. Deshalb soll das "dritte", das Objekt, so gewählt sein, daß es "in seinen Einflüssen und Bestimmungen die reine Individualität nicht aufhebt"(314,30-31). Gemäß den Bedingungen, die im Einleitungssatz genannt wurden, ersetzt nämlich die identische Form des Stoffes, die als der Erkenntnis vorhergehend spekulativ angenommen ist, jene in der Bestimmung verlorene ursprüngliche Verwandtschaft, die Ungeschiedenheit der reinen Individualität, wie zugleich der geistige Gehalt die verlorene Identität des materiellen Totaleindrucks ersetzt. Das Objekt wird also immer zugleich als ideal und real Entstandenes erscheinen müssen, denn es soll das poetische Ich und sein reines Objekt, das einige Leben, zum Ausdruck bringen und damit erkennbar werden lassen. Ebenso muß es als der Form nach Bestimmtes erscheinen und zugleich als nicht einförmig Bestimmbares, wenn es die Möglichkeit des Bewußtseins ausdrücken soll, sich frei zu Etwas zu bestimmen. Ich möchte dieses "Objekt", diese charakteristische Gestalt, demnach als Ausdruck der zweiten Reflexion verstehen, wie sie bisher von Hölderlin beschrieben wurde. Die angezogenen Bestimmungen des frei zu wählenden Objektes deuten darauf hin, daß ihm Sprachcharakter zukommt, ohne daß ich es für gerechtfertigt ansehen würde, dieses Objekt nur als das Gedicht zu verstehen. Eine solche Gleichsetzung würde den Gedanken Hölderlins auf eine ausschließlich poetologische Überlegung reduzieren. Dagegen zeigt m.E. gerade die parallele Forderung, eine Sphäre frei zu wählen, daß er nicht bloß subjektiv vom Dichter spricht.

b. Die frei gewählte Sphäre

Um die Frage zu beantworten, wie es im **Allgemeinen** möglich sei, daß die reine Individualität erkennbar werden könne, sprach Hölderlin von der Notwendigkeit für den Menschen, sich "**mit freier Wahl** in harmonische Entgegensezung mit einer äußeren Sphäre"(315,3-4) zu setzen.

Gegenüber dem Zustand des Alleinseins und dem Zustand der Kindheit, in dem das Ich jeweils nur Denkversuche anfangen kann, um sich selbst in seiner Bestimmung und zugleich in seiner Harmonie mit der Natur zu erkennen, kann der Mensch dann in einem

> "höheren Zusammenhange mit einer auch natürlich vorhandenen aber mit **freier Wahl** zur Sphäre erkornen voraus erkannten und in allen ihren Einflüssen nicht ohne seinen Willen ihn bestimmenden Welt" leben. Dies ist der Zustand "reifer Humanität ... menschlich schönem, mit Freiheit schönem Leben(s)", die "Unabhängigkeit eines kultivirten Menschen"(314,4-18).

Die Rede von den verschiedenen Zuständen des Lebens deutet darauf hin, daß die Selbstauffassung des Menschen, die zuvor als ein Sich-Begreifen in natürlichen Vorstellungen als Objekt oder Subjekt dargestellt wurde, nun anhand scheinbar unmittelbar geläufiger Abschnitte der Lebensgeschichte charakterisiert werden soll. Wie in der "Kindheit des gewöhnlichen Lebens"(316,13) das Aufgehen in der Anschauung stattfindet, wie der Mensch sich in diesem Zustand als natürliches Objekt ansieht, so hat er in dem Zustand des "Alleinseyns"(315,8) eine natürliche Vorstellung von sich als dem Subjekt aller Tätigkeit, das sich dem Bereich der Objekte gerade entgegensetzt. Die scheinbar unmittelbar wahrgenommenen Zustände des Menschen erweisen sich auch als Gestaltungen der Selbstauffassung, in denen er sich und sein Anderes denkend konstituiert. Solange diese Auffassung allerdings derart angesehen wird, daß sie als unmittelbare Wahrnehmung eines Zustandes, in dem der Mensch sich befindet, erscheint, solange gerät das Streben nach der Erkenntnis der eigenen Identität in eben die Aporien, die bereits genannt wurden. Die Regel, die Hölderlin aufstellte, um die "Denkversuche, die **auf diese** Art realisirt, sich selber aufheben würden"(315,23-24) zu vermeiden, hat er mit dem Aufweis der Aporien bereits vorbereitet, sie folgt notwendig aus dem Beweis, daß das Bewußtsein sich in seiner Eigentümlichkeit verfehlen muß, solange es sich im Gegenstand verliert oder gegenständlich in sich bleibt. Erst wenn es begreift, daß die Wirkung des lebendigen Unendlichen jene Bestimmungen von Gegenständen, die als Objekte erinnert werden, und zugleich die idealische Erinnerung ermöglicht, vermag der Mensch seine Bestimmung zu erreichen,

> "welche ist - Erkenntniß des Harmonischentgegengesezten in ihm, in seiner Einheit und Individualität, und hinwiederum Erkenntnis seiner Identität, seiner Einheit und Individualität im Harmonischentgegengesezten."(316,3-6)

Er muß darum wissen, daß sein Bewußtsein im Augenblick, in dem es sich logisch vor und zugleich mit aller Ausbreitung in Raum und Zeit konstituiert, Geist und Stoff dergestalt vereinigt, daß die Wirkung des einigen Lebens und die unendliche Form des begreifenden Geistes nicht gegenständlich voneinander trennbar sind, ohne die Idealrealität des Bewußtseins gerade zu verfehlen. Dann kann er auch den

> "Instinkt", der "natürlicher weise zur eigentlichen Welt, in der er da ist, gehört"(312,8-9)

begreifen, nämlich als Wirkung des unbestimmten Lebens, die nicht nur in den konventionellen Formen der historischen Zeit fixiert erscheinen darf, wenn sie Ausdruck einer freien Wahl sein soll. Sieht er das Wirkende, das ein Moment der Konstitution des Bewußtseins ausmacht, nicht als Etwas an, das von "außen" so und nicht anders bestimmt auf ihn zukommt, sondern als Unbestimmtes, das die Individualität bewegt, einen besonderen Charakter des Begreifens anzunehmen, wobei ihr zugleich die Freiheit zukommt, sich zu etwas zu bestimmen, das so nicht vollständig vorgegeben ist, dann bestimmt er sich in der auf diese Weise gewählten Sphäre. Im Unterschied zu der "Sphäre der Tiere", von der Herder sagte:

> "Jedes Tier hat seinen Kreis, in den es von der Geburt an gehört, gleich eintritt, in dem es lebenslang bleibet und stirbt"

hat der Mensch

> "**keine so einförmige und enge Sphäre**, wo nur **eine** Arbeit auf ihn warte: eine Welt von Geschäften und Bestimmungen liegt um ihn(11)."

Wie der Mensch demnach nicht gezwungen ist, sich eindeutig dem Instinkt gemäß zu verhalten, so kann er dann, wenn er weiß, daß die Welt, die er unmittelbar wahrzunehmen scheint, immer auch in seinem Denken begründet ist, ebenfalls um seine Freiheit wissen, die dann zum Ausdruck kommt, wenn er die Sphäre, in der er sich bestimmt erscheint, wählt. Da Hölderlin die freie Wahl der Sphäre auch als die "Verfahrungsart in der äußeren Welt"(316,2-3) bezeichnet, die erst ein zwischenmenschliches Verhalten darstellt, das der den Menschen ausmachenden Freiheit entspricht, möchte ich zum Vergleich den Begriff der Sphäre aus der Rechtsphilosophie Fichtes heranziehen, der auch historisch als einflußreich für Hölderlins Überlegungen nachgewiesen ist(12).

Fichte wollte in seiner Rechtsphilosophie die Grundlagen des positiven Rechts hinsichtlich der äußeren Verhältnisse der Menschen untereinander streng unterscheiden von der Ableitung des Moralgesetzes. Er bestimmte die **Sphäre** der absoluten Selbsttätigkeit des Ich als den Bereich, den die freie Tätigkeit desselben hervorbringen

---

11 Johann Gottfried Herder: Abhandlung über den Ursprung der Sprache. Stuttgart (Reclam) 1975. S.21 und 22.

12 J.G. Fichte: Grundlage des **Naturrechts** nach Principien der Wissenschaftslehre. Jena 1796. In: Werke III, a.a.O., S.1-385. - Auf den Zusammenhang weist beispielsweise Paul Böckmann hin: Hölderlins mythische Welt, Hölderlin-Gedenkschrift, Tübingen (Mohr) 1943, S.27 und S.49, Anm.3

konnte und hervorgebracht hatte. Darin kann das freie Vernunftwesen seine Wirksamkeit durch Handeln oder Nichthandeln realisieren, allerdings ist es der Materie nach bedingt:

> "es ist dem Subject die Sphäre seines Handelns überhaupt angewiesen"(Fichte, a.a.O., S.41).

Doch kann es als absolut freies Wesen in der Sphäre wählen und hat den Bestimmungsgrund seiner Kausalität nur in sich. Auch bestimmt es sich als freies Individuum immer in Entgegensetzung zu anderen Individuen, denn es setzt mit seiner Individualität zugleich die Gemeinschaft der Individuen, deren Wechselwirkung auf Intelligenz und Freiheit beruht. Mit der Zuschreibung einer Sphäre, die ausschließlich für seine freie Wahl bestimmt ist, wird das Vernunftwesen zu einer unterscheidbaren Person; es setzt sich seine Sphäre anschauend entgegen und hält sie als ein vollendetes Ganzes, das ausgedehnt und begrenzt ist, im Verstand fest. Dieses Ganze ist folglich ein Körper, der den Raum erfüllt und wesentlich der Umfang aller freien Handlungen der Person ist. Die Sphäre als geschlossenes und gegliedertes Ganzes ist also nichts anderes als der artikulierte Leib, den die Person bestimmt:

> "die umfassende Sphäre seiner (des Vernunftwesens, A.T.) Thätigkeit, als eines Individuums, (ist) sein Leib"(Fichte, a.a.O., S.62).

Weil die Person sich frei in ihrer Sphäre gesetzt hat und sich ihren Leib ganz zuschreiben kann, muß jedes Vernunftwesen von allen Anderen eine Wechselwirkung durch Intelligenz und Freiheit erwarten können, sonst verletzen sie das Recht. So ist nach Fichte die Welt zum einen aufgeteilt unter vernünftigen Wesen als Sphäre der Freiheit, des Vermögens, "durch absolute Spontaneität Begriffe von unserer möglichen Wirksamkeit zu entwerfen"(ebd., S.8,f.), zum anderen ist die je besondere Sphäre dem Subjekt als sein Körper angewiesen.

Insofern in der Sphäre die freie Selbsttätigkeit des Ich zum Ausdruck kommen kann, insofern sie als durch das Ich hervorgebracht erscheint und dessen Wirksamkeit unterscheidbar werden läßt, was zugleich die Gemeinschaft vernünftiger Individuen als Personen ermöglicht, möchte ich den Fichteschen Begriff von der Sphäre analog dem Hölderlins verstehen. Der grundlegende Unterschied kommt allerdings darin zum Ausdruck, daß Fichte die Sphäre als den natürlichen Körper des Menschen anschaut, während Hölderlin, um der Möglichkeit der Selbstbestimmung willen, fordert:

> "daß er (der Mensch, Zusatz A.T.) **eben weil er mit dieser** (der äußeren Sphäre,A.T.) **nicht so innig verbunden ist, von dieser abstrahiren und von sich, in so fern er in ihr gesezt ist, und auf sich reflectiren** kann, in so fern er nicht in ihr gesezt ist"(315,39 - 316,1).

Könnte der Körper überhaupt eine frei wählbare äußere Sphäre sein, dann wäre es dem Menschen kaum möglich von ihm zu abstrahieren oder sogar eine andere Wahl zu treffen. Die Selbsterkenntnis bliebe darum eine unmittelbare Anschauung, denn mit der willkürlichen

Bestimmung des individuellen Leibes ist die Idealrealität des menschlichen Bewußtseins nicht zum Ausdruck gekommen, sondern nur das Streben nach völliger Beherrschung des Anderen. Dagegen möchte ich Hölderlins Begriff der Sphäre, analog dem zu wählenden Objekt, als einen Bereich verstehen, der konstituiert wird, wenn die Wirkung des Unendlichen den Geist dazu bestimmt, sich in einem besonderen Charakter des Begreifens erkennbar zu individualisieren. Die besondere Sphäre ist dabei nicht vorgegeben, sondern entsteht im Augenblick der freien Wahl als Etwas, in dem Geist und Stoff sich vereinigen(13). Deshalb ist der Moment der Erkenntnis des Harmonischentgegengesetzten in der Einheit des Bewußtseins kein anderer als der der Erkenntnis der Einheit und Individualität in der (harmonischentgegengesetzten) äußeren Sphäre. Dies ist nicht die "natürliche innige Verbindung"(315,18), in der das Ich, wenn es sich in einer natürlichen Vorstellung anschaut, mit sich selbst steht. Die freie Wahl der Sphäre erlaubt es dem Menschen, sich zu erkennen, ohne dabei restlos in der Sphäre aufzugehen. Der Mensch weiß dann, wenn er die konstitutiven Momente seines Bewußtseins gedacht hat, darum, daß die scheinbar unmittelbar angeschauten Gegenstände nicht ohne seine freie Bestimmung für ihn als diese erscheinen und kann die Einflüsse, die eine Äußerung bewirken, in der der Geist sich charakterisiert, so auswählen, daß in der entstehenden Konstitution des Bewußtseins und seines Anderen der unendliche Stoff und die freie Form sowohl in bestimmter Negation vermittelt sind, wie sie zugleich in ihrer Offenheit erinnert werden, weil sie nicht endgültig fixiert erscheinen. Die individuelle ideale Tätigkeit des Bewußtseins kann darin zugleich ihren Grund und sich selbst erkennen "in so fern (sie) nicht in ihr gesezt"(316,1) sind. Dies ist die scheinbar paradoxe Möglichkeit, die reine Individualität in ihrer Freiheit an der "jezt gewählte(n) Individualität und ihr(em) durch den jezt gewählten Stoff bestimmte(n) Karakter"(312,16-17) zu erkennen, von der Hölderlin sprach, als er gezeigt hatte, daß jeder Versuch, die Individualität und das Unendliche, das ihr reines "Objekt" ist, direkt zu begreifen, notwendig sich selbst aufheben muß. Gerade in der **freien Wahl** der als äußere erscheinenden Sphäre wird deutlich, daß der Mensch nicht notwendig mit ihr identisch sein muß ("nicht so innig verbunden ist"); er kann in dieser freien Wahl seine eigenste Tätigkeit erkennen, die den unbestimmt wirkenden Stoff frei begreift und zugleich um die Notwendigkeit des Sichbestimmens im Anderen weiß, ohne dessen Wirkung der idealen Form zu subordinieren. Die frei gewählte Sphäre soll vielmehr in ihrer Wirkung die relative Unabhängigkeit des Geistes nicht gefährden, wie es geschieht, wenn gegenüber den Bestimmungen des Verstandes die Wirkung des Unbekannten, weil sie nicht gedacht wird, ein Gegenstand der Furcht bleibt. Hölderlin kann darum auch

----

13 vgl. dazu "Die sphärische Stufe" bei Bruno Liebrucks, Sprache und Bewußtsein, Band 7, "Und". Bern, Frankfurt am Main, Las Vegas (Lang) 1979. S.295,ff.

von "menschlich **schönem**, mit Freiheit schönem Leben" (Hervorhebung von mir, A.T.) sprechen, denn die Harmonie von Geist und Stoff, die im Aufgehen in der Anschauung, im "mechanisch" schönen Leben, vorhanden war, ist dann wiedergefunden, wenn der Mensch sich in der freien Wahl der äußeren Sphäre begreift, ohne daß damit sein unabhängiges Wesen fixiert würde, denn das wirkende Unbestimmte kommt in einer Form zum Ausdruck, die seine Offenheit erinnert. Das Sichbestimmen darf nicht unter einem übernommenen, konventionellen Sprachausdruck stattfinden; ebenso darf der Mensch nicht an einer abstrakten Vorstellung von sich als "Selbst" hängen, wenn er in dem Sichbestimmen, das die freie Wahl der äußeren Sphäre ist, "auf dem rechten Wege seiner Bestimmung" sein will(316,12-13).

Da die äußere Sphäre in der freien Wahl erst entsteht und weder Geist noch Stoff sich in dieser Bestimmung erschöpfen, aber zugleich in ihr charakteristisch erkennbar sein sollen, verstehe ich sie als ein Idealreales, das dem Charakter der Sprache analog gedacht werden kann, solange diese nicht als Positives angesehen wird. Da es sich hier um die Verfahrungsart in der äußeren Welt allgemein handeln soll, wird es nicht möglich sein, die poetische Weltauffassung, die auch eine frei hervorbringende ist, nur auf den Künstler zu beschränken. Eher fasse ich den vorliegenden Abschnitt als Hölderlins Hinweis darauf auf, daß ein nur formales und allgemeingültiges Moralgesetz dem Zustand entspricht, in dem der Mensch sich in einer natürlichen Vorstellung nur in den Objekten als reines Subjekt begreift. Demgegenüber formulierte er seine Einsicht als Aufforderung zu sittlichem Handeln:

> "Seze dich **mit freier Wahl** in harmonische Entgegensezung mit einer äußeren Sphäre, so wie du in dir selber in **harmonischer** Entgegensezung bist, von Natur, aber unerkennbarer weise so lange du in dir selbst bleibst."(315,3-5)

Das Handeln gemäß dieser Regel, mit dem der Mensch seine Bestimmung erreicht, ist nicht nur als Bildungsgang in der Zeit zu vollziehen. Wie noch zu zeigen sein wird, liegt ihr keine teleologische Vorstellung zugrunde, eher entspricht sie der Konstitution des Bewußtseins als Sprachliches in der Geschichte und der menschlichen Gesellschaft. Bisher ist allerdings die Möglichkeit, sich in seiner reinen Individualität zu erkennen und in einem damit das "harmonische, wechselseitig wirksame Leben"(312,5-6) aufzufassen, noch nicht ausreichend begründet. Zwar hat Hölderlin gezeigt, daß die Selbstauffassung in einer natürlichen Vorstellung keine Selbsterkenntnis erreichen kann, sondern daß dazu ein "Äußeres" notwendig ist; es fehlt aber noch eine Beschreibung der Empfindung, die den reinen Grund des wirklichen Bewußtseins aufnehmen und deshalb das Bestimmen aus Freiheit ermöglichen kann.

"Siehe, Bruder, die höchste Weisheit ist die, daß du wissest, wie in dem vorgebrachten Gleichnis das Unberührbare unberührenderweise berührt wird."

Nikolaus von Cues(14)

7. DIE TRANSZENDENTALE EMPFINDUNG

Wie die Empfindung überhaupt gedacht werden kann, die jede Bestimmung in ihrer Unendlichkeit verfehlen muß, die jene aber zugleich als wirklicher Grund begleitet, versuchte Hölderlin vorzutragen, indem er sie als schöne, heilige, göttliche und insgesamt als transzendentale Empfindung umschrieb. Diese Empfindung ist insofern notwendig dem Moment der Erkenntnis zugehörig, als sie den Geist in seiner Einheit und seinem Wechsel sich überhaupt erst fühlbar werden läßt und seinen verschiedenen Bestimmungen Gehalt gibt; sie ist dem Sinn, der "eigentlich poetischer Karakter"(311,22) sein kann, gegenwärtig. Soweit konnte sie bereits von dem Gedankengang her beschrieben werden, der zeigte, daß der poetische Geist nur mit dem Begriff der Einheit des Einigen gedacht werden könne und daß er sich einen unendlichen Gesichtspunkt geben müsse und damit die eigene Begründung im unendlichen Wirklichen in seine Selbstauffassung einbeziehen. Nun schreibt Hölderlin allgemeiner, daß die Bestimmung des Menschen darin bestehe,

> "daß er sich als Einheit in Göttlichem-Harmonischentgegengeseztem enthalten, so wie umgekehrt, das Göttliche, Einige, Harmonischentgegengesezte, in sich, als Einheit enthalten erkenne."(317,16-18).

Das Harmonischentgegengesetzte, in dem der Mensch sich bestimmt, ist hier nicht nur als Stoff gedacht, dessen der Geist bedarf, um sich erkennbar zu werden, sondern als das reine, idealreale Unbekannte, das als unendliches Göttliches alle menschlichen Erkenntnisse in sich aufgehoben hat. Genauso kann die Einheit, die das bestimmende Denken jeweils für sich konstituiert, nicht abstrakt aus diesem Grund ihrer Wirklichkeit abgelöst werden, wie es jene Denkversuche tun, die in ihren natürlichen Vorstellungen das Denken für nur ideal oder nur real ansehen. Wenn der Mensch die unmittelbare Anschauung seiner selbst als reine Form und der Welt als Objekt als Schein erkennt und die Mittelbarkeit der gefühlten Anschauung, die als Empfindung bewußt ist, denkt, kann er erkennen, daß sein Bewußtsein sich in dem Augenblick, der alle kategorialen Bestimmungen begründet, konstituiert. In ihm wirkt die reine Wirk-

---

14 Nikolaus von Cues: Der Laie über die Weisheit. Hamburg (Meiner) 1962. S.46

lichkeit des göttlichen Einigen und diese Wirkung wird erinnernd als besondere Einheit bestimmt, sodaß in dieser Einheit das Bewußtsein sich begreift. Die Wirkung des Reinen gehört zu den spekulativen Voraussetzungen des wirklichen Bewußtseins und kann in höchster Abstraktion als Unbestimmte gewußt werden. Hölderlin charakterisiert unter dieser Voraussetzung die Empfindung weiter, der jene Wirkung des Göttlichen gegenwärtig ist und die die Erkenntnis, mit der der Mensch seine Bestimmung erreicht, ermöglichen kann. Da jede positive Bestimmung hier aber notwendig dasjenige, das es zu denken gilt, in seiner Gesamtheit verfehlen muß, denn es ist nicht als besonderes Etwas vorhanden, kann er nur Abgrenzungen und Umschreibungen geben, die einseitige Festlegungen vermeiden sollen. So nennt er die Empfindung **schön**, weil sie als Wirklichkeit zugleich die Möglichkeiten bereithält, gefühlt (angenehm und glücklich), vorgestellt (erhaben und stark) und gedacht (einig und ruhig), d.h. in dem Charakter des Naiven, Heroischen und Idealischen erscheinend erkannt zu werden. Dem Bewußtsein, das sie als schöne Empfindung soll denken können, müssen diese drei Momente in ihrer sich in sich unterscheidenden Einheit gegenwärtig sein. Ebenso kommt der Empfindung dreifache Eigenschaft zu, wenn sie als **heilige** gedacht wird, denn dann soll sie

> "weder uneigennüzig ihrem Objecte hingegeben, noch blos uneigennüzig auf ihrem innern Grunde ruhend, noch blos uneigennüzig zwischen ihrem innern Grunde und ihrem Objecte schwebend sondern alles zugleich" sein(317,23-25).

Die heilige Empfindung kann nur dann gedacht werden, wenn das Bewußtsein sich weder anschauend in seinem Objekt verliert, noch sich selbst abstrakt für reines ideales Handeln ansieht, noch in unbestimmter Kontemplation zwischen Realität und Idealität schwebt, wie die Fichtesche Einbildungskraft. Diese Trennungen sind insofern uneigennützig, als in ihnen eine wirkliche Erkenntnis nicht möglich ist. Die abstrakte Selbstauffassung des Denkens, das sich als bloße Reflexion ansieht und dabei die Wirkung des unbestimmten Lebens vergißt, weil es sich alle Tätigkeit zuschreibt, oder die, die sich als bloßes Streben erscheint, weil sie ihre Begründung im Unbestimmten nicht beachtet, sondern nur die Entgegensetzung zum Stoff, nicht auch die Harmonie kennt, ist ebensowenig in der Lage, die Empfindung, die alle Trennungen begleitet, zu denken, wie die "bloße Harmonie" der intellectualen Anschauung(317,27-30). Diese sieht zwar als Möglichkeitsgrund allen Bestimmens und Trennens eine Vereinigung von Subjekt und Objekt an, aber sie hat dieselbe nur als unbestimmtes Angeschautes, als "mythisches bildliches Subject Object"(317,30-31) vor sich, mit dem das Bewußtsein in seiner Einheit und Entgegensetzung im Unendlichen sich nicht wirklich erkennen kann, weil es noch unausgesprochen ist. Hölderlin erklärt damit Fichtes Konzeption der intellektuellen Anschauung für unzureichend, denn Reflexion, Streben und intellectuale Anschauung müssen zugleich in den Gedanken aufgehoben werden, wenn die göttliche Empfindung als wirklicher Grund der Erkenntnis des Bewußtseins soll gedacht werden. Dies versucht er, wenn er diese Empfindung, die genannten Eigenschaften zusammenfassend, als **transzendentale** Empfindung beschreibt. In ihr sollen die zuvor gesondert aufgezählten Momente zugleich "in Vereinigung und Wechselwirkung" (317,34) gegenwärtig sein. Erst dann, wenn sie nicht bereits als in einer besonderen Eigenschaft fixiert angesehen wird, kann sie als diejenige Empfindung gedacht werden, die des "eigentlich Unendlichen, welches durch sie als eine **bestimmte** wirkliche Unendlichkeit, als außerhalb liegend bestimmt wird"(318,5-7) empfänglich ist. Sie nimmt das Unendliche als solches auf und dies bewirkt die Identität der Begeisterung, die Hölderlin als eigentlich poetischen Charakter hervorgehoben hatte. Dabei wird das Unendliche nicht als ein Bereich vorgestellt, der räumlich außerhalb eines Gegenstandes läge, welcher ihn mechanisch aufnehmen könnte. Die Möglichkeit des Bewußtseins, sich als wirkliche Einheit zu bestimmen und zugleich das begleitende Unbestimmte zu denken, ist dann eröffnet, wenn die transzendentale Empfindung gedacht wird, ohne sie bereits unter Einschränkungen vorzustellen, die der Verstand um festhaltbarer Bestimmtheit willen nötig hat. Insofern kann mit dieser Empfindung erst das Unendliche als wirkliche Unendlichkeit, nicht nur als die unerklärliche Chimäre eines positiven Nichts, gedacht werden. Die Notwendigkeit, diese Empfindung zu denken und allen Trennungen des Verstandes zum Grunde zu legen, möchte ich zum einen aus Hölderlins Beweisen ableiten, daß der Mensch im zu objektiven und im zu subjektiven Zustand sich nicht selbst erkennen kann, daß vielmehr diese getrennten Zustände in einem ungedachten Grund gesetzt sind, der sie erst ermöglicht. Dieser Grund an sich kann allerdings auch nicht vorgestellt werden; das wäre das mythisch-bildliche Subjekt-Objekt der intellektuellen Anschauung. Vielmehr muß die Notwendigkeit der Trennungen, der Einheit und des Grundes derselben für die Konstitution des Bewußtseins gedacht sein, wenn dieses in seiner Wirklichkeit soll begriffen werden können. Insofern erfüllt die transzendentale Empfindung die Bedingungen, die Hölderlin hinsichtlich des Organes nannte, das dem Geist direkt entgegengesetzt ist,

> "worinn er" aber zugleich "enthalten und wodurch alle Entgegensezung möglich ist(15)."

Da die verschiedenen Besonderungen aufgrund der transzendentalen Empfindung erst wirklich sein können, könnte Hölderlin auch sagen, daß sie in ihr enthalten seien; er drückt sich aber genauer aus und sucht Mißverständnisse zu vermeiden, wenn er sagt, daß sie "weniger einer Einseitigkeit ausgesezt" ist:

---

15 309,17-18. Die Gleichsetzung dieses Organs mit der Sprache erscheint mir voreilig, weil sie die Momente der Bestimmung verwischt, die Hölderlin hier gerade beschreibt. Sie wurde vorgenommen von Hildegard Brenner in "Die Erfahrungsweise des poetischen Geistes", Berlin (Dissertation) 1952, S.196 (Der Titel wird gewöhnlich unrichtig "Die Verfahrungsweise..." zitiert).

> "Im Gegentheil erwachen aus ihr ursprünglich all die Kräfte, welche jene Eigenschaften zwar bestimmter und erkennbarer, aber auch isolirter besizen"(318,9-12).

Die transzendentale Empfindung muß somit immer dann mißverstanden werden, wenn sie **vorgestellt** werden soll. Sie ist kein erscheinendes Gefühl, das in einem Sensorium mechanisch aufgenommen würde(16), sondern die spekulativ notwendige Bedingung der Wirklichkeit jeder Bewußtseinskonstitution, die sich in isolierten Eigenschaften (Charakteren) bestimmt. Nur wenn sie als den Augenblick der Wirklichkeit für uns notwendig begründend gedacht wird, kann sinnvoll davon die Rede sein, daß der poetische Geist "einen unendlichen Gesichtspunct sich gebe(n)" solle(311,6-7), wobei die Unendlichkeit nicht leer vorgestellt, sondern wirklich gedacht wird. Dies ist nur möglich, wenn das Bewußtsein nicht unter den Verstandesfixierungen in einer natürlichen Vorstellung angesehen wird, sondern wenn die Momente seiner Konstitution vollständig gedacht sind. Dann muß in dieses Denken auch das Denken der unbestimmten Wirkung des ungetrennten Unendlichen aufgenommen werden, die jede mittelbare Anschauung in Raum und Zeit als Grund ihrer Wirklichkeit begleitet und demjenigen gegenwärtig ist, das Hölderlin hier mit dem spekulativen Begriff der transzendentalen Empfindung benennt. Das Verhältnis dieser Empfindung kann kategorial nicht bestimmt hinsichtlich der Erkenntnis angegeben werden, sondern nur mit dem Wort "begleitet" umschrieben, da jeder Begriff bereits eine bestimmte Negation der transzendentalen Empfindung ist. Erst in der Mittelbar-

---

16 Die Ratlosigkeit, die Friedrich Strack angesichts der transzendentalen Empfindung zugibt, scheint aus einem solchen Mißverständnis zu folgen:

> "Wer allein die komplizierte Struktur des 'interesselosen Wohlgefallens', des Gefühls für das Schöne bei Kant, bedenkt, oder sich der Schwierigkeiten des Erhabenen erinnert, kann diejenige Empfindung, die Hölderlin in der 'Verfahrungsweise' als 'transzendentale' entwickelt, nur als ungeheure Zumutung an das Sensorium des Menschen begreifen. Seine eigene, hoch differenziert musikalische Sensibilität hätte ihr kaum standhalten können. Um es kurz zu sagen: Die 'transzendentale Empfindung' der 'Verfahrungsweise' ist eine monströse Gedankenkonstruktion, die Hölderlins Denkleistung allerdings nicht schmälert. Sie ist jedoch unmöglich dazu geeignet, die Selbsterkenntnis der 'poetischen Individualität' zu leisten."(HJB.1975-1977,S.227)

Letzteres sollte m.E. dieses Monstrum gar nicht leisten; allerdings scheint ohne diese ungeheuere Zumutung kein Kunstwerk möglich zu sein, denn ohne sie als Wirklichkeitsgrund aller Bestimmungen gäbe es für uns nur gegenständliche Realität, in der wir selbst eingeschlossen wären.

keit des idealischen Erinnerns, das dem Augenblick der Wirkung des Unbestimmten zugehört, wird unser Bewußtsein wirklich und faßt diese Wirkung in einer bestimmten Form, als besondere Eigenschaft, die zugleich die des Bewußtseins und seines Anderen ist, auf. Wenn in der transzendentalen Empfindung nicht alles besondernde Begreifen begründet wäre, dann könnte von Freiheit als dem Bestimmungsgrund für unser Denken nicht mit dem Anspruch auf Wirklichkeit gesprochen werden, denn die idealische Erinnerung wäre durch das Wirkende bereits hinsichtlich ihrer Besonderheit determiniert. Nur wenn die transzendentale Empfindung zugleich als Offene und als alle Bestimmungen wirklich Begründende gedacht wird, kann der sich ergänzende harmonische Wechsel von Geist und Stoff möglich sein, in dem jede Erkenntnis sich konstituiert. Hier muß allerdings der Begriff "transzendental" in seinem Gebrauch differenziert werden:

> "Die Transzendentalität bei Kant verbürgt Realität, bei Hölderlin dagegen Wirklichkeit(17)."

Während Kant die Bedingungen der Möglichkeit von Erfahrungserkenntnissen, mittels derer Erscheinungen als Gegenstände unserer Anschauung in für uns bestimmten Verhältnissen wahrnehmbar sein sollen, ableitete, geht es bei Hölderlin nicht nur um den bestimmten und verfügbaren Teil der Wirklichkeit, die Realität, sondern zugleich um die Offenheit, die alle Bestimmungen begleitet, und um das Gewordensein der Vorstellungen im Unendlichen, also um das wirkliche Denken, das sich in den Gegenstandsbestimmungen ebenso entgegenkommt, wie es sich nicht darin erschöpft. Deshalb verbürgt die Transzendentalität bei Hölderlin nicht nur den Zugang zur Wirklichkeit, sondern begründet die Möglichkeit einer der Wirklichkeit entsprechenden Bestimmung, die ebenso um ihre Relativität wie um ihre Notwendigkeit weiß. Für Kant kann gesagt werden:

> "transscendental heisst: zu den objektiven Bedingungen gegenständlicher Erkenntnis (Erfahrung) gehörig, oder: die Möglichkeit synthetischer Erkenntniss a priori betreffend(18)."

Im Unterschied zu diesem Reflexionsbegriff nahm Hölderlin in seinen spekulativen Begriff der transzendentalen Empfindung zugleich mit der Freiheit des Sichbestimmens, die dem Geist zukommt, die komplementäre Wirkung des unbestimmten Stoffes für den Augenblick der wirklichen Konstitution des Bewußtseins auf. So konnte er davon sprechen, daß die Auflösung der besonderen Gegenstandsbestimmung und die Wirkung des unendlichen Wirklichen in einem Moment gedacht werden kann

> "als ein (transcendentaler) schöpferischer Act, dessen Wesen es ist, idealindividuelles und realunendliches zu vereinen." (177,7-9, "Das untergehende Vaterland")

----

17 Bruno Liebrucks, a.a.O., S.183 (vgl. hierzu S.193)

18 Abram Gideon: Der Begriff Transscendental in Kant's Kritik der reinen Vernunft. Marburg, 1903. Nachdruck: Darmstadt (WB) 1977. S.54

Die Wirkung des "realunendlichen", des unbestimmten Stoffes oder des ungetrennten Lebens, ist der transzendentalen Empfindung in der Wirklichkeit des Augenblickes gegenwärtig, ohne daß sie von einer Vorstellung restlos erfaßt werden könnte. Sie ist die transzendentale Bedingung der bestimmten Negation des wirklichen Bewußtseins. Somit ist sie nicht eine Empfindung von Etwas, als Objekt des Verstandes angesehen, sondern begleitet jede wirkliche besondere Empfindung, die uns immer mittelbar gegenwärtig ist. So gedacht begründet die transzendentale Empfindung auch die unterscheidbaren Bestrebungen, das Göttlich-Harmonischentgegengesetzte zu begreifen, die in diesem Begreifen immer zugleich sich selbst erkennen können. Wenn die transzendentale Empfindung als spekulativ anzunehmendes Organ gedacht ist, dem das Unendliche gegenwärtig ist, dann wird es möglich, die Frage im Allgemeinen zu beantworten, wie die reine Individualität erkennbar werden könne. Soll die freie Wahl eines "Objektes" oder, für den Menschen in der äußeren Welt, einer Sphäre, seine reine Individualität zum Ausdruck bringen können, so ist dies nur möglich, wenn weder die Wirkung des Grundes eine besondere Form der Auffassens bereits vorbestimmt, noch die bestimmende Tätigkeit des Verstandes abstrakt als das Denken überhaupt absolut gesetzt wird. Die Freiheit der Wahl ist erst wirklich, wenn die Empfindung des Unendlichen im Augenblick der wirklichen Bewußtseinskonstitution in ihrer Offenheit gedacht ist, sodaß Idealität und Realität in ihrer Komplementarität erkannt sind und weder die Freiheit der Individualität noch die des reinen Lebens dergestalt festgestellt wird, daß eines über das andere herrscht. Das Produkt dieser Wechselbestimmung - wie Hölderlin in Fichteschen Begriffen, aber nicht mehr in dessen Denken sagt - soll die Vereinigung von unendlichem Stoff und unendlicher Form "in einem mythischen Zustande" sein(177,12), der die Selbsterkenntnis des Menschen, gerade insofern er in diesem Zustand nicht fixiert ist, ermöglichen kann. Was hier mit dem Wort "Vereinigung" noch umschrieben ist, weist auf die Sprache, der sich Hölderlin an dieser Stelle mit der Frage zuwendet:

> "Wenn es auf solche Art möglich wird, daß das Ich sich in poetischer Individualität erkenne und verhalte, welches Resultat entspringt daraus für die poetische Darstellung?"(313, 2-4)

8. SPRACHE

Die Beantwortung dieser Frage in dem "Wink für Darstellung und Sprache" lese ich als Explikation des Satzes:

> "So wie die Erkenntniß die Sprache ahndet, so erinnert sich die Sprache der Erkenntniß."(319,1-2)

Hölderlin vergleicht die Sprache mit der Einheit des Einigen, die als derjenige Begriff entwickelt worden ist, der in höchster Abstraktion die Erkenntnis des menschlichen Bewußtseins zu denken ermöglicht, wobei dieses Denken in reiner Form das Ideal seiner selbst begreift. Die Vereinigung von reiner Form und unendlichem Stoff soll in der Sprache als

> "Übergang von einer bestimmten Unendlichkeit zur allgemeineren" ihren "eigentliche(n) **Ausdruk**"(318,27-29)

finden. Hölderlin hatte in "Das untergehende Vaterland" von der Sprache bereits gesagt, sie sei der Ausdruck, wo

> "von einer Seite weniger oder nichts lebendig Bestehendes von der anderen Seite alles zu liegen scheint"(174,14-15).

Deshalb möchte ich die Sprache als ebenso bestimmten Ausdruck der Vereinigung von wirkendem Lebendigen und trennender und fixierender idealer Erinnerung verstehen, wie der sprachliche Ausdruck zugleich in sich die Unendlichkeit erinnern kann, die in ihm zur Bestimmung kam. Als Einheit von Fixierung und Offenheit kann er den Grund begreifen, der alles besondere Bewußtsein begleitet. Deshalb wohl möchte Hölderlin die Beurteilung der Sprache darauf zurückführen zu fragen,

> "ob sie die Sprache einer ächten schön beschriebenen Empfindung sei"(318,36).

Sie soll die transzendentale Empfindung, der das unbestimmte Unendliche gegenwärtig ist, so zum Ausdruck bringen, daß diese nicht einseitig auf eine besondere Art des Verstehens reduziert erscheint, daß sie also nicht gemäß den Verstandesbestimmungen einem vorgegebenen und scheinbar eindeutigen Sprachausdruck subsumiert werden kann und damit in ein diskursives Beziehungsgefüge gestellt wird, sondern daß die Wirklichkeit der Empfindung **schön**, d.h. in der Offenheit ihrer gesamten Beziehungsmöglichkeiten und in ihrem Gewordensein für das Bewußtsein weitestgehend zum Ausdruck kommt. Wie dies möglich sei, hatte Hölderlin in seiner Fußnote zur "materiellen Identität"(304,12-37) bereits angedeutet. Er sprach dort von dem sinnlichen Berührungspunkt aller Teile, in dem der Stoff unbestimmt gegenwärtig ist, worin sich aber für uns noch nicht Etwas darstellt. Die Wirkung des Stoffes wird in der erinnernden Anschauung dem Ausdruck einer besonderen Beschaffenheit subsumiert, d.h. in einer Vorstellung wahrgenommen, die ungedacht überkommene sprachliche Formen übernimmt, weil sie um deren Bedeutung für die Erkenntnis nicht weiß. Soll diese Vorstellung, der Stoff für ein Kunstwerk im natürlichen Verstande, "als receptiv für die Behandlung des Geistes"(304,18-19) beurteilt werden können, darf sie nicht in der historischen Zeit so stark befangen sein, daß eine Herauslösung und poetische Behandlung unmöglich wäre. Sonst würde

> "der Dichter ... durch seinen Stoff irre geführt, indem dieser aus dem Zusammenhang der lebendigen Welt genommen der poetischen Beschränkung widerstrebt"(306,14-16).

Ein solcher Stoff war für die Zeit Hölderlins beispielsweise das Thema "Buonaparte", das mit Vorstellungen derart belastet war, daß die ausgleichende dichterische Behandlung, die einseitige Akzentuierungen auflösen und als Gewordene, nicht als unmittelbar Gegebene darstellen muß, ihn nicht in seiner Gesamtheit und Offenheit ausdrücken konnte. Der Entwurf blieb deshalb notwendig unvollendet (19). Läßt der Eindruck, den die Vorstellung des Stoffes auf den Dichter macht, eine poetische Behandlung zu, dann muß er zugleich "in einer noch unausgesprochenen gefühlten Wirkung begriffen" sein(304,22-23). Der vorbestimmte Sprachausdruck wird aufgelöst und der Stoff in höchster Abstraktion als reiner Stoff gedacht, wobei das Bewußtsein sich in der Gesamtheit seiner konstitutiven Momente, wozu auch sein Anderes gehört, begreift. Das Andere ist als ursprüngliche Empfindung des unbestimmten Stoffes in reiner Form gegenwärtig, sodaß das Denken in diesem Begreifen des Unendlichen als Unendlichem die Möglichkeit erkennen kann, den spekulativ zu denkenden Totaleindruck des Stoffes zu einem entsprechenden Ausdruck zu bringen. Dieser nämlich muß

> "in allen seinen Theilen deutlich ausgesprochen, und eben hiedurch in der Lebhaftigkeit seines Totaleindruks geschwächt werden(20)."

Weil die Verteilung des insgesamt wirkenden Stoffes, die für den anschauenden diskursiven Verstand (der kein anschauender Verstand im Sinne Kants ist) notwendig ist, dem Eindruck seine Lebhaftigkeit nimmt, muß der gesamte Zusammenhang des Aussprechens, das poetische Werk, so gestaltet sein, daß in seiner raumzeitlichen Erscheinung die wahrnehmbaren und wahrnehmend konstituierten möglichen Teile sich in Relationen zueinander dergestalt bewegen, daß die Offenheit der Möglichkeiten, Zusammenhänge und damit Teile herzustellen, als Gesamteindruck dem Eindruck des identischen Stoffes entspricht. Dies ist nur möglich, wenn die begriffliche Bestimmung des wirkenden Unbestimmten nicht in einer diskursiven Fixierung verbleibt, denn der "geahndete" Totaleindruck kann nicht in einer linearen Sukzession der Vorstellungen wiedergefunden werden, sondern nur dann, wenn

> "der Anfangspunct und Mittelpunct und Endpunct in der innigsten Beziehung stehen, so daß beim Beschlusse der Endpunct auf den Anfangspunct und dieser auf den Mittelpunct zurükkehrt."(304,34-37)

----

19 vgl. die Entwürfe "Buonaparte" und "Dem Allbekannten".

20 304,25-27 In der Handschrift steht das Wort "gewäch(s)t" (258, 38). Gegenüber der Konstitution als geschwächt scheint mir die Lesart "geweckt" sachlich möglich zu sein, weil das deutliche Aussprechen insgesamt zu einer entsprechenden Erscheinung des lebhaften Eindrucks in der Sprache des poetischen Werkes führen soll.

Die Beurteilung der Sprache wird also das "**Kennzeichen**"(318,35) dafür, daß es sich um die Sprache einer echten Empfindung handelt, vor allem darin finden, daß sie einen notwendigen und unauflöslichen Zusammenhang der erscheinenden Teile, die zugleich nicht nur diese Teile sind, feststellen kann. Der Zusammenhang gewinnt allerdings in dem Maße an Notwendigkeit, in dem er nicht nur **ein** bestimmter Zusammenhang ist, sondern die möglichen Verbindungen, in denen die Teile zu bestimmten Teilen werden, so weit wie möglich offen hält gegenüber eindimensionalen Fixierungen. Erst dann ist der Zusammenhang notwendig, während die Teile immer relativ zum Ganzen sind, das als Ganzes seinen spekulativ zu denkenden Grund negativ zum Ausdruck bringt. Das bedeutet für die Beurteilung des poetischen Werkes, daß sie es nur als Ganzes angemessen begreifen kann und daß ein Zusammenhang nachgewiesen werden muß, ohne daß dieser Nachweis darin bestehen kann, das Werk als diskursive Aussage "über" etwas Gegebenes zu erklären. Die transzendentale Empfindung, die im poetischen Werk zum Ausdruck kommen kann, ist abgelöst von diesem nicht zu finden, denn sie ist als "unausgesprochen gefühlte(...) Wirkung"(304,22-23) aus logischen Gründen jeder Fixierung in einen verstandesgemäßen Sprachausdruck unzugänglich, wie Hölderlin mit dem Aufweis der Aporien des subjektiven und des objektiven Vorstellens gezeigt hat. Deshalb kann nur die zunächst evidente Notwendigkeit, mit der das Kunstwerk erscheint, hinsichtlich der unendlicheren Zusammenstimmung seiner möglichen Teile, die Ausdruck der Identität der Begeisterung ist, beurteilt werden, wobei gerade dieser unabschließbare Zusammenhang verhindern kann, daß das Werk konventionellen Vorstellungen subsumiert wird. Wie eine solche Beurteilung aussehen kann, möchte ich versuchen im letzten Kapitel zu zeigen.

Der Weg, von dem analytisch gesprochen werden muß, zwischen dem Totaleindruck des Stoffes und dem sprachlichen Ausdruck, kann mit folgenden Sätzen vorbereitend gezeichnet werden:

> "Der Dichter bringt die ästhetische Wirkung, unter der er dichtet und die er beschreibt ... nicht hervor. ... Das dichtende Beschreiben bringt nicht das Beschriebene hervor, wohl aber bringt es das Beschriebene hervor als **mögliches Objekt** oder als **möglichen Gegenstand**(21)."

Hölderlin vergleicht den Moment, als der der sogenannte Weg in Wahrheit gedacht werden muß, für den Menschen überhaupt und für den Dichter als Moment, in dem die unreflektierte Empfindung - die der Joseph Königschen ästhetischen Wirkung analog gedacht werden kann - wirkt, das Streben und Reflektieren des objektiven und subjektiven Zustandes seine vergeblichen Versuche, sich selbst zu denken, unternimmt, und schließlich die Erkenntnis des Geistes die Einheit und Entgegensetzung mit seinem Anderen zugleich in höchster

---

21 Josef König: Die Natur der ästhetischen Wirkung. In: Vorträge und Aufsätze. Freiburg/München (Alber) 1978. S.306 und 307.

Abstraktion weiß. Diese Stufe ist die der Selbstauffassung des Geistes als Einheit des Einigen, auf ihr ist es, wo er

> "über sich selbst hinausgeht, und in der ganzen Unendlichkeit sich wiederfindet"(319,9-10).

Darauf folgt eine zweite Reflexion, die, anders als die erste (das trennende und fixierende Bestimmen des Verstandes), nun, die reine Form und den unendlichen Stoff vereinigend, die Sprache als ihren angemessenen Ausdruck ahnt,

> "sie giebt dem Herzen alles wieder, was sie ihm nahm, sie ist belebende Kunst, wie sie zuvor vergeistigende Kunst war, und mit einem Zauberschlage um den andern ruft sie das verlorene Leben schöner hervor, bis es wieder so ganz sich fühlt, wie es sich ursprünglich fühlte."(319,21-24)

Die Stufen der Selbstauffassung gehen von der ersten Vollendung, dem Einigsein mit der Natur, über die zweite, dem Denken des Geistes, in die dritte Vollendung über, die "gelungenes Werk"(320,9) ist. Mit dieser dritten Vollendung erreicht der Mensch seine Bestimmung, denn er findet zum Ausdruck seiner selbst in der Sprache und ist sich dessen bewußt. Wenn bisher davon die Rede war, daß es dem Menschen solange nicht möglich sei, sich selbst zu begreifen, wie er sich nur als Objekt oder als Subjekt gegenständlich versteht, so nimmt Hölderlin nun die Bemühungen als Momente, "die auch ihre Zeit haben müssen"(319,8-9) in den Augenblick des wirklichen Bewußtseins auf. Dieser aber ist erst dann in seiner Offenheit und Bestimmtheit zugleich vollständig gedacht, wenn die spekulativ vorauszusetzende Sphäre der Einigkeit von unbestimmtem Stoff und unendlicher Form als Grund gewußt ist und das Bewußtsein sich nicht nur als Fixiertes (subjektives oder objektives) begreift, sondern das unendliche Leben denkt, dessen unbestimmte Wirkung und die Bestimmung aus Freiheit nicht gegeneinander gesetzt werden brauchen, wenn letztere überhaupt zur Wirklichkeit soll kommen können. Das Denken des Geistes muß somit die Einseitigkeit der ersten Reflexion in sich aufheben, es muß als höchste Form um den Zusammenhang im Leben wissen und deshalb in die Erinnerung die Gegenwart der ursprünglichen Empfindung aufnehmen, die seine Äußerung, sein Aus-sich-herausgehen, bewirkt. Erst wenn das Denken des Denkens sich nicht als einen Gegenstand auffaßt, kann es das Leben bewußt aufnehmen, das in den Verstandesbestimmungen festgehalten wird und deshalb unbemerkt als Treibendes wirkt. Insofern ist das Räsonnement in höchster Form zugleich auch der

> "Wiederklang der ursprünglichen lebendigen Empfindung"(319,11),

ein Resonieren, das als reine Stimmung die unbestimmte Empfindung begreift. Dies ist in Hölderlins Sprache der Grundton, dessen Metapher das Gedicht ist, in dem er in die Sprache übertragen erscheint. Mit ihm ist die ursprüngliche Empfindung so weit gedacht, daß die Trennungen und Festsetzungen der Verstandeserkenntnis in ihren Grund zurückgeführt werden konnten und damit die wirkliche

Freiheit des Bewußtseins in der Offenheit von Idealität und Realität erkannt ist. Mit dieser Erkenntnis wird es möglich, das scheinbar rein formale Begreifen der Empfindung in einer sinnlich wirkenden Gestalt zum Ausdruck bringen zu können, die ihren unendlichen Grund insofern erinnert, als sie seine Offenheit in ihrer Bewegung fühlbar werden läßt. Soll dies erkannt werden, darf allerdings die sprachliche Gestalt nicht nur als fester Gegenstand, der von "außen" entgegenkäme, aufgenommen und bestimmt werden, sondern sie muß als sich bestimmender Ausdruck des menschlichen Bewußtseins, der immer ein Werdender und Gewordener ist, begriffen werden können.

Im Zusammenhang mit den bisher vorgetragenen Gedanken von der Konstitution des Bewußtseins in der wahren Zeit des Augenblicks möchte ich die hier genannte zweite Reflexion nicht in einer Sukzession nach der ersten vorstellen, wenn auch Hölderlins Formulierungen nahelegen, daß er daran gedacht haben könnte. Die analytisch beschriebene Reihe "Empfindung - erste Reflexion - Stimmung - zweite Reflexion - Sprache" kann in dem Augenblick in Einem gedacht werden, in dem das wirkliche Bewußtsein sich bestimmend begreift, da sie kein linearer raumzeitlicher Vorgang ist, sondern erst mit der Sprache in die Wirklichkeit tritt.

Hölderlin spricht davon, daß dies der "Gang und die Bestimmung des Lebens überhaupt ... der Menschen überhaupt zu seyn scheint" (319,25 und 320,20). Er denkt den sprachlichen Ausdruck der Erkenntnis als Bestimmung des Lebens, in der die unausgesprochene Wirkung des für uns Unbestimmten insofern eine Stimme gewinnt, als mit dem Aussprechen dieser Wirkung, das nicht nur ein abstraktes, in Gegensätzen befangenes Fixieren ist, zugleich das Unendliche fühlbar und der Charakter des Begreifens erkennbar wird.

Das Leben erreicht deshalb seine menschliche Bestimmung nicht in einem gesetzten Endpunkt, dem es sich aufgrund teleologischer Annahmen, die mit dem Anspruch universeller Gültigkeit auftreten, nähern soll, sondern in einem Sichbestimmen des menschlichen Lebens, das in diesem sprachlichen Ausdruck seiner selbst weder einseitig dem Bedürfnis des Verstandes nach Halt und formaler Bestimmung, noch dem mannigfaltigen Zusammenhang des Lebens übermäßig folgt, was die Herrschaft des einen über das andere bedeutete. Wenn die erste Reflexion den empfundenen Eindruck auflöst, verallgemeinert und derart bestimmt, daß sie ihn einem vorhandenen Sprachausdruck subsumiert, als bestimmende Urteilskraft, soll die zweite Reflexion, mit der der Mensch seine Selbstbestimmung erreicht, das Leben in der höchsten Form finden, sie soll die gleichermaßen notwendige Begründung des Bewußtseins in ungetrenntem Geist und Leben denken. In der wirklichen Selbstbestimmung erreicht der Mensch den Ausdruck seiner höchsten Vollendung, der "gelungenes Werk, und Schöpfung ist"(320,9). Insofern Hölderlin von den drei Stufen der Vollendung, dem fühlenden Aufgehen im Leben (Glück), dem vollständigen Denken des Bewußtseins (Ideal) und dem gelungenen Werk (Schöpfung) spricht, möchte ich zum Vergleich die geschichtsphilosophischen Überlegungen Kants in seiner Schrift "Mutmasslicher Anfang der Menschengeschichte" heranziehen. Auch dort ist die Rede von einem Naturzustand, in dem das Lebewesen vom Instinkt geleitet ist, von dem Antrieb der Vernunft zur Entwicklung der menschlichen Fähigkeiten (vergleichbar mit dem Streben der ersten Reflexion) und schließlich davon, daß

> "vollkommene Kunst wieder Natur wird: als welches das letzte Ziel der sittlichen Bestimmung der Menschengattung ist."(Kant, WW IX,95).

Die widerstreitenden Absichten von Natur und Kunst tun sich dann nicht mehr "Abbruch" (Kant), wenn sie in ihrer **harmonischen** Entgegengesetztheit begriffen sind, wie Hölderlin dies mit dem Aufweis ihrer notwendigen Komplementarität für unser Denken zeigt. Das Ziel der Menschengattung scheint allerdings gemäß seinem Begriff von der Bestimmung des Menschen nicht nur in einer sukzessiven zeitlichen Annäherung erreichbar zu sein: es ist dann wirklich, wenn der Mensch sich als bewußt seiendes Lebewesen in der Sprache bestimmt. Der Gang, in dem sich das Leben von ursprünglicher Einfalt zu höchster Form bildet, muß nicht bloß als historisch nachweisbarer Verlauf verstanden werden, er ist zugleich auch immer die Beschreibung der Momente des wirklichen Bewußtseins, das nicht als Erscheinung in Raum und Zeit erschöpfend vorgestellt werden kann. Wie in erster Hinsicht die "vergebenen Versuche", die in der Geschichte des Denkens angestellt wurden, die Bestimmung des Menschen zu begreifen, die Möglichkeit eröffnen, auf diesen Bemühungen aufzubauen, so bedeutet dies - bezüglich der zweiten Hinsicht - nicht, daß diese Versuche immer erst notwendig durchlaufen sein müßten, bevor der historische Zeitpunkt für die Möglichkeit gekommen sei, die Bestimmung auch zu verwirklichen(22). Vielmehr verstehe ich Hölderlins Gedanken über das Verhältnis von der Geschichte des Bewußtseins zu der realen Geschichte so, daß

> "einer der sieben Weisen ... in seiner Sprache und Vorstellungsweise"(129,31-32, "Über die verschiedenen Arten, zu dichten")

----

22 vgl. das Briefbruchstück an Isaak von Sinclair: "Ich habe dieser Tage in Deinem Diogenes Laertius gelesen. Ich habe auch hier erfahren, was mir schon manchmal begegnet ist, daß mir nemlich das Vorübergehende und Abwechselnde der menschlichen Gedanken und Systeme fast traglischer aufgefallen ist, als die Schiksaale, die man gewöhnlich die wirklichen nennt, und ich glaube, es ist natürlich, denn wenn der Mensch in seiner eigensten, freiesten Thätigkeit, im unabhängigen Gedanken selbst von fremdem Einfluß abhängt, und wenn er auch da noch immer modifizirt ist von dem Umständen und vom Klima, wie es sich unwidersprechlich zeigt, wo hat er dann noch eine Herrschaft? Es ist auch gut, und sogar die erste Bedingung alles Lebens und aller Organisation, daß keine Kraft monarchisch ist im Himmel und auf Erden."(24.Dez. 1798; StA, VI.1, 300)

die Bestimmung des Menschen analog erreichen konnte, wie ein anderer Mensch zu einem anderen historischen Zeitpunkt. Für Hölderlins Denken ist die Vorstellung einer allgemeingültigen Tendenz auf einen höheren Zustand hin, insofern sie eine Hypostasierung der verstandesbedingten Sukzession auf die Gesamtheit der Natur darstellt, nicht maßgebend. Dagegen denkt er die Geschichtlichkeit des menschlichen Selbstverständnisses so, daß es angesichts der Vorstellungen erkennbar wird, die in den jeweiligen sprachlichen Äußerungen erscheinen. Dies kommt auch in seiner Auffassung der Antike zum Ausdruck, wie ich sie in dem Abschnitt über den Bildungstrieb beschrieben habe. Dabei verstehe ich unter sprachlichen Äußerungen nicht nur poetische Literatur, sondern die, in Analogie zu den oben Objekt und Sphäre genannten, gewählten Ausdrucksformen der jeweiligen Selbstauffassung des Menschen, die als "historische Quellen" auftreten, welche, wie Hölderlin zeigt, hinsichtlich ihres Sprachcharakters gedacht werden müssen. Mit der Einsicht in diese Sprachvermitteltheit jeder Wahrnehmung des Menschen ist zugleich die wirkliche Freiheit gedacht, sodaß eine Selbstbestimmung möglich wird, die, gerade weil sie ihr Anderes nicht zu beherrschen sucht, sich selbst aus der Herrschaft entlassen hat.

Diese allgemeineren Überlegungen bezieht Hölderlin auf den Dichter, denn

> "wenn diß der Gang und die Bestimmung des Menschen überhaupt zu seyn scheint, so ist ebendasselbe der Gang und die Bestimmung aller und jeder Poesie"(320,19-20).

Die Sprache, die der Dichter findet, entspricht der Reflexion der Reflexion, in der die scheinbar unmittelbar entgegenkommende Vorstellung hinsichtlich ihrer Begründung gedacht und deshalb nicht nur gemäß den Bedürfnissen des Verstandes einseitig festgehalten, sondern erkannt wird, als in der in sich entgegengesetzten Vereinigung von Form und Stoff konstituiert. Wenn Idealität und Realität als wechselseitig sich ergänzende Konstituentien des Bewußtseins gedacht sind und zugleich damit ihre Einheit, die die Bestimmungen begleitet, erkannt ist, kann die Reflexion den Stoff, der sie bewegt, sich zu bestimmen als "ihren Fund, das Unendliche im Unendlichen" begreifen(320,2-3). Damit faßt sie das Göttliche auf, denn es ist

> "das Wesen des göttlichen Fundes, etwas zu erblicken, **bevor** es in gegenständlicher Form da ist"(23).

Dies möchte ich mit der Fähigkeit der zweiten Reflexion vergleichen, die Stufe zu erreichen, auf der das Denken als "unendlicher Geist im unendlichen Leben sich fühlt"(320,24-25). Das in dem unbestimmten Gefühl Wirkende, das gemäß der Notdürftigkeit des Verstandes fixiert und diskursiv getrennt werden muß, kann nun in seiner Unendlichkeit und Offenheit als Grund der Wirklichkeit des Bewußt-

---

23 Bruno Liebrucks: Sprache und Mythos. In: Erkenntnis und Dialektik - Zur Einführung in eine Philosophie von der Sprache her. Den Haag (Nijhoff) 1972, S.139

seins gedacht werden. Damit hat der Dichter in der reinen Form des Denkens der Empfindung "sich zum Ton ... emporgerungen"(320, 29-30), der der Grundton des Gedichtes ist und als Begriff der Empfindung die möglichen Trennungen des Verstandes in sich aufgehoben hat. Der Grundton, der von der Grundstimmung, die die ungedachte transzendentale Empfindung ist, unterschieden werden muß, umfaßt demnach die Momente, die der Bewußtseinskonstitution zugehören, nämlich Empfindung, Vorstellung und Erinnerung, wobei hinsichtlich der unterschiedlichen Dichtarten jeweils ein Moment akzentuiert ist. Die Unterscheidung in "naiv, heroisch, idealisch" kann deshalb nie eine Trennung sein, sondern immer nur die relative Betonung eines Charakters des Begreifens der Wirklichkeit, den der Geist erkennend annehmen muß, wenn Unterscheidungen möglich sein sollen.

Wenn das unbestimmte Leben in höchster Form gedacht ist, kann der Dichter seine Sprache finden, in die er seine individuelle Empfindung, die als solche nicht Erscheinung werden kann, insofern überträgt, als er sie nicht nur abstrakt bestimmt, sondern in einer sinnfälligen Gestalt so zum Ausdruck bringt, daß die Mannigfaltigkeit des Stoffes nicht auf einen Aspekt reduziert erscheint. Erst dann herrscht weder das Bedürfnis des Verstandes nach eindeutiger Fixierung, noch der lebendige Stoff in seinen unbestimmten Einflüssen. Die Wirkungen des Lebendigen sind in freier Wahl aufgenommen worden und der Geist kann sich bestimmen, ohne daß ihm das Getriebensein durch das Andere unterläuft, weil er es sich nicht mehr abstrakt subordinieren will. Weil diese Bestimmung, die der Dichter mit **seiner** Sprache erreicht, in der unendlichen Wirklichkeit entsteht, kann Hölderlin sagen, daß zugleich mit der Sprache

> "die eigentliche Vollendung für die jezige und zugleich für alle Poesie" zu ahnen sei(320,32).

Wäre die Poesie nur Darstellung eines bestimmt Vorhandenen, könnte es mehrere Möglichkeiten geben, dies zu beschreiben, und auch positive Regeln, wie dieser Gegenstand in eine Form der Kunst gebracht werden müsse. Weil aber die Empfindung - die ästhetische Wirkung, von der Josef König sprach - nicht bloß kategorialen Bestimmungen subsumiert werden muß, sondern als Wirkung des Unendlichen gedacht werden kann, die in der zu findenden sprachlichen Konstruktion des Gedichtes zum Ausdruck kommen soll, ist dann, wenn die Sprache in ihren Relationen ihr entspricht, eine Vollendung erreicht, die notwendigerweise unwiederholbar ist, wenn das poetische Werk das Unendliche nicht als Fixiertes erinnert. Weil die Reflexion der Reflexion den wirkenden Grund aller Realität ebenso denkt, wie die Notwendigkeit für den Verstand des Menschen, jene offene Wirklichkeit in Bestimmungen festzuhalten, ist es ihr möglich, die Sprache als den entsprechenden Ausdruck zu erkennen, in dem die Vereinigung von Geist und Stoff erscheint. Die Empfindung, die die sinnfälligen Qualitäten der Sprache bewirken, ist dann als ein Moment des Bewußtseins gedacht, das in seiner Wirkung frei gewählt werden kann und das erst, wenn es ebenfalls in seiner Offenheit erkannt ist, die Freiheit des Geistes zur angemessenen Bestimmung seiner selbst zu Etwas kommen läßt. Deshalb kann der Dichter im Augenblick der vollständigen Erkenntnis des Denkens sich in "seiner Welt" umsehen und diese ist ihm dann

> "eben so neu und unbekannt, die Summe aller seiner Erfahrungen, seines Wissens, seines Anschauens, seines Denkens, Kunst und Natur wie sie in ihm und außer ihm sich darstellt, alles ist wie zum erstenmale, eben deßwegen unbegriffen, unbestimmt, in lauter Stoff und Leben aufgelöst, ihm gegenwärtig" (321,4-8).

Dies lese ich nicht nur als die Beschreibung einer subjektiven Erfahrung, sondern als Ausdruck der logischen Konsequenz, die aus den Aporien der ersten Reflexion folgt. In diesem Zusammenhang verstehe ich auch die Forderungen, die Hölderlin hinsichtlich der Wahl der Sprache erhob. Weil die Wirkung des Unendlichen dann verfehlt wäre, wenn sie in einem überkommenen Sprachausdruck, einer konventionellen Form gefaßt würde, muß der Dichter nicht nur die für ihn jetzt unbekannte Welt auffassen, sondern zugleich die Summe seines Wissens, denn er kann sich nicht selbst bestimmen, wenn er vorhandene Vorstellungen nur übernimmt, die bereits eine besondere Welt verstandesgemäß strukturiert haben. Er muß also die überlieferten Sprachformen und Vorstellungsarten kennen, um seine Sprache so gestalten zu können, daß sie seiner Stimmung entspricht und zugleich mitteilbar ist. Die Auflösung und Neugestaltung der Formen, in denen das Leben jeweils bestimmt festgehalten wird, ist die notwendige Voraussetzung jeder Sprache, in der ein Mensch seine Bestimmung erreichen kann. Dies setzt die

> "Reflexion auf den unendlichen Stoff und die unendliche Form" (321,14-15)

voraus, denn jedes Übernehmen einer bereits bestimmten Sprache bedeutet die eigene Stimmung zu verfehlen und sich bestimmen zu lassen, denn die Sprache ist dann nicht frei gewählt; in ihrer sinnfälligen Wirkung kann deshalb auch die reine Individualität des sich in ihr Bestimmenden nicht erkennbar werden.

Die poetische Sprache, die "in bestimmter Gestalt mir gegenwärtig ist"(321,21) ist der Ausdruck der schöpferischen Reflexion eines Künstlers, der in dieser Sprache seine reine Stimmung als mögliches Objekt (Josef König) zur Erscheinung gebracht hat. Während der Künstler in der zweiten Reflexion die Sprache finden kann, in der er seine Bestimmung erreicht, steht die selbe Sprachgestalt niemandem mehr zur Verfügung, um sich darin auch mit seiner Individualität zu bestimmen. Das folgt schon daraus, daß der Dichter mit seiner Sprache die einzigartige Vollendung ahnt, der keine wesentliche Allgemeinheit zukommt. Nur wenn die Sprache "aus seinem Leben und aus seinem Geiste hervorgegangenes Product" ist(321,19-20), kann sie die eigene Sprache sein, in der der Mensch seine wahre Bestimmung erkennt. Das Leben wird als Einiges gedacht und der Geist erinnert dessen Empfindung, wenn er die Notwendigkeit des Sichbestimmens zu Etwas ebenso wie die Offenheit von unendlicher Form und unendlichem Stoff weiß, ohne in dem idealen Erinnern den wirkenden Stoff einer Form zu subsumieren, die ihn als bekannt und endgültig fixiert erscheinen ließe. Der "bestimmende ... Act der schöpferischen Reflexion des Künstlers"(321,21-22) muß vielmehr im Unterschied zu dem aufnehmenden Begreifen dessen, dem das gestaltete Werk gegenwärtig ist, als ein Sichbestimmen gedacht werden, in dem er die unbestimmte Empfindung des Lebens, die nicht als Wirkung eines Gegenständlichen angesehen werden darf, mit einem "verwandte(n) Zeichen"(321,26) hervorruft, während der Aufnehmende dieses Zeichen schon bestimmt gegenüber hat. Die Rezeption des poetischen Werkes, in dem der Künstler seine Stimmung in einen Stoff übertragen hat, der die Reproduktion des Geistes ermöglichte, muß nach Hölderlin auch als ein Übertragen vonseiten des Rezipienten gedacht werden. Dieser muß die Empfindungen und Erfahrungen, in denen er die Wirklichkeit begreift, in das Zeichen übertragen und damit den unbestimmten Grund seines Denkens analog dem Dichter in der Einheit der Metapher bestimmen, als die ihm das poetische Werk in der Vorstellung erscheint. Allerdings ist dieses Zeichen, solange es nur als Objekt angesehen wird, notwendig verfehlt, denn seine bestimmte Gestalt wird erst dann als Ausdruck des Geistes erkannt, wenn sie nicht bloß als auf eine besondere Art fixiert erscheint. Zugleich muß aber der Dichter "sich verständlich und faßlich"(321,30) machen, denn er muß als Ausdruck der schöpferischen Reflexion die reine Stimmung, in der er sich wirklich begreift, erklären, indem er ein Gleichnis wählt, einen Stoff, der seiner Stimmung insofern entspricht, als er eine "so wohl der Form als Materie nach verhältnißmäßige Totalität" ist(321,34). Dies ist die Wahl eines analogen fremderen Gleichnisses aus einer anderen historischen Zeit, von der auch im "Grund zum Empedokles" die Rede war. Sie ist notwendig, weil ein zu aktueller Stoff der dichterischen Behandlung widerstreben kann, wie schon gesagt wurde. Ebenso muß in der Erklärung des Dichters die Auffassung der Wirklichkeit, die idealische Erinnerung dessen, was als Welt aufgefaßt wird, wechseln: es darf nicht nur eine Art des Begreifens unter einer besonderen Form zum Ausdruck kommen, weil sonst die reine Stimmung auf diesen Aspekt reduziert erschiene. Insofern auch der Stoff zum Ausdruck kommen muß, der den Geist bewegte, aus sich heraus zu gehen, erscheint das poetische Werk als endliches und bestimmtes, denn es muß von anderen Erscheinungen unterscheidbar sein. Dies hat Hölderlin mit dem Begriff von der subjektiven Begründung des poetischen Geistes, in der dieser sich gegenüber der Idee des Lebens überhaupt bestimmt, bereits vorgetragen. Diese Besonderheit soll allerdings auch als Gewordene im Unendlichen erkennbar sein, sie darf nicht als endgültig und eindeutig so Vorhandene erscheinen, da die subjektive Begründung immer in einem Wechsel mit dem gewählten "Objekt" gedacht werden muß. Schließlich muß das Zeichen die Stimmung zum Ausdruck bringen

> "in ihrem Maas, der schönen Bestimmtheit und Einheit und Vestigkeit ihrer unendlichen Zusammenstimmung, in ihrer unendlichen Identität und Individualität, und Haltung, in ihrer poetischen Prosa eines allbegränzenden Moments"(322,1-4).

Der Zusammenhang der erscheinenden Sprache, die als solche poetische Prosa ist, muß der Stimmung entsprechen, indem er nicht einseitige Vorstellungen ermöglicht, sondern so in sich zusammenstimmt, wie das Bewußtsein in dem Augenblick ("Moment") seiner Wirklichkeit, den die zweite Reflexion denkt. Wie Hölderlin in seinen Gesängen diese Forderung erfüllte, beschreibt nichts zutreffender als die Rilkesche Antwort auf sein Werk "An Hölderlin", wo die Worte stehen:

> "Dir, du Herrlicher, war, dir war, du Beschwörer, ein ganzes Leben das dringende Bild, wenn du es aussprachst, die Zeile schloß sich wie Schicksal, ein Tod war selbst in der lindesten, und du betratest ihn; aber der vorgehende Gott führte dich drüben hervor."(24).

Die Identität der poetischen Metapher, die der Geist, der einer Einheit bedarf, fordert, muß den Wechsel der Form und die Gestalt und Mannigfaltigkeit des Stoffes so in sich zum Ausdruck bringen, daß ein Übermaß nicht möglich ist, d.h. weder der Stoff endgültig bestimmt, noch die Form dem Einfluß des Stoffes untergeordnet ist. Als Beispiel möchte ich die metrische Formung der ersten vier Verse von "Heimkunft. An die Verwandten". anführen:

> "Drinn in den Alpen ists noch helle Nacht und die Wolke,
> Freudiges dichtend, sie dekt drinnen das gähnende Thal.
> Dahin, dorthin toset und stürzt die scherzende Bergluft,
> Schroff durch Tannen herab glänzet und schwindet ein Stral."
> (25)

Während das erste Distichon beinahe die überkommene Form einhält (1.Vers.: sechs Daktylen; 2.Vers: ebenso, mit unveränderlicher Diärese zwischen dritter und vierter Hebung) und nur mit den letzten fünf Silben des Hexameters das Schema verläßt, hat Hölderlin im 3.Vers die Daktylen durch Trochäen ersetzt, denn die Bergluft und der Sonnenstrahl waren nicht nach dem Muster des Schillerschen Springquells einzufangen. Das metrische Schema der Verse sieht deshalb folgendermaßen aus:

–́ ⏑ ⏑ –́ ⏑ ⏑   –́ ⏑ ⏑   –́ || –́ ⏑ –́ ⏑
–́ ⏑ ⏑ –́ ⏑ ⏑   –́ || –́ ⏑ ⏑   –́ ⏑ ⏑ –́
–́ ⏑ –́ ⏑   –́ ⏑ ⏑   –́ ⏑ –́ ⏑ ⏑ –́ ⏑
–́ ⏑ –́ ⏑   –́ ⏑ || –́ ⏑ ⏑   –́ ⏑ ⏑ –́

---

24 Rainer Maria Rilke: Der ausgewählten Gedichte anderer Teil. Wiesbaden (Insel) 1946. S.45

25 FHA,6,317,1-4 ("Elegien und Epigramme")

Die Form ist dem Stoff angemessen und wird zugleich auch nicht von ihm in übermäßiger Innigkeit fortgerissen, denn die Pentameterenden, beide katalektisch, sind wieder genau nach dem konventionellen Schema gebaut und damit ist ein Ausgleich von Stoff und Form erreicht. Die Ebene des Metrums ist allerdings nur eine, die diese Verse keinesfalls schon erschöpfend deuten ließe.

Die Konstitution der Stimmung, in der das Bewußtsein sich wirklich begreift, vereinigt sich "negativ und eben deswegen ausdrücklich und sinnlich"(322,5) als Form und Stoff in der sprachlichen Gestalt des Gedichtes, die somit bestimmte Negation des Unendlichen ist und zugleich nicht nur als besonderes Objekt in Erscheinung tritt. Wie zuvor gezeigt wurde, ist es gerade dieses sogenannte Objekt, in dem sich in freier Wahl die reine Individualität mit dem unendlichen Stoff bestimmt, wobei das Unerschöpfliche in dieser Erscheinung nicht aufgeht, sondern als deren Wirklichkeitsgrund denkbar wird. Die zweite Reflexion, die Hölderlin auch die "unendliche schöne Reflexion"(322,12) nennt, kann zum Ausdruck kommen, wenn

> "die unendliche Form ein Gebild, den Wechsel des Schwächern und Stärkern, der unendliche Stoff einen Wohlklang, einen Wechsel des Hellen und Leisern annimmt, und sich beede in Langsamkeit und Schnelligkeit endlich im Stillstande der Bewegung negativ vereinigen"(322,7-11).

Das Gebilde, das die unendliche Form annimmt, verstehe ich als die wechselnden Begriffe des Wirklichen, die ihre Bedeutung durch die spekulativ vorauszusetzende Form des Stoffes, seine Identität, erhalten, ohne die sie "zur leeren Manier"(306,34-35) würden. Die Übereinstimmung mit dem Stoff muß zugleich schwächer und stärker sein, weil erst die Nichtidentität das Bewußtsein ermöglicht. Den Wechsel des Klanges, in dem der unendliche Stoff sich äußert, werde ich anhand der sorgfältigen Arbeit Hölderlins mit Vokalen und Konsonanten erläutern, die ein Merkmal seiner Gedichtüberarbeitungen ist. An der vorliegenden Stelle ist der Eindruck, den Form und Stoff in ihrem Wechsel bewirken, analog der komplementären Wirksamkeit dargestellt, wie Hölderlin sie im Einleitungssatz vorgetragen hat. Dem Schwächeren steht das Helle, dem Stärkeren das Leise gegenüber, sodaß deutlich wird, wie Form und Stoff in harmonischer Entgegensetzung einander ergänzen. Je stärker die Form zum Ausdruck kommt, umso leiser wirkt der Stoff, und umgekehrt, bis schließlich im Tragischen

> "das Zeichen an sich selbst unbedeutend, wirkungslos (ist), aber das Ursprüngliche ist gerade heraus."(383,6-7, "Die Bedeutung der Tragödien")

Mit dem "chiasmischen Gleichgewicht", wie Jürg Peter Walser sich ausdrückt(26), das im Einleitungssatz die Beziehung von Form und Gehalt des Geistes und von Gehalt und Form des Stoffes charakteri-

---

26 Jürg Peter Walser: Hölderlins Archipelagus. Zürich (Altantis) 1962. S.178

siert, liegt offensichtlich eine Grundform des Hölderlinschen Denkens vor, die sich auch in seinen Briefen immer wieder antreffen läßt. Er zählt die nach üblicher Zuordnung Zusammengehörigen nicht diskursiv auf, sondern bringt sie in ein Spannungsgefüge, in dem sie harmonischentgegengesetzt sind. So beispielsweise in dem Brief an die Mutter vom 18. Juni 1799:

> "Es ist wunderbar, daß der Mensch nichts weiter bringt, wenn es alles gleichgültig ansieht, und doch auch nichts wirkt und fördert, wenn er sich verkümmert, daß er also, um zu leben und thätig zu seyn, beedes in seiner Brust vereinigen muß, die Trauer und die Hoffnung, Heiterkeit und Laid."(StA, VI.1, 332)

Trauer und Leid schließen Hoffnung und Heiterkeit in sich; keines ist ohne das Andere.

Die Vereinigung in der Bewegung, die der zeitlich erscheinende Rhythmus ist(27), möchte ich gleichermaßen als Sprachrhythmus und als Rhythmus der Vorstellungen verstehen, denn die Wirkung des Stoffes und seine erinnernde Bestimmung in der Vorstellung kommt in der Mannigfaltigkeit des sprachlichen Rhythmus, die empfunden wird, ebenso zum Ausdruck, wie die wechselnden Vorstellungen den empfundenen Stoff in mehr als einer Hinsicht auffassen und deshalb in seiner Gesamtheit begreifen lassen. Dabei kann zugleich erkannt werden, daß die Konstitution eines Bestimmten nicht eindeutig vorgegeben ist, sondern daß die Verbindungen, die das Bewußtsein herstellt, immer auch die Teile als Teile entstehen lassen, wobei die Möglichkeit dazu offen ist. In der Gesamtheit des Gedichtes sind nämlich Form und Stoff im Stillstand vereinigt und zu einer Übereinstimmung gekommen, die beiden entspricht. Diese Gesamtheit ist Stillstand und Bewegung, wenn sie nicht eine fixierte und deshalb tote Einheit sein soll. Gegenüber der reißenden Zeit ist sie der relative Ruhepunkt, die unendlich kleine Geschwindigkeit Leibnizens, die nie ganz zur Ruhe kommen darf, wenn sie die Erkenntnis des sich selbst bestimmenden Bewußtseins soll ermöglichen können. Das poetische Werk ist so gedacht der Ausdruck der zweiten Reflexion, in der der Mensch sein Denken begreift, und die Hölderlin die

> "ihm zum Grunde liegende Thätigkeit, die **unendliche schöne** Reflexion, welche in der durchgängigen Begränzung zugleich durchgängig beziehend und vereinigend ist"(322,11-14)

nennt. Eben diese Reflexion verstehe ich als die Verfahrungsweise des poetischen Geistes, der sich im poetischen Werk in bestimmter Negation äußert, ohne darin aufzugehen, ohne also sich restlos zu

---

27 vgl.: "Wie auch das Zeitmaß (ῥυθμος) aus dem Schnellen und Langsamen, vorher freilich entzweiten, hernach aber einig gewordenen entsteht." Platon, Symposion, 187 b. vgl. auch: Michael Konrad, a.a.O., S.124f.

entäußern und damit die Möglichkeit künftiger Geschichte nicht zu achten. Im Gegenteil weiß gerade die Reflexion des poetischen Geistes, daß wir unsere Erkenntnisse immer nur logisch zurückblickend haben und deshalb nicht die so fixierte Realität auf die zukünftige Wirklichkeit übertragen dürfen.

9. DAS POETISCHE IM POETISCHEN GEIST

Der Geist, den Hölderlin in seinem Entwurf beschrieben hat, ist meines Erachtens der Geist der poetischen Logik, von der er in den Anmerkungen zu seinen Sophokles-Übersetzungen sprach. Der Geist dieser Logik soll die verschiedenen Vermögen, die die philosophische Logik getrennt und für sich analysiert, in sich aufgehoben haben und mit ihrer Darstellung "ein Ganzes" zum Ausdruck bringen, worin

> "sich Vorstellung und Empfindung und Räsonnement, nach poetischer Logik, entwikelt"(StA,V,265).

Dieses Ganze, das in der Sprache in Erscheinung tritt, ist die negative Vereinigung von unendlicher Form und unendlichem Stoff, die der Geist in höchster formaler Abstraktion denkt, wenn er in der zweiten Reflexion die katastrophé erreicht, in der er das vorstellende Denken in sich aufhebt und um seine Begründung im Unendlichen weiß. Die Gesetzmäßigkeit dieser Selbsterkenntnis des Geistes hat Hölderlin in seinem Entwurf über den poetischen Geist gedacht; den Kalkül ihrer "verschiedenen Sukzessionen" werde ich anhand seiner Ausführungen zum Wechsel der Töne beschreiben.

Mit dem Aufweis der Aporie, in die das Denken gerät, wenn es sich als reines Subjekt vorstellen will, hat Hölderlin das absolute Ich als nihil negativum (Unding) gekennzeichnet, das, als solches vorgestellt, weder wirklich gedacht werden kann, noch das Denken über eine dingliche Vorstellung seiner selbst hinaus gelangen läßt(28). Weil er die Wirkung des Anderen in den Geist aufnahm und dabei keinem Dogmatismus verfallen ist, konnte er die Sprache als die Wirklichkeit des menschlichen Bewußtseins erreichen. In der Sprache, die immer auch in der Gemeinschaft der Sprechenden und derer, die gesprochen haben, entsteht und vergeht, kommt dem Menschen zugleich mit seiner Welt auch sein Geist entgegen. Dieser Geist ist der Hölderlinsche poetische Geist, der die analytisch getrennten Vermögen in sich aufgehoben hat und seine Wirklichkeit,

---

28 Daß dies nicht als platte Opposition zu Fichte oder gar "der" Reflexionsphilosophie gelesen werden muß, hat Dieter Henrich gezeigt: "Die Sätze, in denen Fichte zuletzt vom Ich spricht, sind nur noch der paradoxe Ausdruck der Erkenntnis, daß es sich der Konstruktion durch Begriffe entzieht." (D.H.: Fichtes ursprüngliche Einsicht. Frankfurt (Klostermann) 1967. S.33)

die auch, aber nicht nur positiv ist, in der Sprache findet. Da die Ebene der Festsetzung des Angeschauten im Verstande hinsichtlich der Bedingungen ihrer Möglichkeit von der Philosophie der Zeit Hölderlins besonders akzentuiert worden ist, möchte ich den poetischen Geist - der dieses Moment notwendigerweise auch in sich hat - von Gedanken her zu beleuchten versuchen, die Momente sichtbar werden lassen, welche gerade mit Hölderlins Betonung der transzendentalen Empfindung in das Blickfeld gerückt sind. In dieser systematischen Absicht referiere ich zuerst die analogen Charakteristika, die ich in den Andeutungen des Aristoteles hinsichtlich eines wirkenden Verstandes (νοῦσ ποιητικός) zu finden glaube.

a. Vergleich mit dem nous poiätikós

Aristoteles hat im 5. Kapitel des III. Buches von "De Anima" entsprechend dem Prinzip der Natur, daß für jede Gattung etwas die Materie und etwas das wirkende Prinzip sei, für die Seele denselben Unterschied zu denken gefordert. Die Auslegung dieses wirkenden Prinzips hat die Kommentatoren, je nach der Zuordnung dieses Prinzips zum göttlichen oder zum menschlichen Geist, in zwei Lager gespalten. Im hier vorgetragenen Zusammenhang habe ich diesen Dualismus bereits als Hypostasierung gekennzeichnet. Ich verstehe den fraglichen Begriff im Anschluß an Thomas von Aquin als intellectus agens und benutze den Kommentar von Franz Brentano, der die betreffenden Sätze wie folgt übersetzt:

> "Und es hat die eine intellective Kraft die angegebene Eigenschaft (dass sie nämlich Alles in Möglichkeit ist), weil sie alles wird, die andere aber, weil sie Alles wirkt, ist wie ein Habitus (eine actuelle positive Eigenschaft) ähnlich dem Lichte; denn in gewisser Weise macht auch das Licht die Farben, die in Möglichkeit sind, zu wirklichen Farben."(Zusätze in Klammern von F.B.)(Franz Brentano, a.a.O., S.166)

Der poetische Geist Hölderlins muß insofern von vorneherein unterschieden werden, als er keine positive Eigenschaft ist; die Empfindung habe ich als spekulativ zu denkendes Moment beschrieben, das unmittelbar nicht erreicht werden kann, während als einzig mögliches Positives, das aber in der Positivität nicht aufgeht, die Sprache gedacht werden kann. Wenn nach Aristoteles Erkenntnis ohne sinnliche Vorstellungen nicht möglich ist und der nous poiätikós auf den körperlichen Teil, das Zentralorgan, wirkt, in dem der Möglichkeit nach die intelligiblen Formen enthalten sein sollen, wobei diese Wirkung unbewußt geschieht, dann löst Hölderlin sowohl die Vorstellung von sinnlichen Vorstellungen und die von einem Organ, das physiologisch gedacht wäre(29), auf, indem er die Konstitution des Vorgestellten und des Vorstellenden nicht als einen mechanischen Vorgang ansieht. Doch bleibt der Aristotelische nous poiätikós insofern vergleichbar, als er als ein wirkendes Prinzip, das reine Wirklichkeit, d.h. Energie (ἐνέργεια) unseres Geistes ist, gedacht werden kann. Er macht als Wirkender die Phantasmen wirklich intelligibel, er ist unvermischt (ἀμιγής) und nimmt die Wirklichkeit rein, vor aller Möglichkeit, und frei von jedem besonderen Sein auf. Darum ist er höher als der Verstand in Möglichkeit (νους δυνάμει), der die Wirkung aufnimmt. Allerdings ist er als ursprünglich gegebene aktive Kraft unserer Willkür entzogen und allem geistigen Erkennen vorausgesetzt. Zugleich gehört der nous poiätikós zum geistigen Teil der Seele als Akzidenz, durch ihn wird der aufnehmende Verstand mittelbar zum wirklich denkenden. Das wirkliche Erkennen des nous poiätikós ist eins mit dem erkannten Gegenstand; dieses Wissen in Wirklichkeit ist von Anfang an in unserer Seele, während das reale Wissen erst unter Vermittlung von Sinn und Erfahrung zu erwerben ist. Der Vergleich mit dem Licht läßt den nous poiätikós als Licht der Phantasmen umschreibbar werden, weil die Formen in dem empfindenen Organ dem geistigen Teil durch den Einfluß intelligibel werden, den der nous poiätikós, der dem geistigen Teil (nous) zugehört, auf die Phantasmen ausgeübt hat. Zusammenfassend kann der nous poiätikós als die Kraft des geistigen Teils der Seele charakterisiert werden, die vor allem Denken bewußtlos wirkt, die dem sensitiven Teil den Impuls gibt, auf das Geistige zurückzuwirken und die so die wirkende Ursache unseres Denkens ist. Da der aufnehmende Verstand dieser Einwirkung bedarf, weil er nur in Möglichkeit ist, muß er sie vom leiblichen Teil empfangen, ihr Prinzip aber muß etwas Geistiges sein. Nur dann ist er aktiv bei der Bildung seiner Gedanken beteiligt, wenn er mit Freiheit die Phantasmen, in denen er seine Begriffe schaut, ordnet und umbildet.

Dies kann der menschliche Geist nur in der Sprache, wie Hölderlin gezeigt hat, da es für ihn weder abgelöste Phantasmen, noch geistige Vermögen gegenständlich gibt. Insofern ist das bewußtlose Prinzip, das als Prinzip und als Gegenstand des nur bestimmenden Denkens nicht gewußt werden kann, bei Hölderlin erkennbar geworden, weil er es als spekulativ zu denkenden Geist beschrieben hat, der in den poetischen Werken des Menschen, die streng genommen alle unsere Wahrnehmungen sind, in bestimmter Negation erscheint und sie zugleich unbestimmt immer begleitet. Die Verbindung von Sinnenwelt und Denken, für die bei Aristoteles der nous poiätikós steht, konnte von Hölderlin mit dem Begriff des poetischen Geistes in die Sprache aufgehoben werden, die nicht als Mittelstück zwischen zwei positiven Welten angesehen werden sollte, noch als Verbindung von Substratgegenständlichkeiten. Vielmehr ist die poetische

---

29 "Schon die immer wiederholte Definition: Der Körper, und zwar als ganzer, ist organon - nämlich der Seele - erweist den besonderen Zuschnitt des Begriffs bei Aristoteles." J.H. Wolf, Der Begriff "Organ" in der Medizin, a.a.O., S.20

Wirkung des Geistes gerade die Aufnahme des Wirklichen, das nicht getrennt ist, und insofern entstehen für uns mit ihr überhaupt erst unterscheidbare Realitäten. Die Vermittlung von Geist und Stoff und die Mittelbarkeit des Denkens konstituieren sich immer in der Sprache, in der die sonst für uns Unbestimmten in sichbestimmender Negation vereinigt sind. Weil die Sprache diese Vereinigung der scheinbar Entgegengesetzten in sich aufgehoben hat, den unendlichen Stoff und die unendliche Form, kann Hölderlin auch den Lichtvergleich aufnehmen, der als "Metapher der Wahrheit" (Blumenberg) in der Tradition wohlbekannt ist:

> "Nur das ist die wahrste Wahrheit, in der auch der Irrtum, weil sie ihn im ganzen ihres Systems, in seine Zeit und seine Stelle sezt, zur Wahrheit wird. Sie ist das Licht, das sich selber und auch die Nacht erleuchtet."(70,16-18, "Sieben Maximen")

Da Hölderlin mit der Wirkung des Unbestimmten den Bereich in sein Denken des Geistes aufgenommen hat, der gegenüber dem Verstand als unbewußter angesehen worden war, konnte er zeigen, daß die freie Wahl dieses Einflusses möglich ist, wenn das Wirkende nicht als zu Unterwerfendes angesehen, sondern wenn es als konstitutives Moment des Bewußtseins gedacht wird. Als dieses kann es aber erst frei gewählt werden, wenn erkannt ist, daß der Mensch seine wirkliche Bestimmung in der Sprache erreicht, mit der Stoff und Form zu ihrer gedachten Äußerung kommen. Die Wirkung der Qualitäten der Sprache kann dann so gewählt werden, daß sie den Menschen in einer Äußerung zu seiner Bestimmung kommen lassen, ohne daß die Gestalt, die seiner Individualität entsprechen soll, bereits festgelegt wäre. Zugleich muß diese Äußerung immer in einem geschichtlichen und gegenwärtigen Kontext gedacht werden, wenn sie nicht als abhängend von einem transzendenten Prinzip angenommen werden soll.

b. Vergleich mit dem éros

Den poetischen Geist, der die menschliche Erkenntnis ist, die in der Sprache ihre Wirklichkeit erreicht, möchte ich noch anhand der Rede Diotimas, die Sokrates während des Symposions zu erzählen versuchte, beschreiben. Hölderlin hat diesen Zusammenhang unter anderem in der VI. seiner "Sieben Maximen" nahegelegt. Während der Verstand "blos aus Noth" kommt, heißt es dort:

> "Da hingegen die Liebe gerne zart entdekt (wenn nicht Gemüth und Sinne scheu und trüb geworden sind durch harte Schiksaale und Mönchsmoral,) und nichts übersehen mag, und wo sie sogenannte Irren oder Fehler findet, Theile, die in dem, was sie sind, oder durch ihre Stellung und Bewegung aus dem Tone des Ganzen augenbliklich abweichen, das Ganze nur desto inniger fühlt und anschaut."(71,3-8)

Die Liebe vergleiche ich mit dem poetischen Geist, der erst in der Nichtübereinstimmung die Möglichkeit hat, zu erkennen, wie aus dem Einleitungssatz zu lernen war. Der Begriff dieses Geistes könnte als eine bewußtseinsphilosophische Übersetzung des platonischen Mythos vom Eros gedacht werden. Ich versuche in diesem Sinn die Geschichte wiederzugeben, wobei auch der Hinweis nicht fehlen darf, daß, analog zu dem Umfang und der Genauigkeit des poetischen Geistes, der Mythos dann erzählt wird, wenn die Frage nach dem éros in anderen Formen der Rede nicht mehr zureichend beantwortet werden kann. Das ist allerdings die Frage nach der Komposition des "Symposion", die ich hier nicht ausführen kann. Deshalb gebe ich zunächst nur wieder, was vom éros in der Diotima-Rede erzählt wird.

Als Dämon überbrachte éros den Menschen das Göttliche und den Göttern das Menschliche: Umgang und Gespräch der Götter mit den Menschen geschah durch ihn. Sein göttlicher Vater war der Sohn der Erfindung und des Gedankens, der Metis, sein eigener Name, Poros, bedeutet Ausweg und Weg. Die dürftige Mutter des éros war Penia, die Armut. Als komplementäre Ergänzung zu Poros gedacht, liegt es nahe, sie im Sinn der ausgeführten Schwierigkeiten des menschlichen Denkens als diejenige zu bezeichnen, die das nicht hat, was Poros hat, als A-porie, die Ausweglose. Im éros hatten sich also das göttliche Wissen und die bedürftige Ausweglosigkeit des Verstandes vereinigt, wobei letztere durch ihre Not gezwungen war, sich dem trunkenen Gott Poros zu nähern. Das Kind, éros, war ein Liebhaber des Schönen, denn es war am Geburtsfest der Aphrodite empfangen worden und wurde ihr Begleiter. Wie jeder Philosophierende liebt éros die Weisheit, aber er hat sie nicht, sondern lebt zwischen Weisheit und Unverstand, zwischen Unsterblichkeit und Sterblichkeit.

Weil es schwer zu sagen ist, was aus dem éros heute wurde, weise ich nur noch auf eine unzureichende Meinung über ihn hin:

> Ebenso, wie "was nur für irgend etwas Ursache wird, aus dem Nichtsein ins Sein zu treten, ... insgesamt Dichtung"

ist (Symposion, 205 b, Dichtung: ποίησις), so nennen wir zuunrecht die Liebe etwas Besonderes; sie ist vielmehr jedes Begehren des Guten und geht auf das Schöne, während das Nachsinnen des Verstandes auf eine ausgegangene Erkenntnis geht und eine Erinnerung einbildet.

Hier schließe ich den Vergleich mit Hölderlins poetischem Geist an, dessen Individualität auch in dem Aufnehmen des Göttlichen besteht, der wirklichen Erkenntnis, während das erinnernde Nachdenken nur die vergangene Erkenntnis festhalten kann. Letzteres ist die Not, die Hölderlin mit den Aporien, in die der Verstand mit dem Versuch, sich selbst zu denken, gerät, aufgewiesen hat. Deshalb war die Aufnahme des unbestimmten Göttlichen in das Denken des Geistes notwendig, wenn es nicht in der Armut verharren sollte, sich gerade in seiner Freiheit nicht begreifen zu können. Das Schöne kann der poetische Geist entsprechend in seiner sprachlichen Selbstbestimmung erreichen. Diese entspricht hinsichlich der scheinbar entgegengesetzten Sphären von Idealität und Realität dem, wofür auch éros angesehen wurde:

> "in der Mitte zwischen beiden ... die Ergänzung, daß nun das Ganze in sich selbst verbunden ist"(Symposion, 202 e).

Als der wirklich erkennbare Ausdruck der Verbindung des Ganzen für uns ist

> "der Güter Gefährlichstes, die Sprache dem Menschen gegeben, damit er schaffend, zerstörend, und unterg(eh)end, und wiederkehrend zur ewiglebenden, zur Meisterin und Mutter, damit er zeuge, was er sei geerbt zu haben, gelernt von ihr, ihr Göttlichstes, die allerhaltende Liebe"(30).

In der Spannung der Gefahr, die die Sprache dann wird, wenn ihre Bedeutung für das menschliche Denken nicht gedacht ist, und der Unschuld, die dem Dichten von allen Geschäften am meisten zukommt, wird die Sprache Hölderlins zu verstehen sein. Aufgrund der Gedanken, die er in seinen Aufsätzen vortrug, scheint es mir gerechtfertigt, den oft nur verzierend gebrauchten Vers, der davon spricht, daß ein Gespräch wir sind, für philosophisch begründet und im vollen Wortsinn zutreffend anzusehen. Hölderlin hat im Verlauf des Entwurfes "Wenn der Dichter einmal des Geistes mächtig" gezeigt, daß ein Denken, das unmittelbar sich selbst und sein Anderes begreifen möchte, immer in natürlichen Vorstellungen verbleibt, welche in Prinzipien denken, die immer die Herrschaft des Einen über das jeweils Andere bedeuten. Mit dem Auffinden der Sprachlichkeit jeder menschlichen Erkenntnis hat Hölderlin die Vermittlung der sich Unterscheidenden erkannt und damit Heraklit so gut verstanden, daß er dessen Krieg, den Vater und König aller Dinge, aufheben konnte in den Frieden der Sprache.

---

30 Hölderlin. Sämtliche Werke. Vierter Band. Besorgt durch Norbert v.Hellingrath. Gedichte. Berlin (Propyläen) 1923. S.246

Sechstes Kapitel

DIE BEGRÜNDUNG DER DICHTARTEN IN DER GENESE DES GEISTES

1. VORBEMERKUNG

In der transzendentalen Empfindung hat das Bewußtsein - mit Hegel gesprochen - die erkenntniskonstitutiven Trennungen als Momente bereits an sich; es soll sie nun auch für sich haben, d.h. die genetisch beschriebenen Perioden seiner Konstitution müssen in der erscheinenden Sprache, die als Wirklichkeit des Geistes erkannt wurde, auch real wiedergefunden werden können. Das Hervorgehen des begreifenden und begriffenen Geistes aus dem "geahndeten Totaleindruk" der Wirklichkeit muß sich in der Abfolge des Gedichtes finden lassen, wenn diese in der Konstitutionsbewegung des Geistes begründet ist. Gerade das möchte ich hier zeigen.

Weil in dieser Bewegung die wechselweise Bestimmung von Form und Stoff dergestalt stattfinden soll, daß keines sich das andere unterordnet, müßte es für Hölderlin unmöglich sein, ein poetologisches Regelsystem aufzustellen, das allgemeine normative Gültigkeit für sich beanspruchen wollte: damit wäre der konventionellen Form ein Vorrang gegenüber dem je zu gestaltenden Stoff eingeräumt, der dem Verhältnis von Form und Stoff im Blickwinkel der ersten Reflexion entspricht. Dies wäre das Verhältnis der kunstrichterlichen Gattungspoetik; es bliebe hinter dem von Hölderlin in seinen theoretischen Schriften gedanklich Erreichten vor allem deshalb zurück, weil das aus der zweiten Reflexion zu Gestaltende nicht mehr nur Objekt ist, das unter subjektiven Regeln erscheint. Hölderlin hatte bereits das Organ, "worin er (der Geist; Zusatz,A.T.) enthalten u. wodurch alle Entgegensezung möglich ist"(FHA 14, 245, 36-37) damit charakterisiert, daß es als "das Begränzende, Bestimmende nicht nur negativ, daß es auch positiv"(242,31-32) sei und daß es dann, wenn die Harmonischentgegengesetzten (hier: Form und Stoff) zusammen gedacht werden, "die Vereinigung von beiden ist"(ebd.,37). Eine Trennung von regulativer Form und zu konstituierender Gestalt, die ein positives Regelsystem poetischer Formen aufzustellen erlaubte, kann darum nicht mehr beabsichtigt sein. Vielmehr hat der poetische Geist keinen Bestimmungsgrund in Form eines regulativen Prinzips außer sich; sein negativer Akt tritt zugleich positiv in Erscheinung als sich bestimmende Negation, die sich in einem besonderen Charakter im historisch-sprachlichen Raum konstituiert. Darum kann hier nicht mehr von einem bloßen Möglichkeitsgrund die Rede sein; der "(transcendentale(...)) schöpferische(...) Act"(154,21-22) des Geistes begründet unsere Weltauffassung in der vermittelnden Wirklichkeit der Sprache: deshalb sind die Kategorien nicht mehr nur als reine Formen bestimmt, sondern sie haben immer zugleich ihr Anderes an ihnen. Im gleichen Moment bestimmen sie sich als Form und als Inhalt,

> "denn so als bloße Formen, als verschieden von dem Inhalte, werden sie in einer Bestimmung stehend angenommen, die sie zu endlichen stempelt, und die Wahrheit, die in sich unendlich ist, zu fassen unfähig macht"(1).

Stattdessen müßten Regeln für die objektive poetische Sprache als Kategorien begriffen sein, die die "Einheit des Ich und des Seins" darstellen(2). Erst dann wäre die poetische Sprache gewürdigt als eine Sprache, die sich in der Form des unendlichen Urteils äußert und das bestimmende Urteil der ersten Reflexion aufgehoben hat, dessen Erkenntnis von Hölderlin als Gegenständliche aufgewiesen wurde; eine Erkenntnis, die Hegel folgendermaßen charakterisiert:

> "daß das Selbst ein Ding ist, - ein Urteil, das sich selbst aufhebt."(ebd.). Dagegen wäre "das unendliche Urteil als unendliches ... die Vollendung des sich selbst erfassenden Lebens."(ebd., S.262).

Die poetische Sprache als unendliches Urteil begriffen wird das sich selbst erfassende Leben des Geistes darstellen können und nicht in der Vorstellung bleiben müssen, in der sie nur ein Objekt wesentlicher Bestimmung sein könnte. Dies vorausgesetzt möchte ich die Forderung Hölderlins lesen, die er in den einzigen veröffentlichten poetologischen Schriften - den Anmerkungen zu seinen Sophoklesübersetzungen - erhoben hat:

> "Es wird gut seyn, ... wenn man die Poesie, auch bei uns, den Unterschied der Zeiten und Verfassungen abgerechnet, zur μηχανη der Alten erhebt. ... Der modernen Poesie fehlt es aber besonders an der Schule und am Handwerksmäßigen, daß nemlich ihre Verfahrungsart berechnet und gelehrt, und, wenn sie gelernt ist, in der Ausübung immer zuverlässig wiederholt werden kann."(StA,V,195)

Als Begründung für diese Forderung weist Hölderlin auf das Mittel seiner Erscheinung bei jedem menschlichen Dinge hin:

> "Man hat, unter Menschen, bei jedem Dinge, vor allem darauf zu sehen, daß es Etwas ist, d.h. daß es in dem Mittel (moyen) seiner Erscheinung erkennbar ist, daß die Art, wie es bedingt ist, bestimmt und gelehret werden kann. Deswegen und aus höheren Gründen bedarf die Poesie besonders sicherer und karakteristischer Prinzipien und Schranken. Dahin gehört einmal eben jener gesezliche Kalkül."(StA,V,195)

---

1 G.W.F. Hegel: Wissenschaft der Logik I. In:WW,V; a.a.O.,S.28.

2 ders.: Phänomenologie des Geistes. a.a.O.,S.260.

Es wird sich demzufolge hier nicht um eine Lehre handeln, die das positiv Erscheinende zu Typen erhebt und davon normative Regeln ableitet, sondern es wird auf die tranzendentalen Bedingungen der Wirklichkeit des poetischen Werkes ankommen, soweit sie allgemein zu beschreiben sind. Eben diese Bewegung zu der dichterischen Sprache hin hat Hölderlin in der Beschreibung der Verfahrungsweise des poetischen Geistes vorgetragen, deshalb möchte ich davon ausgehen, daß die "höheren Gründe" in dieser Bewegung des Geistes zu seiner Selbstbestimmung zu finden sind. Eine Charakterisierung und erscheinende Erkennbarkeit erreicht der Geist in seiner **eigenen** Sprache; sie wird deshalb das "Mittel seiner Erscheinung" sein, dessen Bedingtheit bestimmt und gelehrt werden können soll. Hölderlins Überlegungen zu den unterschiedlichen Dichtarten werden, in diesem Zusammenhang gelesen, weiteren Aufschluß hinsichtlich der geforderten "besonders sichere(n) und karakteristische(n) Prinzipien und Schranken" geben, denn in jeder Dichtart charakterisiert der Geist sich in einer anderen Gestalt seiner Selbstauffassung. - Zunächst möchte ich auf das Wort "Kalkül" zurückkommen, das hier für das berechenbare und allgemeine Gesetz steht, "wodurch das Schöne hervorgebracht wird"(ebd.).

2. KALKÜL

a. Definition

Das Wort "Kalkül" ist ein Terminus der formalen Logik und wird dort heute folgendermaßen definiert:

> "Unter einem Kalkül versteht man ein System zur Herstellung von Figuren aus gewissen Ausgangspositionen, den **Grundfiguren**, nach bestimmten Herstellungsregeln, den **Grundregeln**" (3).

In dieser allgemeinen Fassung kann die Definition auch für den Hölderlinschen Kalkül übernommen werden. Die für ihn charakteristischen Bestimmungen werden hinsichtlich der "Grundfiguren" und der "Grundregeln" aufzusuchen sein. Vorerst möchte ich die "Grundfiguren" auf "die Art, wie es bedingt ist", nämlich das erscheinende Ding, das das Gedicht ja auch ist, beziehen, d.h. die Gründe für die Erscheinung werden in dem zu suchen sein, was in der Sprache der formalen Logik "Grundfiguren" heißt. Die Grund-

---

3 K. Lorenz: Kalkül. In: Historisches Wörterbuch der Philosophie. Hrsg.v. J. Ritter und K. Gründer. Bd.IV,I-K, 1976, Sp.672-681.

regeln werden entsprechend die Gesetze sein, die als Kalkül die Form beschreiben,

> "wie ein Empfindungssystem, der ganze Mensch, als unter dem Einflusse des Elements sich entwikelt, und Vorstellung und Empfindung und Räsonnement, in verschiedenen Successionen, aber immer nach einer sichern Regel nacheinander hervorgehn" (StA,V,196).

Genau diese sichere Regel ist das Analogon zu den genannten Grundregeln, wobei jetzt bereits deutlich ist, daß es sich hier nicht um bloß formale Gesetze handeln kann, denn es ist "der ganze Mensch" in seinem Hervorgehen gemeint. Dies verstehe ich als das Hervorgehen des Geistes in der transzendentalen Empfindung ("unter dem Einflusse des Elements") zu seiner sprachlichen Selbstbestimmung, mit der er die Wirklichkeit erreicht.

Wenn die hier zu suchenden Grundregeln die "verschiedenen Successionen, in denen sich Vorstellung und Empfindung und Räsonnement ... entwikelt"(StA,V,265) beschreiben, dann geschieht dies nicht als "Herstellungsvorschriften", wie in der formalen Logik, sondern "nach poetischer Logik"(StA,V,265). Diese unterschied Hölderlin von der Philosophie, die "nur ein Vermögen der Seele behandelt", also diskursiv in der Analyse der einzelnen Vermögen "ein Ganzes" rekonstruiert, wobei das "blose Zusammenhängen **der Glieder** dieses Einen Vermögens Logik genannt wird"(StA,V,265). Dagegen soll die Poesie die verschiedenen Vermögen des Menschen behandeln,

> "so daß die Darstellung dieser verschiedenen Vermögen ein Ganzes macht, und das Zusammenhängen **der selbständigeren Theile** der verschiedenen Vermögen der Rhythmus, im höheren Sinne, oder der kalkulable Gesez genannt werden kann"(StA, V,265).

Was Hölderlin an dieser Stelle die "verschiedenen Vermögen" oder die "selbstständigeren Teile" nannte, war in den zuvor kommentierten Schriften als Hauptmomente der Konstitution des Bewußtseins entwickelt worden: Vorstellung und Empfindung und Räsonnement. Diese Unterschiedenen können je für sich als ein Vermögen angesehen werden, das dann Gegenstand der Philosophie ist; sie verbleibt dabei allerdings im Status der ersten Reflexion und nimmt die Zusammenhänge, die sie in der Zergliederung dieser Vermögen findet, entweder für objektive an oder weiß sie als subjektiv konstituierte, aber nur vom Subjekt her, und erreicht auf diese Art die Wirklichkeit nicht, sondern bleibt ihr gegenüber. Die zweite Reflexion, die die poetische Darstellung begründet, hat dagegen die Notwendigkeit erkannt, daß diese drei sogenannten Vermögen in einer sich in sich unterscheidenden Einheit in der Wirklichkeit des Bewußtseins immer gegenwärtig sind. Die Vorstellung ist nämlich nichts anderes, als die räsonnierend erinnerte Empfindung des Wirklichen, das als erinnerend Vorgestelltes nicht unmittelbares Gefühl ist, sondern bestimmte Empfindung, die als unter Kategorien vorgestellte Erscheinung der ersten Reflexion entgegenkommt. Eben diese erscheinenden

Vorstellungen sollen nun in ihren Sukzessionen, in die sie als Erscheinung ausgebreitet sind, in der Poesie einem kalkulablen Gesetz folgen, das einen "Rhythmus im höheren Sinne" darstellt. Dies wird nur möglich sein, wenn in der sich in sich unterscheidenden Einheit des wirklichen Bewußtseins die Hauptmomente zwar gleichaugenblicklich vorhanden, aber auch unterscheidbar akzentuiert sind, sodaß ein Wechsel, ein Rhythmus, erkennbar werden kann. Dies weist allerdings schon auf den Tönewechsel voraus; zunächst möchte ich noch einige historisch vorangehende Ansätze hinsichtlich der Verwendung des Wortes Kalkül nennen.

b. Denken ist Rechnen

Der Gedanke, daß den Gesetzmäßigkeiten des Denkens ein Kalkül zugrunde liege, welcher auch die Regeln der sprachlichen Ausdrücke bestimme, trat zuerst bei Hobbes und Descartes auf. Die Form der Schlußfolgerungen wurde auf Operationen des Geistes (operationes animi) zurückgeführt, auf die Addition und Subtraktion(4). Wenn es bei Descartes hieß:

> "je trouve qu'on pourroit adjouter à cecy une invention, tant pour composer les mots primitifs de cette langue, que pour leurs caracteres en sorte quelle pourroit estre enseignée en fort peu de temps, et ce par le moyen de l'ordre ..."(5),

dann entsprach dies genau der Absicht, mit der Leibniz sich von jungen Jahren an getragen hatte:

> "es müßte sich, so meinte ich, eine Art Alphabet der menschlichen Gedanken ersinnen und durch die Verknüpfung seiner Buchstaben und die Analysis der Worte, die sich aus ihnen zusammensetzen, alles andere entdecken und beurteilen lassen"(6).

Diese Sprache oder allgemeine Charakteristik - man würde heute vermutlich Metasprache sagen - sollte zugleich die Technik der Ent-

---

4 "per ratiocinationem autem intelligo computationem. Computare vero est **plurium rerum simul additarum summam colligere, vel una re ab alia detracta, cognoscere residuum. ...** Recidit itaque ratiocinatio omnis ab duas operationis animi, **additionem et subtractionem"** Thomas Hobbes: De Corpore I (Computatio sive Logica. Opera phil.lat.hg.v.W. Molesworth, London 1839-45,ND: 1961; zit. nach: Hist.Wb.d.Philos. Bd.IV Sp.672

5 Brief an Mersenne, 1626. Zit.nach dem in Anm.3 a.O.

6 G.W. Leibniz: (Zur allgemeinen Charakteristik), a.a.O., S.32

deckung neuer Sätze und deren Beurteilung umfassen; ihre Zeichen (Charaktere) sollten dasselbe leisten, wie die arithmetischen Zeichen für die Zahlen. Für alle Ideen waren deshalb charakteristische Zahlen aufzusuchen, die ermöglichen sollten,

> "die Sätze der Moral und der Metaphysik(...) nach einem unfehlbaren Rechenverfahren zu beherrschen"(ebd., S.35).

Die Hoffnung darauf, nämlich daß die Sicherheit, die das Rechnen gewährt, auf die inhaltlichen Schlußfolgerungen der Logik und die Anwendung in Fragen der Ethik übertragbar sei, gründete Leibniz auf die Ansicht, daß Denken nichts anderes sei, als Rechnen:

> "Car alors raisonner et calculer sera la même chose"(7).

Diese Gleichsetzung erlaubte es ihm, hinsichtlich der allgemeinen Charakteristik geradezu von einem neuen Organ zu sprechen:

> "Sind nun die charakteristischen Zahlen einmal für die meisten Begriffe festgesetzt, so wird das Menschengeschlecht gleichsam ein neues Organ besitzen, das die Leistungsfähigkeit des Geistes weit mehr erhöhen wird, als die optischen Instrumente die Sehschärfe der Augen verstärken und das die Mikroskope und Fernrohre im selben Maße übertreffen wird, wie die Vernunft dem Gesichtssinn überlegen ist."(Leibniz, Charakteristik, a.a.O., S.35)

Dies neue Organ sollte demnach gerade nicht die Fähigkeiten im Bereich der Anschauung erhöhen; es sollte vielmehr die Gesetzmäßigkeiten der Vernunftschlüsse nach zuverlässigen Regeln rekonstruieren und bestimmen lassen. Im Unterschied zu dem Organ, worin der Geist enthalten sein soll, das Hölderlin suchte, war das von Leibniz geforderte "Organ" rein formal nach den Regeln der Rechenoperationen bestimmt und folgte einem Logikkalkül, den er folgendermaßen definierte:

> "Ein Kalkül ist nämlich nichts anderes, als eine mit Zeichen ausgeführte Operation" und "Ein Kalkül oder eine Operation besteht in der Herstellung von Beziehungen, welche durch Umwandlung von Formeln bewerkstelligt sind, wobei (die Umwandlungen) entsprechend gewissen vorgeschriebenen Gesetzen vollzogen werden."(zit.nach: Hist.Wb.d.Philos., Bd.IV Sp.673)

Diese Gesetze sind eben die Grundregeln, welche die Grundfiguren zum Ausgangspunkt haben, und folglich ihre Vorschriften innerhalb eines Axiomensystems erhalten, das als Ganzes auf einer Setzung beruht. Insofern ist dieser Kalkül von den Verstandesnotwendigkeiten abgeleitet und nicht unter Berücksichtigung der gesamten Konstitution des Bewußtseins begründet worden. Dennoch benennt die Leibnizsche Beschreibung der "ars charakteristica" noch weitere Momente, die auch bei Hölderlin wieder auftreten werden:

---

7 G.W. Leibniz: Opuscules et frg. inéd., hg.v.L. Couturant, Paris 1903, ND: 1966. Zit.nach: Hist.Wb.d.Philos.Bd.IV Sp.672

> "Die Zeichenkunst ist die Kunst, Zeichen derart zu bilden, daß sie (die) Gedanken darstellen, bzw. daß sie untereinander jene Beziehung haben, welche (die) Gedanken (ihrerseits) untereinander haben. Ein Ausdruck ist eine Ansammlung von Zeichen, welche die Sache, die ausgedrückt wird, vergegenwärtigen. Das Gesetz der Ausdrücke ist folgendes: daß ein Ausdruck für eine Sache aus den Zeichen für jene Sachen zusammengesetzt werde, aus deren Ideen die Idee der Sache, die ausgedrückt werden soll, zusammengesetzt wird"(8).

Wie Hölderlin den Begriff des sich charakterisierenden Zeichens dachte, wird noch auszuführen sein; daß die Zeichen untereinander in jener Beziehung stehen sollen, in der die Gedanken untereinander stehen, erinnert die Bestimmung des kalkulablen Gesetzes als desjenigen, welches

> "das Zusammenhängen **der selbstständigeren Theile** der verschiedenen Vermögen"(StA,V,265)

regulativ beschreiben soll.

Es wurde schon gesagt, daß der Kalkül bei Hölderlin nicht von einem gesetzten Axiom her begründet ist; vielmehr folgt er der spekulativen Begründung des poetischen Geistes, wie ich sie in den vorigen Kapiteln kommentiert habe. Leibniz dagegen mußte, angesichts der Schwierigkeit,

> "die charakteristischen Zahlen einiger weniger besonderer Dinge losgelöst darzustellen"(Leibniz, Charakteristik, S.37)

einen "eleganten Kunstgriff" ersinnen:

> "Ich machte nämlich die Fiktion, jene so wunderbaren charakteristischen Zahlen seien schon gegeben, und man habe an ihnen irgend eine allgemeine Eigenschaft beobachtet. Dann nehme ich einstweilen Zahlen an, die irgendwie mit dieser Eigentümlichkeit übereinkommen und kann nun mit ihrer Hülfe sogleich mit erstaunlicher Leichtigkeit alle Regeln der Logik zahlenmäßig beweisen und zugleich ein Kriterium dafür angeben, ob eine gegebene Argumentation der Form nach schlüssig ist."(ebd., S.37,f.)

Gegenüber "der wundersamen Verknüpfung, in der alle Dinge stehen" (ebd.) kann nur die Fiktion eines in sich konsistenten Zeichensystems Regeln ermöglichen, die derart unterstellt werden können, **als ob** die Wirklichkeit sich nach ihnen richtete. Es wird also nicht auf diese Fiktion zu verzichten sein, da das als Rechnen angesehene Denken bereits selbst Gesetzmäßigkeiten folgt, die vom Denken, in seiner Bedürftigkeit als Verstand, gesetzt werden mußten.

---

8 E. Bodemann: Die Leibniz-Handschrift der Königl.-Öff.Bibliothek Hannover (1895,ND:1966), zit.nach: Hist.Wb.d.Philos., Bd.IV Sp.673,f.

Somit findet das Denken, das sich aus arithmetischen Regeln zu erklären und zu begründen sucht, in der Erklärung nur sich selbst auf verstandesgemäß eingeschränkte Weise wieder und bewegt sich im Zirkel der eigenen Fiktion, ohne die Wirklichkeit erreichen zu können. Damit wird der Hölderlinsche Kalkül zu vergleichen sein. Hegel charakterisierte das bisher dargestellte Denken wie folgt:

> "Dadurch, daß bei den Urteilen und Schlüssen die Operationen vornehmlich auf das **Quantitative** der Bestimmungen zurückgeführt und gegründet werden, beruht alles auf einem äußerlichen Unterschiede, auf bloßer Vergleichung, wird ein völlig analytisches Verfahren und begriffloses Kalkulieren."(Hervorhebung von mir,A.T.)(G.W.F. Hegel: Wissenschaft der Logik I, a.a.O., S.47)

> "Man hat daher nicht mit Unrecht dieses Denken dem Rechnen und das Rechnen wieder diesem Denken gleichgesetzt."(ebd., S.48)

Um die Reduktion auf das Quantitative der Bestimmungen ausführlicher darzustellen, komme ich auf den Begriff der Konstruktion bei Kant zurück, den ich im ersten Kapitel schon angezogen habe.

c. Symbolische Konstruktion und gesetzlicher Kalkül

Im Zusammenhang mit dem Begriff der symbolischen Konstruktion, den Kant in der transzendentalen Methodenlehre entwickelte, habe ich bereits auf die Möglichkeit hingewiesen, daß die Form in der dichterischen Sprache zu einer Bestimmung kommen kann,

> "ohne das Muster dazu aus irgend einer Erfahrung geborgt zu haben"(Kritik d.r.V., A 173/B 741, WW,IV,613).

Diese Möglichkeit war für Kant nur bei der mathematischen Konstruktion der Begriffe gegeben, denn allein sie konnte von einer nichtempirischen Anschauung ausgehen. Damit war es angesichts der symbolischen Konstruktion möglich,

> "nur auf die Handlung der Konstruktion des Begriffs, welchem viele Bestimmungen, z.E. der Größe, der Seiten und der Winkel, ganz gleichgültig sind"(ebd., A 174/B 742)

zu sehen.

Wenn der Kalkül die Handlung der Konstruktion beschreibt, dann könnte in diesem Sinn das gesamte Gedicht der Begriff sein, dessen Gewordensein dergestalt in Erscheinung tritt, daß die Vorstellungen, die es evoziert, nicht restlos auf vorhandene Muster zurückgeführt werden können, sondern daß sie als Werdende, an deren Konstitution auch wir teilnehmen, erscheinen. Insofern könnte das Gedicht nur die Handlung seines Gewordenseins als "mögliches Objekt" (Josef

König) bedeuten, während von zuvor bestimmten Vorstellungen abstrahiert wird.

Die symbolische Konstruktion der Mathematik kann allerdings nicht ausreichen, um den Kalkül der Dichtung zu bestimmen. Da sie von jeder empirischen Anschauung abstrahieren soll, muß sie auf reine Größen zurückgeführt werden,

> "auf das Quantitative der Bestimmungen" (Hegel), und deshalb ist "die Form der mathematischen Erkenntnis ... die Ursache, daß diese lediglich auf Quanta gehen kann"(ebd.).

In Bezug auf reine Größenverhältnisse bestimmt der Kalkül nur, wie Hölderlin im Hinblick auf die Tragödie ausführte, an welcher Stelle im Gedicht die Zäsur liegen muß, damit das Gleichgewicht gewahrt bleibt, das durch die überwiegende Rapidität der Vorstellungen verloren gehen könnte:

> "so daß die erste Hälfte gleichsam gegen die zweite geschüzt ist, und das Gleichgewicht, eben weil die zweite Hälfte ursprünglich rapider ist und schwerer zu wiegen scheint, der entgegenwirkenden Cäsur wegen, mehr von hinten her b) sich gegen den Anfang c) neiget.
>
> c \\a_______ b" (a = Zäsur) (StA,V,265).

Dieses zunächst rein größenmäßig betrachtete Gleichgewicht ist notwendig, damit das Gedicht nicht nur als Ablauf in einer Richtung erscheint, wie das diskursive Sprechen. Vielmehr kann der im Gedicht zu seinem Ausdruck kommende "Totaleindruk" sich nur dann finden, wenn

> "der Anfangspunct und Mittelpunct und Endpunct in der innigsten Beziehung stehen, so daß beim Beschlusse der Endpunct auf den Anfangspunct und dieser auf den Mittelpunct zurükkehrt."(FHA,14.304,34-37)

Die Einteilung des Gedichtes nimmt allerdings dann, wenn sie den Rhythmus der Vorstellungen berücksichtigt, den Inhalt schon in ihr Blickfeld auf. Damit reicht der Kalkül über die reine Form hinaus; es ist darauf zu sehen,

> "wie der Innhalt sich von diesem unterscheidet, durch welche Verfahrungsart, und wie im unendlichen aber durchgängig bestimmten Zusammenhang der besondere Innhalt sich zum allgemeinen Kalkul verhält, und der Gang und das Vestzusezende, der lebendige Sinn, der nicht berechnet werden kann, mit dem kalkulablen Gesez in Beziehung gebracht wird."(StA,V,195)

Die unendliche Form und der unendliche Stoff bestimmen sich im Gedicht zu einem Zusammenhang, in dem das eine ohne das andere nicht zu denken ist, wie Hölderlin im Einleitungssatz von "Wenn der Dichter einmal des Geistes mächtig" gezeigt hat. Deshalb kann der Kalkül nicht nur seiner Form nach beschrieben werden, so wie es ein Denken versuchen würde, das in dem Gegenüber von Form und Stoff verharrt und sich selbst deshalb von den Operationen des Rechnens her bestimmt. Der Kalkül der poetischen Logik, der die Regel angeben soll, "wie ... der ganze Mensch, als unter dem Einflusse des Elements sich entwikelt"(StA,V,196), muß immer in seinem Verhältnis zum Inhalt, zum lebendigen Sinn, der in dieser Form festgesetzt wird, betrachtet werden. Dieses Verhältnis habe ich als eine sich bestimmende Negation von reiner Form und ungetrenntem Stoff beschrieben. Vom mathematischen Denken her war es nur möglich, die Konstruktion aus Freiheit von heterogenen Bestimmungsgründen hinsichtlich der Form zu denken, was eine Fiktion bedeutet, die setzt, es könne nur eine "Hälfte" dessen gedacht werden, was uns vermittelt als Wirklichkeit erscheint. Stattdessen gewinnt die Negation der Form und des Stoffes erst überhaupt Etwas, das begriffen werden kann.

> "Indem das Resultierende, die Negation, **bestimmte** Negation ist, hat sie einen **Inhalt**. Sie ist ein neuer Begriff, aber der höhere, reichere Begriff als der vorhergehende; denn sie ist um dessen Negation oder Entgegengesetztes reicher geworden, enthält ihn also, aber auch mehr als ihn, und ist die Einheit seiner und seines Entgegengesetzten."(Hegel: Wissenschaft der Logik I, a.a.O., S.49)

Die reine Form, als die das Denken sich in der ersten Reflexion setzt, gewinnt in der Vermittlung mit dem unerschöpflichen Stoff einen Inhalt, mit dem die bestimmte Negation von beiden für uns in der Mittelbarkeit der Sprache ihre Wirklichkeit als Etwas erreicht. Dabei geht nicht nur das Unbestimmte in die Negation und äußert sich als Bestimmtes, sondern zugleich löst sich mit dem Unbestimmten das vergangene Bestimmte auf und wird in die neue Bestimmung aufgehoben, wie in "Das untergehende Vaterland" zu sehen war. Die Bewegung, in der der Mensch sich für sich wird, ist deshalb immer zugleich eine geschichtliche **und** findet in der Offenheit des Elements statt, das die Wirklichkeit um die bestimmte Realität ist. Der Kalkül, der diese Bewegung des Werdens und Gewordenseins nachzeichnen soll, wird demnach die Konstituentien berücksichtigen müssen, in deren Zusammenwirken uns ein Bewußtsein entsteht und die die Sprache des Dichters begründen. Weil der gesetzliche Kalkül im Sinne Hölderlins die Regel für die Abfolge des Tönewechsels angeben soll, muß als nächstes gefragt werden, was mit dem Wort "Ton" benannt sei.

3. WAS IST EIN TON?

In einer Randnotiz zu dem Aufsatz "Der Gesichtspunct aus dem wir das Altertum anzusehen haben" entwarf Hölderlin die Abfolge seiner Darstellung des Homerischen Werkes, die er sehr wahrscheinlich in dem geplanten Journal veröffentlichen wollte. Es heißt da:

> "NB. In den Briefen über Homer erst Karaktere, dann Situationen, dann die Handlung, die im Karakterstük um des Karakters und des Hauptkarakters willen da ist, da von **dem Wechsel der Töne**"(88,1-3).

Diesen Plan führte er in den Brieffragmenten "Über den Karakter Achills" und in dem Entwurf "Ein Wort über die Iliade" bis zu der Stelle aus, an der die Handlung, die um des Karakters willen da ist, in ihrem Wechselbezug zu dem Hauptkarakter hätte dargestellt werden müssen. In dem Entwurf, der die Besprechung der Ilias als das Beispiel für ein episches Gedicht aufnimmt, in "Über die verschiedenen Arten, zu dichten", bricht Hölderlin an der Stelle ab, wo er zum Wechsel der Töne hätte übergehen müssen:

> "Aber man siehet leicht, daß diß leztere (in der Iliade theilt sich zulezt die Individualität des Achill ... mehr oder weniger allem und jedem mit, was ihn umgiebt, und nicht blos den Umständen, auch den Karakteren) schon über den natürlichen Ton hinausgeht, so wie er bis jezt betrachtet und beschrieben worden ist, in seiner bloßen Eigentümlichkeit."(133, 8-10)

Der Ton wird demnach nicht hinreichend zu bestimmen sein, wenn man ihn nur als Erscheinung, die der Vorstellung gegenwärtig ist, betrachtet. Diese Anschauung des Tönewechsels aus der ersten Reflexion kann nur dazu führen, den Unterschied der Töne mehr oder weniger nachvollziehbar subjektiv zu beschreiben, ohne genauere Kriterien zu haben, die den Kalkül, nach dem die Töne wechseln, begründen könnten(9). Dagegen möchte ich den Ton als diejenige Selbstauffassung verstehen, die der poetische Geist in seiner katastrophä erreicht, mit der er sich als begründet in der Vermittlung von unendlicher Form und unbestimmtem Stoff erkennt. Dieser Ton kommt zu einem angemessenen Ausdruck in der Sprache, die der Dichter als die Eigene, seiner Erkenntnis entsprechende, finden kann.

Schon eine der ersten Beschreibungen der Außenseite des naiven Tons zeigt, daß in der Wahrnehmung des Tones das Auffassen und das Aufgefaßte in einer unzertrennlichen Wechselbeziehung bestehen.

---

9 Dies trifft ebenfalls auf das Buch von Lawrence J. Ryan, Hölderlins Lehre vom Wechsel der Töne, Stuttgart (W. Kohlhammer) 1960, zu, wenn auch sein Verdienst, die Tönetabellen als Erster ernst genommen zu haben, nicht hoch genug zu schätzen ist. Leider kommt es bei der Anwendung in der Gedichtinterpretation trotzdem wieder zu Beschreibungen, die an der "Außenseite" (130,8) der Töne verbleiben. Deshalb kann Ryan den Tönewechsel, wie er ihn versteht, in den späteren Gedichten nicht finden.

Da der epische Dichter den Standpunkt der Individualität gewählt hat, um von ihm aus die Wirklichkeit aufzufassen, wird notwendig auch die Welt von diesem Standpunkt her erscheinen.

> "Und daß die umgebenden Gegenstände aus diesem Standpuncte eben in jener Genauigkeit erscheinen, erfahren wir an uns selbst, so oft wir in unserer eigenen gewöhnlichsten Stimmung ungestört an den Umständen gegenwärtig sind, in denen wir selber leben."(132,32-35)

Das Denken findet sich auf dieser Stufe ungetrennt in den Objekten der Welt wieder. Hier kommt es mir darauf an, daß die Selbstauffassung zugleich die Auffassung der "umgebenden Gegenstände" ist, daß also das Erscheinende nicht getrennt von dem Begreifenden angeschaut wird. Deshalb kann der Ton, der in der poetischen Sprache erscheint, nicht nur als Objekt der Anschauung gedacht werden, sondern er muß immer, im Sinne des frei zu wählenden möglichen Objektes, als konstituiert in der sich bestimmenden Wechselwirkung von Form und Stoff, als Ausdruck des in der zweiten Reflexion erreichten wirklichen Bewußtseins begriffen sein.

Als solcher verrät der Ton sich im Drama in der Hauptperson und in der Hauptsituation, wie Hölderlin im "Grund zum Empedokles" sagt. Er ist dort der Ausdruck der Totalempfindung des Wirklichen, die als Schicksal das Objekt des Dramas ist, und in der tonangebenden Person des Dramas negativ zum Ausdruck kommt. Nicht der Grund des Trauerspiels, wie er im genannten Aufsatz dargestellt wurde, kommt beispielsweise in der Person des Empedokles unmittelbar zum Ausdruck, sondern gerade erst das von ihm zu erbringende Opfer weist auf das Schicksal seiner besonderen Zeit auf dem Grund des Wirklichen hin. Der Ton wird also kein Ausdruck von etwas unmittelbar Vorhandenem sein können, sondern er wird nur als Negation dessen wirklich sein, das dem direkten Zugriff nicht verfügbar ist.

Die genaueste Beschreibung des Tones, im Allgemeinen verstanden, gab Hölderlin in seinem "Wink für die Darstellung und Sprache". Der Dichter ahnt seine Sprache

> "auf jener Stuffe, wo er auch aus einer ursprünglichen Empfindung, durch entgegengesezte Versuche, sich zum Ton, zur höchsten reinen Form derselben Empfindung emporgerungen hat u. ganz in seinem ganzen innern und aüßeren Leben mit jenem Tone sich begriffen sieht"(194,2-7).

Dies ist die Stufe der katastrophä, die dann erreicht ist, wenn die Wirkung des Wirklichen, die von der ursprünglichen Empfindung aufgenommen wird, weder mit dem Versuch, sich in den Gegenständen wiederzufinden, noch mit dem, sich als reines Subjekt den Objekten entgegenzusetzen, hinreichend begriffen werden kann. Diese "vergebenen Versuche" des Reflektierens und Strebens oder des verschwiegenen Ahndens, "die auch ihre Zeit haben müssen"(209,5), sind nicht geeignet, die Selbstempfindung wirklich zu begreifen, sondern fixieren sie immer nur als vergangenes Objekt oder Subjekt gegenständlich. Deshalb müssen die entgegengesetzten Versuche in die Stufe des Tones aufgehoben werden, der die Empfindung in der "höchsten reinen Form" begreift. Dann erst wird die ursprüngliche Empfindung als eine Wirkung des Wirklichen gewußt, die unmittelbar nicht ergriffen werden, sondern erst in der nun geahnten Sprache wiederzufinden sein kann. Der Ton ist somit die Erkenntnis der Empfindung in ihrem Gewordensein für das Denken, ohne daß diese Erkenntnis sich in den Aporien der subjektiven oder objektiven Selbstauffassung verlieren würde. In ihm sind, mit dem Einleitungssatz von "Wenn der Dichter einmal des Geistes mächtig" zu sprechen, der geistige Gehalt, der den materiellen Wechsel zu halten sucht, und die wechselnde geistige Form, die sich an der identischen materiellen Gestalt bestimmt, zu relativer Ruhe gekommen; Stoff und Geist sind begriffen oder "vom Dichter zu eigen gemacht, und vestgehalten ..., mit freiem Interesse"(258,23-24). Dem Ton kommt deshalb ebenso die Ruhe des geistigen Gehaltenseins der materiellen Gestalt zu, die im Totaleindruck des Wirklichen derart wirkt, daß im gleichen Moment das materielle Fortstreben sich im Wechsel der geistigen Form bestimmt hat und deshalb in relativer Ruhe zu einem Begreifbaren geworden ist, das im Ton seinen Ausdruck, der in der Sprache wirklich wird, begründet.

Bevor ich dazu komme, darzustellen, wie, unter dieser Voraussetzung, die drei unterscheidbaren Töne sich herstellen, möchte ich kurz auf den historischen Kontext, in dem Hölderlin das Wort "Ton" verwendet, eingehen.

Abgesehen von der grundlegenden Bedeutung, die der Ton, im musikalischen Sinn, für den Kreis der Jenaer Romantiker hatte, dessen Vorstellungen wohl stark von pythagoreischem Gedankengut beeinflußt waren(10), finden sich auch in der älteren Kunsttheorie der Zeit wenigstens Anknüpfungspunkte für Hölderlins Verständnis des Tones. Von Friedrich Sengle wurde darauf hingewiesen, daß die Unterscheidung von Tönen der Rhetoriktradition entspricht.

----

10 Pierre Bertaux weist auf die "Fragmente aus dem Nachlasse eines jungen Physikers. Ein Taschenbuch für Freunde der Natur." Herausgegeben von J.W. Ritter, Heidelberg 1810. hin. Ritter kam kurz nach Hölderlins Abreise nach Jena; Novalis "sagte von ihm: 'Ritter ist Ritter, und wir sind nur Knappen'. Clemens und Bettina Brentano waren von Ritter hingerissen." (P. Bertaux: Friedrich Hölderlin, Frankfurt am Main (Suhrkamp) - 1978, S.322). Vgl. auch - mit Hinweisen auf Tieck, Schlegel, Wackenroder und Schelling - Michael Lingner, a.a.O., 75.

> "Man hat immer versucht, die Gattungen Lyrik, Epik und Dramatik anthropologisch zu begründen. Auch bei den 'Tönen' ist dies der Fall. Das Fundament ist die bekannte alte Lehre von den Affekten"(11).

Dies geht deutlich aus dem ersten Satz von Descartes' "Compendium Musicae" hervor, wo es heißt:

> "Der Zweck des Tones ist letzten Endes, zu erfreuen und in uns verschiedene Gemütsbewegungen hervorzurufen." ("Finis ut delectet, variosque in nobis moveat affectus")(12).

Wenn auch die Affektenlehre für Hölderlins Begriff des Tones keine wichtige Rolle spielt, denn das würde bedeuten, den lebendigen Sinn, "der nicht berechnet werden kann"(StA,V,195), doch berechnen zu wollen, lassen sich in der Bedeutung des Wortes Ton, die es im Bereich der Rhetorik hat, Anklänge finden. In Johann Georg Sulzers Allgemeiner Theorie der schönen Künste (Leipzig, Zweite Auflage, 1792) heißt es bezüglich des Tones in den redenden Künsten:

> "Man kann aber nach dem Beyspiel der griechischen Kunstrichter den ganzen Charakter der Rede, in sofern dieselbe durch ganz undeutliche Vorstellungen die Empfindung des Sittlichen oder Leidenschaftlichen erwekt, den Ton der Rede nennen"(13).

Dies ist in philosophisch unausgeführter Beschreibung genau die Bedeutung des Hölderlinschen Tones. Ich werde noch darauf kommen, daß sich mit den verschiedenen Tönen das Denken unterscheidbar charakterisiert; zunächst muß hervorgehoben werden, daß die "ganz undeutlichen Vorstellungen" als Wirkung des Unbestimmten in Hölderlins Begriff des Tones aufgehoben sind. Diese Wirkung soll in der

----

11 Friedrich Sengle: Vorschläge zur Reform der literarischen Formenlehre, Stuttgart (Metzler) 1969, S.36. Die von Sengle vorgeschlagene Verbindung von Gattungspoetik und Töne-Rhetorik könnte in dem Hölderlinschen Tönemodell angetroffen werden: "In dieser Weise wird bei den Gattungsformen die Töne-Rhetorik gegenwärtig gehalten, ohne daß dies zur Auflösung der Gattungspoetik führt, und das dürfte wohl der richtige Weg sein; denn so wichtig uns auch die Töne als eine Art innerer Form erscheinen mögen, so unentbehrlich bleiben in der Dichtung die äußeren, 'naiven' (...), meßbaren und zählbaren Formen." (ebd.,S.41)

12 Renati Des-Cartes Musicae Compendium, Amstelodami, apud Joannem Janssonium Juniorem. 1656. ND: Darmstadt (Wiss. Buchges.) 1968. Hg., ins Deutsche übertragen und mit Anmerkungen versehen von Johannes Brockt. S.3

13 Johann Georg Sulzer: Allgemeine Theorie der schönen Künste. Leipzig 1792-99. ND: 1967-70. Bd.IV S.537

Sprache des Dichters wiedergefunden werden können und sie ist es auch, die im gleichen Augenblick mit der erinnerten Bestimmung das Bewußtsein von Etwas für sich entstehen läßt. Insofern ist es ganz zutreffend, wenn Sulzer dieser Wirkung große Bedeutung beimißt:

> "Zum Ton gehört demnach alles, was wir recht sinnlich von dem Charakter der Rede empfinden; und hieraus läßt sich die Wichtigkeit des Tones erkennen, der vielleicht mehr würkt, als die klareren Vorstellungen selbst."(ebd.)

Bei Hölderlin ist die Trennung von undeutlichen und klaren Vorstellungen nicht mehr anzutreffen; das unbestimmte Gefühl ist gerade noch keine Vorstellung, während die Vorstellung von Etwas immer nur in der erinnernden Bestimmung des Möglichen, die im unbestimmten Wirklichen stattfindet, vorhanden ist. Die Wichtigkeit des Tones gerade für das Begreifen von scheinbar nur "klaren" Gedanken kommt aber nicht zuletzt darin zum Ausdruck, daß in seinen Gedichtüberarbeitungen die Tendenz zu beobachten ist, eine größere gedankliche Komplexität durch die Wahl von sinnlich eindrucksvolleren Bildern zu erreichen. Allerdings geht er nicht so weit auf die rhetorische Bedeutung des Tones ein, daß er für jede "Gemüthslage ihren eigenen Ausdruk"(ebd.,S.539) suchen würde. Auch Sulzer gibt keine Regeln, "durch deren Befolgung jeder Ton zu erreichen wäre"(ebd.,S.540), sondern lediglich einen Hinweis, der gerade für die Arbeit des Dichters mit der Sprache aufschlußreich sein kann:

> "Man wird finden, daß der Ton hauptsächlich durch die Wortfügung, durch den Gebrauch der Verbindungs- und Ausrufungswörter, durch die Wahl der Figuren, Bilder und des Ausdruks, und durch den Numerus bestimmt wird. Jeder dieser Punkte wird von verschiedenen Gemütslagen auch verschieden behandelt."(ebd.)

Daran wird anläßlich der Gedichtbetrachtung zu denken sein; zunächst sollte der Hinweis auf die Rhetorik zeigen, daß auch die Beobachtung der Außenseite der Töne zu Einsichten führen konnte, die Hölderlin dann systematisch in seine Konzeption des Tones aufnahm.

4. DIE UNTERSCHEIDUNG DER TÖNE

Es ist wohlbekannt, daß Hölderlin die Darstellung der unterscheidbaren drei Töne - des naiven, heroischen und idealischen Tones - mit der Charakterisierung verschiedener Menschentypen beginnen wollte(14). Ich verstehe dies nicht als Versuch, die Töne, und da-

---

14 Ansätze dazu liegen vor mit "Ein Wort über die Iliade" und "Über die verschiedenen Arten, zu dichten". FHA,14,97-133

mit die Gattungen, anthropologisch zu begründen, sondern eher als Rücksicht auf das Leserpublikum, dem derartige Charakterschilderungen vertraut waren(15). Hölderlin wollte von den Charakteren über die Situationen und Handlungen erst zum Wechsel der Töne kommen; durch Textverluste und den Abbruch der Entwürfe fehlt leider seine Ableitung der verschiedenen Töne. Ein Hinweis darauf, daß diese Ableitung eher in einer bewußtseinsphilosophischen Argumentation fundiert sein sollte, findet sich aber schon in dem "Wort über die Iliade". Angesichts der relativen Einseitigkeit, der jede Besonderung im Gesamtzusammenhang ausgesetzt ist, heißt es:

> "Wir sagen uns dann auch wieder, daß kein Mensch in seinem äußern Leben alles zugleich seyn könne, daß man, um ein Daseyn und Bewußtseyn in der Welt zu haben, sich für irgend etwas determiniren müsse"(120,29-31).

Damit ist die Problematik angesprochen, daß um der Erkennbarkeit für andere ("Daseyn") und sich selbst ("Bewußtseyn") willen(16), die Gesamtheit des Zusammenhangs mit allem, was lebt, in die Trennung gehen muß und sich als Besondere bestimmen, was immer bedeutet, daß die Besonderheit nur als ein Teil der Gesamtheit erscheinen kann. Hölderlin trägt damit der Bedürftigkeit des Verstandes Rechnung, in der Wirkung des unendlichen Wirklichen nur das logisch vergangene Mögliche, das immer ein Partikularisiertes ist, festhalten zu können(17). Ebensowenig, wie der Totaleindruck des

---

15 Beispielsweise durch das Werk von Jean de Labruyère: Les Caractères ou les Moeurs de ce Siècle (1687) und die "Moralischen Vorlesungen" Christian Fürchtegott Gellerts, der im Briefwechsel mit der Mutter erwähnt wird: "Der gute Gellert, von dem Sie in Ihrem lieben Briefe sprechen, hätte sehr wohlgethan, nicht Professor in Leipzig zu werden."(im Jan.1799; StA,VI.1,312)

16 In der Hs. hat Hölderlin gestrichen: "für sich und andere zu existiren" (101,22-23)

17 "Resultat des Subjectiven und Objectiven, des Einzelnen und Ganzen, ist jedes Erzeugniß und Product, eben weil im Product der Antheil, den das Einzelne am Producte hat, niemals völlig unterschieden werden kann, vom Antheil, den das Ganze daran hat, so ist auch daraus klar, wie innig jedes Einzelne mit dem Ganzen zusammenhängt und wie sie beede nur Ein lebendiges Ganze ausmachen, das zwar **durch und durch individualisirt ist und aus lauter selbständigen, aber eben so innig und ewig verbundenen Theilen** besteht. Freilich muß aus jedem **endlichen Gesichtspunct irgend eine der selbstständigen Kräfte des Ganzen die herrschende seyn,** aber sie kann auch nur als temporär und gradweise herrschend betrachtet werden ..." (an Isaak von Sinclair, Homburg, 24.Dez. 1798. StA,VI.1,301)

Wirklichen als ganzer für uns zu fassen ist, könnte ein Ton, der sich nicht in sich unterscheidet, diese Empfindung begreiflich werden lassen: vielmehr ist gerade die Nichtübereinstimmung die Bedingung jeder wirklichen Erkenntnis. Sobald sich also das "Leben" begreifbar äußern möchte, muß es sich "für irgend etwas determiniren", es muß sich in die unterscheidbaren Charaktere der Töne ausbreiten, wenn es in die Erscheinung tritt.

Die Auffassung dieser Erscheinung ist andererseits immer mitbestimmt von der jeweiligen Vorstellungs- und Ausdrucksweise der Zeit; deshalb kann Hölderlin sagen:

> "Wir **nennen** den beschriebenen Karakter vorzugsweise **natürlich**, und haben mit dieser Huldigung wenigstens so sehr recht, als einer der sieben Weisen, welcher in seiner Sprache und Vorstellungsweise, behauptete, alles sei aus Wasser entstanden. Denn wenn in der sittlichen Welt die Natur, wie es wirklich scheint, in ihrem Fortschritt immer von den einfachsten Verhältnissen und Lebensarten ausgeht, so sind jene schlichten Karaktere nicht ohne Grund die ursprünglichen, die natürlichsten zu nennen."(Erste Hervorhebung von mir,A.T.)(129,30-33; 130,1-3)

Die Erscheinung dessen, was wir natürlich nennen, kann folglich dem analog gedacht werden, was für Thales Anlaß war, die Entstehung aus dem Wasser zu behaupten: die einfachsten Verhältnisse, mit denen sich das Bewußtsein selbst gegenständlich gegenwärtig ist und in denen es anschauend aufgeht(18). Das bedeutet aber zu-

---

18 Die Ungetrenntheit des Denkens vom Gedachten, die sich in der Sprache des naiven Tones entgegenkommt, beschrieb Hegel anläßlich der Taufhandlungen des Johannes: "er (der sich in die Wasserfülle stürzende Täufling, Zusatz,A.T.) ist nur gefühltes Wasser, das ihn berührt wo er ist, und er ist nur, wo er es fühlt; es ist in der Wasserfülle keine Lücke, keine Beschränkung, keine Mannigfaltigkeit oder Bestimmung; das Gefühl derselben ist das unzerstreuteste, einfachste" (Der Geist des Christentums und sein Schicksal. In: Werke I, S.391). Es wird auch hier deutlich, daß das unbestimmte Eintauchen im Unendlichen kein Bewußtsein für sich haben kann; der naive Ton als abgesonderter ist nicht wirklich zu denken, sondern nur dann, wenn die notwendige Trennung von konstituiertem Gegenstand und konstituierendem Denken im Wirklichen vergessen wird (Rückfall in das reine Sein). Auch bei Hegel findet nach der "bedeutende(n) symbolische(n)" Gewohnheit des Untertauchens, die das Einssein mit dem Unendlichen **erinnert**, nicht wirklich **ist**, die Trennung "vom Wasserkörper" statt, denn: "Im Untergetauchten ist nur **ein** Gefühl und die Vergessenheit der Welt, eine Einsamkeit, die alles von sich geworfen, allem sich entwunden hat."(ebd.) Durch diesen Tod des überkommenen Positiven muß auch der poetische Geist gehen, um "als eine

gleich, daß der als natürlich erscheinende Charakter, den der naive Ton begreift, eines der bewußtseinskonstitutiven Momente ist, nämlich die Selbstempfindung des Geistes im logisch vergangenen Gegenständlichen. Insofern kommt sich mit dem naiven, wie mit jedem anderen Ton, das menschliche Bewußtsein selbst entgegen, und zwar dergestalt, wie es jeweils sich selbst und die Realität auffaßt. Deshalb sind die von Hölderlin beschriebenen Menschentypen oder das von Thales genannte Wasser nichts, wozu wir unmittelbar Zugang hätten, sondern der jeweils nach "Sprache und Vorstellungsweise" verschiedene Ausdruck desjenigen Eindrucks, mit dem sich das Bewußtsein naiv als Gegenständliches erinnert. Der Ton ist, wie ich oben ausgeführt habe, erst auf der Stufe erreicht, auf der der Geist in seine katastrophä übergeht, wenn er sich als begründet in unendlichem Stoff und unendlicher Form begreift; dort also, wo der Eindruck des Wirklichen nicht nur als erinnertes Objekt und das Ich als bestimmendes Subjekt vorgestellt, sondern wo die Empfindung in höchster Form begriffen wird. Deshalb ist keiner der verschiedenen Töne als unmittelbares Moment vorhanden, sondern immer in der Vermittlung von Vorstellung, Empfindung und Erinnerung, wovon jeweils eines der drei Konstituentien charakteristisch hervortritt:

> "Denn wenn schon die Vollendung von allen ein vermischter Ausdruk von allen ist, so ist doch eine der drei Seiten in jedem die hervorstechendste."(342,4-6)

Der Geist charakterisiert sich in der Erscheinung dergestalt, daß jeweils eines seiner Konstitutionsmomente mit seiner Weltauffassung zum Ausdruck kommt. Das bedeutet, daß die Erscheinung, in der Form und Stoff sich vermittelnd bestimmen, als gegenständliches Bild (als Erkanntes), als Bestrebung und Bewegung (als Erkennendes) oder als deutende Erinnerung (Erkenntnis beeder) auftreten kann, womit sich das poetische Ich in die Momente, die seine dreifache Natur ausmachen, verteilt.

Diese Momente nannte Hölderlin auch die "poetische Dreieinigkeit" und beschrieb sie als Sinn, der das Wirkende fühlt, als Kraft, die

---

18 (Fortsetzung) begeisternde Weihe in eine neue Welt" kommen zu können, die - anders als an dieser Stelle bei Hegel - als Ausdruck der zweiten Reflexion in die Erscheinung tritt und sich deshalb wiederum, nun aber als eigene Welt in der Welt, zu Etwas bestimmen muß. Vergleichbar ist die vierzigtägige Arbeit des Geistes: "Im Emporsteigen aus dem Wasser ist er (Jesus,A.T.) der höchsten Begeisterung voll, die ihn in der Welt nicht bleiben läßt, sondern in die Wüste treibt, wo das Arbeiten des Geistes das Bewußtsein der Wirklichkeit noch nicht von sich geschieden hat, zu welcher Scheidung er erst nach 40 Tagen völlig erwacht und sicher in die Welt, aber fest gegen sie eintritt."(S.391,f.)

nach einer Bestimmung strebt, und als Geist, der das Gewordensein des Besonderen erinnert:

> "Du scheinst mir die poetische Dreieinigkeit, den zarten Sinn und die Kraft und den Geist, himmlisches und irrdisches Element genug in Deiner Natur zu haben, um dieses edle Leben, in einer so edlen Kunst, zu fixieren und der Nachwelt wohlbehalten zu überliefern."(an Friedrich Emerich, Homburg im Frühjahr 1800.StA,VI.1,389)

Mit Worten der zeitgenössischen Philosophie drückte er die komplementäre Notwendigkeit dieser drei Elemente an anderer Stelle analog aus:

> "die Poesie, ... insofern sie lebendige Kunst ist und zugleich aus Genie und Erfahrung und Reflexion hervorgeht und idealisch und systematisch und individuell ist"(an Schelling, Homburg im Juli 1799.StA,VI.1,346).

Wie das individuelle Genie, der den unendlichen Stoff aufnehmende Sinn, die systematische Erfahrung, die das Vergangene bestimmt festhält, und die idealische Reflexion, die der erinnernde Geist ist, **zugleich** diejenigen Momente sind, aus denen die Poesie hervorgeht, so sind sie auch in jedem der Töne gemeinsam, aber dergestalt vorhanden, daß eines der Momente den Ton unterscheidbar charakterisiert.

Die Töne, verstanden als Erscheinungsweisen des Geistes im Wirklichen, können nun folgendermaßen bestimmt werden, wobei die Bestimmung zunächst die objektive Selbstauffassung des Geistes betont, die nicht in die reflektierende Distanz zu sich getreten ist, oder, in Hölderlins Sprache, es ist hier von dem erscheinenden Kunstcharakter, dem uneigentlichen Ton der Dichtung, die Rede:

1. mit der Sprache des **naiven** Tones erscheint der Geist sich als gegenständliches Bild, er kommt sich im Realen entgegen und empfindet darin das wirkende Leben, ohne es zu denken(19). Allerdings

---

19 Das naive Bild des Wirklichen wird durch die "Wie wenn" Vergleiche aus der scheinbaren Unmittelbarkeit gehoben und als Ausdruck der zweiten Reflexion gekennzeichnet. Die Gedichte, die mit diesem Vergleich beginnen, sind: "Wie wenn am Feiertage...", "Am Quell der Donau", "Der Frieden", "Wie Vögel langsam ziehen", "Wie Meeresküsten...". Besonders aufschlußreich erscheint mir, daß Hölderlin beim Zitieren des Gedichtes "Grenzen der Menschheit" von Goethe auch diese Form anwendet, obwohl sie im Original nicht steht: "Wenn der uralte/ Heilige Vater/ Mit gelassener Hand/ Aus rollenden Wolken/ Segnende Blitze/ Über die Erde sät..."(Goethe, Berliner Ausgabe, Band I, Berlin und Weimar (Aufbau-Verlag) 1976. S.330) Hölderlin: "wie wenn im Sommer 'der alte heilige Vater mit gelassener Hand aus röthlichen Wolken seegnende Blize schüttelt'". (an Casimir Ulrich Böhlendorff, Nürtingen bei

ist der naiv erscheinende Geist niemals als bloßes Objekt in der dichterischen Sprache erfahrbar, sondern immer in der unendlichen Möglichkeit eines frei gewählten "möglichen Objekts" (Josef König), das zwar bestimmbar erscheint, aber niemals eindeutig abschließend festgesetzt werden kann.

2. als **heroisch** Erscheinender hat der Geist von sich die natürliche Vorstellung einer reinen Bewegung, die als diese verstanden auch wieder ein Gegenständliches ist, aber für sich als reines Streben erscheint, das den Stoff als Fremdes, zu Gestaltendes, sich gerade entgegengesetzt gegenüber hat. Die Trennung in die Zerrissenheit zweier Welten erscheint in den heroischen Bestrebungen des Geistes als das Gegenüber von Form und Stoff, das eine Vermittlung zwar anstrebt, aber nicht erreichen kann. Die Sprache des heroischen Tones bringt also den Geist in der strebenden Zerrissenheit, die

----

19 (Fortsetzung) Stuttgart, d. 4.Dez. 1801; StA,VI.1,427). Diesen Anfang nennt Hölderlin den naiven (FHA,14,358) und verweist als ein Beispiel auf die Pindarische Hymne An den Fechter Diagoras, die Siebente Olympische, die in der Übersetzung mit eben dem Vergleich beginnt:

"Wie wenn einer eine Schale nimmt, von des Weinstocks Tau
Innen schäumend, reicht sie mit begüterter
Hand als Geschenk
Dem jungen Eidam, trinkt ihm zu vom
Hause zum Haus, - eine goldne Schale, den köstlichsten Schatz,
Festmahl und neuer Versippung
Band zu ehren-, macht im befreundeten Kreis
Ihn beneidet allerseits des einmütigen Ehebunds wegen:

So send ich auch Nektartrank, der Musen Geschenk, meines Geists
Süße Frucht, den preisgekrönten Männern und
Mach mir geneigt
Olympia- und Pythosieger.
Der ist ein Glücklicher, den Ruhm, ehrende Rede umfängt;
Diesen bald, jenen bald schaut an
Charis und läßt Leben erblühen gar oft
Durch der Harfe süßen Schall und klangvolles Werkzeug der Flöten."

Pindar, Werke, a.a.O., S.51,ff.
Vgl. auch Liebrucks: "Das 'Wie wenn' entobjektiviert das ganze Bild, hebt es in die Sphäre der Irrealität, d.h. in Richtung auf die Wirklichkeit der dichterischen Erfahrung." (Sprache und Bewußtsein,VII,a.a.O.,S.682)

das Göttliche als Gegensatz versteht, zum Ausdruck(20).

3. erscheint der Geist sich **idealisch**, dann erinnert er in einer erklärenden Auslegung das Gewordensein der jeweiligen bestimmten Vorstellungen in der Vermittlung von unendlichem Stoff und unendlicher Form als ihrem Grund. Die Konstitution des Bewußtseins selbst und der Welt im Wirklichen wird nun begriffen und die historisch-sprachlich isolierten Bestimmungen als Vergangene gedacht: der Geist kann seine eigene Begründung und Bedeutung erkennen, wie dies mit dem Begriff der Einheit des Einigen beschrieben wurde(21).

Während in der naiven Selbstauffassung des Geistes das Leben nur im Gefühl vorhanden ist, treten sich in der heroischen die Extreme des Organischen und des Aorgischen gegenüber, um in der idealischen sich wie Anfangs zu begegnen:

> "nur daß die Natur organischer durch den bildenden, cultivirenden Menschen, überhaupt die Bildungstriebe und Bildungskräfte, hingegen der Mensch aorgischer, allgemeiner, unendlicher geworden ist."(StA,IV.1.,153)

Weiterhin ist mit der objektiven Beschreibung des erscheinenden Charakters der drei Töne der Standpunkt genannt, den der Dichter mit einer der drei Hauptgattungen einnimmt. Das Epos erscheint naiv, in ihm kommt ein Charakter zur Darstellung, allerdings durch die Negation, wie Hölderlin am Beispiel der Ilias zeigt. Im Trauerspiel erscheinen die Bestrebungen und das handelnde Eingreifen und Leiden im Göttlichen, das auch wiederum nur negativ zum Ausdruck kommen kann. Ebenso kommt in den gebildeten Phantasien des lyrischen Gedichtes die zum Grunde liegende Empfindung des Wirklichen negativ zum Ausdruck(22). Während mit dem epischen Gedicht das Bewußtsein als objektives und als in den ausgebreiteten Objekten gegenwärtiges erscheint, mit dem dramatischen Gedicht in handelnden Gestalten, die sich und zugleich damit den Geist im Verlauf ihrer Bestrebungen charakterisieren, stellt das lyrische Gedicht die sprachliche Gestalt des Bewußtseins in ihrem Gewordensein dar. Es erinnert als idealische Erscheinung die Konstitution des sprachlichen Individuums, als die es auftritt, und damit den Geist als poe-

---

20 Sie erscheint in den zahlreichen Anredeformen, mit denen besonders die Oden beginnen; dieser Anfang ist der heroische Eingriff und das Sichaussetzen in der Wirklichkeit.

21 Sie erscheint in den Strophen, die mit einem begründenden "Denn" und Analogem beginnen.

22 Die Analogien und die Unterschiede der epischen und der dramatischen Dichtung werde ich hier nicht weiter ausführen; an anderer Stelle könnten sie im Vergleich mit Goethes und Schillers Überlegungen dazu dargestellt werden.

tischen Geist, der das Gefühl als Empfindung von Etwas bestimmt und sich dabei ebenso selbst charakterisiert, wie er seine Welt, seine kosmische Ordnung, konstituiert. Die Gestalt des lyrischen Gedichtes nähert sich dabei dem unendlichen Urteil, der unendlichen Bestimmbarkeit des Wirklichen, das in ihr seine angemessenste Deutung findet.

Der objektiven Selbstauffassung des Geistes im erscheinenden Kunstcharakter der drei Gattungen entspricht jeweils ein Begreifen, das sich reflektierend auf sich selbst richtet. Erscheint der Geist sich in der Erinnerung des Aufgelösten naiv als Objekt, dann ist die eigene Tätigkeit das heroische Selbstauffassen; erscheint er sich als die heroische Bewegung des unendlichen Lebensgefühls, als Ich, dann sieht er dieses Tun in der idealischen Erinnerung an; erscheint die idealische Erinnerung der Auflösung, dann begreift der Geist sich selbst naiv im Bild dieser Erscheinung. Die Richtung dieses Selbstbegreifens ist immer die umgekehrte, rückwärtsgewandte, die von der Wirkung des unendlichen Grundes aus das vergangene Endliche begreift. Eben dies läßt die sich in verschiedenen Tönen charakterisierende Sprache des Gedichtes in ihrer Bewegung erkennbar werden. Der Grund der Bewegung ist der transzendentalen Empfindung ebenso gegenwärtig, wie in ihr die Momente vorhanden sind, mit deren Auseinandertreten das Begreifen der Wirklichkeit sich charakterisiert und deshalb erkennbar wird. Die schöne, heilige, göttliche Empfindung, wie Hölderlin sie auch umschreibt, enthält als Empfindung des Totaleindrucks der Einheit zugleich alle drei Möglichkeiten, die dann mit dem Ton nicht absolut getrennt, sondern charakteristisch sich akzentuierend auftreten, ohne daß die übrigen Momente davon abgetrennt werden könnten. Auch das meint der Satz, daß mit der Wahl des äußeren Objektes an der reinen Individualität und an den anderen Charakteren die jetzt gewählte Individualität und ihr durch den jetzt gewählten Stoff bestimmter Charakter erkennbar und mit Freiheit festzuhalten sei. Wie der jetzt gewählte Stoff und sein erstes Auffassen die Bewegung des Begreifens bis zum charakterisierenden sprachlichen Ausdruck bestimmen, kommt in der Beschreibung des Tönewechsels zur Darstellung. Zunächst kann für die drei unterschiedenen Töne zusammenfassend gesagt werden, daß der Ton die begriffene transzendentale Empfindung ist, wobei sich in ihm das gewordene Begreifen in einem bestimmten Charakter äußert und zugleich sein Gewordensein in der in sich vermittelten Bewegung der bewußtseinskonstituierenden Momente erinnert.

5. VERSUCH ZUR PHORONOMIE DES TÖNEWECHSELS

Das Wort Phoronomie bezeichnet die abstrakte Lehre von der Bewegung(23); ich verwende es hier, um darauf aufmerksam zu machen, **daß** die Bewegung der Töne bei Hölderlin nicht in Formeln **gefaßt werden** kann, die der erscheinenden Außenseite der poetischen Sprache als positiver Maßstab anzulegen wären. Die Bewegung der dichterischen Sprache folgt vielmehr einem Kalkül, der selbst wiederum aus der Konstitutionsbewegung des Bewußtseins von Etwas abgeleitet ist. Die Grundpositionen dieses Kalküls stellen die drei unterscheidbaren Grundtöne dar, mit denen der Geist sein Begreifen des Wirklichen in höchster Form erkennt und sich mit dem Begriffenen zugleich im Wirklichen begriffen weiß. Die Bewegung zu dem jeweiligen Ton, der mit der katastrophä erkannt ist, hin und von ihm zu seiner Sprache, hat Hölderlin in der Schrift "Wenn der Dichter einmal des Geistes mächtig" beschrieben; hier möchte ich noch das Begreifen des Wirklichen in seiner jeweils akzentuierten Besonderung, die sich in den verschiedenen Gattungen äußert, darstellen. Dabei kann als Vorbild für Hölderlin

> "die Strenge, womit die hohen Alten die verschiedenen Arten ihrer Dichtung unterschieden", die "eine heilige Schiklichkeit, womit sie in göttlichen Dingen verfahren mußten" war, gelten. Während man dies "häufig ganz und gar mißkannt, oder doch nur an das Äußerliche derselben (der Dichtarten, Zusatz,A.T.) sich gehalten, überhaupt ihre Kunst viel mehr für wohlberechnetes Vergnügen gehalten" hatte, betont Hölderlin nun: "Das Geistigste mußte ihnen zugleich das höchste **Karakteristische** seyn. So auch die **Darstellung** desselben. Daher die Strenge und Schärfe der **Form** in ihren Dichtungen, ... weil die Dichtkunst, die in ihrem ganzen Wesen, in ihrem Enthusiasmus wie in ihrer Bescheidenheit und Nüchternheit ein heiterer Gottesdienst ist, niemals die Menschen zu Göttern oder die Götter zu Menschen machen, niemals unlautere **Idololatrie** begehen, sondern nur die Götter und Menschen gegenseitig näher bringen durfte."(an Christian Gottfried Schütz, Homburg, wohl im Winter 1799/1800. StA,VI.1.,381,f.)

Die Kunstregeln müssen als Verfahrensweisen "in göttlichen Dingen" begriffen, sie können deshalb nicht von vorhandenen Werken abgezogen werden,

---

23 "Wie die Geometrie die Logik der Mathematik ist, so soll - nach einem Wort von Leibniz - die **Phoronomie**, die abstrakte Lehre von der Bewegung, die 'Logik der Physik' werden." Ernst Cassirer in: Leibniz Hauptschriften I, a.a.O.,S.108

"sondern die Regel muß von der Tat, d.i. vom Produkt abstrahiert werden, an welchem andere ihr eigenes Talent prüfen mögen, um sich jenes zum Muster, nicht der **Nachmachung**, sondern der **Nachahmung**, dienen zu lassen"(24).

In dem Sinn folgen die Bewegungsgesetze der poetischen Sprache einem Kalkül, der als abstrakte Lehre von der Bewegung bezeichnet werden kann. Mit dieser Bewegung verhält sich die Sprache im wirklichen Göttlichen zu diesem und charakterisiert sich, dieses begreifend, als jeweils Besondere in der Geschichte.

a. Allgemeines Bewegungsgesetz

Die Wahl der jeweiligen poetischen Gattung hängt ab von der subjektiven Selbstauffassung des poetischen Geistes. Diese kann sich zuerst als Empfindung, als Streben oder als intellectuale Anschauung erfassen; entsprechend wird sie den Stoff als Verallgemeinbares, Erfüllbares oder Realisierbares aufnehmen. Mit dieser Auffassung des Wirklichen in der ersten Reflexion, der subjektiven Stimmung, gibt sich das "innere idealische Leben" eine Richtung, die zu ihrem Grundton und schließlich zu ihrer Sprache findet. Die erste idealische Stimmung, mit der der Geist die Wirkung des Unbestimmten und zugleich sich selbst formal begreift, setzt somit den Anfang für die jeweilige Charakterisierung. Dies ist allerdings nicht der Anfang des erscheinenden poetischen Werkes, sondern der Anfang des Sichbegreifens des poetischen Geistes, der nach dem Durchgang durch das Wissen um sein Begründetsein in der katastrophä erst seinen eigenen sprachlichen Ausdruck finden kann. Vorerst haben weder der Geist noch der Stoff den Status des Objektes verlassen, der Stoff wird als konventionell bestimmter Gegenstandsbereich wahrgenommen.

Wenn auch der Wortgebrauch bei Hölderlin wechselt, möchte ich diejenige Stimmung, die ungetrennt den Totaleindruck des Wirklichen aufnimmt, als die **Grundstimmung** bezeichnen. Ihr folgt - den Moment der Bewußtseinskonstitution zergliedernd gesprochen - die **subjektive Stimmung**, die erste idealische Stimmung, wie ich sie eben beschrieben habe. Sie ist die "Hauptstimmung des Dichters beim ganzen Geschäffte"(307,34-35), mit ihr bestimmt er sich zur Auffassung des Stoffes in einem besonderen Objektcharakter. Gerade daß der Stoff nur formal als Objekt fixiert wird zeigt, daß mit dem subjektiven Begründen die Begründung des poetischen Geistes noch nicht vollständig gedacht sein kann. Deshalb muß nach dieser "ersten idealischen" Stimmung der Gegensatz einer "zweiten künstlich-

----

24 I. Kant: Kritik der Urteilskraft, A 183/B 185; WW VIII,S.409. "Deßwegen ists auch so gefährlich sich die Kunstregeln einzig und allein von griechischer Vortreflichkeit zu abstrahiren." (StA,VI.1,426) an Böhlendorff,4.Dez.1801.

reflectirten Stimmung"(310,16–17) folgen, die in sich sowohl die formale Bestimmung des Stoffes in der ersten Reflexion, wie auch die Begründung dieser Bestimmung aufgehoben hat, und als der **Grundton** eben der "Mittelpunct(...)" ist,

> "wo sich die harmonisch entgegengesezten Stimmungen begegnen"(310,14–15).

Damit ist die vierte Position der Tönetabellen erreicht, die bekanntlich durch einen Umschlag in der Abfolge der Tonzuordnungen ausgezeichnet ist(Vgl. dazu 341). Für die Begründung des lyrischen Gedichtes bedeutet dies, daß die Wirkung des Gefühlten (Grundstimmung) als Vorstellung gesetzt wird (subjektive Stimmung), welche Setzung in der idealischen Erinnerung als Gewordene erkannt wird (Grundton). Deshalb geht mit dem Grundton die Tabelle des lyrischen Gedichtes in den heroischen Ton über, dessen formale und stoffliche Begründung dann zu der heroisch begründeten, idealisch erscheinenden Sprache des lyrischen Gedichtes – auf der siebenten Stufe – führt(341, oben links).

Ich verstehe die Tönetabellen also nicht nur als Schema dessen, was im erscheinenden Gedicht in linearer Abfolge zu finden ist, sondern als den Versuch, die Konstitutionsbewegung des poetischen Geistes abgekürzt darzustellen. Die wirkliche Sprache des Gedichtes wäre folglich immer erst mit der siebenten Position erreicht, analog den sieben Perioden, wie sie aus den anderen Aufsätzen zu rekonstruieren waren(25). Die Abfolge dieser Perioden oder Momente, mit

----

25 Ryan schreibt zwar: "Die Tabellen bilden ... eine wertvolle Ergänzung zu den theoretischen Schriften und können erst im Lichte dieser Schriften recht gewürdigt werden. ... der Wechsel der Töne ist ein wesentlicher Bestandteil der poetischen Verfahrungsweise." (a.a.O.,S.129) und sagt an anderer Stelle: "Es wird sich zeigen, daß dieses Prinzip, wonach der Prozeß, dem die Dichtung ihre Entstehung verdankt, in der Struktur des einzelnen Gedichtes realisiert wird, durchgehend für Hölderlins Dichtung gilt."(Hölderlins Dichtungsbegriff HJB.1961/62, S.26), aber, so weit ich sehe, zeigt er gerade das nicht im Zusammenhang, sondern geht von der Darstellung der theoretischen Grundlagen zu einer positiven Gedichtbetrachtung über, die dann nicht mehr ausreichen kann.

Ulrich Gaier (Der gesetzliche Kalkül – Hölderlins Dichtungslehre, Tübingen (Niemeyer) 1962), der Hölderlins Gedanken von der Theosophie Friedrich Christoph Oetingers her zu erläutern versuchte, weist auf eine siebenstufige Abfolge hin, die er mit aufschlußreichen, aber unzureichenden Bemerkungen charakterisiert (Vgl.S.61–63,S.97,S.114). Allerdings scheinen mir seine Begründungen weitaus dunkler, als die Hölderlinschen Schriften selbst, wie solche Sätze zeigen: "Der Logos wirft nun in 'blitzender Kreuzes-Zertheilung' die nebeneinander stehenden Harmonie-Systeme von Leben und Geist zusammen und auseinander."(S.88).

denen der Geist sich selbst und sein Anderes poetisch begreift, ist dasjenige, worum der Dichter weiß,

> "wenn er des schönen im Ideale des Geistes vorgezeichneten Progresses und seiner poetischen Folgerungsweise gewiß ist"(303,5-7).

Dem Progress, bzw. der poetischen Folgerungsweise entspricht der Kalkül; weiter kann er nicht reichen, weil er das Unberechenbare nicht auch zu erfassen streben darf, wenn nicht der Stoff als ein vollständig der Form subsumiertes Objekt erscheinen soll, womit die "durchgängige karakteristische Beziehung"(311,9) auf die begründende unendliche Einheit vergessen wäre.

Wenn die Erinnerung der Einheit das Zerfallen in atomisierte Teile verhindern soll, muß doch andererseits ein Wechsel stattfinden, damit der Geist nicht eintönig sich und sein Anderes fixiert als

> "eine todte und tödtende Einheit ein unendlich positives gewordenes"(311,36).

Der charakteristischen Stimmung, mit der das poetische Leben sich subjektiv und ideal bestimmt, folgt ein Fortschreiten

> "im Wechsel der Stimmungen, wo jedesmal die nachfolgende durch die vorhergehende bestimmt, und ihr dem Gehalt nach, das heißt, den Organen nach, in denen sie begriffen, entgegengesezt und insofern individueller allgemeiner voller ist"(308, 26-29).

Der individuellen, naiven Stimmung folgt somit die allgemeinere, heroische; dieser folgt die vollere, d.h. begründete idealische Stimmung. Das allgemeine Bewegungsgesetz, dem der poetische Kalkül folgt, möchte ich deshalb folgendermaßen beschreiben:

die in der transzendentalen Empfindung des Unendlichen gefühlte Wirkung wird mit der Grundstimmung als Empfindung bestimmt, in der der Geist sich naiv gegenwärtig ist. Mit der subjektiven Begründung setzt er sich in der ersten Reflexion dem Empfundenen als Gegenstand gegenüber, um dann mit dem Räsonnement in höchster Form den Grundton zu erreichen, der das Ideal dessen darstellt, was zuvor gegenständlich angesehen wurde. In der zweiten Reflexion ist nun der Geist und sein Anderes als sich charakterisierender Ausdruck begriffen, der die bestimmte Negation von unendlicher Form und unerschöpflichem Stoff ist, die im historisch-sprachlichen Kontext ihre Wirklichkeit in der Sprache des poetischen Werkes erreicht. Damit ist die Wirkung des Wirklichen zu dem Ausdruck gekommen, mit dem sie für uns in der Tat mittelbar vorhanden ist.

b. Styl

Die größte Annäherung an die individuelle Sprache jedes Gedichtes erreichte Hölderlin mit der letzten allgemein bestimmbaren formalen Ebene, dem Stil. Die allgemeine Bestimmung kann immer nur dieses Vorletzte erreichen, ginge sie über die infima spezies des Stiles hinaus, dann würde sie zur toten Form, die das Wirkliche nicht mehr angemessen begreifen kann. Von jeder Form gilt dann, was Hölderlin von der des Trauerspiels schrieb:

> "Was konnte man aber auch mit ihr anfangen, wenn man den Stoff nicht wählte, zu dem sie paßte und mit welchen gepaart sie Sinn und Leben allein behielt. Sie war todt geworden, wie alle andre Formen, wenn sie die lebendige Seele verloren, der sie wie ein organischer Gliederbau dienten, aus der sie sich ursprünglich hervorbildeten, wie z.B. die republikanische Form in unsern Reichstädten todt und sinnlos geworden ist, weil die Menschen nicht so sind, daß sie ihrer **bedürften**, um wenig zu sagen."(StA,VI.1,339)

Die Form muß sich jeweils mit der "lebendigen Seele" hervorbilden, sie kann nicht **nur** übernommen werden. Deshalb bestimmt Hölderlin die sprachliche Erscheinungsform der jeweiligen Dichtart nur soweit, daß er den Grundton in sich differenziert und daraus die verschiedenen Stile ableitet. Da die Selbstauffassung mit dem Grundton mittelbar in einem je unterscheidbaren Kunstcharakter zum Ausdruck kommt, führt die Differenzierung des Grundtones zu einer "Abtönung" (Ryan) des Kunstcharakters, zum differenzierten Stil. Dabei geht Hölderlin ebenfalls von der Begründung dieser vermittelnden Äußerung in der Konstitutionsbewegung des Geistes aus. Wenn allgemein gilt, daß die Selbstauffassung als Empfindung vermittels des heroischen Sichaussetzens zu einer idealischen Sprachgestalt führt, der heroische Grundton (Leidenschaft) vermittels seines Begriffenwerdens in der idealischen Erinnerung (Phantasie) zu einem naiv erscheinenden Kunstcharakter und der idealische Grundton (Phantasie), mit dem der Geist sich als intellectuale Anschauung begreift, vermittels der Empfindung in einer Sprachgestalt des heroischen Strebens und Leidens (Leidenschaft, Pathos) erscheint, dann folgt daraus ein analoges Verhältnis für den jeweiligen Stil. Da der Grundton als künstlich reflektierte Stimmung die drei konstitutiven Momente in sich begreift, kann jeder Grundton neben seinem Hauptcharakter noch eine unterscheidbare Auffassung des Stoffes in sich aufnehmen.

> "In jeder Dichtart, der epischen, tragischen und lyrischen, wird ein **stoffreicherer** Grundton im naiven, ein **intensiverer empfindungsvollerer** im idealischen, ein **geistreicherer** im energischen Style sich äußern"(372,10-12).

Die gleichaugenblickliche Selbstauffassung des Geistes und seines Anderen im Wirklichen bedarf der Trennung in ihre sie konstituierenden Momente, wenn sie für uns erkennbar erscheinen soll. Deshalb ist auch der jeweilige Stil ein nach den Momenten unterscheidbarer Ausdruck dieser Trennung, der sich nach ihrem jeweiligen Ausgangspunkt bestimmt.

Hölderlin unterschied den Stil der erscheinenden Darstellung anhand ihres Anfangs(Vgl. 369,24-31). Auf das lyrische Gedicht beschränkt verstehe ich dies so, daß der naive Grundton in einem idealischen, heroischen oder naiven Sprachstil im Gedicht zum Ausdruck kommen kann. Der idealische Stil wäre dann der Gedichtanfang, der als erinnernde Deutung erscheint, der heroische Stil erscheint als Anredeform und der naive als Bild(26). Dies geht bereits daraus hervor, daß für den naiven Grundton des lyrischen Gedichtes der idealische Kunstcharakter damit beschrieben wird, daß die konventionell vorhandenen Zusammenhänge dort nicht übernommen werden können:

> "es ist ... lyrisches Gesez, wenn die Innigkeit dort an sich weniger tief, also leichter zu halten ist, den physischen und intellectualen Zusammenhang zu verläugnen".(StA,IV.1,151)

Die überkommene Form und der in ihr aufgefaßte Stoff können in der idealisch gebildeten Phantasie des lyrischen Gedichtes nicht affirmativ aufgenommen werden, wenn es Erkenntnisse ermöglichen können soll, die in anderen sprachlichen Äußerungen nicht zu erreichen sind. Wenn demnach der naive Grundton in einem idealen Gebilde seinen Ausdruck findet, der heroische in beschriebenen Begebenheiten und Anschauungen (naiv) und der idealische, die intellectuale Anschauung, in der als Zeichen auftretenden Darstellung von Gedanken und Leidenschaften, dann beschreibt dies auch den Stil der jeweiligen Sprache, die der Abtönung des Grundtones entspricht.

Der Stil kann folglich als die sprachliche Erscheinungsweise verstanden werden, die eine je verschiedene Haltung zum Wirklichen mit ihrem formalen Charakter zum Ausdruck bringt. Damit ist allerdings immer auch der Ausdruck des Inhalts begriffen, denn der Stil kann zwar noch allgemein bestimmt werden, aber er ist ebenso aus den Momenten der Bewußtseinskonstitution abgeleitet, wie die Zuordnung von Grundstimmung, Grundton und Kunstcharakter. Diese folgt nicht positiv gewonnenen mechanischen Regeln, sondern ist im Begreifen der Wirklichkeit begründet und hängt mit dem Standpunkt zusammen, den der Dichter zu seinem jeweiligen Geschäft wählt. Dieser Standpunkt entspricht der Haltung zum Göttlichen bei den Alten, die die jeweils zu wählende Gattung notwendig aufgrund der

----

26 So wählt Hölderlin gegenüber dem heroischen Anfang von "Versöhnender, der du nimmergeglaubt/ Nun da bist ..." in der endgültigen Fassung von "Friedensfeier" den naiven Anfang mit einem Bild. Vgl. dazu mein VII. Kapitel.

jeweils zu singenden Auffassung des Göttlichen bestimmte. So geht aus einer späteren theoretischen Schrift Hölderlins hervor, daß das Epos das Göttliche von seiner Auffassung unter dem Namen des Jupiter her singt(27); entsprechend kommt die Tragödie von Saturn her, während dem lyrischen Gedicht das als Mutter Erde oder Natur begriffene Göttliche zum Grunde liegt. Mit diesem letzten Begriff des Göttlichen ist die Situation Hölderlins erreicht, wie er sie in seinen Gedichten nach 1800 und besonders den Hymnen in der Sprache des Gesanges begriffen hat.

---

27 Rezension zu Siegfried Schmids Schauspiel Die Heroine. "...die Darstellung und Sprache der **Iliade** gewinne noch eine ganz andere Bedeutung, wenn man fühle, wie sie wohl vielmehr dem Vater **Jupiter** als **Achilln** oder einem andern zu Ehren gesungen sei."(376,16-19)

Siebentes Kapitel

"FRIEDENSFEIER"

1. VORBEMERKUNG

Es war bisher vorausdeutend die Rede davon, daß die Konsequenz der theoretischen Überlegungen Hölderlins die Sprache seiner Gedichte sei. Aus der Einsicht in die jeweils notwendig einmalig so auftretende Vermittlung von Form und Stoff folgt, daß dies nicht mit zusammenfassenden Aussagen über sein dichterisches Werk nach 1800 angemessen gezeigt werden kann. Der poetische Begriff des Wirklichen ist immer das jeweilige ganze Gedicht; deshalb möchte ich als Beispiel die Hymne "Friedensfeier" wählen, um die sprachgestaltenden Konsequenzen des theoretisch Entwickelten, so, wie sie in dieser Hymne auftreten, zu beschreiben. Dies kann auch nur in dem Sinn eine exemplarische Interpretation sein, das die individuelle Gestalt jeden Gedichtes der erneuten Anstrengung des Begriffs bedarf und nicht verallgemeinerbaren, positiven theoretischen Normen subsumiert werden soll. Was für die Dichter gilt, muß auch für die Kommentierenden Aufforderung sein:

> "Novalis' intersubjektiv gültiges Statement, jedes Gedicht (Individuum) habe seinen eigenen Gott, ist kein religiöser Satz, es ist ein poetologischer Satz und eine Aufforderung zu harter Arbeit an der Form jedes Gedichtes, eine Absage an die Trost- und Ich-Schlamperei von Lyrikern. Nur so kann sie wahr sein. Und das ist ihre politische Essenz"(1).

Die Wahrheit der dichterischen Sprache kann sich nur mittels ihrer eigenen Stimmigkeit, mittels der Angemessenheit von Form und Stoff erweisen lassen; sie kann nicht in Abhängigkeit von einem wie immer gearteten objektiven Referenzpunkt außerhalb des Gedichtes beurteilt werden, denn sie ist nur in der Sprache des poetischen Werkes vorhanden. Auf die Notwendigkeit, jeweils eine eigene Form zu finden, schon weil die alten Formen "so innig ihrem Stoffe angepaßt sind, daß sie für keinen andern taugen", weist Hölderlin bereits bei einer Schilderung seines Verfahrens als Dichter - das nicht die Verfahrungsweise des poetischen Geistes ist - hin:

> "Glaube ... nicht, Lieber! daß ich willkührlich mir eine eigene Form vorseze und ausklügle; ich prüfe mein Gefühl,

---

1 Wilhelm Liefland: Die Poesie und ich; in: Lyrik-Katalog Bundesrepublik, Gedichte:Biographien:Statements. Hg. von Jan Hans, Uwe Herms, Ralf Thenior. München (Wilhelm Goldmann Verlag) 1972 (2.Auflage). S.407.

das mich auf dieses oder jenes führt, und frage mich wohl, ob eine Form, die ich wähle, dem Ideal, und besonders auch dem Stoffe, den sie behandelt, nicht widerspreche. Freilich kann ich dann im Allgemeinen recht haben, aber in der Ausführung um so leichter in Mißtritte geraten, weil ich nur mir selber folge und mich an kein sinnlich Muster halten kann." (StA,VI.1,338,f.)

Er nannte deshalb ein anderes Kriterium, wenn er fragte:

> "Wird nicht alle Beurtheilung der Sprache sich darauf reduciren, daß man nach **den sichersten und möglich untrüglichsten Kennzeichen** sie prüft, ob sie die Sprache einer ächten schön beschriebenen Empfindung sei?"(318,33-36. Der ganze Satz ist in der Hs. hervorgehoben).

Über die allgemeinste Forderung nach jedesmaliger Angemessenheit von Stoff und Form hinaus möchte ich als Kennzeichen dafür die durchgängige Erinnerung des unendlichen Grundes und die Darstellung des Gewordenseins der erscheinenden Vorstellung, die das Gefühl des Wirklichen als Empfindung ist, verstehen. Darauf deutet Hölderlins Klage hin:

> "Man will aber auch nur rührende erschütternde Stellen und Situationen, um die Bedeutung und den Eindruk des Ganzen bekümmern sich die Verfasser und das Publikum selten."(StA, VI.1,339)

Die Bedeutung ist als die Begründung des Erscheinenden im Wirklichen beschrieben worden; den "Eindruck des Ganzen" macht erst insgesamt die Bewegung aus, in der dasjenige, das das Gedicht begründet, für uns zu einem Begriffenen wird. Deshalb muß zugleich mit den einzelnen Vorstellungen immer ihre Stelle im Ablauf des Ganzen im Blick bleiben, soll das Gedicht nicht als Aggregat zufällig zusammenhängender Teile verstanden werden.

Der Zusammenhang, der den Totaleindruck in der Sprache annäherungsweise wieder erweckt, wird durch die poetischen Formen hergestellt, in denen der Geist sich äußert. Die Ableitung des Kalküls dieser Formen aus der Konstitutionsbewegung des Bewußtseins habe ich im vorigen Kapitel zu beschreiben versucht; Hölderlin hatte die Bedeutung der poetischen Formen während seiner Homburger Arbeiten erkannt:

> "Denn, im Vertrauen gesagt, ich finde immer mehr, wie vortheilhaft und wie erleichternd die wahre Erkenntniß der poetischen Formen für die **Äußerung** des poetischen Geistes und Lebens ist"(StA,VI.1,380).

Wie die Kunstwerke der Alten als Gottesdienst in einem durch und durch überdachten Gang gebaut waren, so führte die Erkenntnis der Begründung der Form im Begreifen des Wirklichen Hölderlin zu der Sicherheit, mit der er das Leben der Form gerade nicht unterordnete, sondern aus der heraus die höchste formale Virtuosität zugleich mit dem zugrunde liegenden Leben sich in sprachlichen Gestalten charakteristisch äußern konnte. Einem solchen Kunstwerk, daß, indem es das Werden von Etwas mit der Bewegung des poetischen Geistes darstellt, erst eigentlich in größter Künstlichkeit Naturprodukt des Menschen ist, kann die Deutung nur paraphrasierend folgen:

> "Nur die Paraphrase, nicht die Textexegese bekommt es vor das Ohr, das Gesicht und den Geist."(Liebrucks,VII,794)

Dabei möchte ich den Unbestimmtheitscharakter der Vorstellungen, die im logischen Status eines "möglichen Objektes" der zweiten Reflexion erscheinen, genau herausarbeiten. Solches Verfahren scheint dem Gedicht angemessener, als jede Interpretation, die es insofern unterläuft, als sie die Bilder auf konventionelle Objekte beziehen möchte und sie damit zu erklären meint. Dies heißt "schwer Gewicht statt mercurialischer Schwingen an den Sohlen zu tragen"(378,6-7) und vor der Begeisterung verstummen, die die poetische Identität überhaupt ausmacht.

2. DAS LYRISCHE GEDICHT

So weit das lyrische Gedicht allgemein von Hölderlin bestimmt wurde, möchte ich dies vorbereitend wiedergeben. Er nennt es "eine fortgehende Metapher Eines Gefühls", die "dem Schein nach" idealisch auftritt(369,1-2). Der Grundton des lyrischen Gedichtes ist naiv, d.h. die gefühlte Wirkung des Unbestimmten, die in der ersten Reflexion als Gegenstand festgehalten wurde, kann auf der Stufe der zweiten Reflexion als begründete Empfindung begriffen werden, die für den Geist zu der Empfindung von Etwas geworden ist. Deshalb gilt auch:

> "In lyrischen Gedichten fällt der Nachdruk auf die unmittelbarere Empfindungssprache, auf das Innigste, das Verweilen, die Haltung auf das heroische, die Richtung auf das Idealische hin."(369,26-28)

Die Empfindung des Wirklichen wird mit dem naiven Grundton als Gefühl begriffen, das die Betroffenheit durch das Wirkende (Nachdruck) aufnimmt, wobei zugleich das Streben gedacht werden muß, ohne das die Wirkung nicht bewußt werden könnte (das Heroische) und das zugleich deshalb gehalten werden muß, weil es auf die Verallgemeinbarkeit hinzielt(2). Diese Richtung geht auf eine idealisch gebildete Sprachgestalt hin, mit der das Gefühl nicht nur unausgesprochen und damit vorbewußt vorhanden, sondern mittelbar für

---

2 Vgl. hierzu die oben dargestellte systematische Bedeutung des Strebens bei Fichte.

uns wirklich ist. Weil die Gefahr besteht, in einem Übermaß der Innigkeit mit dem Gefühlten Eins zu werden, muß der Schein, die charakteristische Äußerung, "wunderbar und übersinnlich" sein (369,12-13). Das empfundene Leben, das nicht den konventionellen Vorstellungen subsumiert werden darf, wenn es poetisch gefaßt werden soll, muß sowohl erhalten bleiben, wie auch in ein idealisches Bild erhoben werden(3). Deshalb ist die Vermittlung im heroischen Werden der Vorstellung notwendig, denn

> "diese energischen heroischen Dissonanzen, die Erhebung und Leben vereinigen, sind die Auflösung des Widerspruchs in den es geräth, indem es von einer Seite nicht ins sinnliche fallen, von der andern seinen Grundton, das innige Leben nicht verläugnen kann und will."(369,15-19)

Erst wenn der Grundton in seinem Gewordensein vermittels der sich wechselseitig bestimmenden Form und Stoff begriffen ist, d.h. erst wenn das Gefühl als auch seines Anderen notwendig um der Erkenntnis willen bedürftiges, als Empfindung gewußt wird, ist es möglich, die Sprache dieses (naiven) Grundtones zu erreichen. Auf die Notwendigkeit der Trennung für das Begreifen auch der scheinbar reinen Einigkeit des Gefühls weist Hölderlin nocheinmal hin:

> "die lyrische (individuellere) Stimmung ..., wo die individuelle Welt in ihrem vollendetsten Leben und reinster Einigkeit sich aufzulösen strebt, und in dem Puncte, wo sie sich individualisirt, in dem Theile, worinn ihre Theile zusammenlaufen, zu vergehen scheint, im innigsten Gefühle, wie da erst die individuelle Welt in ihrer Ganzheit sich fühlt, wie da erst, wo sich Fühlender und Gefühltes scheiden wollen, die individuellere Einigkeit am lebhaftesten und bestimmtesten gegenwärtig ist, und wiedertönt"(371,8-14).

Der Grundton des lyrischen Gedichtes ist demnach das begriffene Gefühl, das das Wirkende aufnimmt und weder der Innigkeit des Sichvergessens im Empfundenen, noch der abstrakten Entgegensetzung von Gefühltem und Fühlendem verfällt. Erst dann kann das Gefühl in eine ihm entsprechende Sprache **übertragen** werden, die in ihrer Gesamtheit, als das ganze Gedicht, die Metapher jenes Gefühles ist. Die lyrische Metapher kann also nur über die Vermittlungsschritte des begründenden Tönewechsels von der Grundstimmung über die erste Reflexion und den Grundton, den die zweite Reflexion begreift, erreicht werden. Sie ist der erscheinende Ausdruck dieser Vermittlungsbewegung, in der der Geist das Gefühlte poetisch begreift, welches dann in den Tönen der Sprache wieder erweckt wird und dergestalt dem erinnerten Gefühl widertönend entspricht. Der

---

3 Zu den Worten "Leben","Erhebung" und "Einheit" vgl. auch die Schemata bei Thomas Horst: Wechsel und Sein. Die Ambivalenz des Absoluten in Hölderlins Poetik. In: Hölderlin, Transzendentale Reflexion der Poesie. Stuttgart (Klett-Cotta) 1979. S.149,ff.

metaphorische Charakter der Sprache ist deshalb auch Ausdruck des geistigen Gehaltes, den Hölderlin "den immerforttönenden" genannt hatte(304,3).

Zunächst möchte ich das zu Begreifende, das in der Hymne "Friedensfeier" seinen dichterischen Ausdruck fand, im Objektcharakter der ersten Reflexion wiedergeben: die Äußerungen zum Frieden, die in Hölderlins Briefen zu finden sind(4).

Im Juli 1800 bemerkt er zuerst: "Man spricht stark von einem baldigen, gründlichen Frieden."(StA,VI.1,398). Im Oktober war die Gewißheit bereits größer:

> "Wir werden wohl noch manche schöne Tage zusammen haben, besonders, wenn der Friede endlich da seyn wird, der, wie mir heute ein französischer Offizier sagt, beschlossen seyn soll."(An die Schwester)(StA,VI.1,402).

Die Erwartungen, die Hölderlin mit dem Frieden, "der **jetzt** im Werden ist", verband, gehen am deutlichsten aus einem Brief an den Bruder und einem wenig später geschriebenen an Christian Landauer hervor:

> "daß der Egoismus in allen seinen Gestalten sich beugen wird unter die heilige Herrschaft der Liebe und Güte, daß Gemeingeist über alles in allem gehen und daß das deutsche Herz in solchem Klima, unter dem Seegen **dieses neuen** Friedens erst recht aufgehn, und geräuschlos, wie die wachsende Natur, seine geheimen und weitreichenden Kräfte entfalten wird" (An den Bruder, Nürtingen, wohl um Neujahr 1801)(StA, VI.1,407).

Eben der Stille der wachsenden Natur wird die Sprache des Gesanges entsprechen; sie wird die Kräfte entfalten, die sonst alltäglich vergessen und unterdrückt sind:

> "Was mich vorzüglich bei demselben (dem Frieden,A.T.) freuet, ist, daß mit ihm die politischen Verhältnisse und Misverhältnisse überhaupt die übergewichtige Rolle ausgespielt und einen guten Anfang gemacht haben, zu der Einfalt welche ihnen eigen ist; am Ende ist es doch wahr, je weniger der Mensch vom Staat erfährt und weiß, die Form sei, wie sie will, um desto freier ist er."(An Christian Landauer, Hauptwil, Mitte bis Ende Februar 1801, StA,VI.1,416,f.)

---

4 Peter Szondi verweist mit Recht darauf, daß die Briefe die Hymne nicht erreichen können: "Statt die dichterische Vision zu erklären, statt sie auf historische Fakten zurückzuführen, verweisen die Briefe nur auf die Dichtung selber."(P.S.:Hölderlin Studien. Frankfurt am Main (Suhrkamp) 1970, S.63).

Auch das Motiv der Einfalt ist hier genannt; es wird im Gedicht wieder auftauchen. Allerdings reicht die Alltagssprache nicht aus, um den Frieden zu begreifen, deshalb die Zurückhaltung(5) und zugleich der Hinweis auf das Bild der Natur bei der Schilderung des ersten Bekanntwerdens mit dem historischen Ereignis des Friedensschlusses:

> "Ich schreibe Dir und den lieben Unsrigen an dem Tage, da unter uns hier alles voll ist von der Nachricht des ausgemachten Friedens, und, da Du mich kennest, brauche ich Dir nicht zu sagen, wie mir dabei zu Muth ist. Ich konnte auch diesen Morgen, da der würdige Hausvater mich damit begrüßte, wenig dabei sagen. Aber das helle Himmelblau und die reine Sonne über den nahen Alpen waren meinen Augen in diesem Augenblike um so lieber, weil ich sonst nicht hätte gewußt, wohin ich sie richten sollte in meiner Freude."(StA,VI. 1.,413).

Die hier noch sprachlose Begeisterung wird im Gesang den ihr entsprechenden Ausdruck finden, der nicht nur eine subjektive Stimmung wiedergibt, sondern in Einem individuell und allgemein ist und zugleich den Grund der Begeisterung, das göttliche Reine, fühlbar macht. Der Gesang ist nämlich diejenige Wirklichkeit des menschlichen Geistes,

> "wo das Reine in einer idealischen Darstellung die zwischen der Gestalt des Schiksaals und des Ursprünglichen liegt, noch leicht wieder aufgefaßt wird, wenn sich die Zeit noch nicht zu sehr davon entfernt hat"(StA,IV.1,156).

Die idealische Gestalt des Gesanges vereinigt folglich die konventionelle Vorstellung von dem sie Begründenden (Gestalt des Schicksals) mit der unbestimmten Gestalt, die der transzendentalen Empfindung gegenwärtig ist. Deshalb kann für die "Friedensfeier" gesagt werden, daß

> "sie in erster Linie weder Christus noch den Frieden von Lunéville besingt, sondern die Sphäre des Friedens."(Liebrucks,VII,767)

Die Sphäre habe ich im Laufe des Kommentars zu "Wenn der Dichter einmal des Geistes mächtig" analog dem frei zu wählenden Objekt als den logischen Ort der Vermittlung von Subjekt und Objekt beschrieben, der die notwendige Komplementarität von unendlichem Geist und Stoff für eine wirkliche Erkenntnis in ihrem Gewordensein zugleich mit ihrem Sich-bestimmt-haben erinnert(Vgl.oben, S.189).

---

5 Der Hinweis auf politische Differenzen mit dem Hausvater soll damit nicht übergangen sein: "Hölderlin spürte wohl, daß seine Begeisterung hier keinen Widerhall finden würde." Ilva Oehler: Die Schweizerische Publizistik zur Zeit des Friedens von Lunéville. In: HJB. 1961/62. S.242.

Da der Geist im vollendeten Zustand seines Selbsterfassens um die Notwendigkeit weiß, aus sich herausgehen zu müssen, kann er "mit freier Wahl"(314,5) eine Welt zu seiner Sphäre annehmen, die ihn nicht ohne seinen Willen zur bestimmten Äußerung kommen läßt. Die Wirkung, die im Gefühl und in der ersten Reflexion nur als Objekt des Glaubens vorhanden ist(6), wird dann in ihren Einflüssen begriffen und kann mit dem ihr entsprechenden sprachlichen Ausdruck wieder hervorgerufen werden. Deshalb kann die besondere Sphäre nicht schon in einer bestimmten Form vorgegeben sein; sondern sie entsteht in dem Augenblick, in dem sich mit der freien Wahl Geist und Stoff zu Etwas bestimmen. Hier ist dies die Sphäre des Friedens, die deshalb nicht anders als sprachlich begriffen für uns wirklich ist, weshalb das Gedicht die zugleich individuelle und allgemeine Erfahrung des im Göttlichen begründeten Friedens singt.

3. PARAPHRASE

Wie jede menschliche Erkenntnis kann auch diejenige, die in der poetischen Sprache ihren Ausdruck findet, das Wirkliche nur logisch mit dem Rücken zu ihm begreifen: sie schaut zurück auf die Geschichte des in die Bestimmung Aufgelösten und löst zugleich, in der Wirkung des Wirklichen, die überkommenen bestimmten Vorstellungen auf. Die Einheit und Faßbarkeit, die der Verstand fordert, kann deshalb nur als **Versuch** begriffen werden, der den unbestimmten Gestalten des Stoffes sich anzumessen bemüht ist, der aber nicht festgehalten werden darf, wenn das Leben nicht zum Stillstand kommen soll. Die gefühlte Wirkung wird in diesen Versuchen für den Geist begreifbar, sie muß aber

> "durch das Leidende **selbstthätig** durch einen neuen angemessen unangemessenen Versuch behandelt"

werden(StA,IV.1,152). Die Selbsttätigkeit entspricht der freien Wahl einer Sphäre, mit der der Geist sich bestimmt, ohne darin restlos aufzugehen: die Offenheit bedeutet die gleichaugenblickliche Angemessenheit und Unangemessenheit. Wie der Versuch eine Bemühung ist, das Unbestimmte begreifend zu erfassen, so kann auch der Dichter nur durch Versuche die Vollendung zu erreichen streben, die die Sprache seines Werkes als angemessener Ausdruck der Eindrücke sein soll:

---

6 "**An Realität überhaupt,** sowohl die des **Ich,** als des **Nicht-Ich** findet lediglich **ein Glaube** statt." J.G. Fichte: Grundlage der gesammten Wissenschaftslehre. WW,I,301.

"Das Zeitalter hat eine so große Last von Eindrüken auf uns geworfen, daß wir nur, wie ich täglich mehr fühle, durch eine lange, bis ins Alter fortgesezte Thätigkeit und ernste immer neue Versuche, vieleicht dasjenige am Ende produciren können, wozu uns die Natur zunächst bestimmt hat und was vieleicht unter andern Umständen früher, aber schwerlich so vollkommen gereift wäre."(StA,VI.1,340)

Dieser Begriff des Versuches, der im Rückgriff auf das überkommene Bestimmte in der Wirkung des Unendlichen dessen Gegenwart nur als Vergangene erinnern kann, ist als geschichtsphilosophische Kategorie angesehen die Ursache dafür, daß Hölderlin die Hymne zeitlich "zur Abendstunde" (v.11) ansiedelt(7). Von dort her ist erst der Rückblick auf die geschichtlichen Ereignisse möglich, die zu dem geworden sind, was jetzt als Sphäre des Friedens begriffen werden kann. Das wäre aber nur die äußerlich als Ereignisverlauf erscheinende Bewegung. Das Gedicht stellt zugleich damit diejenige Bewegung dar, in der die Erfahrung des Friedens für uns wirklich wird: und wirklich ist sie nur in der Sprache.

Deshalb beschreibt die Hymne nicht eine Friedensfeier, sondern **ist** diese selbst(8). Ihr Aufbau entspricht der Bewegung, in der das Gefühlte zu einem poetisch Begriffenen für uns wird. Die formale Figur, der die Reihenfolge der Triaden, als der umfangreichsten, je drei Strophen umfassenden, Untereinheit, der Strophen innerhalb der Triaden (Strophe, Antistrophe, Epode), der Perioden(9) inner-

---

7 auch v.36: "abendlich". Vgl. zu diesem Gedanken den Aufsatz von Jochen Schmidt: Die innere Einheit von Hölderlins 'Friedensfeier': "Der erreichte Zustand des Friedens ist nicht ein Augenblicksgeschenk, sondern Ergebnis einer langen geschichtlichen Entwicklung, die sich erst jetzt, vom Ende her, überblicken läßt." HJB, 1965/66. S.138.

8 Dazu der Hinweis von Wolfgang Binder: "Im Gegensatz zu ähnlichen Titeln - 'Am Tage der Freundschaftsfeier', 'Die Herbstfeier' - fehlt der Artikel. Hölderlin scheint damit sagen zu wollen: die Feier des Friedens ist Gegenstand **und** Zweck des Gedichts." (Hölderlins 'Friedensfeier', in: Hölderlin-Aufsätze, Frankfurt am Main (Insel) 1970, S.296).

9 Die Periode verstehe ich gemäß der folgenden Definition: "Unter der **Periode** muß man einen in sich geschlossenen längeren Abschnitt verstehen, der mehrere Kola oder Verse umfassen kann und in der Regel eine formale, d.h. rhythmische und inhaltliche Einheit bildet, einen Kreis, der zu seinem Ausgangspunkt zurückkehrt." (Dietmar Korzeniewski: Griechische Metrik. Darmstadt (Wiss.Buchges.) 1968,S.11). Vgl. die mehrfach zitierte Maxime Hölderlins: "Man hat Inversionen der Worte in der Periode ..." (69,5-10).

halb der Strophen und der Teilsätze sowie ihrer Worte folgt, ist die Inversion, die, gegenüber der logischen Periodenstellung: Grund - Werden - Ziel - Zweck, mit dem Ziel, d.h. dem naiven Bild beginnt (I Triade), darauf das Werden als heroische Bewegung beschreibt (II Triade), dann die begründende Deutung aus der idealischen Erinnerung heraus gibt (III Triade), um schließlich in den nun begründeten Anfangston, die erscheinende Vorstellung des anwesenden Friedens, zurückzukehren (IV Triade).

Damit entspricht diese Inversionsfigur genau dem gesetzlichen Kalkül, wie er für das lyrische Gedicht beschrieben wurde und dessen Begründungsbewegung eben von dem Anwesendsein des Geistes im empfundenen Anderen, dem naiven Aufgehen im gegenständlichen Bild, ausgeht, um dann die Bewegung zu begreifen, in der diese Vorstellung an dem und für den Geist geworden ist, und mit der Erinnerung des Grundes, in dem diese Bewegung wirklich ist, schließlich zu der begriffenen Erscheinung zurückzukehren(10). Der Grundton des gesamten Gedichtes ist die begriffene Empfindung des zu feiernden Friedens, der seine wirkliche Anwesenheit für uns mit der Sprache der Hymne erreicht. Als idealisches Bild stellt sie die Bewegung dar, in der das zu Begreifende sich konstituiert. Deshalb ist in der ersten Triade - verallgemeinernd gesprochen - die Stimmung als Erscheinung gegeben, in der zweiten Triade folgt die Beschreibung des werdenden Göttlichen bis hin zur Erkenntnis, während die dritte Triade die Deutung, die zugleich das Werden und den Grund erinnert, gibt. In dieser Konstitutionsbewegung begriffen erscheint dann in der vierten Triade der Friede wieder in nun begründeten Bildern.

Die Inversionsfigur des Begreifens ist innerhalb der ersten Triade analog dem Ganzen anzutreffen: die erste Strophe gibt das Bild des Raumes - im ungegenständlichen Sinn - in seiner Offenheit für das Göttliche; die zweite Strophe beschreibt den Weg des Erkennens; die dritte Strophe erklärt das Erscheinende als Gewordenes aus seinem

---

10 Solange diese Bewegung nicht aus der Konstitutionsbewegung des Geistes begründet wird, sind verschiedene Meinungen zur Abfolge der Töne möglich: "Deutlich wechseln in den vier Triaden der FRIEDENSFEIER der naive, der idealische, der heroische und wieder der naive Ton miteinander." (Friedrich Beissner, Erläuterung zu Hölderlin, Friedensfeier, Stuttgart (Kohlhammer) 1954. S.24) Beissner spricht äußerlich bleibend vom "naiv Benennenden" und "idealisch Erwägenden"; Binder sagt vorsichtiger: "Der Tönewechsel der Hymne scheint also diesem Gesetz zu folgen: Die vier Triaden oder Partien repräsentieren jeweils einen Grundton und durchlaufen insgesamt den Kreis: naiv - heroisch - idealisch - naiv." (a.a.O., S.324). Allerdings kommt auch Binder nur durch "Eindrücke" zu diesem Urteil.

Grund. Analog ist die zweite Triade gebaut. In der ersten Strophe (vv. 40 - 51) erscheint das Bild, in vorsichtiger Andeutung, von Jesus am Brunnen; die zweite Strophe (vv. 52 - 63) gibt die Bewegung des Begreifens, mit der das wirkende Göttliche "rauhbetastend" aufgefaßt wird; die dritte Strophe (vv. 64 - 78) erinnert die göttlichen Gaben und die Möglichkeit ihrer Erkenntnis, die immer vom Grund des Wirklichen her begriffen werden muß, wenn das Erscheinende, so, wie es für uns erscheint, nicht auf die Gesamtheit übertragen werden soll:

> "Und nun erkennen wir ihn,
> Nun, da wir kennen den Vater
> Und Feiertage zu halten
> Der hohe, der Geist
> Der Welt sich zu Menschen geneigt hat."(v.74,ff)

Die Erkenntnis vom Begründenden her war bereits früher mehrfach genannt worden, so in "Das untergehende Vaterland":

> "wenn also das Bestehende in seiner Auflösung empfunden werden soll und empfunden wird, so muß **dabei das Unerschöpfte** und **Unerschöpfliche**, der **Beziehungen** und **Kräfte**, und jene die Auflösung mehr durch diese empfunden werden, als umgekehrt"(174,24-27).

Der Charakter des Begreifens, der in den Strophen zum Ausdruck kommt, ist allerdings entsprechend dem Ton der jeweiligen Triade unterschiedlich akzentuiert: wie in der zweiten Triade die Folge von Bild, Bewegung und Deutung dem heroischen Grundton entspricht, der die strebende und pathetische Bewegung des Geistes ausdrückt, so entsprechen die Strophen der dritten Triade dem idealischen Grundton, der die erinnernde Deutung des Gewordenen und seines Grundes gibt. Auch hier erscheint aber in der ersten Strophe (vv. 79 - 90) das Bild des in die Zeit tretenden Gottes, der vermittels der sich vollendenden Werke erfahrbar wird; in der zweiten Strophe (vv. 91 - 102) wird das Gewordensein jenes Zeichens genannt, das dann mit dem einzigen Strophensprung der Hymne in die Deutung der dritten Strophe (vv. 103 - 117) übergeht, die die Begründung des nun erscheinenden Zeichens, die "Unsterblichen"(v. 115) als am "Festtag"(v. 102) "In Chören gegenwärtig"(v. 106) singt.

Der begründete naive Ton der vierten Triade, mit dem die Erfahrung des Friedens wiederum anschaulich erscheint, kommt in dem Bild der ersten Strophe (vv. 118 - 129) zum Ausdruck, dessen Gestalt als geschichtlich Gewordene in der zweiten Strophe (vv. 130 - 141) hergeleitet wird und mit der Erinnerung der Irrwege und der Entwicklung in der dritten Strophe (vv. 142 - 156) ihre Begründung erfährt. Die Inversionsbewegung innerhalb der Triaden läßt sich folglich als gleichbleibend, wenigstens der Abfolge nach, beschreiben:

> "Der Ausdruk, das karakteristische sinnliche individuelle gewöhnliche des Gedichts bleibt sich immer gleich, und wenn jede der verschiedenen Parthien in sich selbst verschieden ist, so ist das erste in jeder Parthie gleich dem ersten der andern, das zweite jeder Parthie gleich dem zweiten der andern, das dritte jeder Parthie gleich dem dritten der andern. Der Styl, das "(327,1-5).

Der unausgeführte Hinweis auf den Stil zeigt, daß hier nicht von der positiv betrachtbaren Sprachgestaltung die Rede war. Diese ist für die gesamte Hymne als idealisch zu bestimmen, denn als Metapher eines Gefühls strebt sie nach Verallgemeinerung, was sich mit der eigentümlichen formalen Gestaltung des erinnerten Gefühls zeigt. Gegenüber dem bisher beschriebenen eigentlichen, zugrunde liegenden Ton der Strophen, muß ihr Kunstcharakter, angesehen auf der Ebene des Stils, anders bestimmt werden. Für die erste Strophe ergibt sich allerdings eine Übereinstimmung, denn die Hymne beginnt auch dann, wenn ihre Sprache als Reflexionsobjekt betrachtet wird, naiv. Dies geht aus dem Vergleich mit Hölderlins Beispiel, der schon genannten Siebenten Olympischen Ode, hervor:

> "Ist sein Grundton jedoch heroischer, gehaltreicher, wie z.B. der einer Pindarischen Hymne, an den Fechter Diagoras, hat er also an Idealität weniger zu verlieren, so fängt es naiv an"(369,19-21).

Die Erfahrung von Etwas, das zunächst als Idee gedacht werden muß, des Friedens, bedeutet, daß dieser Grundton weniger an "Idealität" zu verlieren hat.

Die zweite Strophe erscheint auch ihrem Stil nach heroisch, sie enthält die Form der Anrede, die den sich aussetzenden Eingriff bedeutet: das erfahrene Göttliche wird mit "du" (v.16) angesprochen. Die dritte Strophe erscheint wiederum als erinnernde Deutung mit Formulierungen wie "Das ist ..."(v.29) und "Denn" (v.31).

In der zweiten Triade wechselt nun der Stil; sie beginnt mit dem - verglichen mit den Vorfassungen - verhaltenen Anrufen "Und manchen möcht' ich laden, aber o du," (v.40) und wechselt dann in den begründenden, idealischen Stil "Denn schonend" (v.52), um mit dem beschreibenden, naiven Stil zu schließen.

Die dritte Triade hebt idealisch an "Denn längst" (v.79), worauf die Beschreibung folgt und schließlich der Höhepunkt des heroischen Rufens mit dem dreifachen "Dich" (vv. 111 und 112).

Die vierte Triade kehrt schließlich auch dem Stil nach in den Anfangston zurück: ihre erste Strophe beschreibt das Bild des Friedens. Dann allerdings sehe ich eine Veränderung gegenüber der ersten Triade. Die Verse 130 bis 141 weisen eher den Stil der idealischen Begründung auf, während die letzte Strophe mit der Anrede

> "Wie die Löwin, hast du geklagt,
> O Mutter, da du sie,
> Natur, die Kinder verloren." (vv.142-144)

stilistisch betrachtet als heroische aufzufassen ist(11). Dies kann auch von daher erläutert werden, daß der begründete naive Ton des lyrischen Gedichtes das heroische Streben in sich aufgehoben hat und deshalb schon äußerlich gegenüber der einleitenden Vorstellung der ersten Triade anders erscheinen muß. In der letzten Triade braucht darum nicht mehr die Sukzession, die zum Begreifen des Erfahrenen führt, auch im Stil eingehalten zu werden; sie kann nach dem Bild dessen Werden deutend gestalten und am Ende mit der Anrede in das unbestimmte Wirkliche zurückkehren: "und die Natur, wovon es her ist, nimmts auch wieder"(12).

Innerhalb der einzelnen Strophen strömt die Bewegung des Gesanges, deutlicher als in den anderen Hymnen, der Begründung entgegen. Dies möchte ich bei der Betrachtung Strophe für Strophe besonders darstellen.

Das Bild der ersten Strophe gibt die Offenheit und Bereitschaft des idealisch konstituierten Kosmos, der Ordnung im Wirklichen, für die Erfahrung des Kommenden. Deshalb die Vorstellung eines nicht lokalisierbaren Raumes, der aber zugleich auch nicht diffus verschwimmt. Genauso sind die vorhandenen Töne nicht festlegbar, sie sind die "still wiederklingenden, ... ruhigwandelnden"(vv.1-2), die als himmlische Töne nicht auf verstandesgemäße akkustische Werte zu reduzieren sind. Sowohl die hörbaren, riechbaren und sichtbaren Empfindungen, die die erste Strophe evoziert, können nicht mit bestimmten Vorstellungen erschöpfend gefaßt werden: sie entziehen sich der Eindeutigkeit und lassen zugleich die Offenheit für das zu Erfahrende fühlbar werden. Die Begründung dieses Zustandes geben die letzten drei Verse:

> "Denn ferne kommend haben
> Hieher, zur Abendstunde,
> Sich liebende Gäste beschieden." (vv.10-12).

Die Bereitschaft, die Wirkung des Unbestimmten zuzulassen, findet ihre Antwort in der Bereitschaft des Göttlichen, sich "hieher" zu bescheiden. Deshalb sind es "liebende Gäste"; Hölderlin sprach davon, daß

> "jemehr es als entstanden aus jenem Übergange oder entstehend zu jenem Übergange gedacht wird, ... die Auflösung des

----

11 Diese letzte Veränderung unterscheidet meine Beschreibung des Stils von der Binders: "Die zwölf Strophen zeigen also folgende Kunstcharaktere: naiv-heroisch-idealisch, heroisch-idealisch-naiv, idealisch-naiv-heroisch, naiv-heroisch-idealisch." a.a. O.,S.324

12 Weitere Beispiele für Hymnen, deren Schlußstrophe den heroischen Stil aufweist, sind: "Am Quell der Donau" ("Ihr guten Geister" v.104), "Der Rhein"" ("Dir mag auf heißem Pfade" v.210) und "Germanien" ("O nenne, Tochter" v.97).

Unendlichneuen nicht als vernichtende Gewalt sondern als Liebe" erscheint(13).

Somit erscheint in der ersten Strophe die Sphäre, in der das Unendlichneue, noch nicht als bestimmte Gestalt, aber als wirkendes Neues gefühlt wird. Daß zugleich damit das Bestimmte erinnert werden muß, zeigt die mögliche Bestimmtheit des erscheinenden Bildes, die allerdings der bestimmenden Urteilskraft nicht verfügbar, einer fixierten Vorstellung nicht subsumierbar ist. Gerade dadurch wird aber die selbständige Vernunft des Menschen erfahrbar, denn die Unzulänglichkeit der Einbildungskraft diesem Bild gegenüber läßt via negationis begreifbar werden, daß die Möglichkeit, sich im Wirklichen zu Etwas zu bestimmen, offen ist.

Das Strömen des Gesanges hin zu der Deutung des Bildes wird durch das Metrum noch verstärkt, denn die Verse 1-3, 4-5, 6-7 und 8-9 sind kadenzartig gebaut, sodaß sie auf die letzten drei Verse zulaufen.

Die zweite Strophe gibt nun den Weg, den der Geist durchlaufen muß, um sich im Begreifen des Göttlichen zu bestimmen. Das dämmernde Auge drückt in seiner auch grammatischen Uneindeutigkeit das Gefühl aus, dessen vorschnelle Bestimmung (denk' ich schon, /.../ Ihn selbst zu sehn, vv.13-15) das Wirkende nicht angemessen begreifen kann. Dieses muß seine unendliche Unbestimmtheit ("dein Ausland" v.16) verläugnen, es muß faßbare Gestalt annehmen, wenn der Mensch es überhaupt soll begreifen können, es darf aber auch nicht nur überkommenen Vorstellungen eingeordnet werden, weil sonst seine Göttlichkeit vergessen wäre: es kann nur als unendlich bestimmtes Wirkliches begriffen werden. Deshalb der gleichaugenblickliche harmonische Gegensatz von Vertrautheit und Unfaßbarkeit im ganzen Gedicht. Auch hier ist das verstehende Wissen nur negativ:

"Nichts vor dir,
Nur Eines weiß ich, Sterbliches bist du nicht."
(vv.20-21)

Die Deutung dieser Strophe betont den Unterschied des menschlichen und des göttlichen Wissens, nachdem die im Wirklichen begründete Bewegung der menschlichen Erkenntnis beschrieben wurde; die Erhellung durch den Weisen ist begründet in der göttlichen Klarheit.

---

13 177,3-7. Vgl. zu den Gästen: "Es ist nicht von 'geliebten Gästen' die Rede, die vom Dichter oder wem immer eingeladen sind, sondern von 'liebenden Gästen', die sich selbst zum Fest 'beschieden' haben, die also durch ihre liebende Zuwendung erst dem Saal seine Festlichkeit geben." Paul Böckmann: Die poetische Vorstellungsweise in Hölderlins "Friedensfeier", in: Formensprache. Darmstadt (W.B.) 1973. S.349.

Die Erscheinung des Gottes wurde bisher nur im Bild der Bereitschaft vorbereitet und hinsichtlich der Bewegung ihres Auffassens durch den menschlichen Geist beschrieben; in der dritten Strophe nennt Hölderlin die vorbereitende Verkündigung dessen, das nun wirksam ist und deshalb "Erstaunet" (v.27). Wie "das Werk" (v.29) notwendig war, um die Friedenslaute relativ zu ihm "jezt erst" (v.30) hören zu können, so ist es zugleich nur die Stille der "Tage der Unschuld" (v.34), die jenes Hören ermöglicht. Der nun erfahrbare göttliche Friede ist ebenso im Rückblick auf die vergangenen geschichtlichen Bestimmungen, die im Zeichen des trennenden und herrschenden "Donnerers" (v.32) stehen, zu erkennen, wie die Unschuld des herrschaftslosen Geistes zugelassen werden muß, wenn diese Erfahrung Wirklichkeit werden soll. Erst dann "blüht / Rings abendlich der Geist in dieser Stille;" (vv.35-36). Die Folgerung aus dieser zugleich geschichtlich-bestimmten und göttlich-unfaßbaren Begründung der Wirklichkeit des Friedens ist der Rat, für die Bereitschaft zu sorgen, diese Erfahrung angemessen, der göttlichen Begeisterung im antiken Sinne ähnlich, aufnehmen zu können:

"Und rathen muß ich, und wäre silbergrau
Die Loke, o ihr Freunde!
Für Kränze zu sorgen und Mahl, jezt ewigen Jünglingen ähnlich." (vv.37-39).

Die erste Triade gibt somit die Vorstellung, das Werden und die Begründung dessen, was für uns neu erscheint, an sich aber zugleich immer schon da ist: es "haben / Hieher, zur Abendstunde, / Sich liebende Gäste beschieden.". Das Kommende wird weder als Gestalt beschrieben, noch mit einem Namen gefaßt: es ist anwesend in der Bewegung des zugleich bestimmten und unbestimmten Bildes, mit dem der Geist sich naiv begegnet.

Die erste Strophe der zweiten Triade, die insgesamt die heroische Bewegung der Erfahrung des göttlichen Friedens darstellt, beginnt mit dem verhaltenen Ruf, der auch hinsichtlich seiner grammatischen Abfolge unterbrochen wird:

"Und manchen möcht' ich laden, aber o du," (v.40).

Dem Hohen gegenüber ist die direkte Forderung, die in den Vorstufen noch auftauchte ("Sei gegenwärtig, Jüngling"), unangemessen. Statt ihrer folgt nun die Erzählung des Gespräches, das Jesus am Jakobsbrunnen geführt hat. Dabei betont Hölderlin auch hier die Mittelbarkeit des Göttlichen, das umschattet werden muß, "damit der heiligkühne/ Durch Wildniß mild dein Stral zu Menschen kam, o Jüngling!" (vv.47-48). Ebenso kann Hölderlin nur in der Mittelbarkeit des Bildes von Christus sprechen und ihn zugleich in eine Gegenwart bringen, die die unvermittelte Forderung der Vorfassung nicht hätte erreichen können. Das Bild ist dazu noch im Sinne des "nicht unverkündet ist er" (v.25) bedeutsam. Im 4.Kapitel des Johannesevangeliums spricht Jesus von dem Anbeten, das auch die Hymne ausübt:

> "Jedoch die Stunde kommt, und sie ist jetzt da, in der die wahren Anbeter den Vater im Geist und in der Wahrheit anbeten werden. Der Vater sucht solche Anbeter; denn Gott ist Geist, und die Ihn anbeten, müssen Ihn im Geist und in der Wahrheit anbeten." (Joh.,4,23-24).

Das Anbeten im Geist und in der Wahrheit soll die kultische Handlung des Betens auf dem Berge oder in Jerusalem, angemessener dem göttlichen Geist gegenüber, ersetzen. Auch ist bei Johannes die Rede von dem gleichaugenblicklichen Kommen und Dasein, das in der "Friedensfeier" die Gegenwart des Göttlichen beschreibt. Dieses Dasein kann allerdings nur mittelbar - im Geist - begriffen werden, denn es

> "kann sich das Innige, Göttliche, nicht anders aussprechen, als durch einen um so größern Grad des Unterscheidens, je inniger die zum Grunde liegende Empfindung ist."(StA,IV.1, 151).

Den in höchster Innigkeit empfundenen Christus kann der Dichter darum nicht mehr unmittelbar ansprechen; er muß die Einladung mit dem "aber" (v.40) unterbrechen und in das Bild ausweichen, wenn der Geist nicht das Schicksal der Semele erleiden soll.

> "Es ist ein großer Behelf der geheimarbeitenden Seele, daß sie auf dem höchsten Bewußtseyn dem Bewußtseyn ausweicht, und ehe sie wirklich der gegenwärtige Gott ergreift, mit kühnem oft sogar blasphemischem Worte diesem begegnet, und so die heilige lebende Möglichkeit des Geistes erhält."(StA,V, 267).

Wie einmal "die lieben Freunde, das treue Gewölk," den Gottessohn umschatten, um seine Erscheinung den Menschen faßbar zu vermitteln, so wurde er durch "ein tödtlich Verhängniß" (v.50) aus der Gegenwart entrissen. Die letzten drei Verse der Strophe geben dieses Ereignis mit seiner Deutung:

> "Ach! aber dunkler umschattete, mitten im Wort, dich
> Furchtbarentscheidend ein tödtlich Verhängniß. So ist schnell
> Vergänglich alles Himmlische; aber umsonst nicht;"
>
> (vv.49-51).

Durch die Verseinteilung, die Satzzeichen und das Metrum wird das Himmlische in dreifacher Eigenschaft umschrieben:

> "So ist schnell / Vergänglich alles Himmlische; aber umsonst
> –́ ◡ –́ ◡ –́ ◡ –́ ◡ –́ ◡ ◡ –́ ◡ ◡ –́
> nicht;"
> ◡

Das Himmlische ist zugleich schnell, für uns vergänglich und nicht umsonst, denn wir bedürfen meistens langer Zeiträume, um es zu begreifen. Davon singt die nächste Strophe. Hier möchte ich noch auf das "mitten im Wort" (v.49) hinweisen, das eine äußerst verhaltene Annäherung von Christus und den antiken Göttern anklingen läßt. Während für Christus das "mitten im Wort" allgemein zutrifft, taucht diese Wendung bezogen auf den Mercurius in der "Aeneis" wörtlich und in vergleichbarem Kontext auf:

> "Nachdem der Cyllenier also gesprochen,
> Schwand er, dem sterblichen Blick entrückt inmitten der Rede,
> Leicht in die Lüfte verweht, unsichtbar jeglichem Auge."
> (vv.276-278)(14)

Die kurzzeitige und zugleich wirksame Gegenwart des Göttlichen wird in der fünften Strophe, analog der zweiten, aber gemäß dem heroischen Grundton der gegenwärtigen Triade, hinsichtlich der Bewegung des Begreifens beschrieben. Das Kommen des immer anwesenden Wirklichen, das als für uns Neues die jeweils konstituierte Ordnung ("die Wohnungen der Menschen") "nur einen Augenblik" (v.53) anrührt, kann nicht vorhergesehen oder vom Verstand berechnet werden: "unversehn, und keiner weiß es, wenn?" (v.54). Zugleich drückt das Vertrauen sich in der Hoffnung aus, daß der Gott in der wahren Zeit des Augenblicks "schonend" und des "Maases allzeit kundig" (v.52) unsere Welt berührt, während wir mit den oben genannten Versuchen des Auffassens um die Angemessenheit bemüht sind, die es ermöglicht, das Wirkende zu begreifen. Welcher Frevel und welche Hybris dabei auch vorkommen "darf" (v.55) zeigen die folgenden Verse, die ein animalisch-titanisches Bild vom strebenden und ungeschlachten Verstand geben, der entweder als "das Freche" (v.55) das göttliche Wirken übergeht, oder als "das Wilde" (v.56) zum heiligen Ort kommt, um in größter Unbeholfenheit das für ihn Neue aufzufassen: er "übt rauhbetastend den Wahn," (v.57). Dies allerdings "muß" (v.56) er, wenn er sich nicht selbst vernichten will, indem er das Wirkende, darüber hinweggehend, ignoriert(15).

Das daran zu treffende Schicksal verstehe ich als die relativ zum "Neuen" zu erinnernde Gestalt des schon bestimmten "Alten", der geschichtlichen Erfahrung und der in ihr gesetzten Vorstellung, die in der Wirkung des Göttlichen erst erinnerbar wird, wie zugleich das Wirkende nur relativ zum Gesetzten fühlbar sein kann. Deshalb ist erst im rückblickend erreichten "Dank" (v.58) der angemessene Begriff gegenüber "dem gottgegebenen Geschenke;" (v.59) erreicht,

---

14 Vergil: Aeneis. Deutsch von Rudolf Alexander Schröder. Berlin, Darmstadt,Wien (Deutsche Buch-Gemeinschaft) 1963, S.78

15 Vgl. dazu Jochen Schmidt: "Im Lauf der Geschichte wird aus der Wildnis Kultur im höchsten Sinne, wahrhafte 'Erkenntnis' des Göttlichen und demgemäßes Verhalten. Reiner Ausdruck der Erkenntnis, der vollendeten Offenheit, ist der 'Dank'." (a.a. O.,S.150)

der schon aus logischem Grund nicht unmittelbar folgen kann(16). Das Wirkende und die durch es bewirkte erscheinende Gestalt ist nämlich, wenigstens seit dem Zeitalter der Vernunftkritik, nicht einfach anzunehmen, sondern "Tiefprüfend ist es zu fassen." (v.60). Diese Prüfung richtet sich auf die Bedingungen des Erfassens des Göttlichen, also auf die Gesetzmäßigkeiten, denen folgend wir das Wirkende aufnehmen, ebenso, wie auf die geschichtliche Erfahrung, die erlaubt, Abwege und Irrtümer nicht zu wiederholen. Die begreifend konstituierten Gestalten müssen auf die Angemessenheit dem Göttlichen gegenüber **und** bezüglich des menschlichen Geistes geprüft werden, wobei die historische Erfahrung ebenso Kriterien für zutreffende oder abirrende Wege liefert(17), wie die Kritik des Vernunftgebrauches, die untersuchen muß, ob der menschliche Verstand sich in seinen Grenzen hält oder diese hypostasierend überschreitet. Diese Prüfung ist kaum abzuschließen und kann nur in Ruhepunkten, wie dem hier zur Abendstunde eingenommenen, aber auch nur als Versuch, rückblickend überschaut werden(18).

Die deutenden drei Schlußverse dieser Strophe begründen die göttliche Zurückhaltung mit der deutlichsten Nähe zu der Semele-Erzählung:

> "Auch wär' uns, sparte der Gebende nicht
> Schon längst vom Seegen des Heerds
> Uns Gipfel und Boden entzündet." (vv.61-63)

---

16 Zum Thema des Danks: "Man beginnt solche leicht sinnlos werdenden Formeln, wie die der frühchristlichen 'Didache', zu verstehen, in denen die Gläubigen ihrem Gott für nichts anderes als für seinen heiligen Namen Dank sagen. Im Dank schwingt noch die Gefahr, er hätte der Unbekannte bleiben, als der Ungerufene über sie kommen können." (Hans Blumenberg, Arbeit am Mythos, a.a.O., S.48).

17 Vgl. zu den Kriterien geschichtlicher Erfahrung: "Der Gesichtspunct aus dem wir das Altertum anzusehen haben" (FHA,14, 83,ff.).

18 "Zu dieser tiefen Prüfung bedurfte es vielleicht der ganzen abendländischen Metaphysik." (Liebrucks,VII,799).
Ich sehe in der Hymne keinen Anhaltspunkt, der die beliebte Rede von einem letzten Ende der Geschichte, das Hölderlin behaupten soll, rechtfertigte: "Das Arbeitsgewand Gottes ist die Weltgeschichte. Sein Festgewand aber ist der eschatologische Friede, welcher das Ende der Weltgeschichte bedeutet. Dieses Ende bedeutet zugleich die Wiederkunft Christi, der nun erst in seinem wahren Wesen erkannt wird und der nun versöhnt ist mit den Göttern Griechenlands." Walter Bröcker: Hölderlins Friedensfeier. Frankfurt am Main (Klostermann) 1960. S.19.

Die Gaben des Göttlichen werden für uns in der Spannung von unversehenem Angerührtsein und schonender Sparsamkeit begreifbar; die unmittelbare Totalität des Wirklichen ist uns ebenso unfaßbar, wie seine Wirkung nicht übergangen werden darf, wenn wir nicht in unseren "Wohnungen" erstarren wollen.

Eben diese Spannung von Erkennbarkeit und Unfaßlichkeit kommt in der folgenden Strophe zum Ausdruck. Das empfangene Göttliche ist zugleich "viel" (v.65) und bleibt doch fremd. Es ist die unendliche Bestimmtheit des Wirklichen, die sich darin äußert, daß die Gaben, die uns "In die Hände gegeben," sind (v.66), letztlich doch nicht auf das Maß des menschlichen Verstandes reduziert werden können:

"Viel mehr, denn menschlicher Weise
Sind jene mit uns, die fremden Kräfte, vertrauet."

(vv.67-68).

Die Aufgespanntheit von Fremdsein und Vertrautheit kommt in den Versen auch sprachlich zum Ausdruck, denn das "Viel mehr" bezieht sich sowohl auf das Fremdheit ausdrückende "denn menschlicher Weise" wie zugleich auf das "vertrauet". Die schon in den theoretischen Schriften angetroffene Konsequenz ist das Paradoxon, daß mit dem Anerkennen der Fremdheit des Unbestimmten **zugleich** dessen Vertrautheit für uns zunimmt. Entsprechend ist in den folgenden Versen das "Gestirn" (v.69) zugleich "Vor Augen dir" und Lehrer der Menschheit, wie auch fremd und unfaßbar: "doch nimmer kannst du ihm gleichen." (v.7o). Bekanntlich war es gerade das Gestirn, das, ebenso wie das moralische Gesetz, bei Kant für die äußere und innere Verbindung des Menschen mit dem Unermeßlichen steht(I. Kant: Kritik der praktischen Vernunft, A 289, WW,VI,S.300). Die meßbaren Größen und die berechenbaren Bahnen, die der Forscher dem Gestirn abgewinnt, sind "das Nennbare nur" (Chiron, v.16), das erst dann wirklich begriffen ist, wenn es als begründet im Unverfügbaren gedacht wird. Dieses, das auch als Vater angesehen werden kann, nennt Hölderlin nun den "Allebendigen" (v.71), dessen Sohn für uns in die Realität getreten ist, wobei wir auch dies nur angemessen erkennen können, wenn wir es als Ausdruck des Unbestimmten, Allgegenwärtigen begreifen:

"Und nun erkennen wir ihn,
Nun, da wir kennen den Vater
Und Feiertage zu halten
Der hohe, der Geist
Der Welt sich zu Menschen geneigt hat."

(vv.74-78)

Das Hohe, das in der zweiten Strophe noch ganz unbestimmt "fast die Knie" (v.20) dem Menschen beugt, ist nun erkannt als "der Geist/ Der Welt" (v.77/78), der sich zur Feier des Friedens den Menschen zuneigt und damit auch zuläßt, daß sie ihn erkennen, was allerdings nur vermittelt über die erscheinende Gestalt möglich ist. In welcher Gestalt der Geist der Welt nun, da die Gestalt des Sohnes vor ihrem Grund erkennbar wurde, erscheinen kann, entfaltet die dritte Triade.

Ihre erste Strophe gibt, eingeleitet von einem "Denn" (v.79), die Begründung, warum der Geist der Welt sich nun zu den Menschen geneigt hat. Er konnte nicht mehr nur als Herr der Zeit begriffen werden; dies ist der unter dem Namen Zeus begriffene Gott, welche Auffassung jetzt nicht mehr ausreicht:

> "Im Bestimmteren oder Unbestimmteren muß wohl Zeus gesagt werden. **Im Ernste** lieber: Vater der Zeit oder: Vater der Erde"(StA,V,268).

Als Vater der Zeit oder der Erde ist das Göttliche auf unseren Raum und unsere Zeit bezogen, sein Feld reicht so weit, wie unsere bestimmte Erfahrung, aber damit ist das Unendliche nicht erschöpft. Die Wahl eines Tagewerkes und das Teilen des Schicksals läßt den Gott für uns relativ faßbar werden, darüberhinaus reicht er mit seiner Allgegenwärtigkeit unermeßlich. Dennoch ist die Erfahrung nur möglich in der schon genannten Spannung von Faßbarem und Unfaßbarem, sodaß die Erfahrung des Göttlichen zugleich die Selbstbestimmung des Menschen bedeutet. Deshalb kann das "Schiksaalgesez", "daß Alle sich erfahren," (v.83) nicht eindeutig zugeordnet werden: es trifft sowohl auf die Menschen wie auch, aus unserer Sicht, auf die Erfahrung des Göttlichen zu. Diese ist nur möglich in der unschuldigen Stille. Für den Vers "Daß, wenn die Stille kehrt, auch eine Sprache sei." (v.84) ist nicht entscheidbar, ob die Stille einkehrt, umkehrt oder sich abkehrt. Als Gesetz nennt Hölderlin aber, daß der Erfahrung des Göttlichen "eine Sprache" (v.84) entsprechen und antworten muß; sie ist es, in der die Erfahrung für uns erst wirklich wird. Daß es sich mit dieser Sprache immer um einen Versuch der angemessenen Bestimmung handelt, geht daraus hervor, daß in der Wirkung des Geistes ("Wo aber wirkt der Geist,") ein Streit entsteht, "Was wohl das Beste sei." (vv.85-86). Dieser ist nicht eindeutig zu schlichten, sondern eben nur mit einem Versuch zu beantworten, der ein Beitrag zu dem Gespräch ist, das "wir sind" (v.92): "So dünkt mir jezt das Beste," (v.86). Der Vorschlag bedeutet, auf die Geschichte der Erscheinungen des Göttlichen, das Werk, zurückzublicken, von dem der Meister "selbst verklärt"(v.88) ist, und das nun - ich möchte sagen: vorläufig - vollendet ist und darum den begreifenden Rückblick gestattet.

Es ist öfters bemerkt worden, daß der Gott der Zeit vom "Donnerer" (v.32) nun zum "stille(n) Gott der Zeit" (v.89) geworden ist; ein weiteres Paradoxon, das auf die Spannung des Begreifens zwischen göttlicher Stille und faßbarer Zeit hinweist. Dieses Begreifen ist aber nur dann möglich, wenn "nur der Liebe Gesez, / Das schönausgleichende gilt von hier an bis zum Himmel." (vv.89-90). Die Verstandesgesetze, die aus der Not kommen, können das Göttliche in seiner vermittelten Erscheinung nicht erfassen; dagegen kann das Erkennen gemäß dem Gesetz der Liebe das Andere gerade deshalb begreifen, weil es nicht strebt, sich dieses zu subsumieren.

Der angemessene Ausdruck dieser Erkenntnis ist der Gesang. Über das Gespräch hinaus, in dem wir uns erfahren und zugleich Etwas erfahren, ist im Gesang die Erfahrung des Göttlichen anwesend. Er vereinigt darum die Menschen und ihre Begriffe vom wirkenden Göttlichen und ist diejenige Gestalt, in der dieses für uns anwesend ist. Dabei muß allerdings der Gesang des Einzelnen, des Dichters, noch unterschieden werden von dem künftigen Zustand:

"Statt offner Gemeinde sing ich Gesang."(Der Mutter Erde, v.1)

Der Vers aus den Vorstufen "Ein Chor nun sind wir" war deshalb ein Vorgriff, der mit der Fassung "bald sind (wir) aber Gesang" (v.93) vorsichtig ersetzt wurde. Dabei muß gefragt werden, ob die Unbestimmtheit dieser Hoffnung durch das "wir", das eine Konjektur der Herausgeber ist, nicht unzutreffend vermindert ist, denn in der Reinschrift steht deutlich "bald sind aber Gesang."(19). Ich kann nicht entscheiden, ob es sich hierbei um ein Versehen Hölderlins bei der Niederschrift handelt; ich möchte aber beide Möglichkeiten offen halten.

Der Gesang jedenfalls vereinigt die Erfahrungen der Menschen mit der Erfahrung des Göttlichen, die er aufnimmt und damit zur erkennbaren Erscheinung bringt. Dies verweist auf den gegenwärtigen Gesang selbst, der darum bemüht ist, die dem Göttlichen angemessene Gestalt für den menschlichen Geist wirklich begreifbar werden zu lassen. An den in die Zeit tretenden Gestaltungen erkennt der Mensch die Neigung des göttlichen Geistes zu ihm, sie sind das Zeichen,

"daß zwischen ihm und andern
ein Bündniß zwischen ihm und andern Mächten ist." (vv.95-96)

Die auch sprachlich betonte Zwischenstellung von "Ein Bündniß" bedeutet die Mittelbarkeit, in der "der große Geist" (v.94) uns erkennbar wird; zugleich greift diese Erkennbarkeit über den Geist der Welt hinaus in die Unendlichkeit der "Unerzeugten, Ew'gen" (v.97), die die Unabschließbarkeit der möglichen Wirklichkeit bewahren. An dem in der Zeit erscheinenden Zeichen ist das Unendliche erkennbar, wie der Grund immer an den sich in ihm bestimmenden Erscheinungen für die Erkenntnis wirklich wird. Das angemessenste Zeichen für die "heiligen Mächte" (v.100) ist allerdings "Das Liebeszeichen, das Zeugniß / Daß ihrs noch seiet, der Festtag, // Der Allversammelnde," (vv.101-103). Er entspricht dem Gesetz der Liebe, das

----

19 Vgl. den Lichtdruck der Reinschrift, Blatt 6. Hölderlin Friedensfeier Lichtdrucke der Reinschrift und ihrer Vorstufen herausgegeben von Wolfgang Binder und Alfred Kelletat. Tübingen (J.C.B. Mohr(Paul Siebeck)) MCMLIX.

nicht einseitig schief bestimmt, und die Hoffnung auf seine Möglichkeit drückte das "bald sind (wir) aber Gesang" aus.

Die neunte Strophe hebt den Festtag als das Zeichen hervor, das die vergangenen in seiner Angemessenheit übertrifft, "wo Himmlische nicht / Im Wunder offenbar, noch ungesehn im Wetter" (vv.103-104) geahnt werden, sondern wo sie im Gesang aller gemeinsam "gegenwärtig" (v.106) sind. Der gemeinsame Gesang ist also die Wirklichkeit aller Himmlischen für uns, er muß aber "ihr Geliebtestes auch," (v.108) aufnehmen, denn das ist es, "An dem sie hängen." (v.109). Durch das Geliebteste erst ist es möglich, die übrigen Himmlischen zu begreifen, sie können nicht mehr unmittelbar ohne es aufgefaßt werden, denn die Erinnerung nimmt die Erfahrungen in sich auf, ohne daß es möglich wäre, zurückzublicken und dabei wirksam gewordene Erscheinungen des Göttlichen zu übersehen. Das ist die Begründung, warum auch der verhaltene Ruf an Christus ausgesprochen werden mußte, denn nur vermittelt durch ihn sind uns die anderen "Seeligen" (v.107) in der abendländischen Erfahrung zugänglich. Aus dieser Begründung heraus kann Hölderlin nun den Ruf, in seinem zutreffenden logischen Status, als schon vergangenen, vollständig äußern:

> "denn darum rief ich
> Zum Gastmahl, das bereitet ist,
> Dich, Unvergeßlicher, dich, zum Abend der Zeit,
> O Jüngling, dich zum Fürsten des Festes;" (vv.109-112)

Die geschichtlich gewordenen Vorstellungen des Göttlichen sind vom "Abend der Zeit" (v.111) her nicht zu überblicken, ohne die unvergeßliche Gestalt des Jünglings, der das Anbeten im Geiste und in der Wahrheit gelehrt hat.

Zugleich mit dem Rückblick auf das vergangene Zeitbild wird hier die unerschöpfbare Zukunft des kommenden Göttlichen angedeutet, das eine künftige Geschichte bewahrt:

> "und eher legt
> Sich schlafen unser Geschlecht nicht,
> Bis ihr Verheißenen all,
> All ihr Unsterblichen, uns
> Von eurem Himmel zu sagen,
> Da seid in unserem Hauße." (vv.112-117)

Die Zukunft der Geschichte des Menschengeschlechtes ist in ihrer Gesamtheit unüberschaubar wie die weiterhin möglichen Wirkungen der Unsterblichen, die die "Wohnungen der Menschen" anrühren, und dann, begriffen im Gesang, da sind "in unserem Hauße" (v.117). In diesem Hinweis auf das Künftige drückt sich die Ehrfurcht vor der weiteren Geschichte aus, die eine Geschichte des Selbstbegreifens der Menschen ebenso wie die Erfahrung des Göttlichen ist(20). Dies ist gewiß keine Prognose oder ein Ausdruck von Sehertum, sondern das Offenhalten von Möglichkeiten im Wirklichen, dessen Wirkung die jeweilige Konstitution von "unserem Hauße", unserem begriffenen Kosmos, immer wieder verändert.

Mit der dritten Triade ist die Vorstellung des erfahrenen Friedens begründet als Zeichen des wirkenden Göttlichen; nun kann die Hymne zurückkehren in das Bild des Friedens, der als Charakter der Unsterblichen verkündet wird:

"Leichtathmende Lüfte
Verkünden euch schon,
Euch kündet das rauchende Thal
Und der Boden, der vom Wetter noch dröhnet,"

(vv.118-121).

Auch dieses Bild bewegt sich in der Spannung zwischen dem Ausdruck des Göttlichen ("Leichtathmende Lüfte"(21)) und der Erinnerung des zeitlichen Werkes ("der Boden, der vom Wetter noch dröhnet,"). Darauf folgt die mit den letzten Versen der dritten Triade begründete Hoffnung, sie "röthet die Wangen," (v.122) und die Gegenwart des nun anschaulich gewordenen, begriffenen Friedens:

"Und vor der Thüre des Haußes
Sizt Mutter und Kind,
Und schauet den Frieden" (vv.123-125).

Mutter und Kind sind in das Offene gekommen, wo sie den Frieden zu erfahren vermögen, was denjenigen nicht gelingt, die im Hause der Verstandesgesetze bleiben. Diese "sterben" (v.126) in ihren Fixierungen, während die Hoffnung, die die Offenheit gewährt, ein Versprechen bedeutet:

---

20 An dieser Stelle kann ich Liebrucks nicht folgen, der schreibt: "Alle Verheißenen werden da sein, alle Unsterblichen, um uns in unserem Hause, noch zu Lebzeiten der Generation Hölderlins von ihrem Himmel 'zu sagen',". (VII,804). Ich sehe keinen Anhaltspunkt "unser Geschlecht" auf die Generation Hölderlins zu beziehen.

21 "Die letzte Triade gibt die Verkündigung des Nahens der Unsterblichen. Die Lüfte, das rauchende Tal und der vom Gewitter noch dröhnende Boden verkünden es schon. Die Lüfte erscheinen hier in leichter Andeutung als Gestalten, da sie selbst doch nicht leicht einzuatmende, sondern 'Leichtathmende' sind. Die Menschen gehen dem mit von Hoffnung geröteten Wangen entgegen." (Liebrucks,VII,804,f.)

"Es hält ein Ahnen die Seele,
Vom goldnen Lichte gesendet,
Hält ein Versprechen die Ältesten auf."

(vv.127-129).

Mit dem goldenen Licht ist die offene Sphäre des Saturn leicht angedeutet, von deren Grund her die Erfahrung des sich in der Zeit äußernden Göttlichen erst möglich ist. Diese Erfahrung umschreibt die elfte Strophe, die noch einmal die Spannung von göttlichem Wirken ("die Würze des Lebens, / Von oben bereitet" vv.130-131) und menschlicher Notdürftigkeit ("die Mühen." v.132) nennt. Gemäß dem Gesetz der Liebe ist nun der Zustand erreicht, in dem gesagt werden kann:

"Denn Alles gefällt jezt,
Einfältiges aber
Am meisten," (vv.133-135).

Die Frucht, die das goldene Licht versprochen hat, "Die goldne Frucht," (v.136), die im Lauf der Geschichte erst tiefprüfend gefaßt werden mußte und vor dem übereilten Zugriff "vom heiligen Schiksaal selbst, / Mit zärtlichen Waffen umschüzt" (vv.139-140) wurde, ist jetzt begreifbar geworden in der Gestalt des Gesanges, der einen Versuch darstellt, dasjenige aus dem Rückblick der Abendstunde zu geben, das im Verlauf der Geschichte ebenso erfahrbar wurde, wie in der Bewegung des Begreifens, die er darstellt, um damit die Wirklichkeit des Göttlichen für uns zu erkennen zu geben:

"Die Gestalt der Himmlischen ist es." (v.141).

Mit diesem Vers bringt der Gesang sich selbst auf den Begriff. Zuvor war die Rede davon, daß die überkommenen Erscheinungen des Göttlichen, das Wunder und das Wetter, nicht mehr ausreichen; die Hoffnung wurde angedeutet, daß die Himmlischen "In Chören gegenwärtig" (v.106) sein werden, was ja auch grundlegende Änderungen der Verhältnisse unter den Menschen voraussetzt. Der Gesang gibt mit seiner Gestalt die Bedingungen der Wirklichkeit, in der der Frieden als Göttlicher erfahrbar werden kann. Die Gestalt der Himmlischen ist er allerdings notwendig bloß in negativer Umschreibung, damit "**das Gedächtniß der Himmlischen nicht ausgehet**", weshalb er

"**in der allvergessenden Form der Untreue sich mittheilt**, denn göttliche Untreue ist am besten zu behalten."(StA,V,202).

Da die vorhandenen, vergangenen Namen für das Göttliche nicht mehr hinreichen, muß eine neue Form gefunden werden, die sowohl den Einsichten in den Charakter des menschlichen Denkens wie dem aufzufassenden Himmlischen entspricht. In dieser Hinsicht stellt der Gesang einen Versuch dar, analog den Namen, das Höchste aufzufassen. Diese Namen müssen wechseln, wenn die Geschichte nicht stillgestellt werden soll:

"Wohl die Art, wie in der Mitte sich die Zeit wendet, ist nicht wohl veränderlich, so auch nicht wohl, wie ein Karakter der kategorischen Zeit kategorisch folget, und wie es vom griechischen zum hesperischen gehet, hingegen der heilige **Nahmen**, unter welchem das Höchste gefühlt wird oder geschiehet."(StA, V,267)(Hervorhebung von mir,A.T.).

Weil unter dem Namen das Höchste gefühlt, also, im Sinne Hölderlins, begriffen werden kann, entsprechen ihm die "vaterländischen Formen unserer Dichter", die den vaterländischen Vorstellungsarten gerecht werden, und

"nicht blos da sind, um den Geist der Zeit verstehen zu lernen, sondern ihn festzuhalten und zu fühlen, wenn er einmal begriffen und gelernt ist."(StA,V,272).

Deshalb kann der vaterländische Gesang, der den Vorstellungsarten seiner Zeit insofern entspricht, als er die lernbaren Erkenntnisse berücksichtigt hat, zugleich mit dem Geist der Zeit das Göttliche fühlbar werden lassen und, von der Summe der Erfahrungen, die in ihm eine Gestalt gewonnen haben, zurückblickend, sagen: "Die Gestalt der Himmlischen ist es.".

Die letzte Strophe nennt den Namen, mit dem das Göttliche in der Not der Namenlosigkeit angesprochen wurde:

"Wir nennen dich, heiliggenöthiget, nennen,
Natur! dich wir, und neu, wie dem Bade entsteigt
Dir alles Göttlichgeborne."

(Am Quell der Donau, vv.89-91).

Natur als Name für den Grund alles Erscheinenden wird auch jetzt genannt, aber hinsichtlich des Verlustes des aus ihr Geborenen:

"Wie die Löwin, hast du geklagt,
O Mutter, da du sie,
Natur, die Kinder verloren." (vv.142-144).

Diese Klage ist eine Umkehrung der klagenden Liebe Gottes bei Hosea und, in Abschwächung, auch bei Jeremias, wo es heißt:

"Was Mein, benahm sich gegen Mich wie in dem Wald ein Löwe; es brüllte wider Mich. Darum mag ich es nimmer leiden." (Jeremia,12,8).

Die als klagende Löwin erscheinende Natur gibt zunächst - gegenüber dem alttestamentarischen Gott - ein Bild der Schwäche, das die Hybris des Feindes zulassen muß. Sie hat ihre Kinder deshalb verloren:

"Denn es stahl sie, Allzuliebende, dir
Dein Feind, da du ihn fast
Wie die eigenen Söhne genommen,
Und Satyren die Götter gesellt hast."

(vv.145-148).

Die göttliche Allgüte erscheint hier angesichts der Frechheit des Geistes der Unruhe als geradezu wehrlose Schwäche. So kann es möglich sein, daß neben den Göttern "diese vermeynten Götter" (Hederich, sp.2169), die Satyren, auftauchen, die jene Frechheit verkörpern:

> "Sie waren Götter der Wälder, Berge und Felder, allein von dermaßen unkeuscher und geiler Art, daß sich weder Nymphe, noch ander Frauenvolk, sicher vor ihnen durfte sehen lassen."(22).

Zugleich verdanken auch die Satyren ihr Dasein der Natur als der Allkräftigen, nur stehen sie für dasjenige, das sie "vor der Zeit" (v.152) hat zum Licht kommen lassen. Dieses Vorzeitige ist kein angemessener Versuch, der sich im Wirklichen bestimmt. Deshalb lehnt Hölderlin es ab:

> "Nichts darf schauen das Licht, was nicht den Hohen gefället,
> Vor den Äther gebührt müßigversuchendes nicht."
> (Brod und Wein, vv.93-94)

Aber auch die Natur hat eine erfahrene Geschichte, die sich an ihren Werken erkannt hat ("So hast du manches gebaut, / Und manches begraben," vv.149-150), hinter sich und deshalb nun ebenfalls den angemessenen Zustand des Friedens erreicht:

> "Nun kennest, nun lässest du diß;
> Denn gerne fühllos ruht,
> Bis daß es reift, furchtsamgeschäfftiges drunten."
> (vv.154-156).

Der Gesang ist damit in den Grund zurückgekehrt, in dem er sich bestimmt hat. Darin ruht dasjenige Wirkliche furchtsamgeschäftig und zugleich "gerne", das für uns noch nicht fühlbar geworden ("fühllos") und damit ein bestimmtes Mögliches ist. Die Inversionsbewegung des Begreifens, die der Gesang darstellt, ist am Ende wieder darin begründet, worin sie immer vorhanden ist. Auch damit ist die Ruhe nach dem geschichtlichen Werk erreicht, die im gesamten Gesang ihren Ausdruck gefunden hat, der allerdings nie ein Vollendeter sein kann, sondern immer nur ein relativer Ruhepunkt, ein Versuch des begreifenden Rückblicks aus dem logischen Status der Abendstunde.

Auf die Inversionsfiguren in den Perioden und Sätzen gehe ich nur noch anhand des Anfangs ein:

> "Der himmlischen, still wiederklingenden,
> Der ruhigwandelnden Töne voll,
> Und gelüftet ist der altgebaute,
> Seeliggewohnte Saal;"
> (vv.1-4).

---

22 Benjamin Hederich: Gründliches mythologisches Lexikon.Leipzig, 1770. Nachdruck: Darmstadt (Wiss.Buchges.) 1967. sp.2170.

Die Vorstellung wird über ihre empfindbaren Eigenschaften aufgebaut, die sowohl genannt werden wie sie auch mit der Sprache selbst vorhanden sind. Kein Subjekt deckt die Vorstellung zu Anfang von vorneherein ab. So ist im ersten Satzteil zwischen dem Artikel "Der" und dem Substantiv "Töne" die Eigenart dieser Töne ausgebreitet, sodaß sie bereits charakterisiert sind, ehe sie genannt werden. Eben dies trifft für den ganzen Satz auf sein Subjekt, den "Saal" zu. Die Figur des Satzbaues entspricht also dem Kalkül der Erkenntnis, die, von der vergangenen Vorstellung her, am Ende rückwärtsgewandt, sich bestimmt, während zugleich das Unbestimmte wirkt. Deshalb ist diese Form zugleich mit ihrem Inhalt in der Bewegung des Begreifens begründet.

Da der Gesang sich einer Sprache nähert, die die Vorstellungen in unendlicher Bestimmtheit gibt, ermöglicht er ebenso das Begreifen ihrer Wirklichkeit, wie er dergestalt in Erscheinung tritt, daß er die Aussicht in das Reich der Freiheit des Sichbestimmens eröffnet, die nach Kant nur die reine Form des Sittengesetzes ermöglichen sollte. Während Kant deshalb den "ewigen Frieden" gegenüber dem als immer bedrohlich angesehenen Naturzustand des Krieges mittels einer möglichst umfassenden Gesetzgebung zu sichern versuchen, dabei aber immer in der herrischen Furcht des Unbekannten verbleiben mußte "(Furor impius intus - fremit horridus ore cruento. **Virgil**)." (23), hat Hölderlin das Andere in den Gesang aufgenommen und damit die Wirklichkeit des Friedens erreicht. Form und Inhalt sind in der Bewegung des Gesanges nicht zu trennen: in harmonischer Entgegensetzung begreifen sie unsere Bestimmung in dem Offenen, in das auch noch das letzte Gedicht Hölderlins den Blick wendet:

Die Aussicht

Wenn in die Ferne geht der Menschen wohnend Leben,
Wo in die Ferne sich erglänzt die Zeit der Reben,
Ist auch dabei des Sommers leer Gefilde,
Der Wald erscheint mit seinem dunklen Bilde.
Daß die Natur ergänzt das Bild der Zeiten,
Daß die verweilt, sie schnell vorübergleiten,
Ist aus Vollkommenheit, des Himmels Höhe glänzet
Den Menschen dann, wie Bäume Blüth' umkränzet.

Mit Unterthänigkeit

d. 24. Mai Scardanelli.
1748

---

23 Immanuel Kant: Zum ewigen Frieden. Ein philosophischer Entwurf. BA 38; WW,IX,213.

LITERATURVERZEICHNIS

HÖLDERLIN: Sämtliche Werke. Historisch-Kritische Ausgabe. Begonnen durch Norbert von Hellingrath, fortgeführt durch Friedrich Seebass und Ludwig von Pigenot. Sechs Bände. Zweite Auflage. Berlin (Prophyläen Verlag) 1923.

HÖLDERLIN: Sämtliche Werke. Herausgegeben von Friedrich Beissner und anderen. Stuttgart (Kohlhammer Verlag) 1951 u.ö. (verwendete Abkürzung: StA).

HÖLDERLIN, Friedrich: Sämtliche Werke und Briefe. Herausgegeben von Günter Mieth. Zwei Bände. München (Carl Hanser Verlag) 1970.

HÖLDERLIN, Friedrich: Sämtliche Werke "Frankfurter Ausgabe". Historisch-Kritische Ausgabe herausgegeben von D.E. Sattler (Band 14: Wolfram Groddeck) Frankfurt am Main (Verlag Roter Stern) 1976 ff., (FHA).

HÖLDERLIN: Friedensfeier herausgegeben und erläutert von Friedrich Beissner, Stuttgart (Kohlhammer Verlag) 1954, Bibliotheca Bodmeriana IV.

HÖLDERLIN: Friedensfeier Lichtdrucke der Reinschrift und ihrer Vorstufen herausgegeben von Wolfgang Binder und Alfred Kelletat, Schriften der Hölderlin-Gesellschaft Band 2, Tübingen (J.C.B. Mohr (Paul Siebeck)) MCMLIX.

Hyperion oder der Eremit in Griechenland von Friedrich Hölderlin. Tübingen (J.G. Cotta'sche Buchhandlung) 1797. Nachdruck: Frankfurt am Main/Basel (Verlag Roter Stern/Stroemfeld Verlag) 1979.

BLUMENBERG, Hans: Arbeit am Mythos. Frankfurt am Main (Suhrkamp) 1979.

CUES, Nikolaus von: Der Laie über die Weisheit. Philosophische Bibliothek Band 216, Hamburg (Verlag von Felix Meiner) 4. Aufl. 1962.

DESCARTES, René: Geometrie. Deutsch herausgegeben von Ludwig Schlesinger. Darmstadt (Wissenschaftliche Buchgesellschaft) 1969.

ders.: Leitfaden der Musik. Herausgegeben, ins Deutsche übertragen und mit Anmerkungen versehen von Johannes Brockt. Darmstadt (Wiss. Buchges.) 1978.

FICHTE, Johann Gottlieb: Fichtes Werke. Herausgegeben von Immanuel Hermann Fichte. Elf Bände. Berlin (Walter de Gruyter) 1971.

ders.: Von den Pflichten des Gelehrten. Jenaer Vorlesungen 1794/95. Herausgegeben von Reinhard Lauth, Hans Jacob, Peter K. Schneider. Philosophische Bibliothek Band 274. Hamburg (Felix Meiner Verlag) 1971.

GOETHE: Berliner Ausgabe. Berlin und Weimar (Aufbau Verlag) 1976.

HEGEL, Georg Wilhelm Friedrich: Werke in zwanzig Bänden. Redaktion Eva Moldenhauer und Karl Markus Michel. Frankfurt am Main (Suhrkamp) 1971.

ders.: Briefe von und an Hegel. Band I, 1785-1812. Herausgegeben von Johannes Hoffmeister. Philosophische Bibliothek Band 235. Hamburg (Felix Meiner Verlag) 3. Aufl. 1969.

HEIDEGGER, Martin: Hölderlins Hymnen "Germanien" und "Der Rhein" Gesamtausgabe. Band 39. Frankfurt am Main (Klostermann) 1980.

HERAKLIT: Fragmente. Griechisch und Deutsch herausgegeben von Bruno Snell. München (Heimeran Verlag) 6. Aufl. 1976.

HERDER, Johann Gottfried: Abhandlung über den Ursprung der Sprache. Herausgegeben von Hans Dietrich Irmscher. Universal-Bibliothek Nummer 8729. Stuttgart (Reclam) 1975.

JACOBI, Friedrich Heinrich: Werke. Herausgegeben von Friedrich Roth und Friedrich Köppen. Nachdruck der Ausgabe Leipzig 1815. Darmstadt (Wiss.Buchges.) 1976.

KANT, Immanuel: Werke in zehn Bänden. Herausgegeben von Wilhelm Weischedel. Darmstadt (Wiss.Buchges.) 1968.

KÖNIG, Josef: Vorträge und Aufsätze. Herausgegeben von Günther Patzig. Freiburg/München (Verlag Karl Alber) 1978.

LEIBNIZ, Gottfried Wilhelm: Hauptschriften zur Grundlegung der Philosophie. Übersetzt von A. Buchenau. Herausgegeben von Ernst Cassirer 2 Bände. Philosophische Bibliothek Band 107 und 108. Hamburg (Verlag von Felix Meiner) 1966.

LIEBRUCKS, Bruno: Sprache und Bewußtsein. Band 1 - 7. Frankfurt am Main (Akademische Verlagsgesellschaft) 1964, ff.
Band 7, Bern, Frankfurt am Main, Las Vegas (Verlag Peter Lang) 1979.

ders.: Erkenntnis und Dialektik. Zur Einführung in eine Philosophie von der Sprache her. Aufsätze aus den Jahren 1949 bis 1971. Den Haag (Martinus Nijhoff) 1972.

LIEFLAND, Wilhelm: Die Poesie und ich. In: Lyrik-Katalog Bundesrepublik. Gedichte: Biographien: Statements. Hrsg.v. Jan Hans, Uwe Herms, Ralf Thenior. München (Wilhelm Goldmann Verlag) 2. Aufl. 1972.

PINDAR: Siegesgesänge und Fragmente. Griechisch und deutsch herausgegeben und übersetzt von Oskar Werner. München (Ernst Heimeran Verlag) o.J.

PLATON: Werke in acht Bänden. Griechisch und deutsch. Herausgegeben von Günther Eigler. Darmstadt (Wiss.Buchges.) 1974.

RILKE, Rainer Maria: Der ausgewählten Gedichte anderer Teil. Wiesbaden (Insel Verlag) 1946.

SCHELLING, Friedrich Wilhelm Joseph: Zur Geschichte der neueren Philosophie. Münchener Vorlesungen. Darmstadt (Wiss.Buchges.) 1975.

SCHLEGEL: Athenaeum. Eine Zeitschrift von August Wilhelm Schlegel und Friedrich Schlegel. I und II. Ausgewählt und bearbeitet von Curt Grützmacher. Reinbek (Rowohlt) 1969.

SPINOZA, Baruch de: Opera-Werke. Zweiter Band. Lateinisch und deutsch. Herausgegeben von Konrad Blumenstock. Darmstadt (Wiss.Buchges.) 1967.

VERGIL: Aeneis. Deutsch von Rudolf Alexander Schröder. Berlin. Darmstadt. Wien (Deutsche Buch-Gemeinschaft) 1963.

BLUMENBACH, Joh.Fr.: Über den Bildungstrieb. Göttingen bey Johann Christian Dietrich 3. Aufl. 1791.

ALLEMANN, Beda: Hölderlin und Heidegger: Zürich und Freiburg im Breisgau (Atlantis) 2. Aufl. 1956.

BERTAUX, Pierre: Friedrich Hölderlin. Frankfurt am Main (Suhrkamp) 1978.

BINDER, Wolfgang: Hölderlin-Aufsätze. Frankfurt am Main (Insel) 1970.

BÖCKMANN, Paul: Hölderlin und seine Götter. München (Beck) 1935.

ders.: Formensprache. Darmstadt (Wissenschaftliche Buchgesellschaft) 1973.

ders.: Hölderlins mythische Welt. In: Hölderlin-Gedenkschrift. Tübingen (Mohr) 1943.

BÖHM, Wilhelm: Hölderlin. Halle (Niemeyer) 1928 und 1930.

BRENNER, Hildegard: Die Erfahrungsweise des poetischen Geistes. Berlin (Dissertation) 1952.

BRENTANO, Franz: Die Psychologie des Aristoteles. Mainz 1867. Nachdruck: Darmstadt (Wiss.Buchg.) 1967.

BRÖCKER, Walter: Hölderlins Friedensfeier. Frankfurt am Main (Klostermann) 1960.

BUHR, Gerhard: Hölderlins Mythenbegriff. Frankfurt am Main (Athenäum) 1972.

CASSIRER, Ernst: Idee und Gestalt. Berlin 1921. Nachdruck: Darmstadt (Wissenschaftliche Buchg.) 1975.

GAIER, Ulrich: Der gesetzliche Kalkül - Hölderlins Dichtungslehre. Tübingen (Niemeyer) 1962.

GIDEON, Abram: Der Begriff Transcendental in Kant's Kritik der reinen Vernunft. Marburg 1903. Nachdruck: Darmstadt (Wissenschaftliche Buchgesell.) 1977.

HENRICH, Dieter: Hölderlin über Urteil und Sein. In: Hölderlin-Jahrbuch. Vierzehnter Band. 1965/66.

ders.: Fichtes ursprüngliche Einsicht. Frankfurt am Main (Klostermann) 1967.

HEUER, Fritz: Darstellung der Freiheit - Schillers transzendentale Frage nach der Kunst. Köln-Wien, 1970.

HILDEBRANDT, Kurt: Hölderlin- Philosophie und Dichtung. Stuttgart und Berlin (Kohlhammer) 1939.

HOFFMEISTER, Johannes: Hölderlin und die Philosophie. Leipzig (Meiner) 1942.

HOF, Walter: Hölderlins Stil als Ausdruck seiner geistigen Welt. Meisenheim am Glan (Hain) 2. Aufl. 1956.

HORST, Thomas: Wechsel und Sein. Die Ambivalenz des Absoluten in Hölderlins Poetik. In: Hölderlin: Transzendentale Reflexion der Poesie. Stuttgart (Klett-Cotta) 1979.

JAMME, Christoph: "Ungelehrte" und gelehrte Bücher. Literaturbericht über das Verhältnis von Hegel und Hölderlin. In: Zeitschrift für Philosophische Forschung. Band 35. Heft 3/4. Juli-Dezember 1981. S.628-645.

KONDYLIS, Panajotis: Die Entstehung der Dialektik. Stuttgart (Klett-Cotta) 1979.

KONRAD, Michael: Hölderlins Philosophie im Grundriss. Bonn (Bouvier) 1967.

KORZENIEWSKI, Dietmar: Griechische Metrik. Darmstadt (Wiss.Buchg.) 1968.

KRÜGER, Gerhard: Eros und Mythos bei Plato. Frankfurt am Main (Klostermann) 1978.

KURZ, Gerhard: Mittelbarkeit und Vereinigung. Stuttgart (Metzler) 1975.
Meine Rezension dazu in: Germanisch-Romanische Monatsschrift, Neue Folge, Band 29, 1979, Heft 2, S.227-232.

LINGNER, Michael: Die Musikalisierung der Malerei bei Ph.O. Runge. In: Zeitschrift für Ästhetik und Allgemeine Kunstwissenschaft. Bd. 24/1, 1979.

MICHAELIS, Rolf: Die Struktur von Hölderlins Oden. Tübingen (Dissertation) 1958.

MÜLLER, Ernst: Hölderlin - Studien zur Geschichte seines Geistes. Stuttgart (Kohlhammer) 1944.

OEHLER, Ilva: Die Schweizerische Publizistik zur Zeit des Friedens von Lunéville. In: Hölderlin-Jahrbuch, Band 12, 1961/62.

PELLEGRINI, Alessandro: Friedrich Hölderlin - Sein Bild in der Forschung. Berlin (de Gruyter) 1965.

REINHARDT, Karl: Vermächtnis der Antike. Göttingen (Vandenhoeck & Ruprecht) 1960.

REISINGER, Peter: Hölderlins poetologische Topologie. In: Hölderlin-Transzendentale Reflexion der Poesie. Stuttgart (Klett-Cotta) 1979.

RYAN, Lawrence J.: Hölderlins Lehre vom Wechsel der Töne. Stuttgart (Kohlhammer) 1960.

SCHMIDT, Jochen: Hölderlins später Widerruf. Tübingen (Niemeyer) 1978.

ders.: Die innere Einheit von Hölderlins "Friedensfeier". In: Hölderlin-Jahrbuch, Band 14, 1965/66.

SENGLE, Friedrich: Vorschläge zur Reform der literarischen Formenlehre. Stuttgart (Metzler) 1969.

STRACK, Friedrich: "Freie Wahl" oder "Willkür des Zeus". In: Hölderlin-Jahrbuch, Band 19-20, 1975-77.

SZONDI, Peter: Hölderlin-Studien. Frankfurt am Main (Suhrkamp) 2. Aufl. 1970.

WALSER, Jürg Peter: Hölderlins Archipelagus. Zürich (Atlantis) 1962.

WOLF, Jörn Henning: Der Begriff "Organ" in der Medizin. München (Werner Fritsch) 1971.

HEDERICH, Benjamin: Gründliches mythologisches Lexikon. Leipzig 1770. Nachdruck: Darmstadt (Wiss.Buchgesellschaft) 1967.

RITTER, Joachim und Gründer, Karlfried (Hrsg.): Historisches Wörterbuch der Philosophie. Band IV. Buchstaben I bis K. Darmstadt (Wiss.Buchgesellschaft) 1976.

SULZER, Johann Georg: Allgemeine Theorie der schönen Künste. Leipzig 1792-99. Band IV. Nachdruck: Hildesheim (Olms) 1967-70.

FRANKFURTER HOCHSCHULSCHRIFTEN ZUR SPRACHTHEORIE UND LITERATURÄSTHETIK

Herausgegeben von Dieter Kimpel

Band 1 Peter Classen: Sprachsystem und Sprachfunktion. Studien zur neueren Linguistik aus fremdsprachen-didaktischer Sicht. 1975.

Band 2 Peter Classen: Algebraische und automatentheoretische Grundlagen generativer Konstituentenstrukturgrammatiken. 1976.

Band 3 Andreas Thomasberger: Von der Poesie der Sprache. Gedanken zum mytho=logischen Charakter der Dichtung Hölderlins. 1982.

Band 4 Jörg Villwock: Metapher und Bewegung. 1982.